U0740620

广西文化和旅游
大数据发展
蓝皮书

（2021—2024）

宋友开 俸亚特 潘俊阳 莫明建 文益民 林慧洁 ◎ 编著

中国旅游出版社

项目策划：段向民
责任编辑：沙玲玲
责任印制：钱　成
封面设计：武爱听

图书在版编目（ＣＩＰ）数据

广西文化和旅游大数据发展蓝皮书：2021-2024 /
宋友开等编著 . -- 北京：中国旅游出版社，2025. 3.
ISBN 978-7-5032-7544-9

Ⅰ . G127.67；F592.767

中国国家版本馆 CIP 数据核字第 2025MB4697 号

书　　名：广西文化和旅游大数据发展蓝皮书：2021-2024

作　　者：宋友开　等
出版发行：中国旅游出版社
　　　　　（北京静安东里 6 号　邮编：100028）
　　　　　http://www.cttp.net.cn　E-mail:cttp @ mct.gov.cn
　　　　　营销中心电话：010-57377103，010-57377106
　　　　　读者服务部电话：010-57377107
排　　版：小武工作室
经　　销：全国各地新华书店
印　　刷：三河市灵山芝兰印刷有限公司
版　　次：2025 年 3 月第 1 版　2025 年 3 月第 1 次印刷
开　　本：720 毫米 × 970 毫米　1/16
印　　张：29.25
字　　数：418 千
定　　价：88.00 元
ＩＳＢＮ　　978-7-5032-7544-9

版权所有　翻印必究
如发现质量问题，请直接与营销中心联系调换

◈ 前 言 ◈

　　本书为广西重点研发计划项目"大规模多模态旅游行为数据分析关键算法研究与工具开发"（批准号：桂科 AB21220023）的阶段性研究成果之一，试图对广西壮族自治区文化和旅游行业大数据发展情况进行全面总结。本书包括三篇：政策法规篇、人才培养篇、技术和产业篇。

　　政策法规篇以 2021 年至 2024 年出台的广西旅游大数据政策文本数据和广西文旅大数据政府职能描述为研究对象，采用定量和定性相结合的研究方法进行分析研究。分析发现：文化和旅游大数据政策工具使用不均衡，环境型政策工具占比最高，供给型政策工具次之，需求型政策工具最少。文化和旅游大数据政策的顶层引领性设计不足，已发布的政策虽有规划、意见等政策，但对旅游大数据赋能文旅发展的顶层逻辑与底层市场运营之间的链接缺乏预见性和引领性政策设计。此外，纵向的政策施策框架体系需进一步整合。纵向的政策落实体系虽然已经形成，但旅游大数据涉及文旅部门、工业和信息化部门、大数据局等多个政府机构，不同的机构有不同的政策出发点和诉求，需整合相关政府职能部门，提升政策施策的能效。

　　人才培养篇采用定性和定量相结合的方法，对 2021 年至 2024 年的广西旅游大数据人才培养情况进行总结与分析，采用实证分析方法对广西文化旅游大数据人才社会培训体系、产业需求等维度进行研究，对广西文旅大数据人才培养的背景、现状及挑战进行了深入分析。该篇共采集了政策文本 437 份、企业数据 1.2 万条、人才样本 224 组，运用 LDA 主题建模、双重 DID 模型、卷积神经网络等前沿方法，绘制出一幅精准的文旅人才生态图谱。研究分析发现：广西文旅大数据人才存在"技术迭代高 - 教育响应低、跨境需求高 - 规则认知低、政策强度高 - 转化效率低"的三重矛盾。对此，提出以坚持在地创新，数字赋能为模式的产教融合新范式来培养旅游大数据人才，形成"数据驱动文化传承、东盟标准引领创新"的广西经验。

技术和产业篇通过深入分析 2021 年至 2024 年广西文化和旅游大数据技术的研究现状，重点探索大数据在旅游资源管理、游客行为分析、智慧景区建设、文化遗产数字化保护等方面的应用与技术创新，总结广西旅游大数据相关研究机构和技术成果，并对技术难题和产业发展瓶颈进行了细致分析。结合"一键游广西"智慧文旅平台、德天景区大数据项目等产业实践案例，展现大数据助力下文旅产业的升级与创新，揭示数据共享、标准化建设、技术人才短缺等方面的挑战及其应对策略。为政府、科研机构、企业及相关从业人员提供全面视角，在智能化、数字化转型浪潮中，广西文化和旅游产业发展通过数据和技术创新提升产业综合竞争力，促进跨行业、跨部门的深度合作，推动文化与科技的深度融合，为广西文旅产业高质量发展注入新动力。

本书由文益民设定研究框架和内容，政策法规篇由宋友开主笔，人才培养篇由潘俊阳主笔，技术和产业篇由俸亚特老师主笔，莫明建、林慧洁撰写各篇大数据应用案例。在此，特别感谢为本书文献和数据的收集整理工作提供帮助的桂林电子科技大学硕士研究生李博雅、田瑞琪、丁峰、周彦冰、李书坤、李鑫月、吕雄健、邱纪豪、吴水清、刘展华。

因编者的能力有限，本书难免存在不足和纰漏，敬请读者们不吝赐教。

编　者

2024 年 12 月

◇ 目 录 ◇

◇ 技术和产业篇

政策法规篇

第一章

广西旅游大数据政策法规研究分析方法和路径设计

本章从政策条款文献内容入手，以 2021 年 1 月 1 日至 2024 年 12 月 31 日出台的广西旅游大数据政策为研究对象，采用内容分析法构建政策工具——政策目标二维分析结构，采用 SPSS 26.0 软件进行量化分析，采用 ROST Content Mining 6.0 软件进行文本挖掘分析，分析广西旅游大数据赋能文旅融合的政策目标和政策工具。

第一节　政策文本分析方法：技术路线设计

一、技术路线设计

广西旅游大数据与文旅融合研究政策旨在分析政策工具与政策目标的使用情况，具体步骤如下。

第一步，以广西壮族自治区人民政府办公厅、文化和旅游厅办公室、广西壮族自治区 14 个地级市文旅局、广西壮族自治区所有县（区）级文化和旅游部门的职能描述、文化和旅游部等官网为数据源。

第二步，采用网络爬虫软件获取相关研究文献的数据，完成数据去重、删除空行、分词、缺失数据处理、异常数据删除等数据清理步骤，得到可进行定性分析的文本数据。

第三步，基于 ROST Content Mining 6.0 的文本数据定性分析、编码分析、社会和语义网络分析，进行主题词行特征词分析。

第四步，对数据分析结果进行可视化，包括研究主题社会和语义网络分析及行特征词、词云图、高频词等特征。

第五步，对数据分析结果进行解读，涵盖广西旅游大数据政策重点关注的领域和主题、广西旅游大数据发力的工具和政策目标分析。

第六步，对研究结果进行应用，即为本书的研究提供理论依据和学理支撑，同时为本书的研究提供理论创新方向和突破点，详见图 1-1。

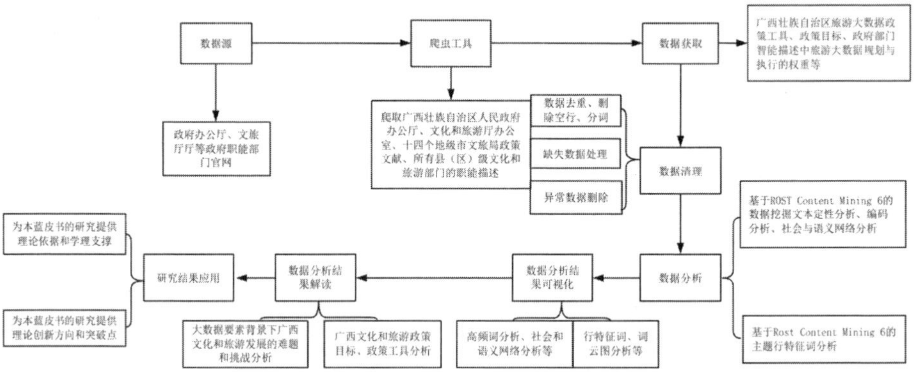

图 1-1　政策文本数据挖掘路线图

资料来源：笔者绘制

二、内容分析法

内容分析法是对信息内容进行客观、系统、量化分析的一种科学研究方法，其实质是通过识别文本中的关键特征，将目标文本中语言表述转化为能够量化分析的资料，进而找出目标文本的规律并进行检验和解释。[1] 内容分析法分

1　宋振峰，宋惠兰.基于内容分析法的特性分析 [J]. 情报科学，2012,30(07):964-966+984.

为 6 个步骤：提出研究问题、抽取文献样本、确定分析内容单元、确定归类标准、内容编码与统计、结果解释和检验，为避免主观偏见影响研究结果，需要对文本分类和编码规则进行信度检验，依照信度检验原理，得到信度值为 0.90，符合信度值大于 80% 的信度标准，证明分类与编码规则科学可靠。[2]

第二节　广西旅游大数据政策工具类型

政策工具是指政策执行者用以实现特定政策目标的一系列手段、方法与措施的综合，是政策目标与政策结果之间的纽带和桥梁。政策工具的划分存在多种标准，其中霍利特和拉梅什（Howlett & Ramesh）根据政府干预程度大小，将政策工具划分为强制型、自愿型、混合型[3]；麦克唐纳和埃尔莫尔（Mcoonnell & Elmore）为分析政策目标与政策选择之间的关系，将政策工具分为命令型、激励型、能力建设和系统变化四类[4]；罗斯威尔和齐格维拉（Rothwell & Zegvelal）通过政策工具作用方式，将政策工具分为供给型、环境型、需求型[5]。本研究借鉴罗斯威尔和齐格维拉（Rothwell & Zegvelal）的分类方法，将省级政府部门广西旅游大数据政策的基本政策工具划分为供给型、环境型、需求型三类，作为分析结构的 X 维度，一方面，该方法具有较明显的施策化取向，淡化了政策工具的强制性特征，与政府作为发展环境的营造者的角色相符；另一方面，该方法强调政策支持中供给与需求的相互促进与协调，这与文化旅游发展

2　宋友开.我国艺术＋旅游创新与政策文献研究 [C]// 中国旅游研究院 .2023 中国旅游科学年会论文集（上）.中国旅游研究院博士后科研工作站；桂林旅游学院，2023:423-434.

3　HOWLETTM, RAMESH M. Studying Public Policy: Policy Cycles and Policy Subsystems[J]. American Political Science Association，1995，91（2）：548-580.

4　MCDONNELLLM, ELMORERF. Getting the Job Done: Alternative Policy Instruments[J]. Educational Evaluation and Policy Analysis，1987，9 (2)：133-152.

5　ROTHWELLR, ZEGVELD, W. Reindusdalization and Technology[M]. London: Logman Group Limited，1985: 83-104.

强调供给侧改革与需求侧管理的政策意图相吻合。供给型政策工具指政府通过自上而下的方式直接作用于资金、土地、人才和技术等资源要素，扩大有效供给，进而以要素投入推动产业发展，具体政策工具包括资金投入、基础设施、示范工程、融资投资、技术服务等。环境型政策工具指政府通过营造广西旅游大数据与文旅融合发展的良好外部环境，间接引导广西旅游大数据与文旅融合发展，具体政策工具包括标准规范、产业融合、产教融合、办学机制等。需求型政策工具指政府通过培育市场需求，引导广西旅游大数据赋能文旅发展，破除相关的机制体制障碍因素，从而为广西旅游大数据与文旅融合发展提供动能，具体政策包括人才招聘、产品设计、校企合作、设备采购、人才培训等[6]。

第三节 广西旅游大数据政策目标与政策工具分析二维结构

本文采用内容分析法原理，通过对广西旅游大数据政策工具类型（X 维度）和政策目标（Y 维度）的梳理，最终构建出广西旅游大数据政策文本分析的二维结构，如图 1-2 所示。

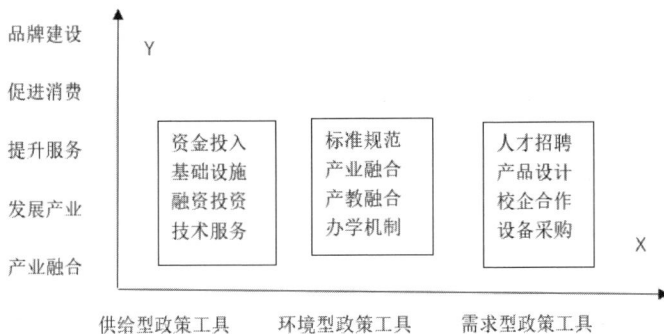

图 1-2　政策二维分析结构

资料来源：笔者绘制

6　王蒙，韩元军 . 中国休闲农业和乡村旅游的政策演进与内容评估 [J]. 产业组织评论 ,2021,15(02):132-150.

第四节　本章小结

　　本章就广西壮族自治区旅游大数据发展的政策法规的研究框架和技术路线图进行了总结，基于内容分析法，确定了广西来源的大数据政策法规研究的"政策目标"和"政策工具"二维分析结构。

第二章

广西旅游大数据政策法规具体情况：政策目标、政策工具分析

第一节　政策文献分析时间维度

本书选取 2021 年 1 月 1 日至 2024 年 12 月 31 日国家文化和旅游部、广西壮族自治区人民政府办公厅、文旅厅以及广西壮族自治区 14 个地级市发布的有关广西旅游大数据的政策文献，包括指导方针、通知意见、规划纲要等文献，以广西壮族自治区文化和旅游厅旅游大数据部门以及广西壮族自治区所有县（区）文化和旅游部门的职能描述作为分析的对象。

一、政策文本内容分析

根据内容分析法的分析步骤，首先按照政策文件颁布的时间顺序，对 149 条省级政府部门发布的广西旅游大数据政策进行标号，其次对政策工具进行编码，编码按照"政策编号 – 章节 / 条款"或"政策编号 – 章节 – 具体条款"的习惯进行归类和统计。例如，对编号为 1 的政策文件《广西创建国家全域旅游示范省（区）工作方案》的通知的第 1 条政策文献进行编码，编码号为"1–1"，其政策目标为"提升服务"，政策工具类型为"供给型"，政策工具为"资金投入"，最终形成政策分析单元编码。

政策样本选自 2021 年 1 月 1 日—2024 年 12 月 30 日广西壮族自治区文化和旅游厅等旅游大数据相关职能政府部门发布的共 43 条与旅游大数据相关的政策文献。其中，2021 年 4 条，占比 9.30%；2022 年 13 条，占比 30.23%；2023 年 14 条,占比 32.56%；2024 年 12 条,占比 27.91%。具体数据详见表 2-1、图 2-1、图 2-2、图 2-3。

表 2-1　发文地＊发文年份＊政策类别交叉表（单位：条）

政策发文主体		发文年份				总计
		2021	2022	2023	2024	
发文地	百色市	1	1	1	2	5
	贵港市	2	1	0	0	3
	桂林市	0	2	2	2	6
	国务院	1	0	0	0	1
	贺州市	0	1	0	0	1
	来宾市	0	0	2	1	3
	柳州市	0	0	2	1	3
	南宁市	0	1	0	0	1
	钦州市	0	1	1	0	2
	文旅部	0	0	1	0	1
	梧州市	0	3	0	0	3
	玉林市	0	0	0	1	1
	自治区人民政府	0	0	4	2	6
	自治区文旅厅	0	3	1	3	7
总计		4	13	14	12	43

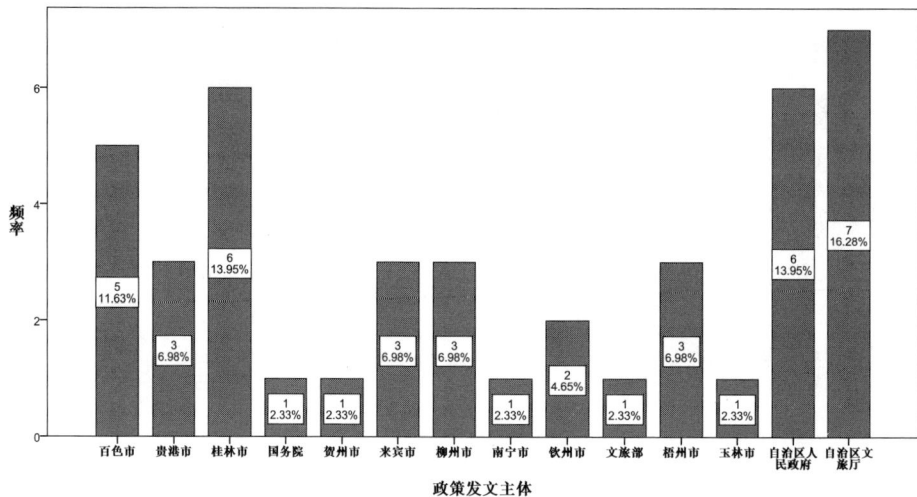

图 2-1　不同地区相关政策发文量比较

资料来源：课题组整理统计

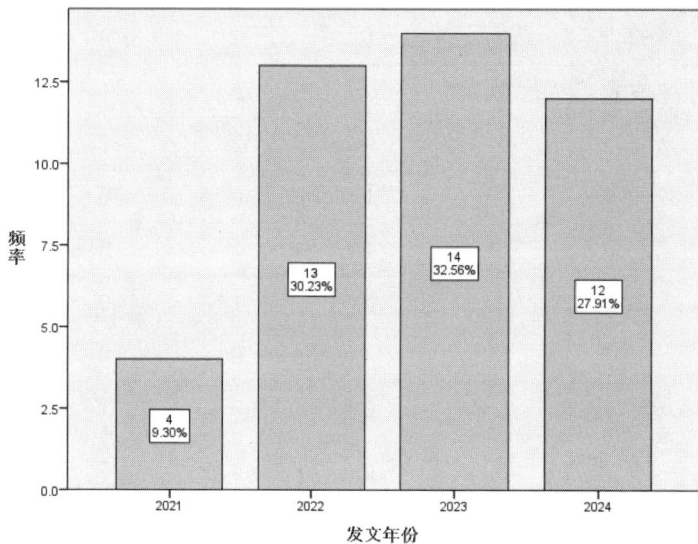

图 2-2　不同年份相关政策文件发文量

资料来源：课题组整理统计

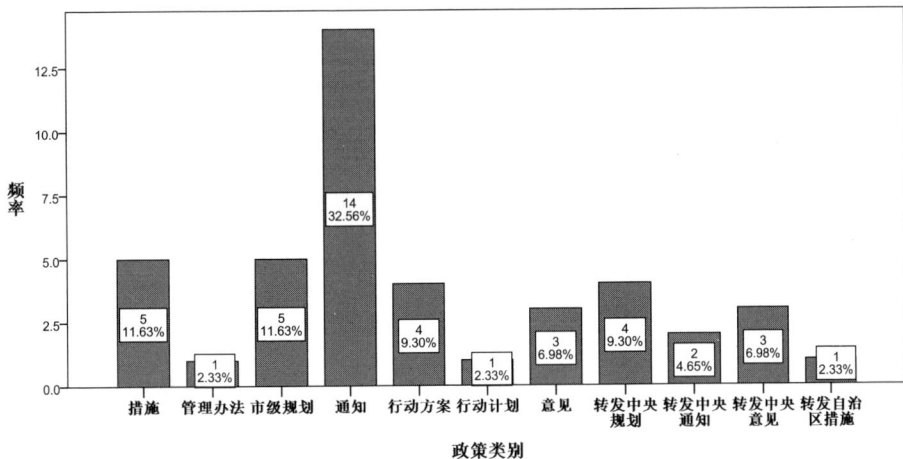

图 2-3　不同类别政策文件发文量

资料来源：课题组整理统计

二、政策目标与政策工具分析

　　政策工具是指执行者能够用以实现特定政策目标的一系列手段、方法、措施等，是政策目标与政策结果之间的纽带和桥梁。政策工具的划分存在多种标准。本研究将广西旅游大数据政策的基本政策工具划分为供给型、环境型、需求型三类，政策工具强调政策支持中供给与需求的相互促进与协调，这与文化旅游发展强调供给侧改革与需求侧管理的政策意图相吻合。供给型政策工具指政府通过自上而下的方式直接作用于资金、土地、人才和技术等资源要素，扩大有效供给，进而以要素投入推动产业发展，具体政策工具包括资金投入、基础设施、示范工程、融资投资等。环境型政策工具指政府通过营造广西旅游大数据与文旅融合发展的良好外部环境，间接引导广西旅游大数据赋能文旅高质量发展，具体的政策工具包括法律规划、目标规划、标准规范、制度建设等。需求型政策工具指政府通过培育市场需求，引导广西旅游大数据赋能旅游业的发展，破除相关的机制体制障碍因素，从而为广西旅游大数据与文旅融合发展提供动能作用，具体政策包括设备采购、技术采购、旅游产品设计、提升公共服务等。

政策目标方面，产业发展 7 条，占比 16.28%；产业融合 11 条，占比 25.58%；促进消费 7 条，占比 16.28%；品牌建设 1 条，占比 2.33%；提升服务 17 条，占比 39.53%。政策目标统计见图 2-4。由此可见，旅游大数据是提升服务质量和体验的重要抓手，也是产业融合的重要工具和基础。

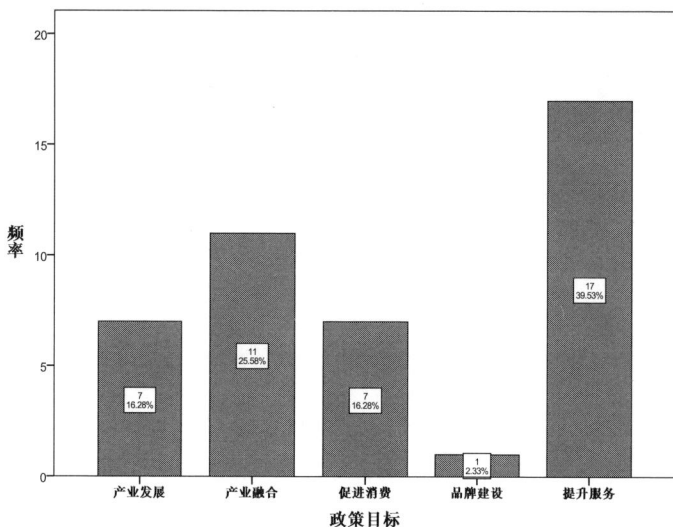

图 2-4　政策目标统计

资料来源：课题组整理统计

政策工具方面，供给型政策工具 10 条，占比 23.26%；环境型政策工具 26 条，占比 60.47%；需求型政策工具 7 条，占比 16.28%，具体数据见图 2-5。该图反映出现阶段各地区的政策工具以环境型为主，这与我国的发展阶段相吻合，需要用政策创造良好的环境。政策工具的使用情况：技术支持 22 条，占比 51.16%；产品创新 6 条，占比 13.95%；设备采购 9 条，占比 20.93%；促进消费、基础设施、示范基地、资金投入、资金支持、技术采购各 1 条，占比均为 2.33%。具体数据见图 2-6。

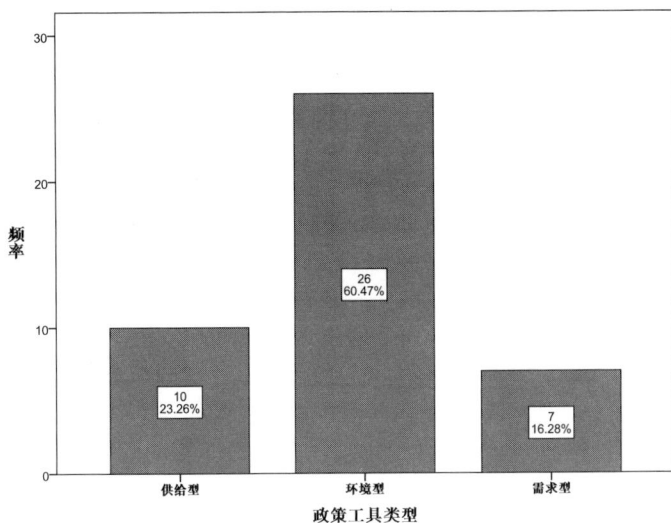

图 2-5　政策工具类型

资料来源：课题组整理统计

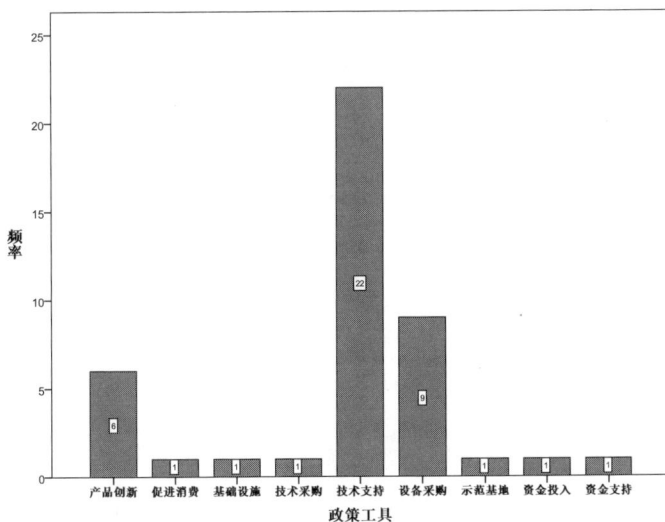

图 2-6　政策工具使用情况

资料来源：课题组整理统计

政策目标与供给分析是基于内容分析法与交叉描述统计，在选取的 43 条政策样本中，采用描述统计 - 交叉表对政策工具和政策目标进行交叉分析发现，产业发展目标 7 条，包括的政策工具中，产品创新 1 条、技术支持和设备采购各 3 条；产业融合目标 11 套，包括产品创新 3 条、技术支持 4 条、基础设施、技术采购、设备采购和示范基地各 1 条；促进消费目标 7 条，包括产品创新、消费鼓励、设备采购各 1 条，技术支持 4 条；品牌建设目标只有设备采购 1 条；提升服务目标 17 条包括技术支持 11 条、设备采购 3 条、资金投入、产品创新、资金支持各 1 条，具体数据见表 2-2。

表 2-2　政策目标＊政策工具交叉表项目

项目		政策目标					总计
		产业发展	产业融合	促进消费	品牌建设	提升服务	
政策工具	产品创新	1	3	1	0	1	6
	消费鼓励	0	0	1	0	0	1
	基础设施	0	1	0	0	0	1
	技术采购	0	1	0	0	0	1
	技术支持	3	4	4	0	11	22
	设备采购	3	1	1	1	3	9
	示范基地	0	1	0	0	0	1
	资金投入	0	0	0	0	1	1
	资金支持	0	0	0	0	1	1
总计		7	11	7	1	17	43

资料来源：课题组整理统计

政策类别、政策目标方面，措施共 5 条，其中产业融合 3 条、品牌建设和提升服务各 1 条；管理办法共 1 条，为产业融合；市级规划 5 条，其中产业融合 1 条、提升服务 4 条；通知共 14 条，其中产业发展 1 条、产业融合 1 条、促进消费 3 条、提升服务 9 条；行动方案共 4 条，其中产业发展 2 条、促进消费 1 条、提升服务 1 条；行动计划共 1 条，集中在产业融合；意见共 3

条，其中产业融合 1 条、促进消费 1 条、提升服务 1 条；转发中央规划共 4 条，其中产业发展 2 条、产业融合 2 条；转发中央通知共 2 条，其中促进消费 1 条、提升服务 1 条；转发中央意见共 3 条，其中产业发展 1 条、产业融合 1 条、促进消费 1 条；转发自治区措施共 1 条，集中在产业发展。具体数据详见表 2-3。

表 2-3 政策类别 * 政策目标 * 政策工具交叉表（单位：条）

项目		政策目标					总计
		产业发展	产业融合	促进消费	品牌建设	提升服务	
政策类别	措施	0	3	0	1	1	5
	管理办法	0	1	0	0	0	1
	市级规划	0	1	0	0	4	5
	通知	1	1	3	0	9	14
	行动方案	2	0	1	0	1	4
	行动计划	0	1	0	0	0	1
	意见	0	1	1	0	1	3
	转发中央规划	2	2	0	0	0	4
	转发中央通知	0	0	1	0	1	2
	转发中央意见	1	1	1	0	0	3
	转发自治区措施	1	0	0	0	0	1
总计		7	11	7	1	17	43

资料来源：课题组整理统计

第二节　政策差异性分析

地区政策差异性分析，主要从不同地区的政策目标与政策工具使用两个方面进行分析，探究广西不同地区政策目标以及政策工具方面的异同。

一、政策目标分析

本书研究广西壮族自治区不同地市对广西旅游大数据政策目标与政策工具使用的差异性，从发文地的政策目标来分析，百色市共计发布 5 条政策，其中产业发展的政策目标 3 条、产业融合的政策目标 1 条、提升服务的政策目标 1 条；贵港市共计发布 3 条，其中产业发展的政策目标 2 条、促进消费的政策目标 1 条；桂林市共发布 6 条，其中产业融合 1 条、促进消费 2 条、提升服务 3 条；转发国务院办公厅发文共 1 条，集中在产业融合；贺州市发布 1 条，集中在提升服务；来宾市共发布 3 条，其中产业融合 1 条、提升服务 2 条；柳州市共发布 3 条，其中产业发展 1 条、促进消费 1 条、提升服务 1 条；南宁市仅发布 1 条，为产业融合；钦州市共发布 2 条，产业融合与提升服务各 1 条；文旅部发布的政策文献 1 条，为促进消费；梧州市发布共 3 条，产业融合 1 条、提升服务 2 条；玉林市仅发布 1 条，为提升服务；自治区人民政府共发布 6 条，其中产业融合 2 条、促进消费 1 条、品牌建设 1 条、提升服务 2 条；自治区文旅厅共发布 7 条，其中产业发展 1 条、产业融合 2 条、促进消费 1 条、提升服务 3 条。具体数据详见表 2-4。从政策发文主体的政策目标来看，产业发展与产业融合是各级政府的重点目标和方向，旅游大数据是文旅职能部门提升服务的重要工具和抓手。

表2-4　发文地＊政策目标＊政策工具 交叉表（单位：条）

政策发文主体	政策目标					总计
	产业发展	产业融合	促进消费	品牌建设	提升服务	
百色市	3	1	0	0	1	5
贵港市	2	0	1	0	0	3
桂林市	0	1	2	0	3	6
国务院办公厅	0	1	0	0	0	1
贺州市	0	0	0	0	1	1
来宾市	0	1	0	0	2	3
柳州市	1	0	1	0	1	3
南宁市	0	1	0	0	0	1
钦州市	0	1	0	0	1	2
文旅部	0	0	1	0	0	1
梧州市	0	1	0	0	2	3
玉林市	0	0	0	0	1	1
自治区人民政府	0	2	1	1	2	6
自治区文旅厅	1	2	1	0	3	7
总计	7	11	7	1	17	43

资料来源：课题组整理统计

对政策工具、政策目标的使用情况进行分析，产业发展的政策目标共7条，使用的政策工具包括产品创新1条、技术支持3条、设备采购3条；产业融合的政策目标共11条，使用的政策工具包括产品创新3条、基础设施1条、技术采购1条、技术支持4条、设备采购1条、示范基地1条；提升消费的政策目标使用的政策工具共7条，其中产品创新1条、促进消费1条、技术支持4条、设备采购1条；品牌建设的政策目标仅使用设备采购工具1条；提升服务的政策工具共17条，其中包括产品创新1条、技术支持11条、设备采购3条、资金投入和资金支持各 1 条，由此可见，提升服务是广西旅游大数据政策的施策重心，其次为文旅产业融合与文旅产业发展。具体数据详见表 2-5。

表 2-5　政策工具＊政策目标＊政策类别交叉表（单位：条）

项目		政策目标					总计
		产业发展	产业融合	提升消费	品牌建设	提升服务	
政策工具	产品创新	1	3	1	0	1	6
	促进消费	0	0	1	0	0	1
	基础设施	0	1	0	0	0	1
	技术采购	0	1	0	0	0	1
	技术支持	3	4	4	0	11	22
	设备采购	3	1	1	1	3	9
	示范基地	0	1	0	0	0	1
	资金投入	0	0	0	0	1	1
	资金支持	0	0	0	0	1	1
总计		7	11	7	1	17	43

资料来源：课题组整理统计

二、政策工具使用分析

本书课题研究广西旅游大数据政策实现工具差异性，环境型政策工具共 26 条，供给型和需求型政策工具分别为 10 条和 7 条，见表 2-6。从政策工具特征来看，在不同地区使用的政策工具中，环境型政策工具居于主导地位，供给型政策工具和需求型政策工具的使用频率偏低，呈现出政策工具使用不均衡特征。

表 2-6　政策工具 * 政策目标 * 政策工具类型交叉表（单位：条）

政策工具类型		政策目标					总计
		产业发展	产业融合	促进消费	品牌建设	提升服务	
供给型政策工具	产品创新	0	1	0	0	0	1
	基础设施	0	1	0	0	0	1
	技术支持	0	2	1	0	2	5
	设备采购	1	0	0	0	1	2
	资金支持	0	0	0	0	1	1
小计		1	4	1	0	4	10
环境型政策工具	产品创新	1	1	1	0	1	4
	促进消费	0	0	1	0	0	1
	技术采购	0	1	0	0	0	1
	技术支持	3	2	3	0	6	14
	设备采购	1	1	1	0	1	4
	示范基地	0	1	0	0	0	1
	资金投入	0	0	0	0	1	1
小计		5	6	6	0	9	26
需求型政策工具	产品创新	0	1	0	0	0	1
	技术支持	0	0	0	0	3	3
	设备采购	1	0	0	1	1	3
小计		1	1	0	1	4	7
政策工具汇总	产品创新	1	3	1	0	1	6
	促进消费	0	0	1	0	0	1
	基础设施	0	1	0	0	0	1
	技术采购	0	1	0	0	0	1

政策工具类型		政策目标					总计
		产业发展	产业融合	促进消费	品牌建设	提升服务	
政策工具汇总	技术支持	3	4	4	0	11	22
	设备采购	3	1	1	1	3	9
	示范基地	0	1	0	0	0	1
	资金投入	0	0	0	0	1	1
	资金支持	0	0	0	0	1	1
总计		7	11	7	1	17	43

资料来源：课题组整理统计

三、具体政策工具与政策目标分析

不同地市的具体政策工具使用情况存在差异，通过交叉分析，发现特点如下，百色市共发布 5 条，政策目标包括产业发展 3 条、产业融合 1 条、提升服务 1 条；贵港市共发布 3 条，政策目标包括产业发展 2 条、促进消费 1 条，其他情况详见表2-7。

表2-7　发文地＊政策目标交叉表（单位：条）

项目		政策目标					总计
		产业发展	产业融合	促进消费	品牌建设	提升服务	
发文地	百色市	3	1	0	0	1	5
	贵港市	2	0	1	0	0	3
	桂林市	0	1	2	0	3	6
	国务院	0	1	0	0	0	1
	贺州市	0	0	0	0	1	1
	来宾市	0	1	0	0	2	3
	柳州市	1	0	1	0	1	3

项目		政策目标					总计
		产业发展	产业融合	促进消费	品牌建设	提升服务	
发文地	南宁市	0	1	0	0	0	1
	钦州市	0	1	0	0	1	2
	文旅部	0	0	1	0	0	1
	梧州市	0	1	0	0	2	3
	玉林市	0	0	0	0	1	1
	自治区人民政府	0	2	1	1	2	6
	自治区文旅厅	1	2	1	0	3	7
总计		7	11	7	1	17	43

资料来源：课题组整理统计

对发文地、政策工具类型进行交叉分析，百色市共5条政策工具，其中供给型政策工具1条、环境型政策工具4条、需求型政策工具0条；贵港市政策工具共3条，其中环境型政策工具2条、需求型政策工具1条，供给型政策工具0条；桂林市发布政策共6条，其中供给型政策工具1条、环境型政策工具3条、需求型政策工具2条；转发国务院政策1条，为环境型政策工具；贺州市1条，为环境型政策工具；来宾市3条，为环境型政策工具；柳州市政策工具3条，其中提供给政策工具2条，环境型政策工具1条；南宁市政策工具1条，为环境型政策工具；钦州市政策工具2条，为供给型和环境型政策工具，各1条；文旅部有关广西的政策工具1条，为环境型政策工具；梧州市政策工具共3条，供给型1条、环境型2条；玉林市政策工具1条，为供给型；自治区人民政府共6条，其中环境型3条、需求型3条，供给型0条；自治区文旅厅政策工具共7条，供给型和环境型政策工具各3条，需求型政策工具1条。具体数据详见表2-8。

表2-8 发文地＊政策工具类型交叉表（单位：条）

项目		政策工具类型			总计
		供给型	环境型	需求型	
发文地	百色市	1	4	0	5
	贵港市	0	2	1	3
	桂林市	1	3	2	6
	转发国务院	0	1	0	1
	贺州市	0	1	0	1
	来宾市	0	3	0	3
	柳州市	2	1	0	3
	南宁市	0	1	0	1
	钦州市	1	1	0	2
	文旅部	0	1	0	1
	梧州市	1	2	0	3
	玉林市	1	0	0	1
	自治区人民政府	0	3	3	6
	自治区文旅厅	3	3	1	7
总计		10	26	7	43

资料来源：课题组整理统计

对政策类别与政策工具进行交叉分析，政策类别包括措施、管理办法、市级规划、通知、行动方案、行动计划、意见、转发中央规划、转发中央通知、转发中央意见、转发自治区措施等。措施共5条，其中产品创新和设备采购各1条，技术支持3条；管理办法1条，为示范基地；市级规划共5条，其中技术采购和设备采购各1条，技术支持3条；通知共14条，产品创新、促进消费、基础设施、资金投入和资金支持均为1条，技术支持7条，设备采购 2 条；行动方案 4 条，技术支持和设备采购各 2 条；行动计划仅 1 条，为技术支持意见共 3 条，其中产品创新、技术支持、设备采购均为 1 条；转发中央规划共 4 条，其中产品创新和设备采购各 1 条、技术支持 2 条；转发中央通知共 2 条，其中产品创新和技术支持各 1 条；转发中央意见共 3 条，其中产品创新、技术支持、设备采购 1 各 1 条；转发自治区措施 1 条，为技术支持。具体数据详见表 2-9。

表 2-9　政策类别 * 政策工具交叉表（单位：条）

项目		政策工具									总计
		产品创新	促进消费	基础设施	技术采购	技术支持	设备采购	示范基地	资金投入	资金支持	
政策类别	措施	1	0	0	0	3	1	0	0	0	5
	管理办法	0	0	0	0	0	0	1	0	0	1
	市级规划	0	0	0	1	3	1	0	0	0	5
	通知	1	1	1	0	7	2	0	1	1	14
	行动方案	0	0	0	0	2	2	0	0	0	4
	行动计划	0	0	0	0	1	0	0	0	0	1
	意见	1	0	0	0	1	1	0	0	0	3
	转发中央规划	1	0	0	0	2	1	0	0	0	4
	转发中央通知	1	0	0	0	1	0	0	0	0	2
	转发中央意见	1	0	0	0	1	1	0	0	0	3
	转发自治区措施	0	0	0	0	1	0	0	0	0	1
总计		6	1	1	1	22	9	1	1	1	43

资料来源：课题组整理统计

对政策工具与政策工具类型进行交叉分析，在政策工具中，产品创新共 6 条，其中供给型和需求型政策工具各 1 条、环境型政策工具 4 条；促进消费 1 条，为环境型政策工具；基础设施 1 条，为供给型政策工具；技术采购 1 条，为环境型政策工具；技术支持共 22 条，其中供给型政策工具 5 条、环境型政策工具 14 条、需求型政策工具 3 条；设备采购共 9 条，其中供给型政策工具 2 条、环境型政策工具 4 条、需求型政策工具 3 条；示范基地 1 条，为环境型政策工具；资金投入 1 条，为环境型政策工具；资金支持 1 条，为供给型政策工具。具体数据详见表 2-10。

表 2-10 政策工具 * 政策工具类型交叉表（单位：条）

项目		政策工具类型			总计
		供给型	环境型	需求型	
政策工具	产品创新	1	4	1	6
	促进消费	0	1	0	1
	基础设施	1	0	0	1
	技术采购	0	1	0	1
	技术支持	5	14	3	22
	设备采购	2	4	3	9
	示范基地	0	1	0	1
	资金投入	0	1	0	1
	资金支持	1	0	0	1
总计		10	26	7	43

资料来源：课题组整理统计

对政策目标、政策工具类型进行交叉分析，供给型政策工具共 10 条，其中产业发展目标、促进消费各 1 条，产业融合与提升服务各 4 条；环境型政策工具共 26 条，其中产业发展政策目标 5 条、产业融合与促进消费各 6 条，提升服务 9 条；需求型政策工具 7 条，其中产业发展、产业融合、品牌建设各 1 条，提升服务 4 条。具体数据详见表 2-11。

表 2-11　政策目标＊政策工具类型交叉表（单位：条）

项目		政策工具类型			总计
		供给型	环境型	需求型	
政策目标	产业发展	1	5	1	7
	产业融合	4	6	1	11
	促进消费	1	6	0	7
	品牌建设	0	0	1	1
	提升服务	4	9	4	17
总计		10	26	7	43

资料来源：课题组整理统计

第三节　本章小结

基于内容分析法构建的"政策目标"和"政策工具"二维分析机构框架，本章就广西旅游大数据发展的政策进行了分析，通过分析发现广西旅游大数据政策法规的特征如下。

一、政策工具的使用不均衡

通过分析发现，广西旅游大数据政策施策目标的政策工具使用不均衡，环境型政策工具最多，供给型政策工具次之，需求型政策工具最少，政策文献的出台部门以文旅部门居多，反映出当前广西壮族自治区旅游大数据政策施策的重点是为旅游产业的高质量健康发展构建良好的宏观环境，为游客提供特色鲜明的文化旅游产品。

二、旅游大数据政策的顶层引领性设计不足

当前，广西旅游大数据政策体系基本全面覆盖全区文旅行业，形成了中央—地方垂直政策体系，但政策举措呈现碎片化、力度小、不集中的特点，并且多为指导性、意见性政策，顶层引领性政策文件的设计不足。政策工具类型的使用不均衡，内部结构存在滞后性特征。

第三章
广西旅游大数据政策文本内容分析与研究

依照前文所述的技术路线，本部分采用 ROST Content Mining 6.0 软件，就学界对广西旅游大数据的政策文献数据进行文本分析，分析的主要内容包括社会和语义网络分析、行业特征词输出分析、高频词分析等。

第一节　广西旅游大数据政策法规文本语义网络分析

根据 ROST Content Mining 语义网络图分析这一功能，生成语义网络图，其复杂性体现在众多的节点和它们之间错综复杂的连接关系上[1]，因此，为更加清晰地体现和反映游客对桂林旅游目的地形象的整体感知体验，进一步挖掘桂林网络游记文本背后的深层内涵，探究高频词之间的关联性和指向性，本书采用 ROST Content Mining 6.0 软件中的社会网络语义分析功能来处理游记文本中的语义关联性，并利用 Net Draw 功能将所获得的数据进行中心度分析[2]，社会和语义网络图是根据中心度大小所显示的节点情况，一是节点分析，我们可以观察到网络图中存在多个节点，每个节点都代表了一个具体的规则

1　赵金金,孙玉梅,姜乃源,等.基于网络文本分析的旅游形象感知研究——以长沙为例[J].白城师范学院学报,2024,38(02):82-89+100.

2　陈晓华,刘松婷,张馨木.基于多元数据分析的传统村落空间活力表征——以黄山市西溪南村为例[J].安徽工业大学学报(自然科学版),2021,38(04):414-421+459.

或要求；二是连线分析，连线在网络图中起到了桥梁的作用，它连接了不同的节点，表示了这些节点之间的关联或依赖关系；三是关键节点分析，在网络图中的关键节点，代表的是游客体验的关键要素。其中，线条指向的密集度体现共现频率的高低，越密则表示出现的频次越多，游客感知中两者的关联性越强，而且节点的大小与中心度大小的关系密切，节点越大表示其中心度越高，即该节点处于网络图的核心位置[3]。

图 3-1 和表 3-1 显示，"推动""广西""智慧""旅游""发展"处于语义网络的中心位置，是整个语义网络的最重要的节点，此外，形成了"推进""服务""加快""提升""大数据""文化""建设"等次中心节点，外围的节点包括、"体验""监管""升级""完善""企业""应用""实现"等。图 3-1 反映出广西壮族自治区旅游大数据政策的目标是推动广西智慧旅游的发展，实现文化和旅游高质量发展与融合。

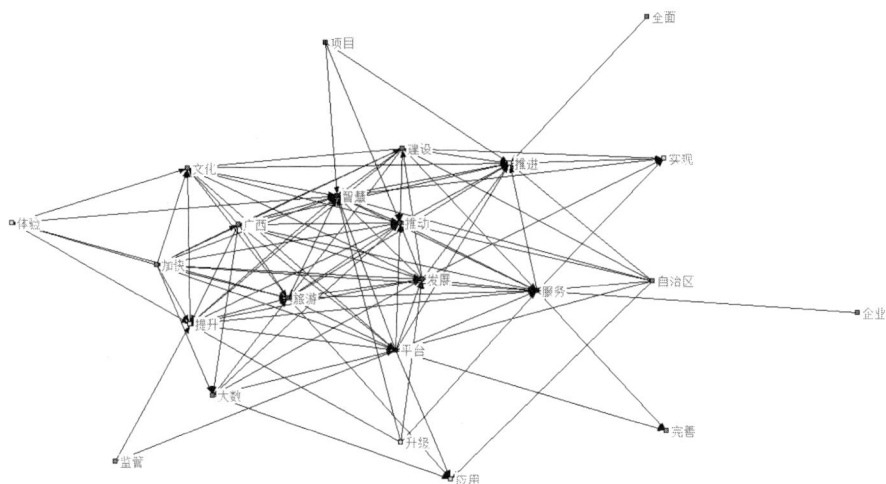

图 3-1 广西壮族自治区人民政府办公厅政策社会和语义网络

资料来源：笔者整理统计

---

3 彭佳玲, 周茂林, 杨青. 公众对上门护理服务的态度和关注点：基于网络爬虫的文本挖掘 [J]. 护理学杂志 ,2023,38(05):110-113+116.

表 3-1　自治区人民政府办公厅政策文本行特征分析

自治区人民政府办公厅政策文本行特征输出							
面临	发展	机遇	挑战				
旅游业	全面	战略	变化	旅游	发展	我国	机遇
大众	时代	时期	挑战				
旅游业	创新	推动	充分	营造	全局	革命	消费
供应商	赋予	战略	数字化	服务	智能化	旅游	变革
驱动	提出	建设	地位	发展	便利	科技	影响
网络化	社交	新一轮	动能	获取	深刻	深入	坚持
转变	升级	资源	支付	场景			
创新	驱动	发展	坚持				
扩大	创新	推进	技术	应用	智慧	结合	数字化
集合	智能化	旅游	特征	互联网	网络化	疫情	深化
加快	资源	场景					
推进	智慧	旅游	发展				
推进	流量	游览	游客	分流	公共	技术	引导
应用	综合	智慧	服务	整合	交通	旅游	设施
通行	通信	互联网	建立	建设	平台	测绘	预约
预警	监管	监控	监测	接待量	科学	移动	气象
道路	机制	大数据	模式	时段	及时	五代	计算
加强	有效						
旅游城	创新	推动	推进	营销	游客	代表	开发
公园	网上	打造	引导	利用	智慧	数字化	服务
集散	智能化	整合	旅游	旗舰	化建	提高	提升
内部	互联网	依法	建设	鼓励	发展	水平	针对性
平台	项目	新型	度假区	体验	互动	旅行社	
大数据	系统	展示	培育	企业	中心	改造	促进
沉浸							
区域	虚拟	有效性	转型	升级	资源	景区	有效
一批	重点	场景					
创新	技术	应用	加快				
旅游业	创新	推进	推动	无人机	全息	游客	开发
公共	技术	普及	系统工	安全性	现实	综合	应用
智慧	智能	交互式	服务	集成	旅游	联网	提高
提升	市场	终端	研发	北斗	鼓励	发展	功能
穿戴	水平	机器人	平台	示范	便利	决策	科技
体验	虚拟现实	大脑	大力	系统	大数据	展示	领域
沉浸区块	增强	计算	支付				
创新	推动	营销	开展	公共	消费	技术	打造
引导	引领	应用	利用	智慧	文化	文明	数字化
服务	集聚	旅游	贸易	乡村	发展	功能	平台
协作	协同	融合	载体	取得	经营者	新进	科技

续表

自治区人民政府办公厅政策文本行特征输出							
夜间	振兴	体验	业态	大数据	基地	培育	展示
展线	基建	深度	承担	中小	人工智能	沉浸	区块
转型	计算	加强	升级	资源	场景		

资料来源：课题组整理统计

　　图 3-2 和表 3-2 显示，"智慧""旅游""发展""服务""推动"是整个语义网络的关键节点，它们位于网络的中心位置，显示出在政策中的核心地位。这些节点的中心性表明它们是推动广西旅游大数据政策的主要驱动力。此外，图中还形成了一些次中心节点，包括"建设""推进""平台"。这些节点虽然不如中心节点那样核心，但它们在网络中扮演着重要的角色，是实现中心节点目标的关键支撑。外围节点则包括"监管""应用""完善""自治区""企业""升级""实现""全面""体验""大数据""加快""文化"。这些节点虽然在网络中的连接度较低，但代表了政策影响的广泛领域，是政策实施的具体领域和目标群体。该图反映出通过大数据技术推动广西智慧旅游的发展，实现旅游产业的转型升级，促进文化和旅游的深度融合，提升旅游服务质量，加快旅游产业的现代化进程，最终实现广西旅游产业的高质量发展的政策目标。

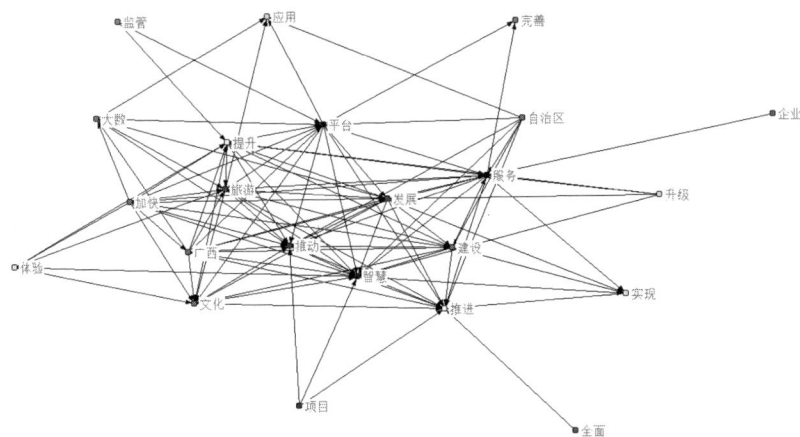

图 3-2　广西壮族自治区文旅厅政策社会和语义网络

资料来源：课题组整理统计

表 3-2　广西壮族自治区文旅厅政策文本行特征词分析

广西壮族自治区文旅厅政策文本行特征词输出							
完善	发展局	推动	推进	全面	实时	实现	技术
宇宙	打造	广电局	应用	管理局	智能	智慧	文化
执法	服务	集团	覆盖	运营	特色	旅游	设施
通信	建立	建设	鼓励	发展	平台	融合	融入
预订	云一池	监测	大数据	展示	指挥	中心	广西
自治区	转化	加快	讲解	单位	一批	成果	积极
支付	场景	场所	商务				
完善	发展局	推广	推动	推进	全面	全区	自助
实现	引导	广电局	应用	管理局	智慧	文化	服务
集团	试点	上线	旅游	提升	通信	溯源	市县
桂林	建设	退货	发展	功能	诚信	平台	无理
便捷	预约	云一池	范围	监管	项目	管理	停车
下联	体验	大数据	入住	入园	企业	购物	广西
自治区	各部	加快	升级	单位	资源	重点	积极
场所	商务						
创新	推动	推进	强化	自助	实现	开展	立项
高等院校	智慧	文物	服务	保护	试点	逐步	依法
建设	鼓励	条件	项目	新型	科技	符合	管理
政策	自治区	虚拟	转化	数字	讲解	博物馆	直播
合作	成果						
创新	发展局	推进	推动	强化	营销	全面	技术
现实	广电局	应用	管理局	智慧	文化	集团	视听
旅游	提升	通信	制作	建设	力度	发展	水平
平台	便捷	监管	项目	科技	管理	参与	体验
和服	虚拟现实	互通	互联	大数据	展示	培育	展线
销售	个性化	广西	自治区	沉浸	增强	数字	单位
艺术	直播	一批	场景	商务			
完善	发展局	推广	推动	推进	全面	全区	自助
实现	引导	广电局	应用	管理局	智慧	文化	服务
集团	试点	上线	旅游	提升	通信	溯源	市县
桂林	建设	退货	发展	功能	诚信	平台	无理
便捷	预约	云一池	范围	监管	项目	管理	停车
下联	体验	大数据	入住	入园	企业	购物	广西
自治区	各部	加快	升级	单位	资源	重点	积极
场所	商务						

续表

广西壮族自治区文旅厅政策文本行特征词输出							
强化	科技	数字					
娱乐	推出	推进	推动	全区	全面	营销	实现
开展	消费	宇宙	打造	智能	智慧	文化	服务
旅游	行动	提升	发展	水平	平台	组织	监管
项目	新业	体验	互动	培育	企业	广西	虚拟
加快	数字	数据	升级	景区	直播	一批	重点
共享	场景	场所					
完善	发展局	推广	推动	推进	全面	全区	自助
实现	引导	广电局	应用	管理局	智慧	文化	服务
集团	试点	上线	旅游	提升	通信	溯源	市县
桂林	建设	退货	发展	功能	诚信	平台	无理
便捷	预约	云一池	范围	监管	项目	管理	停车
下联	体验	大数据	入住	入园	企业	购物	广西
自治区	各部	加快	升级	单位	资源	重点	积极
场所	商务						
完善	娱乐	推动	推进	游客	全区	营销	游戏
开展	消费	宇宙	技术	打造	现实	引导	广电局
应用	利用	智能	智慧	文物	文化	数字化	服务
集团	运用	安全	整合	特色	旅游	提升	市场
建设	发展	平台	监管	项目	新业	科技	体验
和服	虚拟现实	互动	大数据	培育	企业	广西	自治区
人工智能	沉浸	增强	转型	优化	各部	加快	数据
数字	升级	单位	资源	博物馆	艺术	景区	一批
成果	场景	场所					
推进	全场	实现	开展	技术	休闲	数字化	服务
试点	覆盖	运动	运营	旅游	赛事	发展	水上
装备	培育	企业	数字	直播			
消费	技术	打造	休闲	应用	文体	逐步	特色
旅游	银滩	北海	依托	多元	水上	星级	体验
构建	大数据	人工智能	沉浸	虚拟	加快	拓展	酒店
完善	推动	游客	技术	利用	服务	上线	整合
旅游	提升	快捷	地图	发展	功能	水平	平台
融合	预订	便捷	管理	大数据	个性化	广西	人工智能
转型	优化	加强	加快	资源	合作	线路	支付
财政	完善	创新	充电	实现	引导	结合	服务
运营	设施	市场	建设	建立	鼓励	参与	政策
模式	基础	企业	合作				
城镇	城际	城市群	强化	充电	实现	打造	经济区

广西壮族自治区文旅厅政策文本行特征词输出							
经济带	结合	智慧	服务	交通	设施	提升	电动
通达	北部湾	路网	依托	建设	快慢	快速	发展
便捷	新型	构建	互通	互联	基础	广西	汽车
加快	数据	升级	衔接	线路	有效	能力	重点
共享							
完善	充电	实时	应用	服务	安全	交通	设施
提升	电动	功能	水平	平台	监测	监管	互动
基础	自治区	汽车	拓展	数字	数据		
创新	推出	开展	消费	打造	休闲	智慧	文化
数字化	文体	街区	旅游	行动	提升	制作	赛事
建设	水平	新业	体验	展线	模式	培育	销售
沉浸	加快	数字	艺术	直播	景区	一批	场景

资料来源：课题组整理统计

图 3-3 和表 3-3 显示，"智慧""旅游""建设"是整个语义网络的关键节点，它们位于网络的中心位置，显示出在政策中的核心地位。这些节点的中心性表明它们是推动南宁市政策社会和语义网络发展的主要驱动力。此外，图中还形成了一些次中心节点，包括"整合""平台"。这些节点虽然不如中心节点那样核心，但它们在网络中扮演着重要的角色，是实现中心节点目标的关键支撑。外围节点则包括"互联网""数字化""智能化""创新""应用""技术""资源""场景"。这些节点虽然在网络中的连接度较低，但代表了政策影响的广泛领域，是政策实施的具体领域和目标群体。该图反映出通过智慧技术和大数据的融合推动南宁市旅游产业的发展，实现旅游产业的转型升级，促进旅游与文化的深度融合，提升旅游服务质量，加快旅游产业的现代化进程，最终实现南宁市旅游产业的高质量发展的政策目标。

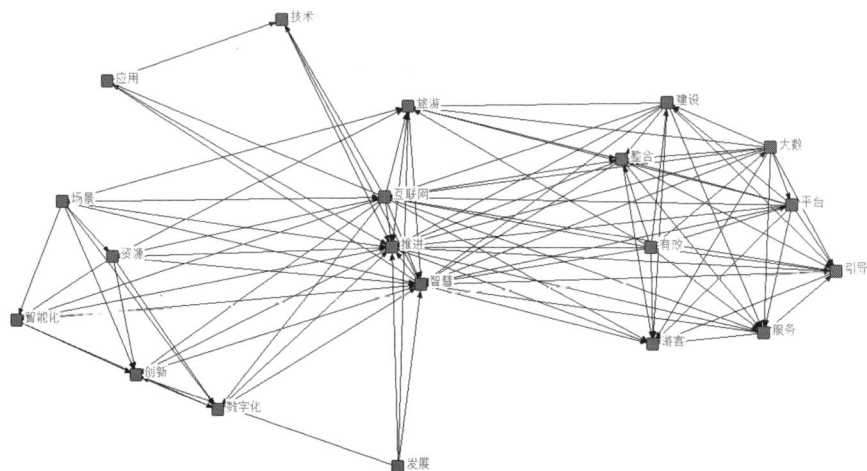

图 3-3　南宁市政策社会和语义网络

表 3-3　南宁市政策文本行特征词分析

南宁市政策文本行特征词分析输出						
创新	驱动	发展	坚持			
扩大	创新	推进	自主	技术	应用	智慧
结合数字化	集合	智能化	旅游	特征	互联网	网络化
疫情	深化	优势	加快资源场景			
推进	智慧	旅游	发展			
推进	流量	游览	游客	实时	分流	公共
技术	引导	应用	综合	智慧	服务	整合
交通	旅游	设施	通行	通信	互联网	建立
建设	平台	测绘	预约	预警	监管	监控
监测	接待量	科学	移动	气象	道路	机制
大数据	模式	时段	及时	五代	计算	加强
有效						
旅游城	创新	推动	推进	营销	游客	代表
开发	公园	网上	引导	利用	智慧	数字化
服务	集散	手段	覆盖	智能化	街区	饭店
上线	整合	旅游	旗舰	化建	提高	提升
内部	互联网	依法	建设	鼓励	发展	水平
针对性	平台	项目	新型	度假区	体验	互动
旅行社	大数据	系统	展示	培育	企业	中心
改造	促进	沉浸	区域	虚拟	有效性	转型
各类	传播	升级	标识	咨询	资源	景区
合作	有效	一批	重点	场景	停车场	厕所
专用道						

　　图 3-4 和表 3-4 显示,"发展""旅游""平台"和"智慧"是柳州市政策社会和语义网络中的核心节点,它们处于网络的中心位置,表明这些是柳州市政策关注的重点领域。这些核心节点的中心性显示了它们在推动柳州市政策发展中的关键作用。次中心节点包括"建设""推进""服务"和"提升",这些节点虽然不是最核心的,但它们对于实现核心节点的目标至关重要,是连接核心与外围节点的桥梁。外围节点则包括"大数据"、"广西"、"资源"、"体验"、"工业"、"建设"、"运营"、"特色"、"创意"等,这些节点虽然在网络中的连接度相对较低,但它们代表了政策影响的广泛领域,是政策实施的具体行动点和目标群体。反映出利用智慧技术和平台建设推动柳州市旅游产业的创新与发展,通过整合资源和提升服务水平,增强旅游产业的竞争力。同时,政策也旨在通过数字化和智能化手段,提高旅游管理效率和游客体验,促进旅游产业与地方特色文化的融合,从而带动柳州市经济的全面发展和社会进步的政策目标。这一目标体现了柳州市在新时代背景下,对旅游产业转型升级和区域经济发展的战略规划。

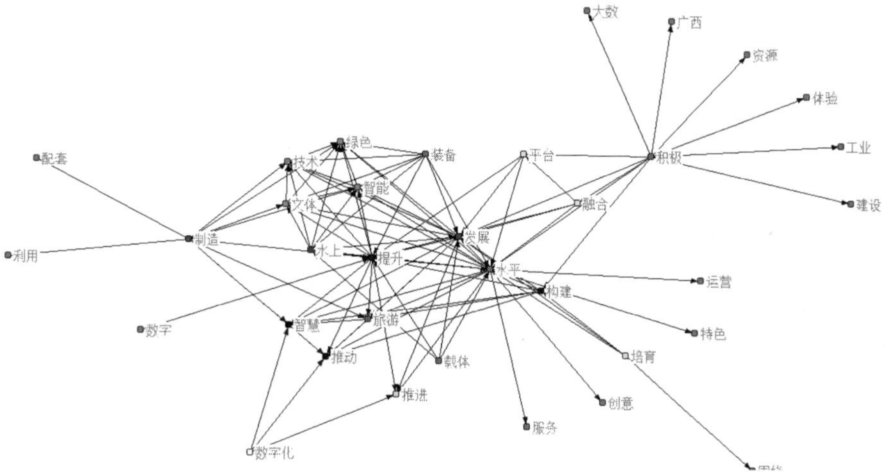

图 3-4　柳州市政策社会和语义网络

表 3-4　柳州市政策文本行特征词分析

柳州市政策文本行特征词分析输出							
强化	智能化	提升	科技	文化旅游	数字	进程	
旅游局	过程	完善	创新	创作	创意	发展局	推进
推动	纳入	一站式	全市	开发	管委会	公共	打造
做好	柳州	应用	智慧	数字化	文化	互动电影	服务
人民政府	运营	饭店	柳州市	整合	特色	旅游	着力点
提升	市场	工业	围绕	建设	鼓励	发展	水平
平台	融合	监管	项目	新区	新业	星级	原创
度假区	为主	体验	构建	大数	培育	广电	广西
形象	质量	促进	要素	精品	转型	优质	各县
各类	各级	加快	数字	图书馆	单位	博物馆	资源
景区	艺术	积极	文化馆	民族场所			
绿色	建设	装备	体系				
方向	推动	绿色	游乐	制造业	技术	综合	利用
智慧	智能	文体	现代化	智能化	配套	旅游	设施
提升	等高	高端	研制	制造	工厂	工业	互联网
依托	建设	高端化	发展	水平	壮大	水上	平台
装备	协同	融合	融入	环境	监测	检测	管理
瞄准	文化旅游	体验	体系	构建			
大数	系统	基础	软硬	广西	人工智能	沉浸	汽车
端文旅	加强	生态	资源	一批	一代	成套	先进
能源	积极	共性					
创意	推进	绿色	驾驶	开展	技术	定制	智能
文体	运动	联合设计	前瞻性	提升	柔性	高校	研发
布局	外观	鼓励	发展	水平	穿戴	水上	平台
无人	装备	材料	融合	载体	牵头	科研	训练机构
系统企业深化		个性化	一体化加强		合作能源		
推进	推动	流程	绿色	全场	游艇	游船	产业链
实现	开展	技术	休闲	利用	智慧	智能	数字化
文体	服务	试点	现代化	覆盖	运动	运营	配套
安全	延伸	旅游	特色	联合	驱动	提升	租赁
电池	电机	电动	控制	赛事	制造	围绕	发展
水平	水上	装备	材料	融资	载体	循环	构建
互相	培育	带动	企业	丰富	形成	韧性	数字
直播	先进重点	回收	商业				

资料来源：课题组整理统计

图 3-5 和表 3-5 显示，"文化""智慧""服务""发展"是整个桂林市政策社会和语义网络的关键节点，它们位于网络的中心位置，显示出在政策中的核心地位。这些节点的中心性表明它们是推动桂林市政策发展的主要驱动力。此外，图中还形成了一些次中心节点，包括"次中心节点""旅游""技术""应用"。这些节点虽然不如中心节点那样核心，但它们在网络中扮演着重要的角色，是实现中心节点目标的关键支撑。外围节点则包括"数字化""升级""公共""引导""打造""乡村""协同""集聚"等。这些节点虽然在网络中的连接度较低，但它们代表了政策影响的广泛领域，是政策实施的具体领域和目标群体。该图反映出通过智慧化和数字化手段推动桂林市文化旅游产业的深度融合，促进技术创新和应用，提高服务质量，加快产业升级，实现区域经济的均衡发展。同时，政策也旨在通过引导和打造特色品牌，提升桂林市的知名度和吸引力，从而带动桂林市经济的全面发展和社会进步的政策目标。这一目标体现了桂林市在新时代背景下，对文化旅游产业转型升级和区域经济发展的战略规划。

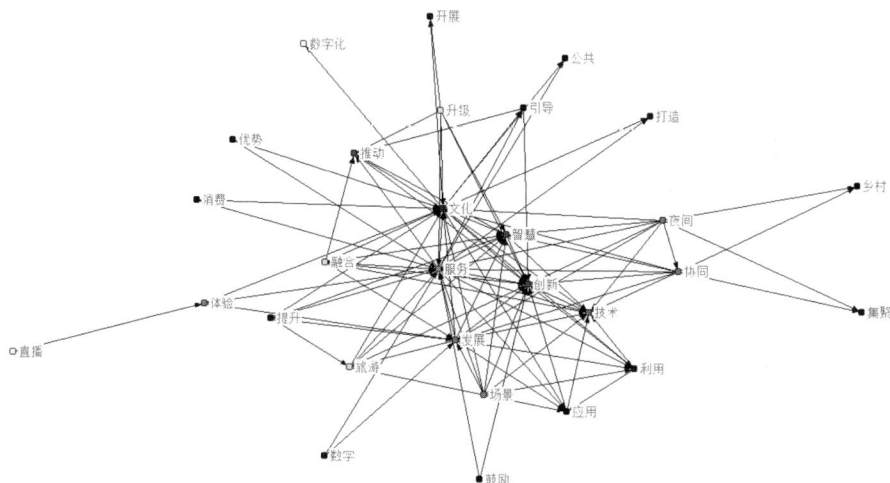

图 3-5 桂林市政策社会和语义网络

表3-5 桂林市政策文本行特征词分析

桂林市政策文本行特征词分析输出							
旅游业	主导	娱乐	创意	创作	创新	推动	减税
投资	全市	游戏	充分	产业化	制造业	开展	技术
休闲	战略	智慧	数字化	文化	服务	集聚	手段
工艺美术	运营	特色	联网	电子	高新技术	乡村	建设
借助	发奖	发展	穿戴	红利	装潢	协同	融合
新业	新闻	科技	夜间	健康	体验	政策	大力
大数	模式	培育	领域	目标	企业	时尚	广电
形成	人工智能	促进	区块	转型	计算	优势	加快
数字	升级	直播					
创新	推动	营销	开展	公共	消费	技术	打造
引导	引领	应用	利用	智慧	文化	文明	数字化
服务	集聚	配置	国家级	旅游	乡村	发展	功能
平台	协作	协同	融合	载体	取得	经营者	新进
科技	夜间	振兴	体验	业态	大数	基地	培育
展示	展线	基建	深度	承担	中小	人工智能	沉浸
区块	转型	计算	优化	加强	国家	升级	资源
直播	场景						
创新	推动	推广	充分	游客	公共	技术	打造
引导	现实	应用	利用	结合	智慧	文化	服务
超高	旅游	联网	设施	提升	复合型	全过程	鼓励
发展	机器人	平台	融合	环境	体验	虚拟现实	满足
模式	品质	个性化	沉浸	增强	生态	数字	资源
直播	核心	场景					
公共	消费	网联	打造	智能	文化	服务	提升
突破	终端	需求	发展	便捷	潜能	医疗	健康
体验	人民	构筑	满足	入口	大面	质量	沉浸
优势	数字	下一代					
创新	推广	底座	开源	技术	应用	智能	服务
研发	互联网	建设	鼓励	发展	示范	潜能	激发
可靠	探索	关键	社区	移动	体系	构建	构筑
操作系统	软件	区块	加快	生态	数字	核心	下一代
重点	智慧	旅游	行动	设施	提升	基础	应急
创新	推动	强化	游客	开展	引导	应急	智慧
智能	文化	数字化	服务	集散	试点	智能化	旅游

续表

桂林市政策文本行特征词分析输出							
设施	提升	电子	内部	鼓励	水平	票务	网络化
新一轮	政策	道路	系统	模式	基础	大规模	中心
指挥	改造	升级	景区				
旅游区	创新	推出	全国	消费	技术	休闲	应用
利用	智慧	文化	服务	集聚	试点	遗址	覆盖
街区	国家级	旅游	行动	提升	持续	专项	密集
乡村	发展	以上	无人	协同	考古	潜力	监控
项目	夜间	度假区	领域	质量	区域	优势	优化
加强	国家	景区	重点	场景			

资料来源：课题组整理统计

图 3-6 和表 3-6 显示，"服务""旅游""智慧"是整个百色市政策社会和语义网络的关键节点，它们位于网络的中心位置，显示出在政策中的核心地位。这些节点的中心性表明它们是推动百色市政策发展的主要驱动力。此外，图中还形成了一些次中心节点，包括"平台""项目""发展""大数据"。这些节点虽然不如中心节点那样核心，但它们在网络中扮演着重要的角色，是实现中心节点目标的关键支撑。外围节点则包括"监管""技术""消费""体验""企业""资源""广西""市场"等。这些节点虽然在网络中的连接度较低，但它们代表了政策影响的广泛领域，是政策实施的具体领域和目标群体。图 3-6 和反映出政策目标是通过提升服务质量和智慧化水平，推动百色市文化旅游产业的创新发展，加强项目建设和平台搭建，促进大数据技术的应用，以提高旅游体验和市场竞争力。同时，政策也旨在通过监管和技术的结合，优化资源配置，激发企业活力，从而带动百色市经济的全面发展和社会进步。

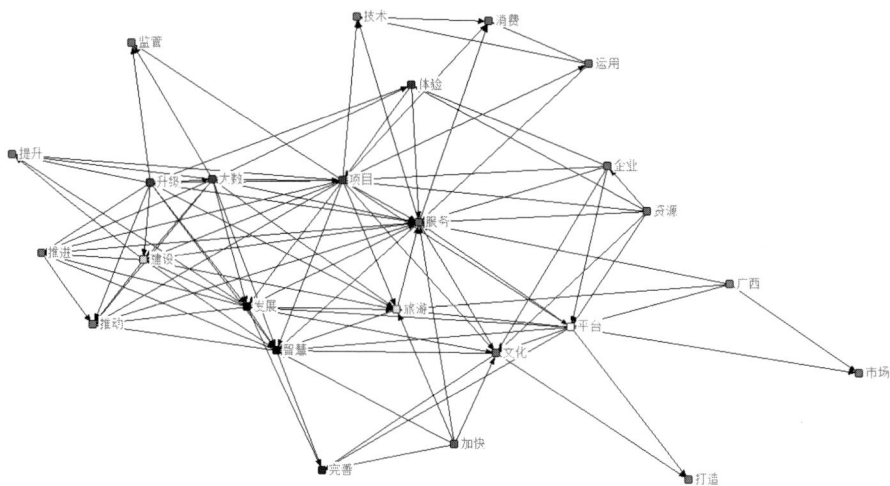

图 3-6　百色市政策社会和语义网络

表 3-6　百色市政策文本行特征词分析

百色市政策文本行特征词分析输出							
旅游局	城乡	完善	住房	导游	打造	综合	智慧	文化
服务	人民政府	运输	交通	旅游	自然资源	设置	电子	水利局
工业	乡村	依托	地图	发展	功能	平台	无线	环境
版块	广电	改革	百色市	加快	单位村屯			
创作	推广	当地	游戏	充分	开发	消费	技艺
技术	打造	文学	文化	服务	运用	交电	特色
独具	农产品	表演	知识	乡土	乡村	地域	鼓励
活化	发挥	塑造	平台	项目	田园	体验	宣传
模式	展示	展现	销售	带动	企业	形象	形态
促进	沉浸	挖掘规划	风光	风貌	数字	传播	资源
艺术完善	发展局	推广	推动	推进	全面	全区	引导
应用	智慧	文化	服务	集团	试点	旅游	提升
溯源	市场	市县	桂林	建设	退货	发展	功能
诚信	平台	无理	便捷	预约	云一池	范围	监管
项目	管理	停车	下联	体验	大数	入住	入园
企业	购物	广西	自治区	各部	加快	升级	单位
资源	场所						

百色市政策文本行特征词分析输出							
投诉	强化	充分	服务	处理	旅游	媒体	市场
曝光	发挥	舆论	平台	事件	监督	二十二作用	秩序
社会	政务	旅行社	广西	扰乱	加强		
行动	提升	效益	总体				
创新	推进	推动	强化	实景	开展	分析	消费
技术	达标	定制	利用	智慧	执行	服务	现代化
运用	处理	旅游	行动	提升	通报	全景式	工程
建立	建设	严格	鼓励	发展	水平		
监管	项目	探索	新增	管理	警告	复核	社会
体验	动态	业态	机制	大数	模式	展线	深入
个性化	沉浸	虚拟	加强	数字	升级	景区	
完善	娱乐	推动	推进	游客	全区	营销	游戏
采集	开展	分析	消费	宇宙	技术	打造	现实
引导	应用	利用	智能	智慧	文博	文物	文化
数字化	服务	运用	特色	旅游	提升	持续	市场
生产力	需求	建设	活化	发展	平台	监管	项目
新业	新质	科技	文化旅游	健全	体验	和服	虚拟
现实	互动	系统	食品	大数	领域	培育	企业
广西	人工智能	促进	质量	沉浸	要素	增强	各部
加快	数字	升级	资源	艺术	景区	场所	

资料来源：课题组整理统计

图 3-7 和表 3-7 显示，"数据""平台""旅游""发展"是整个防城港市政策社会和语义网络的关键节点，它们位于网络的中心位置，显示出在政策中的核心地位。这些节点的中心性表明它们是推动防城港市政策发展的主要驱动力。此外，图中还形成了一些次中心节点，包括"服务""文化""推动"。这些节点虽然不如中心节点那样核心，但它们在网络中扮演着重要的角色，是实现中心节点目标的关键支撑。外围节点则包括"广西""企业""科技""创新""应用""设计"等。这些节点虽然在网络中的连接度较低，但它们代表了政策影响的广泛领域，是政策实施的具体领域和目标群体。该图反映出政策目标是通过数据驱动和平台建设推动防城港市旅游产业的数字化转型，促

进文化和旅游的深度融合，提升服务质量和智慧化水平，加快产业创新发展。同时，政策也旨在通过科技和创新的推动，增强企业的竞争力，打造具有地方特色的旅游品牌，从而带动防城港市经济的全面发展和社会进步。这一目标体现了防城港市在新时代背景下，对旅游产业转型升级和区域经济发展的战略规划。

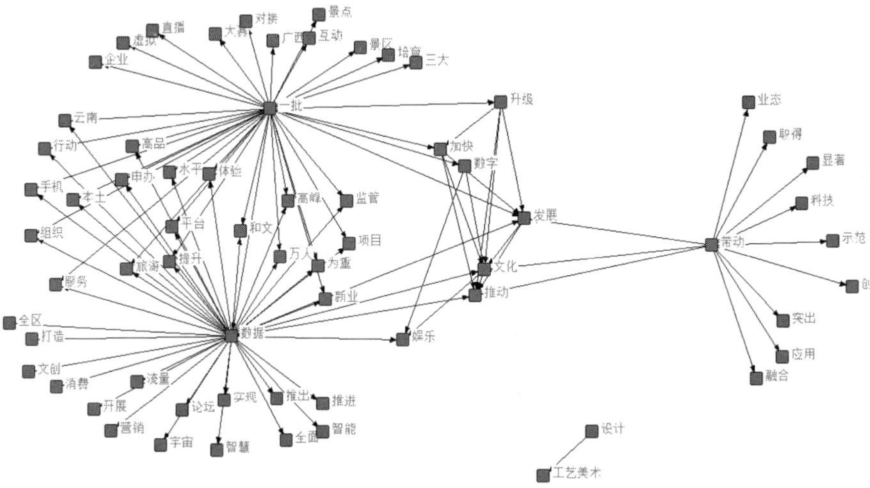

图 3-7　防城港市政策社会和语义网络

表 3-7　防城港市政策文献文本行特征词分析

防城港市政策文献文本行特征词分析输出							
强化	科技	数字					
娱乐	推出	推进	推动	流量	论坛	全区	全面
营销	实现	开展	消费	宇宙	打造	智能	智慧
文创	文化	服务	手机	本土	云南	旅游	申办
行动	提升	高峰	高品质	万人	发展	水平	平台
组织	监管	项目	新业	为重	体验	和文	互动
大赛	培育	企业	跟踪服务	展览会	广西	三大	虚拟
对接							

加快	数字	数据	升级	景点	景区	直播	一批
一部	重点	共享	场景	场馆	场所		
应当	第十	申报	条件	示范	下列	基地	企业
创意	娱乐	投资	营业	境内	注册	文化	工艺
美术	运营	艺术品	设计	设立	会展	制造	装备
为主	人民	共和国	中华	数字	经营	演艺	
创新	推动	显著	应用	文化	影响力	突出	发展
示范	融合	取得	科技	业态	带动	促进	优化
加快	升级	成效	能力				

资料来源：课题组整理数据

　　图 3-8 和表 3-8 显示，"数据""推进""文化"是整个贵港市政策社会和语义网络的中心节点，它们位于网络的中心位置，显示出在政策中的核心地位。这些节点的中心性表明它们是推动贵港市政策发展的主要驱动力。此外，图中还形成了一些次中心节点，包括"建设""平台""推进""智慧"。这些节点虽然不如中心节点那样核心，但它们在网络中扮演着重要的角色，是实现中心节点目标的关键支撑。外围节点则包括"便民""优化""景区""流程""应急"等。这些节点虽然在网络中的连接度较低，但它们代表了政策影响的广泛领域，是政策实施的具体领域和目标群体。图 3-8 和表 3-8 反映出的政策目标是通过数据的整合和服务的提升，促进贵港市企业文化的建设与发展，加强智慧化平台的搭建，推动项目建设和流程优化，以提高服务效率和企业竞争力。同时，政策也旨在通过便民措施和应急响应机制的建立，提升市民的生活质量和城市的管理水平，从而带动贵港市经济的全面发展和社会进步。这一目标体现了贵港市在新时代背景下，对提升城市管理和促进企业发展的战略规划。

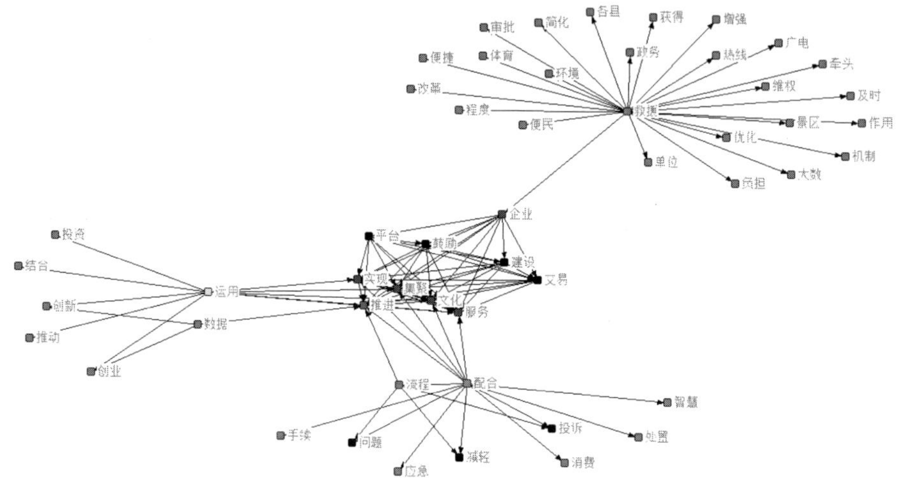

图 3-8　贵港市政策社会和语义网络

表 3-8　贵港市政策文献文本行特征词分析

贵港市政策文献文本行特征词分析输出							
创新	发展	体系	构建	生态			
创业	创新	推进	推动	投资	产业链	实现	结合
文化	服务	集聚	现代化	高级化	运用	交易	设施
提升	通用	高效	布局	互联网	孵化器	建设	围绕
快速	鼓励	水平	平台	装备	载体	新型	机遇
基础	企业	抓住	中心	促进	要素	孵化	转化
加强	数据	部署	合理	成果			
旅游局	贵港市	问题	推进	减轻	投诉	流程	实现
商务局	消费	应急	智慧	文化	服务	集聚	人民
政府	手续	处置	配合	响应	旅游	交易	提高
元素	建设	鼓励	发展	发挥	搭建	平台	程度
便民	便捷	环境	牵头	消费者	审批	作用	热线
体育	政务	机制	大数	负担	企业	获得	及时
广电	改革	增强	优化	各县	简化	维权	单位
景区	救援	有效	场馆	商场			

资料来源：课题组整理统计

图 3-9 和表 3-9 显示，"智慧""平台""旅游""服务"是整个河池市政策社会和语义网络的关键节点，它们位于网络的中心位置，显示出在政策中的核心地位。这些节点的中心性表明它们是推动河池市政策发展的主要驱动力。此外，图中还形成了一些次中心节点，包括"发展""创新""技术""应用"。这些节点虽然不如中心节点那样核心，但它们在网络中扮演着重要的角色，是实现中心节点目标的关键支撑。外围节点则包括"加快""整合""提升""鼓励""支付"等。这些节点虽然在网络中的连接度较低，但它们代表了政策影响的广泛领域，是政策实施的具体领域和目标群体。图中反映出的政策目标是通过智慧化平台的建设和服务的提升，推动河池市旅游业的发展，促进技术创新和应用，提高服务质量和效率。同时，政策也旨在通过加快资源整合和提升管理水平，鼓励和支持相关产业的发展，从而带动河池市经济的全面发展和社会进步。这一目标体现了河池市在新时代背景下，对提升旅游服务和促进技术创新的战略规划。

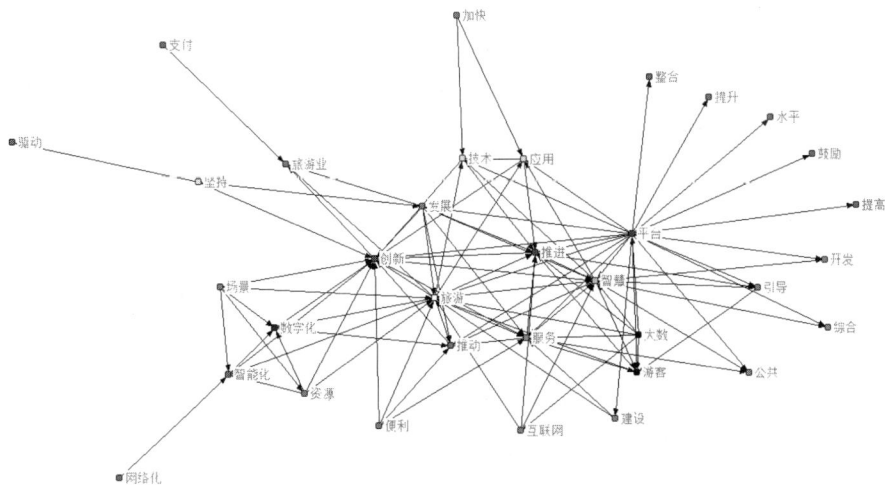

图 3-9　河池市政策社会和语义网络

表3-9　河池市政策文献文本行特征词分析

河池市政策文献文本行特征词分析输出							
面临	发展	机遇	挑战				
旅游业	全面	战略	变化	旅游	发展	我国	机遇
大众	时代	时期	十四	挑战			
旅游业	创新	推动	充分	营造	全局	革命	消费
供应商	赋予	战略	数字化	服务	现代化	智能化	运用
旅游	变革	驱动	提出	建设	地位	发展	便利
科技	影响	网络化	社交	新一轮	动能	获取	深刻
深入	坚持	转变	传统	升级	资源	成果	选择
核心	链条	支付	场景	创新	驱动	发展	坚持
扩大	创新	推进	自主	技术	应用	智慧	结合
数字化	集合						
智能化	旅游	特征	互联网	网络化	疫情	深化	优势
加快	资源	场景	推进	智慧	旅游	发展	
推进	流量	游览	游客	实时	分流	公共	技术
引导	应用	综合	智慧	服务	整合	交通	旅游
设施	通行	通信	互联网	建立	建设	平台	测绘
预约	预警	监管	监控	监测	接待量	科学	移动
气象	道路	机制	大数	模式	时段	及时	五代
计算	加强有效						
旅游城	创新	推动	推进	营销	游客	代表	开发
公园	网上	打造	引导	利用	智慧	数字化	服务
集散	手段	覆盖	智能化	街区	饭店	上线	整合
旅游	旗舰	化建	提高	提升	内部	互联网	依法
建设	鼓励	发展	水平	针对性	平台	项目	新型
度假区	体验	互动	旅行社	大数	系统	展示	培育
企业	中心	改造	促进	沉浸	区域	虚拟	有效性
转型	各类	传播	升级	标识	咨询	资源	景区
合作	有效	一批	重点	场景			
创新	技术	应用	加快				
旅游业	面向	创新	推进	推动	无人机	全息	游客
开发	公共	技术	普及	系统工	安全性	现实	综合

河池市政策文献文本行特征词分析输出							
应用	智慧	智能	交互式	服务	集成	旅游	联网
提高	提升	市场	终端	研发	北斗	鼓励	发展
功能	穿戴	水平	机器人	平台	示范	便利	决策
科技	体验	虚拟现实	大脑	大力	系统	大数	展示
领域	沉浸	区块	增强	计算	互动性	演艺	治理
支付							

资料来源：课题组整理统计

图 3-10 和表 3-10 显示，"数字化""智慧""平台""建设"是整个贺州市政策社会和语义网络的关键节点，它们位于网络的中心位置，显示出在政策中的核心地位。这些节点的中心性表明它们是推动贺州市政策发展的主要驱动力。此外，图中还形成了一些次中心节点，包括"服务""应用""创新""旅游"。这些节点虽然不如中心节点那样核心，但它们在网络中扮演着重要的角色，是实现中心节点目标的关键支撑。外围节点则包括"文化馆""博物馆""体验""提升""系统"等。这些节点虽然在网络中的连接度较低，但它们代表了政策影响的广泛领域，是政策实施的具体领域和目标群体。该图反映出的政策目标是通过数字化转型和智慧化建设，推动贺州市平台经济和服务行业的发展，促进技术创新和应用，提高旅游体验和服务水平。同时，政策也旨在通过文化馆和博物馆等文化设施的建设和提升，增强文化体验，从而带动贺州市经济的全面发展和社会进步。这一目标体现了贺州市在新时代背景下，对提升城市智慧化水平和促进文化旅游业发展的战略规划。

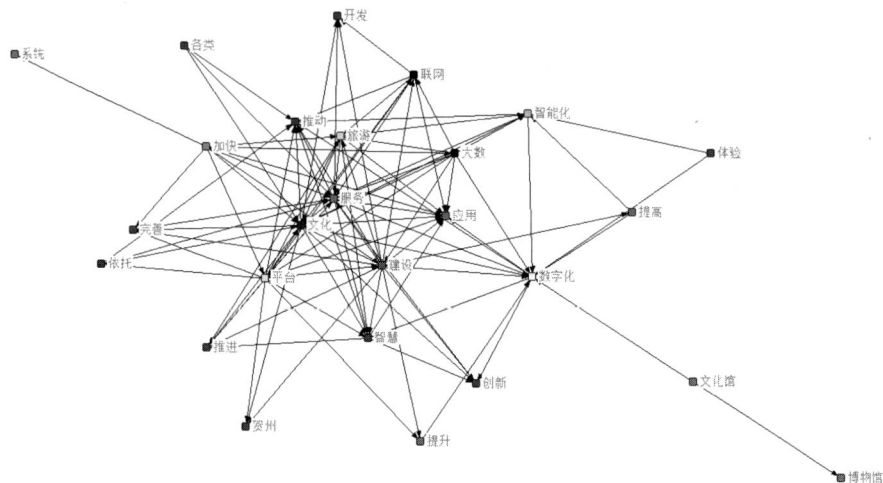

图 3-10　贺州市政策社会和语义网络

表 3-10　贺州市政策文献文本行特征词分析

贺州市政策文献文本行特征词分析输出							
推进	智慧	文化	旅游	建设			
贺州向	贺州市	完善	创新	推进	游客	营销	分销
公共	网站	应用	智慧	数字化	文化	服务	智能化
安全	信息化	旅游	提高	提升	效能	建设	平台
监管	探索	票务	移动	体验	体系	构建	门户
大数据	系统	基础	时代	深入	中心	丰富	三大
增加	加快	数据	电子商务				
文化	旅游	发展	融合	科技	深化		
推动	打造	贺州	智慧	数字化	文化	服务	提升
依托	建设						
水平	平台	机构	展馆	展线	小时	虚拟	各类
图书馆	数字	博物馆	文化馆				
推动	推进	全市	智能	文化	餐饮店	服务	集散
智能化	饭店	旅游	联网	设施	状况	依托	平台
大数据	购物	中心	改造	各类	升级	驿站	咨询
景区	演艺	场所	场馆	厕所			

贺州市政策文献文本行特征词分析输出							
完善	面向	数据库	开发	贺州	应用	文化	服务
整合	旅游	联网	建立	建设	平台	查询	预订
管理	文化旅游	政府	系统	大数	模式	加快	部门
咨询	群体						
创新	推动	无人机	驾驶	飞行体	开发	应用	智慧
数字化	文化	服务	试点	智能化	含量	旅游	联网
提高	持续	等高	建设	发展	以上	无人	科技
观光	度假区	网络化	体验	大数	领域	改造	自治区
人工智能	计算	数字	高科技	国家	升级	博物馆	景区
有条	一批	文化馆	场馆				

资料来源：课题组整理统计

　　图3-11和表3-11显示，"数据""旅游""文化""平台"是整个来宾市政策社会和语义网络的关键节点，它们位于网络的中心位置，显示出在政策中的核心地位。这些节点的中心性表明它们是推动来宾市政策发展的主要驱动力。此外，图中还形成了一些次中心节点，包括"智慧""服务""发展"。这些节点虽然不如中心节点那样核心，但它们在网络中扮演着重要的角色，是实现中心节点目标的关键支撑。外围节点则包括"广西""企业""科技""应用""设计"等。这些节点虽然在网络中的连接度较低，但它们代表了政策影响的广泛领域，是政策实施的具体领域和目标群体。该图反映出的政策目标是通过数据的整合和智慧化平台的建设，推动来宾市文化旅游产业的发展，提升旅游服务的质量和效率。同时，政策也旨在通过创新和科技的应用，增强企业的竞争力，打造具有地方特色的旅游品牌，从而带动来宾市经济的全面发展和社会进步。这一目标体现了来宾市在新时代背景下，对提升旅游服务和促进经济发展的战略规划。

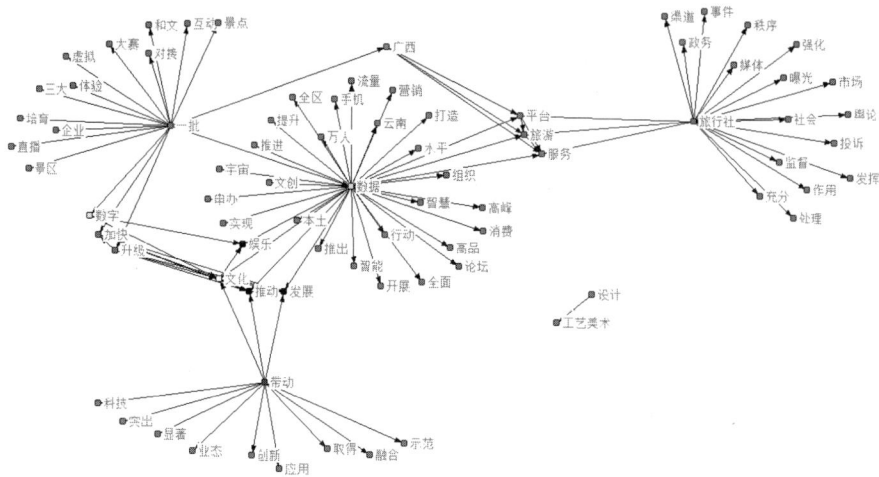

图 3-11　来宾市政策社会和语义网络

表 3-11　来宾市政策文献文本行特征词分析

来宾市政策文献文本行特征词分析输出						
投诉	强化	充分	服务	处理	渠道	旅游
媒体	市场	曝光	发挥	舆论	平台	事件
监督	二十二	作用	秩序	社会	政务	旅行社
广西	扰乱	加强	畅通	典型		
强化	科技	数字				
娱乐	推出	推进	推动	流量	论坛	全区
全面	营销	实现	开展	消费	宇宙	打造
智能	智慧	文创	文化	服务	手机	本土
云南	旅游	申办	行动	提升	高峰	高品质
万人	发展	水平	平台	组织	监管	项目
新业	为重	体验	和文	互动	大赛	培育
企业	跟踪服务	展览会	广西	三大	虚拟	对接
加快	数字	数据	升级	景点	景区	直播
一批	一部	重点	共享	场景	场馆	场所
应当	第十	申报	条件	示范	下列	基地
企业						
创意	娱乐	投资	营业	境内	注册	文化
工艺美术	运营	艺术品	设计	设立	会展	制造
装备	为主	人民	共和国	中华	数字	经营演艺
创新推动	显著	应用	文化	影响力	突出	发展
示范	融合	取得	科技	业态	带动	促进优化
加快	升级	成效	能力			

资料来源：课题组整理统计

图 3-12 和表 3-12 显示，"数字化""发展""旅游""钦州港"是整个钦州市政策社会和语义网络的关键节点，它们位于网络的中心位置，显示出在政策中的核心地位。这些节点的中心性表明它们是推动钦州市政策发展的主要驱动力。此外，图中还形成了一些次中心节点，包括"服务""智慧""文化""项目"。这些节点虽然不如中心节点那样核心，但它们在网络中扮演着重要的角色，是实现中心节点目标的关键支撑。外围节点则包括"创新""企业""科技""艺术""文化馆""体验"等。这些节点虽然在网络中的连接度较低，但它们代表了政策影响的广泛领域，是政策实施的具体领域和目标群体。该图反映出的政策目标是通过数字化转型和智慧化服务，推动钦州市旅游产业的发展，加强钦州港的建设和服务功能，促进文化和旅游的深度融合，提升城市竞争力。同时，政策也旨在通过创新和科技的应用，增强企业的创新能力，打造具有地方特色的文化品牌，从而带动钦州市经济的全面发展和社会进步。这一目标体现了钦州市在新时代背景下，对提升城市综合竞争力和促进文化旅游产业发展的战略规划。

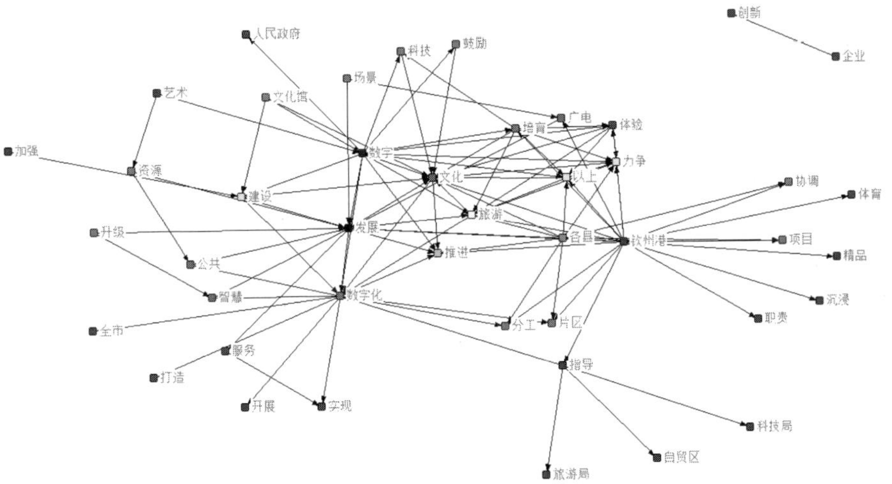

图 3-12 钦州市政策社会和语义网络

表 3-12　钦州市政策文献文本行特征词分析

钦州市政策文献文本行特征词分析输出							
创新	推动	充分	公共	应用	智慧	服务	通信
媒体	发展	平台	教育	无线	协同	医疗	作用
领域	企业	广播	广电	挖掘	转型	加快	传输
升级	资源	重点	场景				
充分	普及	智慧	结合	文化	手段	遗产	配套
建设	力度	鼓励	多媒体	科技	影像	展示	展演
丰富	非遗	阐释	虚拟	物质	加强加大	数字	讲解
传播	博物馆	文化馆	县区				
强化	全市	全程	游客	实现	智慧	数字化	服务
智能化	沟通	旅游	向高端	需求	建设	发展	网络化
体系	中心	形成	促进	加速加强	部门	升级	景区
完善	创新	推进	推动	钦州	一站式	导航	全市
实现	开发	开展	分级	分散	公众	公共	打造
统一	数字化	文化	服务	云端	整合	本级	资源库
提升	评价	媒体	高效	互联网	阅读	建设	鼓励
多元	发展	平台	群艺馆	预约	便捷	新型	探索
管理	馆藏	文化旅游	社群	互联	机构	系统	培养
企业	广西	分布式	丰富	粉丝	对接	各级	加大
加强	图书馆	数字	数据	部门	资源	孤立黏性	艺术
文化馆	县区	群众	新业	科技	培育		
旅游局	丝绸之路	推进	推出	投影	分工	片区	公共
技术	应用	数字化	文化	影响力	人民政府	手段	交互
旅游	音乐	建设	特色旅游	力争	发展	以上	前沿
协调	项目	科技局	戏剧	剧目	光影	体育	体验
自贸区	职责	培育	岭南	指导	广电	非遗	沉浸
挖掘	精品	增强	各县	农耕	海上	钦州港	加快
图书馆	数字	博物馆	资源	艺术	演艺	文化馆	场景
旅游局	发展局	推进	开展	分工	片区	打造	智慧
文化	文娱	数字化	人民政府	智能化	举办	多样化	旅游
力争	鼓励	发展	以上	协调	融合	项目	新业
科技	科技局	体育	体验	自贸区	职责	大数	大型
培育	深度	指导	广电	改革	沉浸	精品	转型
各县	钦州港	数字	国家	升级	景区	场景	

续表

钦州市政策文献文本行特征词分析输出							
创新	创建	钦州	开发	开发区	文化	园区	旅游
评选	高新科技	高新技术	依托	力争	以上	示范	融合
探索	科普	科技	华为	体验	业态	价值	领域
基地	培育	企业	扶持	广西	小镇	挖掘	虚拟
增强	数字重点						

资料来源：课题组整理统计

　　图 3-13 和表 3-13 显示，"文化""数字化""推进""服务"是整个梧州市政策社会和语义网络的关键节点，它们位于网络的中心位置，显示出在政策中的核心地位。这些节点的中心性表明它们是推动梧州市政策发展的主要驱动力。

　　此外，图中还形成了一些次中心节点，包括"发展""建设""大数据"。这些节点虽然不如中心节点那样核心，但它们在网络中扮演着重要的角色，是实现中心节点目标的关键支撑。外围节点则包括"规划""统筹""全面""布局""科技"等。这些节点虽然在网络中的连接度较低，但它们代表了政策影响的广泛领域，是政策实施的具体领域和目标群体。该图反映出的政策目标是通过数字化转型和智慧化服务，推动梧州市文化产业的发展，加强公共服务体系的建设，促进大数据技术的应用，以提高服务效率和文化价值。同时，政策也旨在通过规划和统筹，优化资源配置，激发创新活力，从而带动梧州市经济的全面发展和社会进步。这一目标体现了梧州市在新时代背景下，对提升文化软实力和促进经济社会发展的综合战略规划。

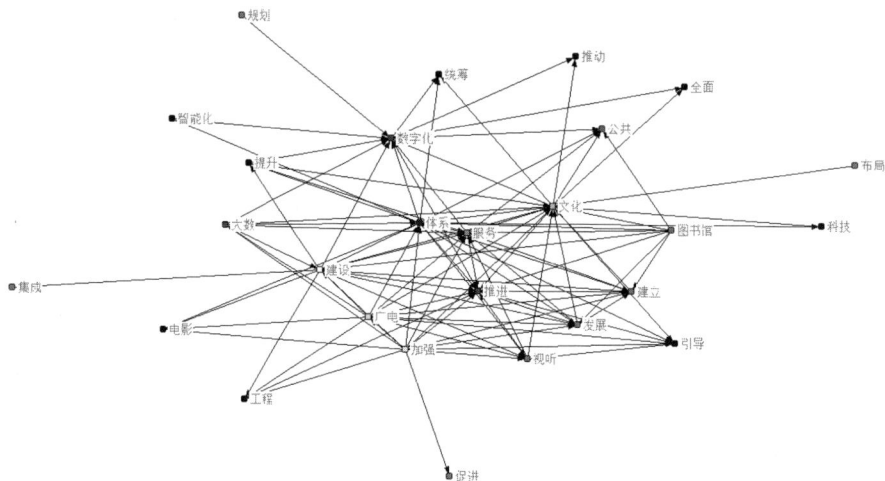

图 3-13　梧州市政策社会和语义网络

表 3-13　梧州市政策文献文本行特征词分析

梧州市政策文献文本行特征词分析输出							
公共	文化	服务	旅游	健全	体系		
完善	推动	推进	营地	全面	驾车	公共	现代
应用	数字化	文化	服务	集散	智能化	信息化	交通
旅游	设施	提升	互联网	建立	建设	发展	科技
体系	系统	品质	深化	中心	梧州市	加快	图书馆
博物馆	文化馆	厕所					
城乡	推进	节目	公共	打造	打通	统筹	引导
智慧	数字化	文化	服务	智能化	视听	云端	着力点
资源库	电影	工程	阅读	建立	建设	供需	发展
平台	鸿沟	管理	体验	体系	政策	大数	展览
基层	指尖	指导	广电	促进	规划	对接	农家
农村	加强	缩小	图书馆	数字	国家	博物馆	书屋
重点	积极	层级					
数字化	文化	布局	加快				
推出	推动	全面	分布	分步	统筹	统一	数字化
文化	服务	集成	存量	设计	提升	逻辑	高效

续表

梧州市政策文献文本行特征词分析输出							
企事业	长期	建设	快速	水平	聚集	关联	体系
大数	目标	抓手	坚持	质量	增量	规划	物理
数字	国家	单位	资源	重点	共享		
推动	文化	科技					
旅游局	创新	推进	产业链	商务局	技术	引导	注重
战略	智能	结合	文化	服务	集成	人民政府	现代化
手段	运用	配合	超高	视听	印刷	特效	提升
电影	制造	制作	研发	制约	制定	工程	布局
建设	围绕	建立	鼓励	发展	装备		
舞台	融合	牵头	项目	科技	影视	影院	原始
参与	关键	健全	政务	体育	体系	出版	大数
摄录	模式	领域	企业	产学研	广电	改革	改造
高清制	人工智能	促进	区块	瓶颈	计算	各县	加强
放映	传播	部署	标准	单位	演艺	先进	重塑
共性	支撑	攻克					

资料来源：课题组整理统计

　　图3-14和表3-14显示，"旅行社""服务""游客""目的地"是整个玉林市政策社会和语义网络的关键节点，它们位于网络的中心位置，显示出在政策中的核心地位。这些节点的中心性表明它们是推动玉林市政策发展的主要驱动力。此外，图中还形成了一些次中心节点，包括"便捷""预订""评价""投诉""导航"。这些节点虽然不如中心节点那样核心，但它们在网络中扮演着重要的角色，是实现中心节点目标的关键支撑。外围节点则包括"个性化""服务商""管理""功能""发展""技术""合作""优质""整合""行程""知名""地图""百度"等。这些节点虽然在网络中的连接度较低，但它们代表了政策影响的广泛领域，是政策实施的具体领域和目标群体。该图反映出的政策目标是通过提升旅行社服务质量和游客体验，优化目的地管理和服务流程，来增强旅游服务的质量和效率。政策旨在通过技术创新和管理优化，提高旅游服

务的个性化和便捷性，从而带动玉林市旅游业的全面发展和社会经济的进步。这一目标体现了玉林市在新时代背景下，对提升旅游服务质量和促进旅游业发展的综合战略规划。

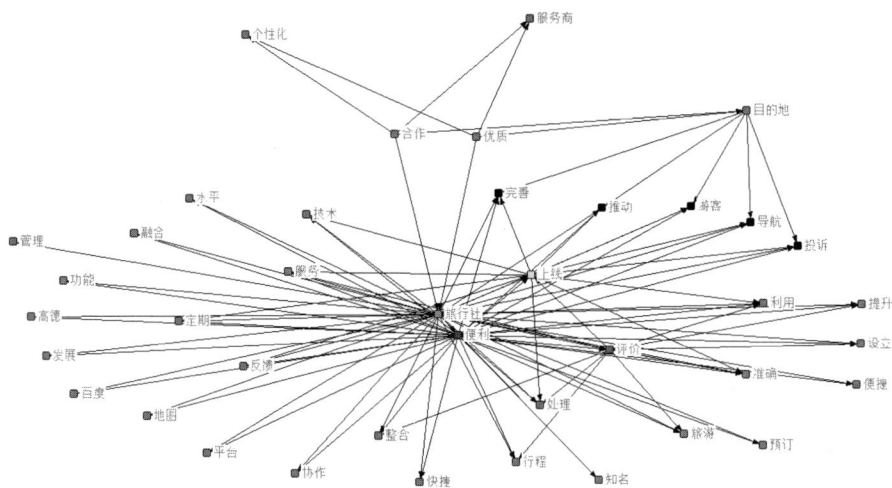

图 3-14　玉林市政策社会和语义网络

表 3-14　玉林市政策文献文本行特征词分析

玉林市政策文献文本行特征词分析输出						
完善	服务商	推动	投诉	导航	游客	目的地
技术	反馈	定期	利用	服务	处理	准确
上线	整合	旅游	行程	设立	提升	评价
高德	百度	知名	快捷	地图	发展	功能
水平	平台	协作	融合	预订	便捷	便利
管理	旅行社	大数	大做	及时	个性化	广西
人工智能	精品	转型	优化	优质	加强	加快
资源	合作	线路	支付			

资料来源：课题组整理统计

第二节　广西旅游大数据政策法规政策高频词表

表 3-15　中央和自治区级政策文献高频词表

序号	中央政策文献高频词		广西壮族自治区级政策文献高频词	
1	旅游	37	旅游	43
2	创新	12	智慧	33
3	智慧	8	广西	29
4	数字化	7	一键	25
5	应用	7	平台	23
6	推动	6	数字	20
7	智能	6	服务	19
8	数据	6	体验	16
9	体验	6	文化	13
10	经营者	6	实现	12
11	互联网	5	完善	12
12	技术	5	线上	12
13	推进	5	监管	12
14	平台	5	充电	12
15	在线	5	加快	11
16	驱动	4	推进	11
17	旅游业	4	提升	10
18	场景	4	场景	9
19	升级	4	打造	9
20	产品	4	推动	8
21	旅游景区	4	应用	8
22	度假	4	自治区	8

序号	中央政策文献高频词		广西壮族自治区级政策文献高频词	
23	沉浸	4	企业	8
24	旅游服务	4	博物馆	8
25	资源	3	开展	8
26	公共服务	3	支持	8
27	综合	3	数据	8
28	计算	3	项目	7
29	游客	3	升级	7
30	引导	3	培育	7

资料来源：课题组整理统计

表 3-16 地市政策文献词频表（一）

序号	南宁市政策文献高频词		柳州市政策文献高频词		桂林市政策文献高频词	
1	旅游	17	水上	16	旅游	26
2	智慧	6	装备	15	文化	19
3	互联网	5	文化	8	智慧	10
4	推进	4	智慧	8	体验	9
5	数据	4	智能	8	创新	9
6	旅游景区	4	数字	7	融合	7
7	度假	4	提升	7	数字	7
8	创新	3	绿色	7	应用	7
9	数字化	3	文体	7	推动	6
10	资源	2	旅游	6	经营者	6
11	技术	2	制造	6	游客	6
12	场景	2	平台	5	提升	6
13	应用	2	体验	5	智能	6

续表

序号	南宁市政策文献高频词		柳州市政策文献高频词		桂林市政策文献高频词	
14	有效	2	水平	5	数字化	5
15	整合	2	技术	5	升级	5
16	气象	2	柳州	4	在线	5
17	信息	2	服务	4	沉浸	5
18	道路	2	博物馆	4	技术	5
19	游客	2	特色	4	科技	4
20	预约	2			支持	4

资料来源：课题组整理统计

表 3-17　地市政策文献词频表（二）

序号	百色市政策文献高频词		防城港市政策文献高频词		贵港市政策文献高频词	
1	旅游	16	文化	9	创新	7
2	数字	13	智慧	6	产业链	4
3	智慧	11	数字	4	文化	4
4	平台	10	一键	4	消费	4
5	文化	8	广西	4	智慧	4
6	广西	8	旅游	4	企业	3
7	景区	8	加快	3	服务平台	3
8	一键	7	体验	2	提高	3
9	体验	5	服务	2	交易	3
10	服务	5	营销	2	围绕	2
11	监管	5	平台	2	文化产业	2
12	乡村	4	组织	2	集聚	2
13	完善	4	活动	2	服务	2
14	线上	4	推动	2	实现	2

序号	百色市政策文献高频词		防城港市政策文献高频词		贵港市政策文献高频词	
15	企业	4	企业	2	推进	2
16	项目	4	实现	2	基础设施建设	2
17	产业	4	升级	2	平台	2
18	提升	4	产品	2	创业	2
19	升级	4	直播	2	鼓励	2
20	应用	4				

资料来源：课题组整理统计

表3-18　地市政策文献词频表（三）

序号	河池市政策文献高频词		贺州市政策文献高频词		来宾市政策文献高频词	
1	旅游	24	旅游	25	文化	9
2	创新	8	文化	20	旅游	6
3	智慧	7	应用	8	智慧	6
4	智能	6	数据	8	一键	5
5	应用	6	智慧	6	广西	5
6	推动	5	平台	6	数字	4
7	互联网	5	系统	6	服务	3
8	技术	5	体系	5	平台	3
9	推进	5	智能化	5	加快	3
10	数据	5	服务	5	作用	2
11	驱动	4	体验	5	旅行社	2
12	旅游业	4	推动	5	投诉	2
13	数字化	4	推进	4	媒体	2
14	旅游景区	4	城市	4	强化	2
15	度假	4	贺州	4	体验	2

序号	河池市政策文献高频词		贺州市政策文献高频词		来宾市政策文献高频词	
16	场景	3	旅游产品	3	营销	2
17	升级	3	旅游服务	3	组织	2
18	资源	3	提升	3	活动	2
19	综合	3	加快	3	推动	2

资料来源：课题组整理统计

表3-19　地市政策文献词频表（四）

序号	钦州市政策文献高频词		梧州市政策文献高频词		来宾市政策文献高频词	
1	文化	20	文化	20	游客	4
2	数字	10	旅游	8	服务	3
3	公共	10	公共	6	线上	2
4	科技	8	数字化	6	完善	2
5	融合	8	推进	5	广西	2
6	平台	7	数字	5	旅游线路	2
7	资源	7	创新	5	功能	2
8	旅游	7	数据	4	旅游	2
9	广电	6	文化产业	4	融合	2
10	智慧	6	产业链	4	加强	2
11	服务	6	服务体系	3	地图	2
12	钦州	6	推动	3	做大做强	1
13	以上	6	体系	3	一键	1
14	培育	5	智慧	3	提升	1
15	业态	5	电影	3	便利	1
16	体验	5	提升	3	水平	1
17	场景	4	科技	3	旅行社	1

序号	钦州市政策文献高频词		梧州市政策文献高频词		来宾市政策文献高频词	
18	展示	4	博物馆	2	转型	1
19	数字化	4	加快	2	加快	1
20	升级	2	建立	2		

资料来源：课题组整理统计

第三节　广西旅游大数据政策法规内容词云分析

政策目标内容分析，采用词云图分析工具，对选定的政策文献条例样本进行分析，发现中央在与广西旅游大数据方面的具体政策举措，具体分析如下。

图 3-15 为中央政策文献的高频词标签云，反映出中央政策文献的具体目标，由图可知，高频词高层的有"旅游""创新""智慧""数字化""应用"等，它们是词云标签图中字体较大的政策举措，可以直观地体现出中央的旅游大数据政策举措是推动文化和旅游业的融合高质量发展与产品创新。

图 3-15　中央政策文献词云图

　　图3-16为广西壮族自治区旅游大数据政策文献的高频词标签云，反映出广西壮族自治区级的政策文献的具体目标，由图可知，高频词高层的有"旅游""广西""智慧""数字""平台""服务""线上""一键""体验""文化""充电"等，它们是词云标签图中字体较大的政策举措。

　　图3-17为南宁旅游大数据政策文献的高频词标签云，反映出南宁市政策文献的具体目标，由图可知，高频词高层的有"旅游""旅游景区""智慧""互联网""创新""推进""度假""数据"，它们等在词云标签图中字体较大，是旅游大数据政策的施策重点。

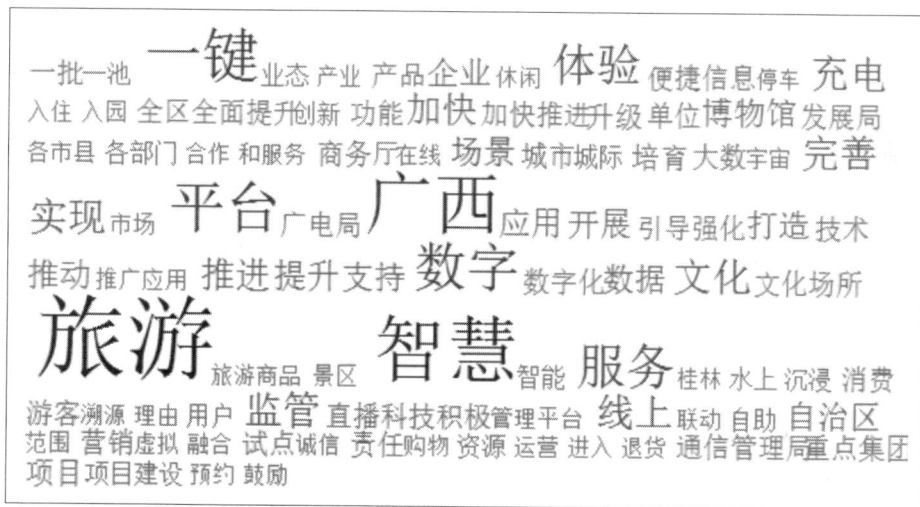

图 3-16　广西壮族自治区级政策文献词云图

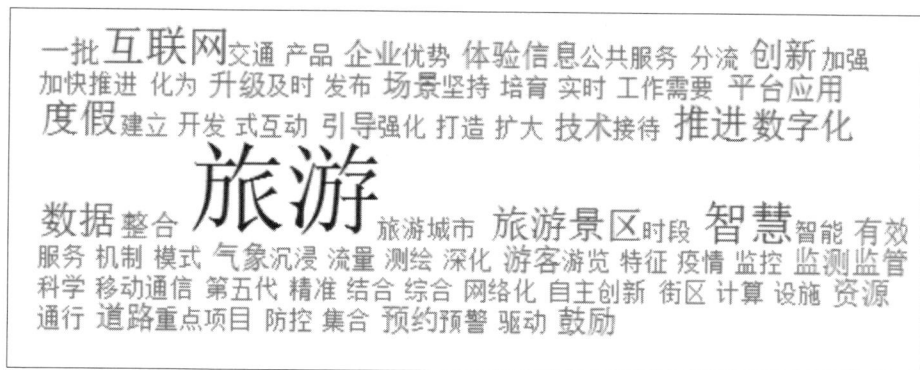

图 3-17　南宁市级政策文献词云图

图 3-18 为柳州旅游大数据政策文献的高频词标签云，反映出柳州市旅游大数据政策文献的具体目标，由图可知，高频词高层的有"水上""装备""绿色""智慧智能""提升""数字""文体文化""制造""柳州""博物馆""体验"等，它们是词云标签图中字体较大的旅游大数据政策的施策重点。

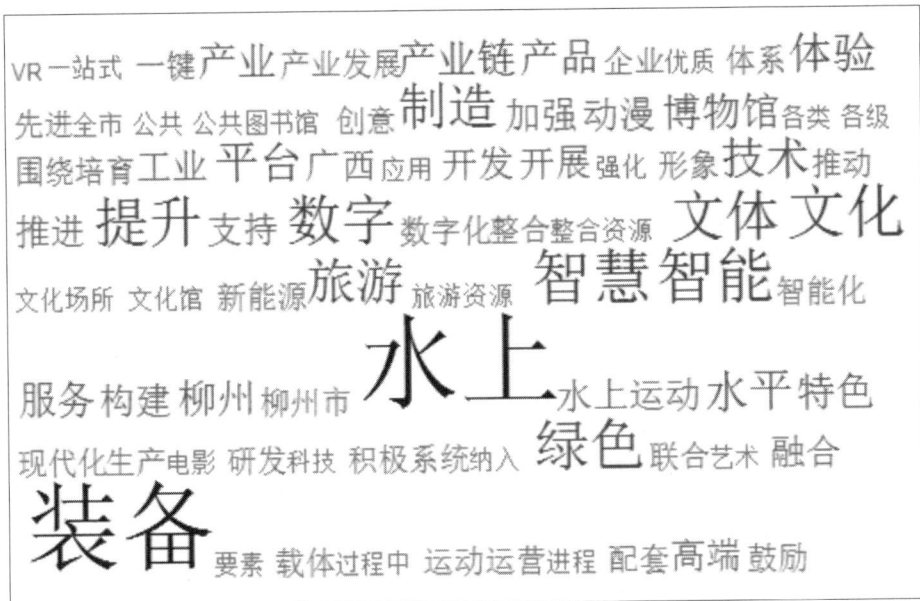

图 3-18　柳州市级政策文献词云图

图 3-19 为桂林旅游大数据政策文献的高频词标签云，反映出在建设世界级旅游城市这一目标的总览下，桂林市旅游大数据政策文献的具体目标，由图可知，高频词高层的有"文化""旅游""体验""创新""智慧""文化产业""数字""推动""提升""消费""应用"等，它们是词云标签图中字体较大的旅游大数据政策的施策重点。

图 3-20 为百色旅游大数据政策文献的高频词标签云，反映出百色市旅游大数据政策文献的具体目标，由图可知，高频词高层的有"数字""旅游""平台""广西""乡村""景区""智慧""产业""体验""监管""服务"等，它们是词云标签图中字体较大的旅游大数据政策。

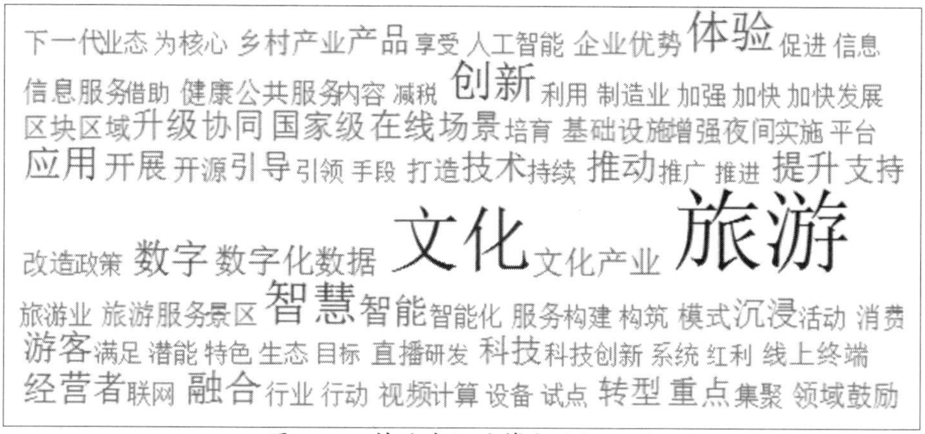

图 3-19 桂林市级政策文献词云图

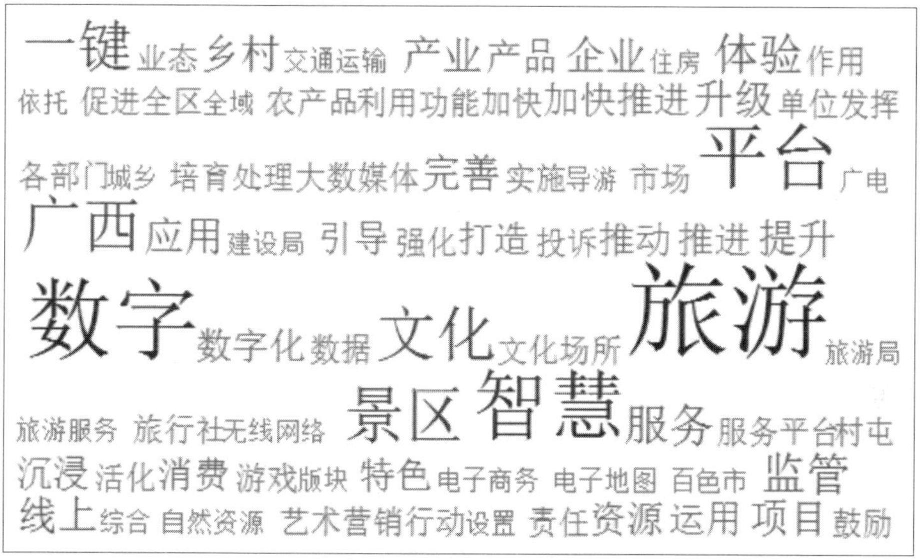

图 3-20 百色市级政策文献词云图

图 3-21 为防城港旅游大数据政策文献的高频词标签云，反映出百色市旅游大数据政策文献的具体目标，由图可知，高频词高层的有"文化""智慧""旅游""一键""加快""广西""服务""平台""实现""活动""组织"等，它们是词云标签图中字体较大的旅游大数据政策。

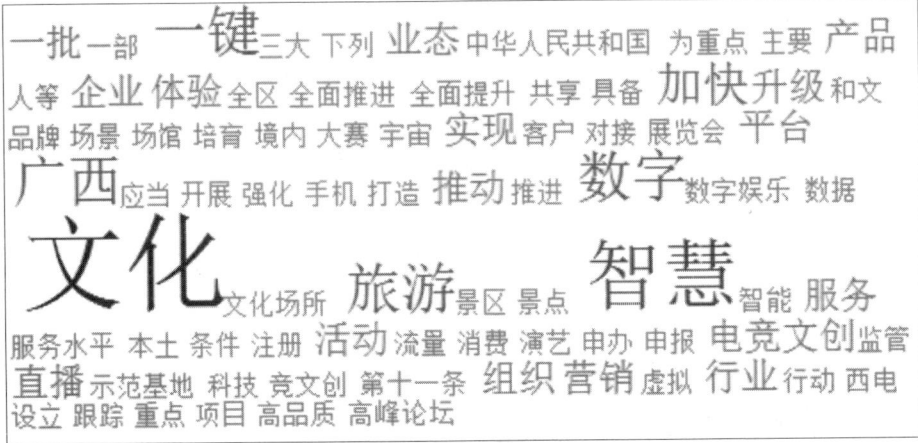

图 3-21　防城港市级政策文献词云图

　　图 3-22 为贵港旅游大数据政策文献的高频词标签云，反映出贵港市旅游大数据政策文献的具体目标，由图可知，高频词高层的有"创新""产业链""文化""智慧""消费""服务平台""交易""提高""基础设施""便捷""程度"等，它们是词云标签图中字体较大的旅游大数据政策的施策重点。

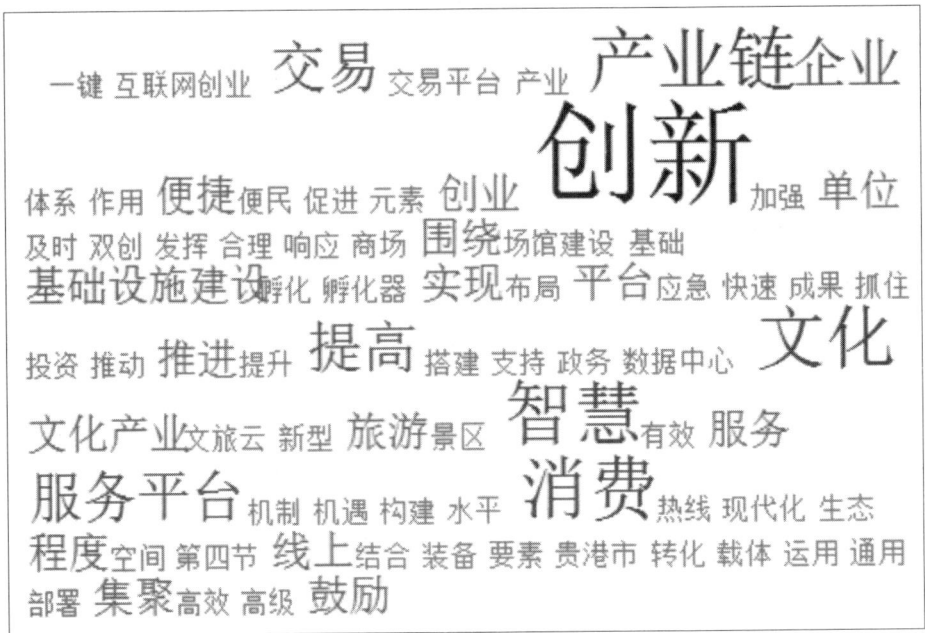

图 3-22　贵港市级政策文献词云图

图 3-23 为河池旅游大数据政策文献的高频词标签云，反映出河池市旅游大数据政策文献的具体目标，由图可知，高频词高层的有"旅游""创新""应用""数字化""互联网""度假""智慧""智能""驱动""鼓励"等，它们是词云标签图中字体较大的旅游大数据政策的施策重点。

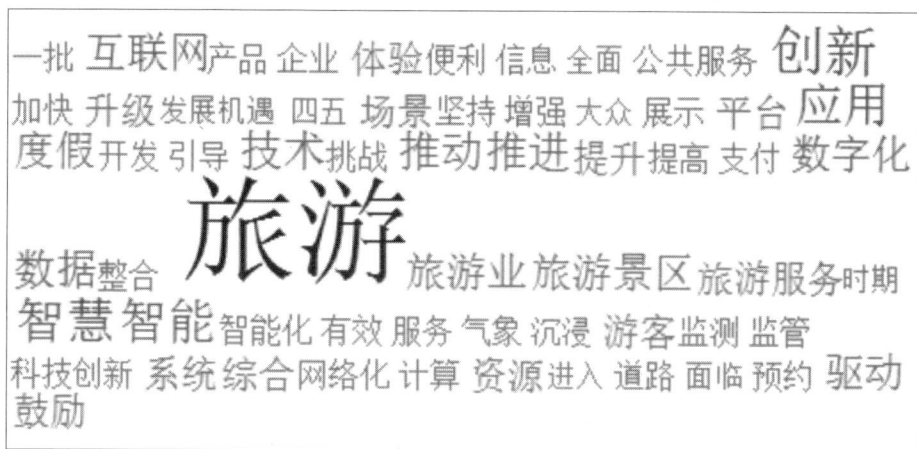

图 3-23　河池市级政策文献词云图

图 3-24 为贺州旅游大数据政策文献的高频词标签云，反映出贺州市旅游大数据政策文献的具体目标，由图可知，高频词高层的有"旅游""文化""数据""平台""应用""体系""体验""城市""系统""文化馆"等，它们是词云标签图中字体较大的旅游大数据的施策重点。

图 3-25 为来宾旅游大数据政策文献的高频词标签云，反映出来宾市旅游大数据政策文献的具体目标，由图可知，高频词高层的有"文化""旅游""智慧""数字""加快""一键""广西""平台""业态""服务""组织"等，它们是词云标签图中字体较大旅游大的数据的施策重点。

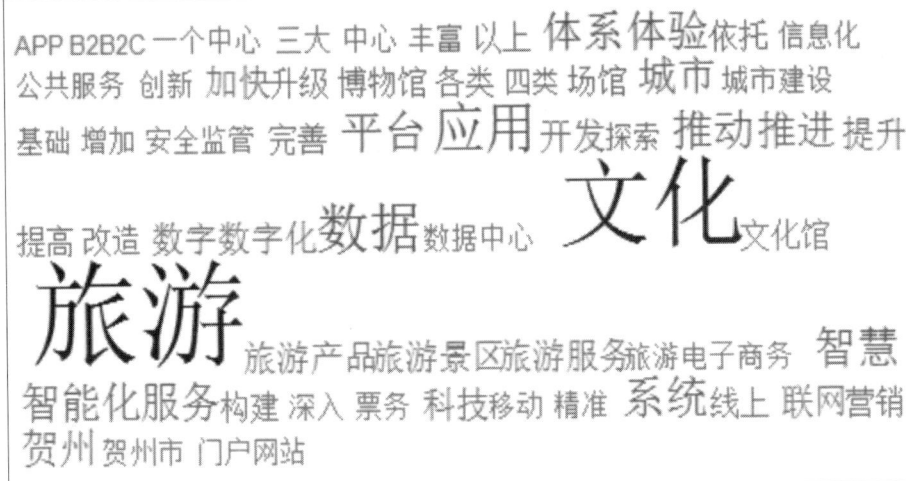

图 3-24　贺州市级政策文献词云图

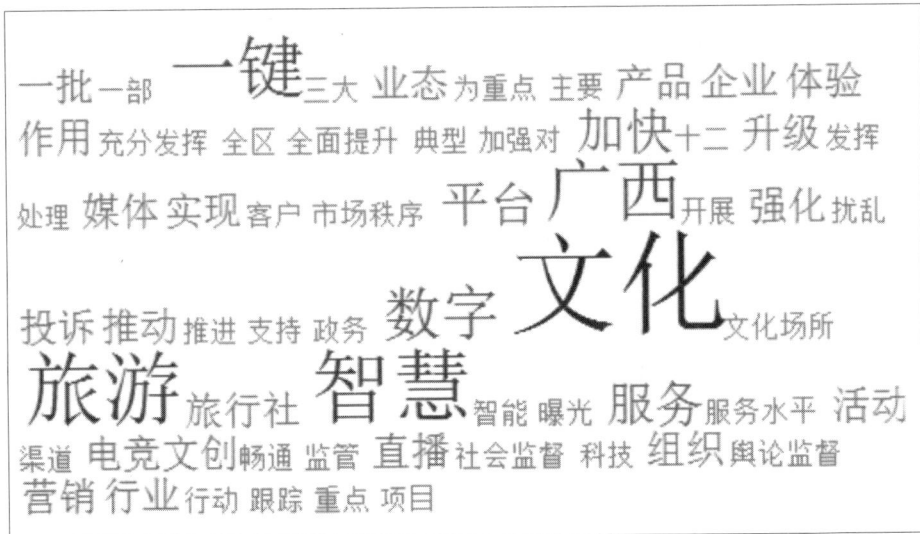

图 3-25　来宾市级政策文献词云图

图 3-26 为钦州旅游大数据政策文献的高频词标签云，反映出钦州市旅游大数据政策文献的具体目标，由图可知，高频词高层的有"文化""公共""平台""数字""智慧""服务""科技""融合""资源""钦州""体验"等，它们是词云标签图中字体较大的旅游大数据的施策重点。

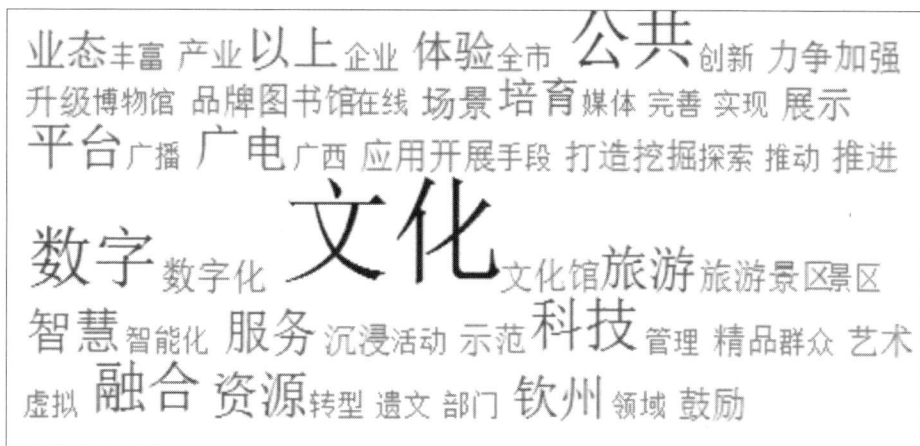

图 3-26　钦州市级政策文献词云图

图 3-27 为梧州旅游大数据政策文献的高频词标签云，反映出梧州市旅游大数据政策文献的具体目标，由图可知，高频词高层的有"文化""数字化""旅游""文化产业""创新""产业链""数据""数字"等，它们是词云标签图中字体较大的旅游大数据的施策重点。

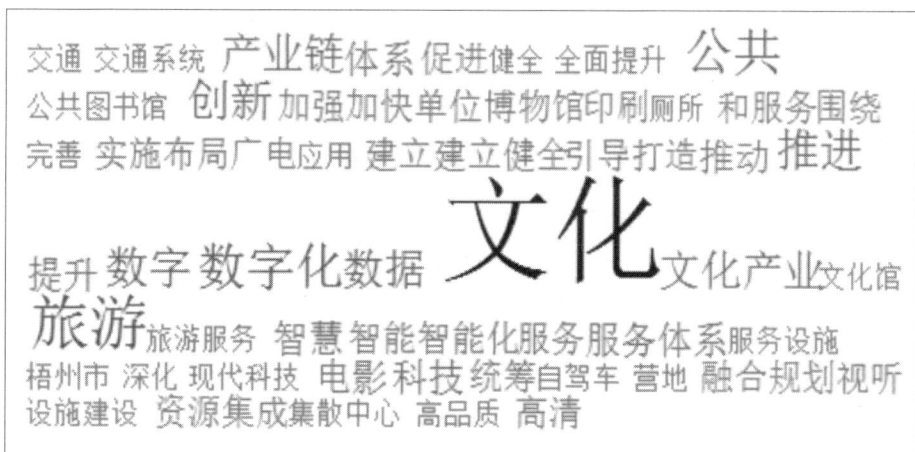

图 3-27　梧州市级政策文献词云图

图 3-28 为玉林旅游大数据政策文献的高频词标签云，反映出玉林市旅游大数据政策文献的具体目标，由图可知，高频词高层的有"游客""服务""线上""融合""旅游线路""广西""功能""加强""完善""地图"等，它们是

词云标签图中字体较大的旅游大数据的施策重点。

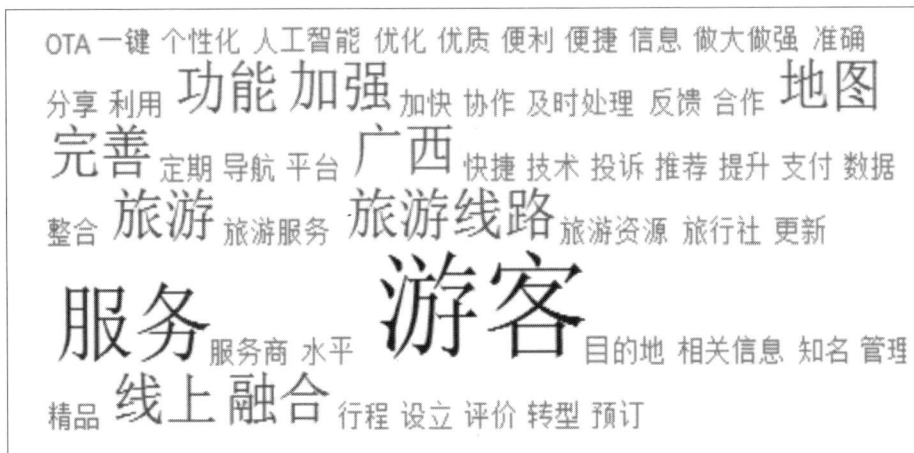

3-28　玉林市级政策文献词云图

第四节　本章小结

本章通过 ROST Content Mining 6.0 文本大数据挖掘软件，对广西壮族自治区旅游大数据的相关政策文献的文本进行了挖掘分析，提取出高频词、绘制完成了词云图。

研究发现：广西壮族自治区政府、文化和旅游部门、广西壮族自治区下辖 14 个地级市均发布或转发中央出台的相关旅游大数据规划、行动计划、意见等政策，但对旅游大数据赋能文旅发展、旅游大数据对文旅消费产品创新的引领、旅游大数据塑造文旅消费场景的顶层逻辑与底层市场运营之间的链接缺乏预见性和引领性。

第四章

广西旅游大数据政府职能分析

基于 ROST Content Mining 6.0 的政策文本挖掘分析政府职能。依照前文所述的技术路线，本部分采用 ROST Content Mining 6.0 软件，对广西不同县（处级）的政府职能描述文本进行挖掘分析，分析的主要内容包括社会和语义网络分析、行特征词输出分析、高频词分析等。

第一节　广西旅游大数据政府职能描述语义网络分析

图 4-1 显示，"旅游""开发""组织""协调"处于广西壮族自治区全区县（区）级职能部门描述汇总语义网络的中心位置，是整个语义网络中最重要的节点。此外，形成了"创新""数据""文化""管理"等次中心节点，外围的节点有"规划""推广""信息""指导""资源""共享"等。其中"信息""指导""共享"等外围节点与"旅游""开发""组织""协调"等中心节点的关联度最高，反映出广西壮族自治区全区县（区）级职能部门的施策重点是以旅游发展和数据利用为核心，推动创新和科技在区域发展中的应用，同时强调组织协调在促进自治区社会经济发展中的重要作用。

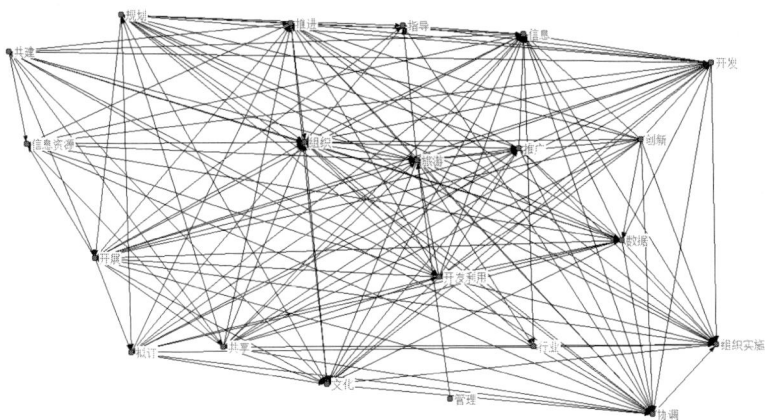

图 4-1　广西壮族自治区全区县（区）级职能部门描述汇总语义网络图

图 4-2 显示，"共享""共建""艺术"处于巴马瑶族自治县职能部门描述语义网络的中心位置，是整个语义网络的最重要的节点，此外，形成了"科研""新闻"等次中心节点，外围的节点有"规划""推广""开发""协调""成果""资源""宣传""体育""大数据""广电""科技""发展""创新""组织""文化""利用"等。其中"资源""发展""创新""科技""文化"等外围节点与"共享""共建"等中心节点的关联度最高，反映出巴马瑶族自治县职能部门的施策重点是以资源共享和合作共建为核心，推动科研、艺术和新闻等领域的发展，同时强调科技和文化在促进区域创新和社会发展中的重要作用。

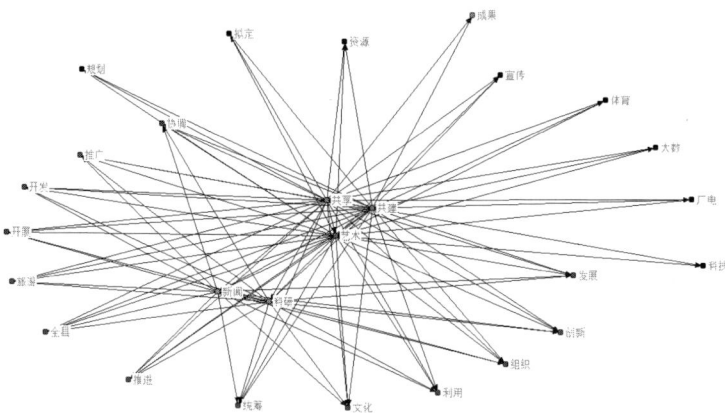

图 4-2　巴马瑶族自治县职能部门描述语义网络图

图 4-3 显示,"共享""标准化""文化"位于百色市职能部门描述语义网络的中心位置,是整个语义网络中最重要的节点。此外,形成了"科研""创新""旅游""管理"等次中心节点,外围的节点包括"科技""社会""宣传""成果""大数据""规划""艺术""资源""体育""职业"等。其中"科研""创新""旅游""管理"等次中心节点与"共享""标准化"等中心节点的关联度最高,反映出百色市职能部门的施策重点是以共享和标准化为核心,推动科研和旅游等领域的发展,同时强调创新和管理在促进区域经济社会发展中的重要作用。

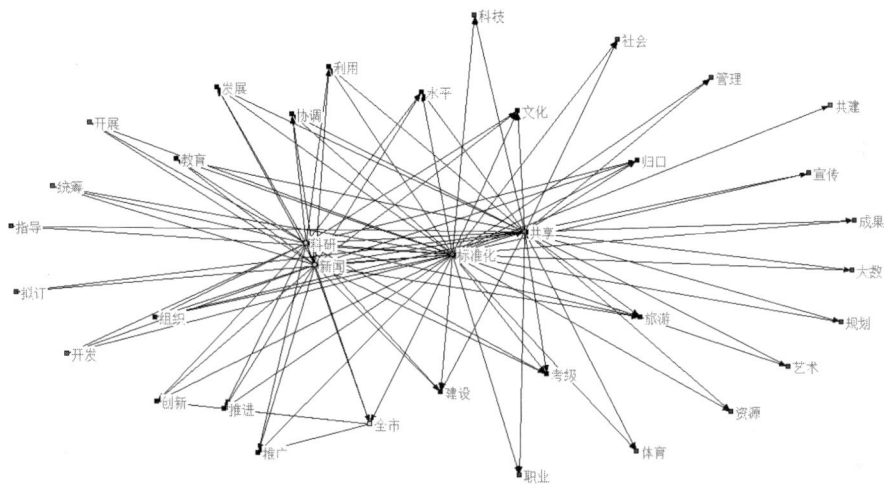

图 4-3　百色市职能部门描述语义网络图

图 4-4 显示,"标准化""科研"位于北海市职能部门描述语义网络的中心位置,是整个语义网络中最重要的节点。此外,形成了"旅游""大数据""共享""管理"等次中心节点,外围的节点包括"规划""成果""文化""创新""统计""分析""开发""数字化"等。其中"旅游""大数据""共享""管理"等次中心节点与"标准化""科研"等中心节点的关联度最高,反映出北海市职能部门的施策重点是以标准化和科研为基础,推动旅游和管理等领域的发展,同时强调大数据和共享机制在促进北海市经济社会发展中的关键作用。

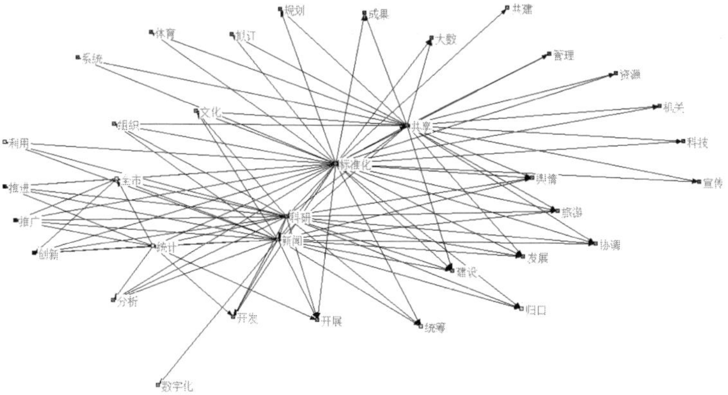

图 4-4　北海市职能部门描述语义网络图

图 4-5 显示，"标准化""制作"位于岑溪市职能部门描述语义网络的中心位置，是整个语义网络中最重要的节点。此外，形成了"质量""服务""转播"等次中心节点，外围节点包括"技术""艺术""教育""职业""管理""监测""宣传""资源""影视""成果"等。其中"技术""艺术""教育""职业"等外围节点与"标准化""制作"等中心节点的关联度最高，反映出岑溪市职能部门的施策重点是以标准化和制作为核心，推动技术和艺术等领域的发展，同时强调教育和职业发展在促进区域经济社会发展中的重要作用。

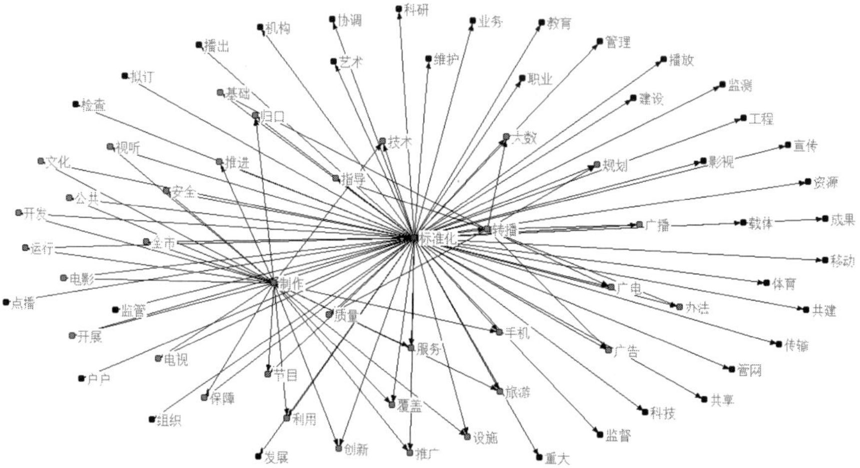

图 4-5　岑溪市职能部门描述语义网络图

图4-6显示"承担""日常""人员"位于大化县职能部门描述语义网络的中心位置,是整个语义网络中最重要的节点。此外,形成了"旅游""市场""服务""办公室""推动"等次中心节点,外围的节点包括"宣传""促进""扶持""推广""大数据"等。其中"特色旅游""示范区""促进"等外围节点与"旅游""发展"等中心节点的关联度最高,反映出大化县职能部门的施策重点是以"人员"主要推手,推动特色旅游和相关培训,同时强调将旅游业的发展放在日常工作的重要内容当中。

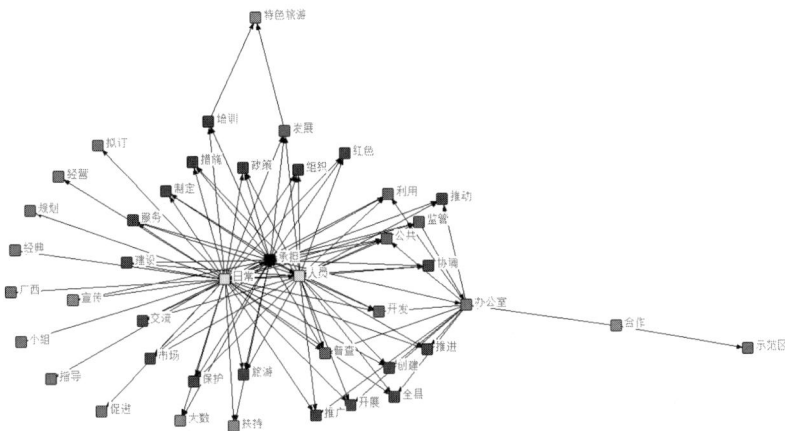

图4-6 大化县职能部门描述语义网络

图4-7显示,"共享""标准化"位于大新县职能部门描述语义网络的中心位置,是整个语义网络中最重要的节点。此外,形成了"科研""创新""考级""水平"等次中心节点,外围节点包括"规划""成果""文化""教育""资源""大数据""科技""发展""利用"等。其中"科研""创新""考级""水平"等次中心节点与"共享""标准化"等中心节点的关联度最高,反映出大新县职能部门的施策重点是通过共享和标准化来优化资源配置,推动科研创新和考级水平的发展,以实现区域经济的可持续发展和提升居民生活质量。

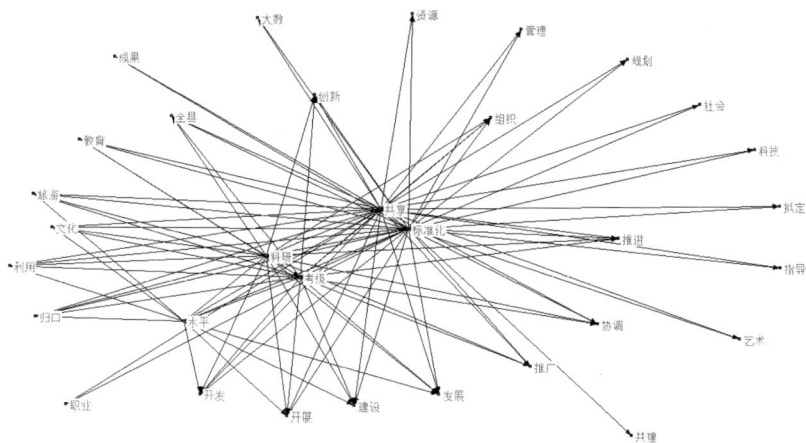

图 4-7　大新县职能部门描述语义网络图

图 4-8 显示，"共享""标准化"位于德保县职能部门描述语义网络的中心位置，是整个语义网络中最重要的节点。此外，形成了"科研""创新""旅游""管理"等次中心节点，外围节点包括"规划""成果""文化""资源""大数据""科技""发展""利用"等。其中"科研""创新""旅游""管理"等次中心节点与"共享""标准化"等中心节点的关联度最高，反映出德保县职能部门的施策重点是通过共享和标准化来促进科研创新和旅游业的发展，以实现区域经济的可持续发展和提升居民生活质量。

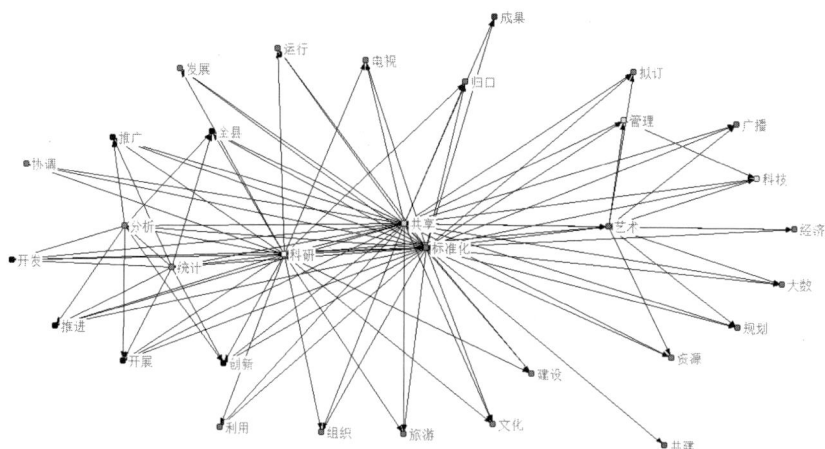

图 4-8　德保县职能部门描述语义网络图

图 4-9 显示，"重大""业态"位于东兴市职能部门描述语义网络的中心位置，是整个语义网络中最重要的节点。此外，形成了"技术""服务"等次中心节点，外围节点包括"创新""安全""旅游""管理""宣传""文化""广电""体育""应急"等。其中"技术""服务"等次中心节点与"重大""业态"等中心节点的关联度最高，反映出东兴市职能部门的施策重点是依托重大项目和业态创新，加速技术革新和服务优化，旨在通过强化这些领域的发展，带动东兴市经济的全面进步和社会的持续繁荣。

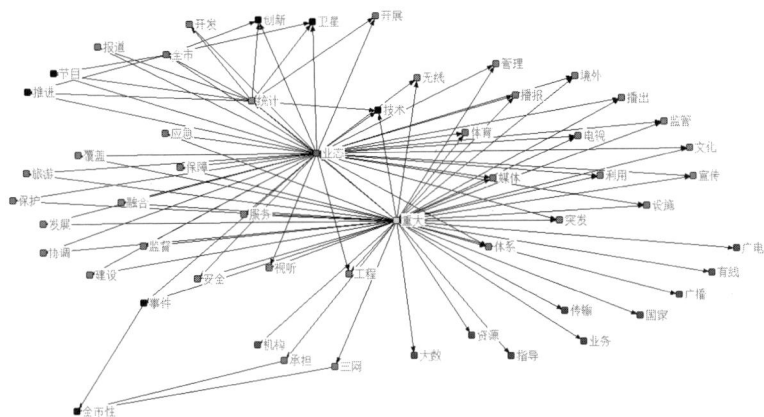

图 4-9　东兴市职能部门描述语义网络图

图 4-10 显示，"新闻""标准化"位于都安瑶族自治县职能部门描述语义网络的中心位置，是整个语义网络中最重要的节点。此外，形成了"发展""创新""旅游"等次中心节点，外围节点包括"规划""成果""文化""教育""资源""宣传""体育""大数据""广电""科技""建设""利用"等。其中"发展""创新""旅游"等次中心节点与"新闻""标准化"等中心节点的关联度最高，反映出都安瑶族自治县职能部门的施策重点是通过新闻传播和标准化建设，促进创新驱动和旅游业的发展，以提升公共服务质量和效率，推动地方经济社会的全面发展。

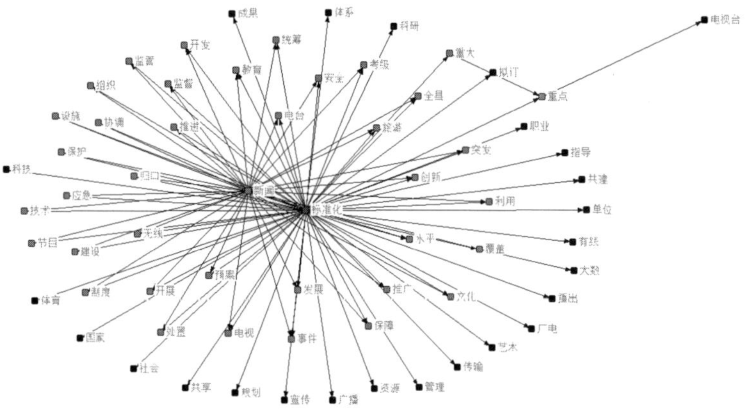

图 4-10　都安瑶族自治县职能部门描述语义网络图

图 4-11 显示，"共享""重大"位于防城港市职能部门描述语义网络的中心位置，是整个语义网络中最重要的节点。此外，形成了"技术""文化""旅游""统计"等次中心节点，外围节点包括"监督""广播""有线""体育""大数据""广电""利用"等。其中"技术""文化""旅游""统计"等次中心节点与"共享""重大"等中心节点的关联度最高，反映出防城港市职能部门的施策重点是通过共享和重大项目等的管理，促进技术应用和文化旅游业的发展，同时强化统计功能，以提升公共服务质量和效率，推动地方经济社会的全面发展。

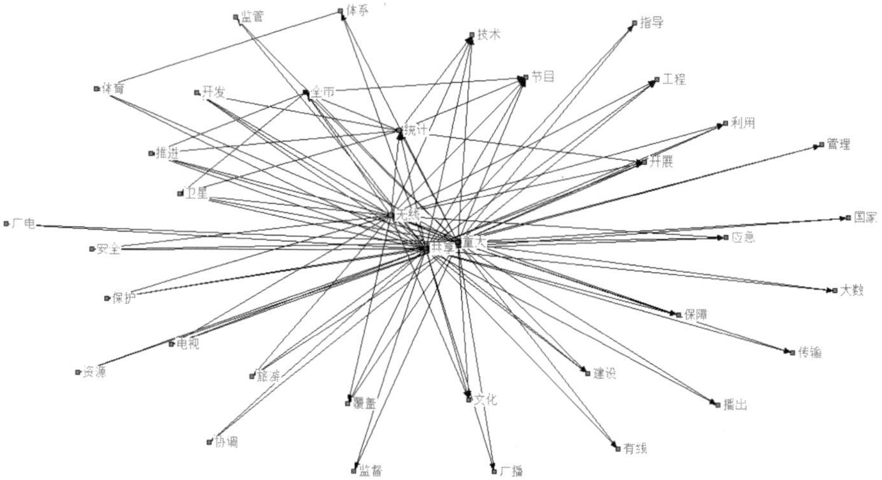

图 4-11　防城港市职能部门描述语义网络图

图 4-12 显示,"信息化""智慧"位于恭城瑶族自治县职能部门描述语义网络的中心位置,是整个语义网络中最重要的节点。此外,形成了"服务""政策""旅游"等次中心节点,外围节点包括"维护""规划""人才""促进""设施"等。其中"服务""政策""旅游"等次中心节点与"信息化""智慧"等中心节点的关联度最高,反映出恭城瑶族自治县职能部门的施策重点是通过信息化和智慧化手段,提升服务质量和政策执行效率,同时推动旅游业的发展,以增强恭城瑶族自治县的综合竞争力和可持续发展能力。

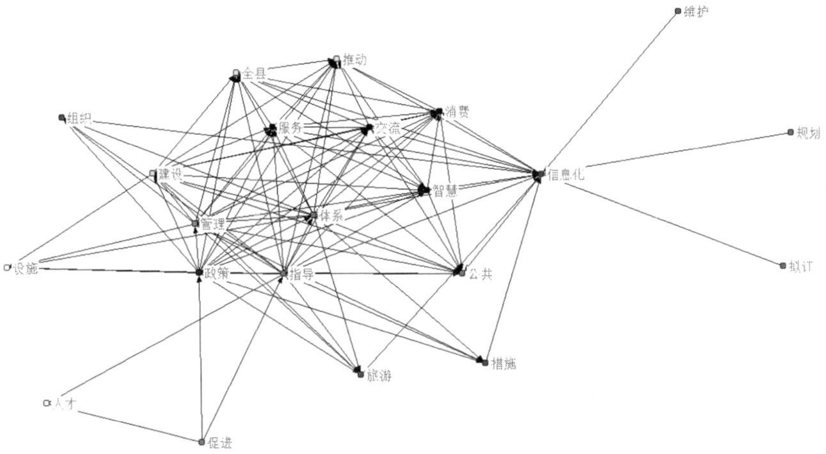

图 4-12 恭城瑶族自治县职能部门描述语义网络图

图 4-13 显示,"科研""标准化""共享"位于文化和旅游厅信息科技教育处职能部门描述语义网络的中心位置,是整个语义网络中最重要的节点。此外,形成了"文化""旅游"等次中心节点,外围节点包括"规划""发展""创新""管理""艺术""资源""成果"等。其中"科技""文化""旅游"等节点与"信息化""教育"等中心节点的关联度最高,反映出职能部门的施策重点是利用信息化手段加强教育和科技文化的融合,推动旅游产业的发展,以促进地区经济和社会的全面进步。

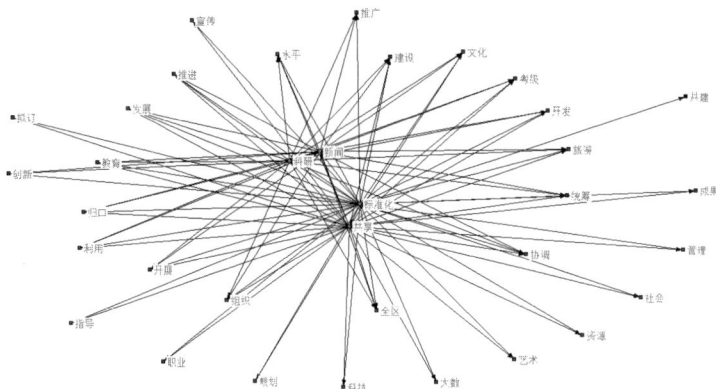

图 4-13　文化和旅游厅信息科技教育处职能部门描述语义网络图

图 4-14 显示，"标准化""承担""事业"位于贵港市旅游大数据职能部门描述语义网络的中心位置，是整个语义网络中最重要的节点。此外，形成了"旅游""发展""建设""利用"等次中心节点，外围节点包括"体育""协调""设施""图书"等。其中"旅游""发展""文化"等节点与"标准化""承担"等中心节点的关联度最高，反映出贵港市职能部门的施策重点是通过标准化流程和明确承担职责来优化旅游服务，推动文化旅游产业的发展，以及提升公共设施的建设和利用效率，以促进贵港市的社会经济和文化繁荣。

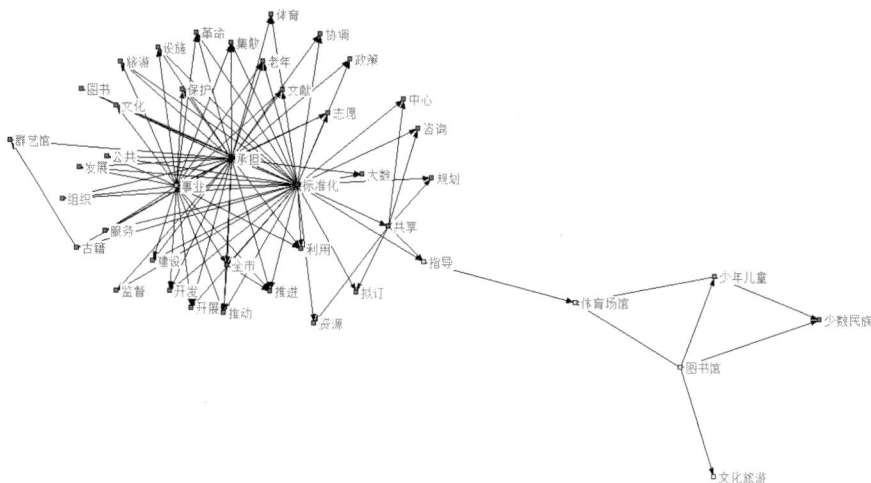

图 4-14　贵港市旅游大数据职能部门描述语义网络图

图 4-15 显示，"标准化""共享"位于桂林市旅游大数据职能部门描述语义网络的中心位置，是整个语义网络中最重要的节点。此外，形成了"业态""科研""发展"等次中心节点，外围节点包括"规划""成果""资源""教育""科技""创新""管理"等。其中"旅游""文化""发展"等次中心节点与"标准化""共享"等中心节点的关联度最高，反映出桂林市职能部门的施策重点是通过标准化和共享机制来促进旅游和文化的发展，同时推动桂林市社会经济的整体进步和提升居民的生活质量。

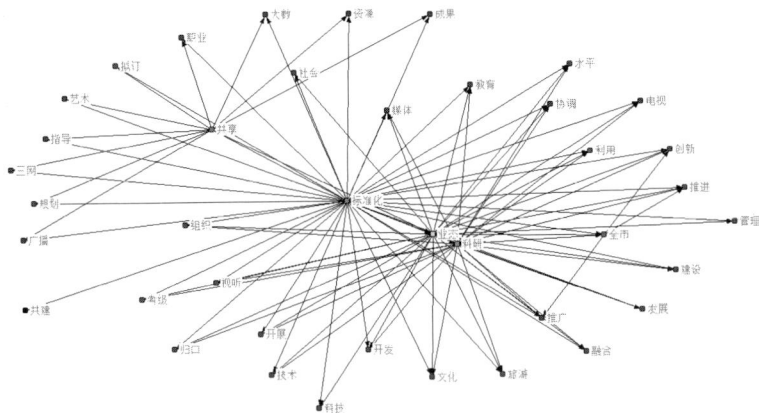

图 4-15　桂林市旅游大数据职能部门描述语义网络图

图 4-16 显示，"标准化"位于桂平市旅游大数据职能部门描述语义网络的中心位置，是整个语义网络中最重要的节点。此外，形成了"发展""创新"等次中心节点，外围节点包括"规划""文化""资源""体育""大数据""建设""利用"等。其中"发展""创新"等次中心节点与"标准化"等中心节点的关联度最高，反映出桂平市职能部门的施策重点是以标准化建设为核心，推动创新发展，同时强调这些领域在促进桂平市社会经济发展中的关键作用。

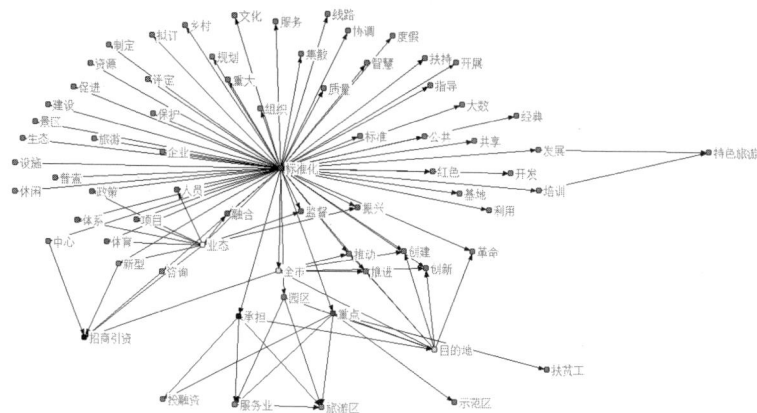

图 4-16 桂平市旅游大数据职能部门描述语义网络图

图 4-17 显示,"新闻""标准化"位于河池市旅游大数据职能部门描述语义网络的中心位置,是整个语义网络中最重要的节点。此外,形成了"旅游""发展""管理"等次中心节点,外围节点包括"规划""成果""文化""教育""资源""宣传""体育""大数据""广电""建设""利用"等。其中"旅游""发展""管理"等次中心节点与"新闻""标准化"等中心节点的关联度最高,反映出河池市职能部门的施策重点是利用新闻传播和标准化手段,推动旅游产业的发展和管理效率,同时强调这些领域在促进河池市社会经济发展中的重要作用。

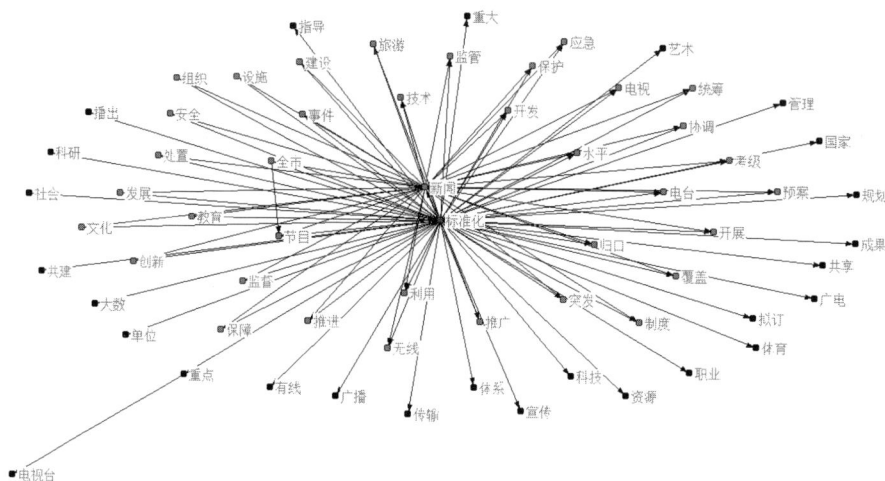

图 4-17 河池市旅游大数据职能部门描述语义网络图

图 4-18 显示，"标准化""新闻"位于贺州市旅游大数据职能部门描述语义网络的中心位置，是整个语义网络中最重要的节点。此外，形成了"科研""创新""旅游""管理"等次中心节点，外围节点包括"规划""成果""文化""资源""宣传""大数据""科技""建设""利用"等。其中"科研""创新""旅游""管理"等次中心节点与"标准化""新闻"等中心节点的关联度最高，反映出贺州市职能部门的施策重点是通过标准化和新闻传播推动科研创新和旅游业的发展，同时强调管理在促进贺州市社会经济发展中的关键作用。

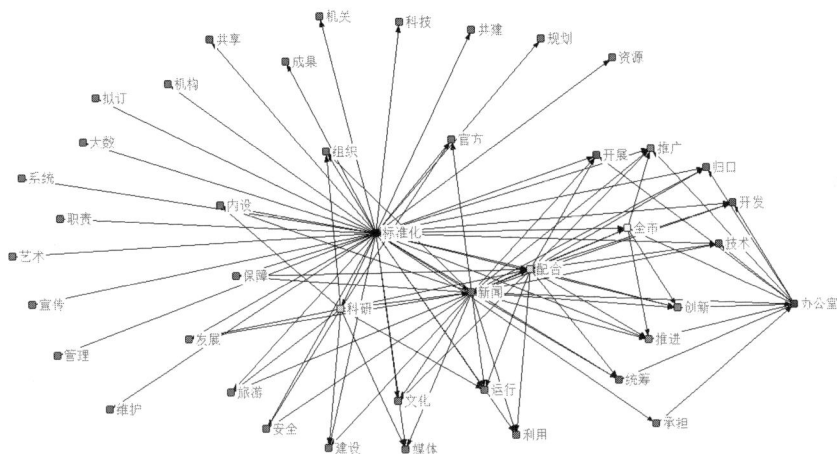

图 4-18　贺州市旅游大数据职能部门描述语义网络图

图 4-19 显示，"服务""体系"位于靖西市旅游大数据职能部门描述语义网络的中心位置，是整个语义网络中最重要的节点。此外，形成了"推广""服务"等次中心节点，外围节点包括"信息化""合作""目的地""方案""规划""政策""形象"等。其中"推广""服务""发展"等次中心节点与"旅游""综合"等中心节点的关联度最高，反映出靖西市职能部门的施策重点是通过旅游业和综合服务发展，同时强调推广在促进靖西市旅游产业发展中的关键作用。

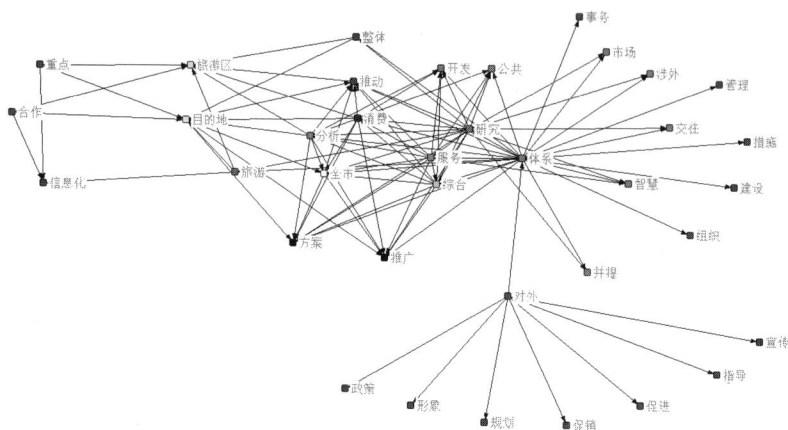

图 4-19　靖西市旅游大数据职能部门描述语义网络图

图 4-20 显示，"标准化""科研"位于来宾市旅游大数据职能部门描述
语义网络的中心位置，是整个语义网络中最重要的节点。此外，形成了"旅
游""发展""管理"等次中心节点，外围节点包括"规划""成果""文化""资
源""大数据""建设""利用"等。其中"旅游""发展""管理"等次中心
节点与"标准化""科研"等中心节点的关联度最高，反映出来宾市职能部
门的施策重点是以标准化和科研为核心，推动旅游发展和管理优化，同时强
调这些在促进来宾市社会经济发展中的关键作用。

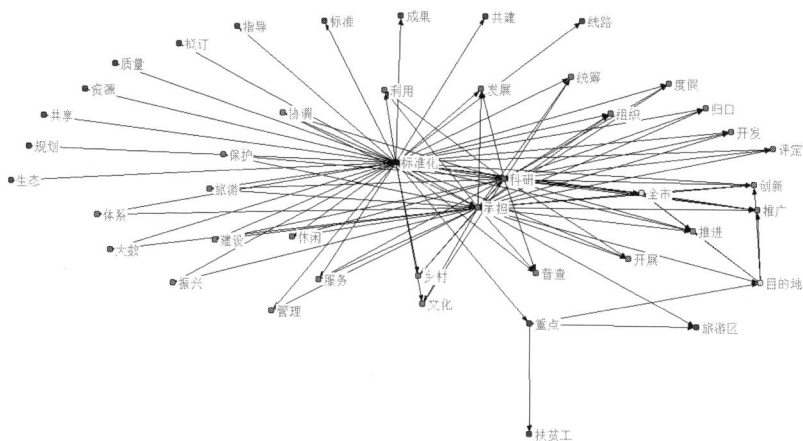

图 4-20　来宾市旅游大数据职能部门描述语义网络图

图 4-21 显示，"人员""重大"位于乐业县旅游大数据职能部门描述语义网络的中心位置，是整个语义网络中最重要的节点。此外，形成了"旅游""发展"等次中心节点，外围节点包括"信息化""教育""考评""交流""组织""智慧""建设""经济"等。其中"旅游""发展"等次中心节点与"人员""重大"等中心节点的关联度最高，反映出乐业县职能部门的施策重点是通过人员管理和重大项目实施，推动旅游发展，同时强调这些在提升乐业县旅游服务效率中的关键作用。

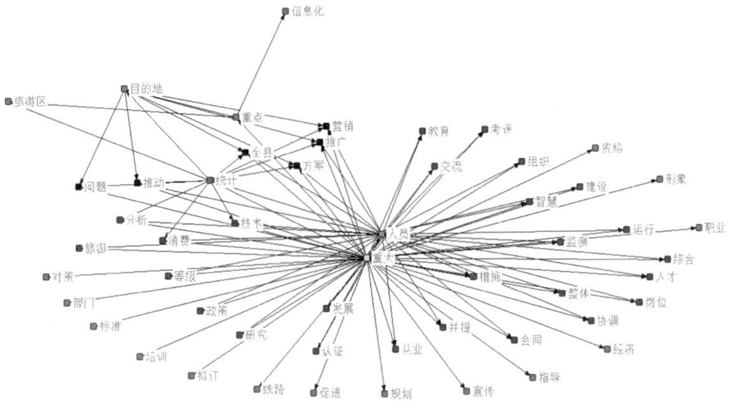

图 4-21　乐业县旅游大数据职能部门描述语义网络图

图 4-22 显示，"旅游区""信息化"位于凌云县旅游大数据职能部门描述语义网络的中心位置，是整个语义网络中最重要的节点。此外，形成了"旅游""推广""智慧"等次中心节点，外围节点包括"合作""线路""重点""措施""外事"等。其中"旅游""推广""智慧"等次中心节点与"旅游区""信息化"等中心节点的关联度最高，反映出凌云县职能部门的施策重点是通过信息化和旅游区建设，推动智慧旅游的发展，同时强调推广和合作在促进凌云县旅游产业升级中的关键作用。

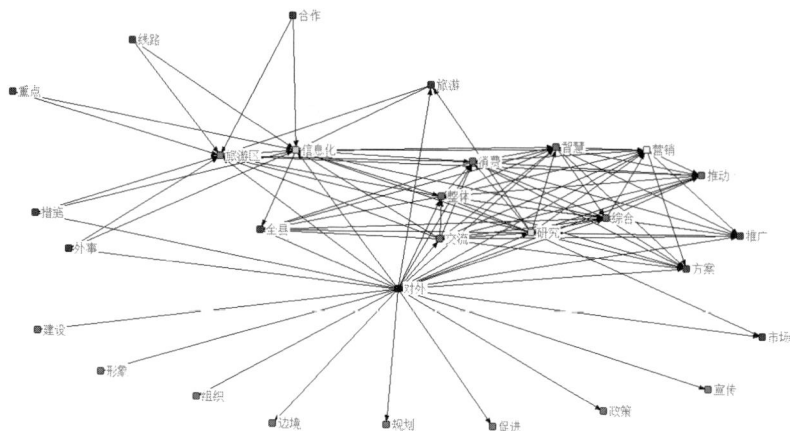

图 4-22　凌云县旅游大数据职能部门描述语义网络图

图 4-23 显示，"标准化""科研"位于柳州市旅游大数据职能部门描述语义网络的中心位置，是整个语义网络中最重要的节点。此外，形成了"旅游""发展""文化"等次中心节点，外围节点包括"创新""安全""管理""宣传"等。其中"旅游""发展""文化"等次中心节点与"标准化""科研"等中心节点的关联度最高，反映出柳州市职能部门的施策重点是以标准化和科研为核心，推动旅游和文化发展，同时强调创新和管理在促进柳州市社会经济发展中的关键作用。

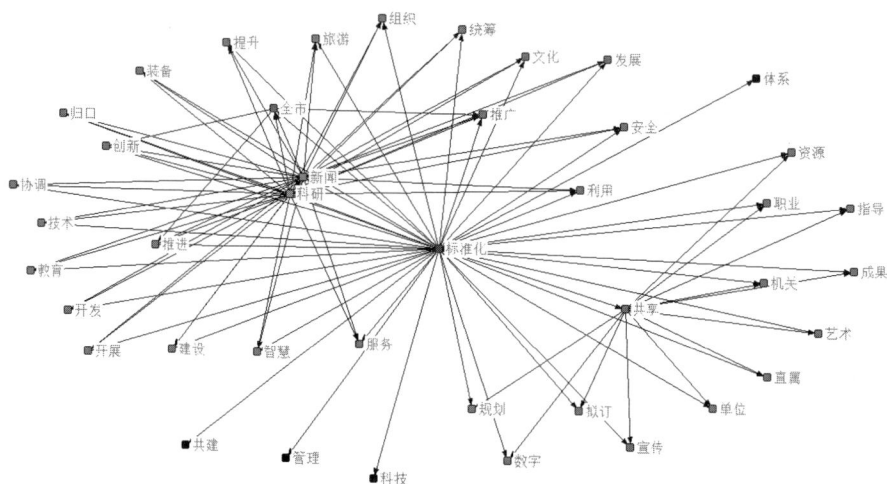

图 4-23　柳州市旅游大数据职能部门描述语义网络图

图 4-24 显示，"服务""事业""物质""承担"位于龙胜各族自治县旅游大数据职能部门描述语义网络的中心位置，是整个语义网络中最重要的节点。此外，形成了"发展""保护""服务"等次中心节点，外围节点包括"规划""建设""管理"等。其中"发展""保护""服务"等次中心节点与"旅游""文化"等中心节点的关联度最高，反映出龙胜各族自治县职能部门的施策重点是以旅游和文化为核心，推动发展和保护，同时强调服务在促进龙胜各族自治县社会经济发展中的关键作用。

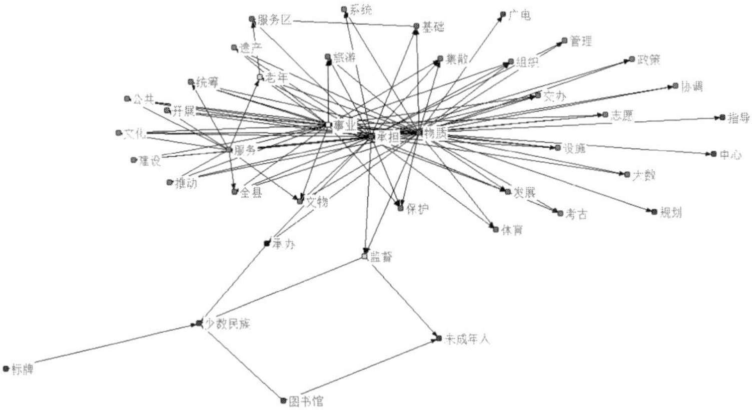

图 4-24 龙胜各族自治县旅游大数据职能部门描述语义网络图

图 4-25 显示，"标准化""维管"位于隆安县旅游大数据职能部门描述语义网络的中心位置，是整个语义网络中最重要的节点。此外，形成了"旅游""发展""管理"等次中心节点，外围节点包括"创新""统计""安全"等。其中"旅游""发展""管理"等次中心节点与"标准化""维管"等中心节点的关联度最高，反映出隆安县职能部门的施策重点是以标准化和维管为核心，推动旅游和创新发展，同时强调管理和服务在促进隆安县社会经济发展中的关键作用。

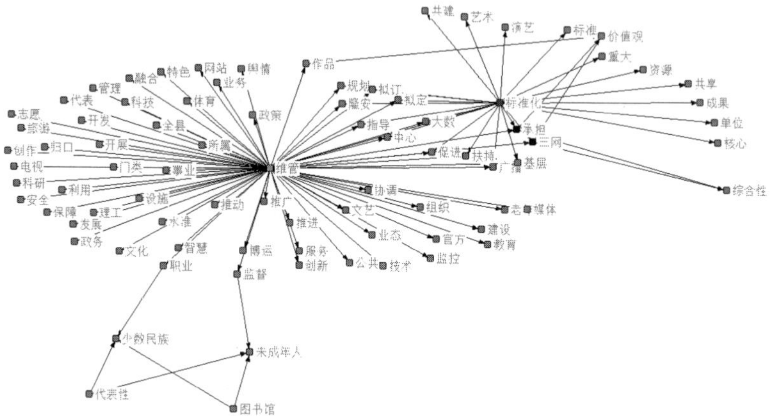

图 4-25　隆安县旅游大数据职能部门描述语义网络图

图 4-26 显示"标准化""业态""科研"位于南宁市旅游大数据职能部门描述语义网络的中心位置，是整个语义网络中最重要的节点。此外，形成了"技术""保障""信息化""统筹"等次中心节点，外围的节点包括"推广""推进""创新""融合"等。其中"融合""推广""科技"等外围节点与"标准化""业态"等中心节点的关联度最高，反映出南宁市职能部门的施策重点是通过信息化建设和旅游推广，促进旅游合作和市场发展，同时强调发展在推动南宁市旅游大数据职能部门进步中的关键作用。

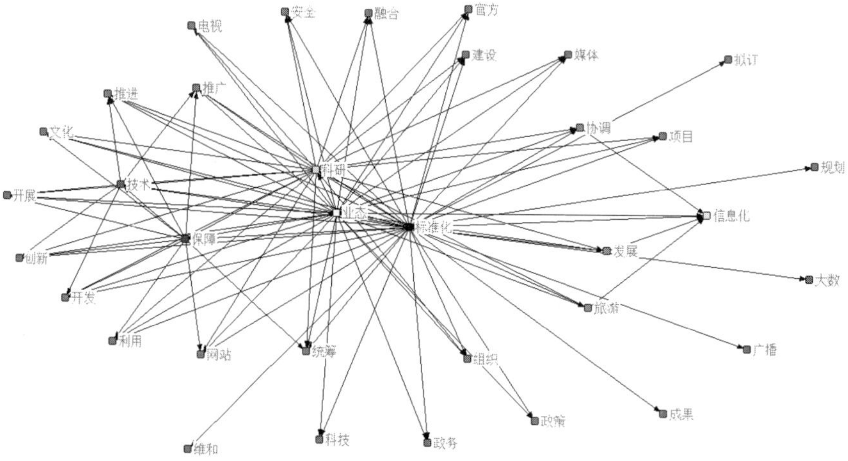

图 4-26　南宁市旅游大数据职能部门描述语义网络图

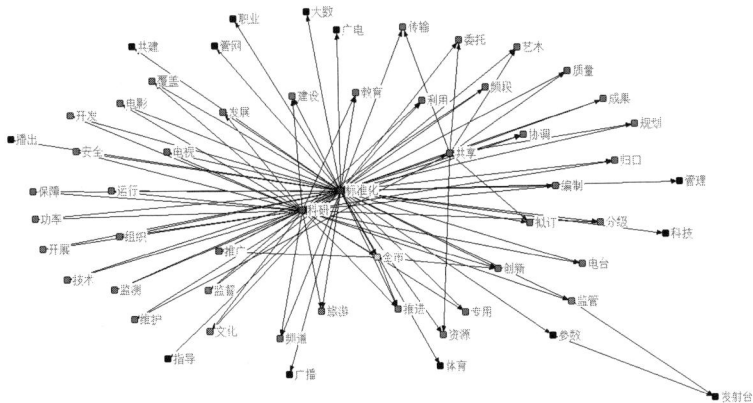

图 4-27　梧州市旅游大数据职能部门描述语义网络图

图 4-27 显示，"标准化""科研"位于梧州市旅游大数据职能部门描述语义网络的中心位置，是整个语义网络中最重要的节点。此外，形成了"矛盾""发展""管理"等次中心节点，外围节点包括"创新""安全""矛盾""管理""宣传"等。其中"旅游""发展""管理"等次中心节点与"标准化""科研"等中心节点的关联度最高，反映出梧州市职能部门的施策重点是以标准化和科研为核心，推动旅游发展和管理优化，同时强调这些领域在促进梧州市社会经济发展中的关键作用。

图 4-28 显示，"共享""对外"位于平果市旅游大数据职能部门描述语义网络的中心位置，是整个语义网络中最重要的节点。此外，形成了"开发""管理""旅游"等次中心节点，外围节点包括"规划""教育""资源"等。其中"开发""管理""旅游"等次中心节点与"共享""对外"等中心节点的关联度最高，反映出平果市职能部门的施策重点是通过共享和对外开放，推动开发和管理，同时强调这些领域在促进平果市旅游大数据职能部门发展中的关键作用。

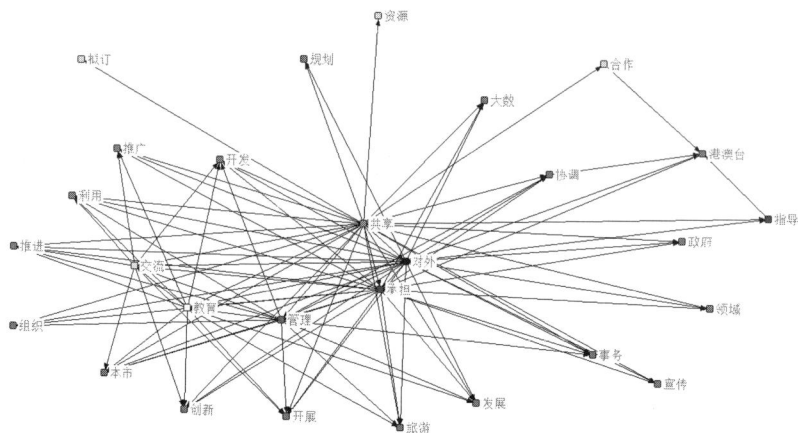

图 4-28　平果市旅游大数据职能部门描述语义网络图

图 4-29 显示"共享""推进""旅游""教育""承担"位于马山县旅游大数据职能部门描述语义网络的中心位置，是整个语义网络中最重要的节点。此外，形成了"组织""协调""服务""拟定"等次中心节点，外围的节点包括"规划""资源""职业""旅创新""推广""发展""交通""设施"等。其中"开发""利用""发展""创新""监督"等外围节点与"共享""旅游""承担"等中心节点的关联度最高，反映出马山县职能部门的施策重点是以重大项目和业态发展为核心，推动技术进步和服务提升，同时强调旅游业的发展在促进马山县社会经济发展中的关键作用。

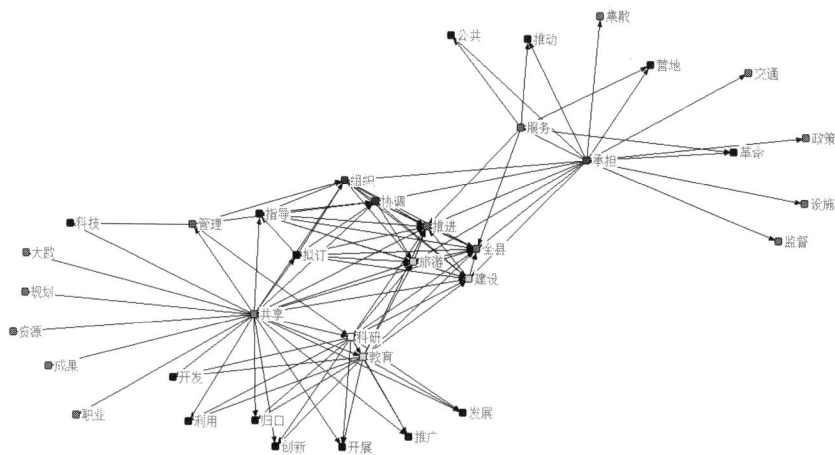

图 4-29　马山县旅游大数据职能部门描述语义网络图

图 4-30 显示，"落实""统计"位于阳朔县旅游大数据职能部门描述语义网络的中心位置，是整个语义网络中最重要的节点。此外，形成了"指导""协调"等次中心节点，外围节点包括"旅游""文化""教育""资源""宣传"等。其中，"指导""协调"等次中心节点与"落实""统计"等中心节点的关联度最高，反映出阳朔县职能部门的施策重点是通过落实政策和统计分析，促进指导和协调发展，同时强调这些领域在推动阳朔县旅游大数据职能部门进步中的关键作用。

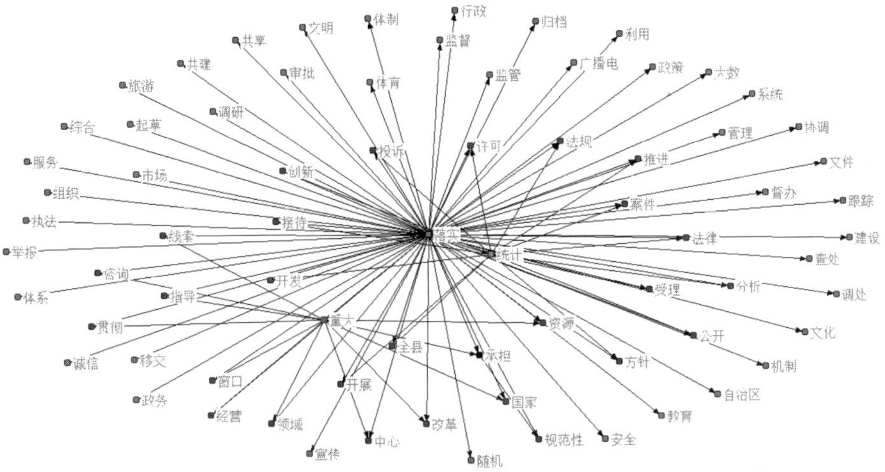

图 4-30　阳朔县旅游大数据职能部门描述语义网络图

图 4-31 显示，"标准化""目的地"位于浦北县旅游大数据职能部门描述语义网络的中心位置，是整个语义网络中最重要的节点。此外，形成了"旅游区""服务业""旅游业"等次中心节点，外围节点包括"合作""推广""发展"等。其中，"旅游区""服务业""旅游业"等次中心节点与"标准化""目的地"等中心节点的关联度最高，反映出浦北县职能部门的施策重点是通过标准化和目的地建设，推动旅游区和服务业的发展，同时强调旅游业在促进浦北县社会经济发展中的关键作用。

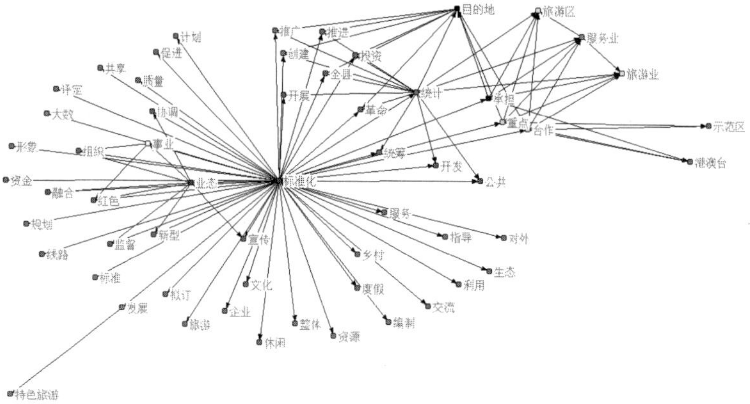

图 4-31　浦北县旅游大数据职能部门描述语义网络图

图 4-32 显示，"共享""标准化"位于田东县旅游大数据职能部门描述语义网络的中心位置，是整个语义网络中最重要的节点。此外，形成了"科研""创新""旅游""管理"等次中心节点，外围节点包括"规划""成果""文化""资源"等。其中，"科研""创新""旅游""管理"等次中心节点与"共享""标准化"等中心节点的关联度最高，反映出田东县职能部门的施策重点是以共享和标准化为核心，推动科研创新和旅游管理，同时强调这些领域在促进田东县社会经济发展中的关键作用。

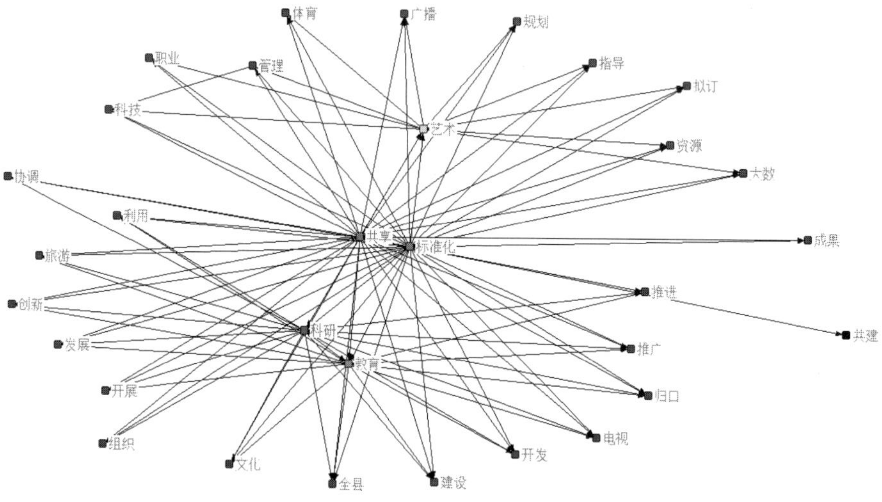

图 4-32　田东县旅游大数据职能部门描述语义网络图

图 4-33 显示"地方性""制作""重点"位于忻城县旅游大数据职能部门描述语义网络的中心位置,是整个语义网络中最重要的节点。此外,形成了"服务业""旅游业""服务""重点"等次中心节点,外围的节点包括"统筹""智慧""推进""市场""信息化"等。其中"信息化""旅游业""服务业""市场"等外围节点与"地方性""制作"等中心节点的关联度最高,反映出忻城县职能部门的施策重点是通过信息化和重点支持,推动旅游发展和服务优化,同时强调这些领域在促进忻城县社会经济发展中的关键作用。

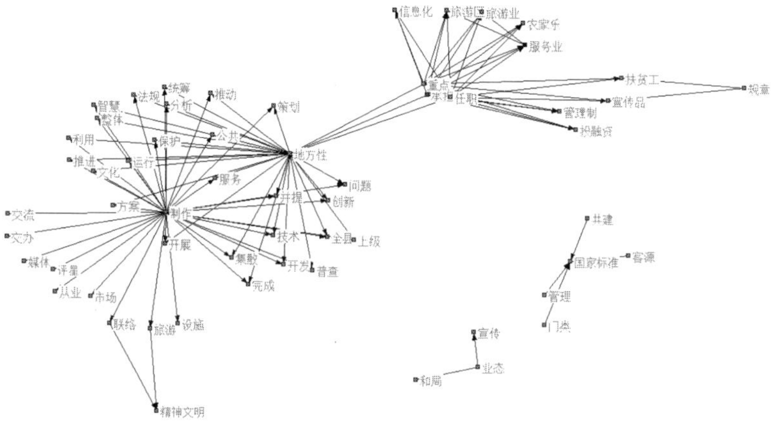

图 4-33　忻城县旅游大数据职能部门描述语义网络图

图 4-34 显示"目的地""标准化"位于田林县旅游大数据职能部门描述语义网络的中心位置,是整个语义网络中最重要的节点。此外,形成了"规范""承担"等次中心节点,外围的节点包括"示范区""推进""创新""推广""特色旅游"等。其中"创新""推广""推进""创意"等外围节点与"目的地"等中心节点的关联度最高,反映出田林县职能部门的施策重点是通过目的地建设和旅游推广,推动创新发展和旅游产业升级。

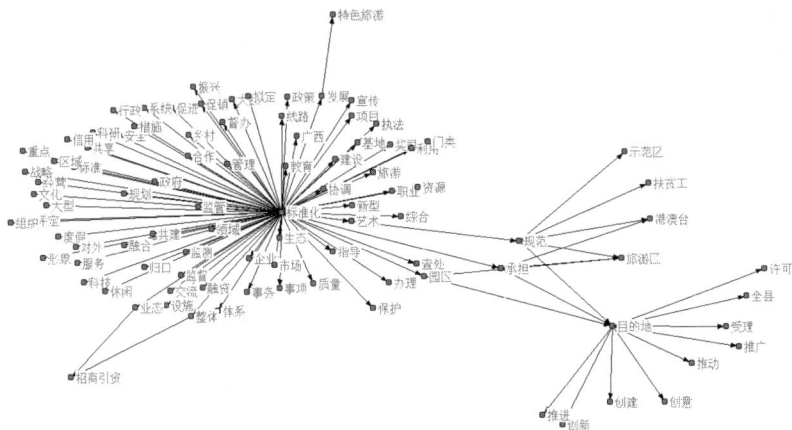

图 4-34 田林县旅游大数据职能部门描述语义网络图

图 4-35 显示"共享""统计"位于昭平县旅游大数据职能部门描述语义网络的中心位置，是整个语义网络中最重要的节点。此外，形成了"新闻""科研""旅游区""目的地"等次中心节点，外围的节点包括"创意""统筹""成果""促销""经济""宣传""文化""旅游"等。其中"文化""旅游""创新"等外围节点与"共享"中心节点的关联度最高，反映出昭平县职能部门的施策重点是通过共享资源和旅游发展，推动旅游文化的融合与创新。

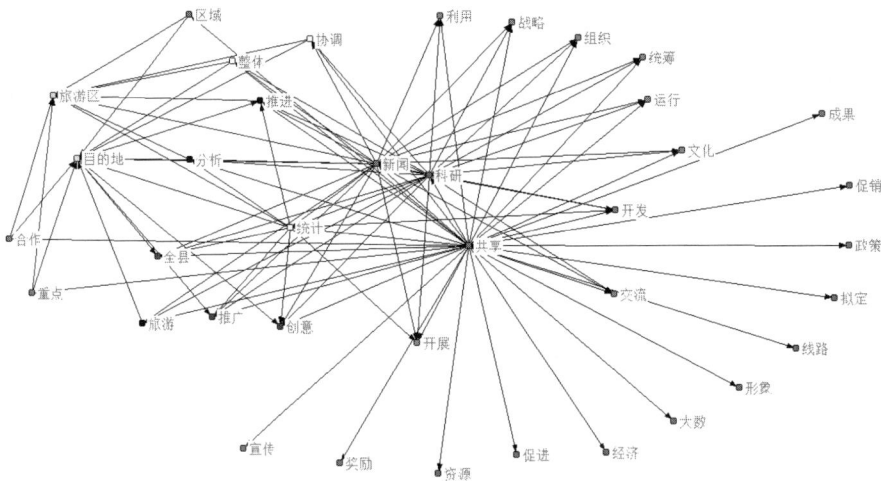

图 4-35 昭平县旅游大数据职能部门描述语义网络图

第二节　广西旅游大数据政府职能描述高频词表

表 4-1　自治区全区县（区）级职能部门描述汇总高频词

序号	高频词	频数	高频词	频数	高频词	频数	高频词	频数
1	旅游	234	共享	27	公共	15	线路	10
2	文化	164	信息资源	26	信息	14	重大	9
3	指导	108	共建	26	监督	13	实施	9
4	全县	71	组织	26	监管	13	服务中心	9
5	协调	67	艺术	25	开发	13	乡村	9
6	推进	61	促进	25	服务	12	形象	9
7	广播电视	61	归口	24	体系建设	12	目的地	9
8	全市	61	推广	24	旅游市场	12	新闻	8
9	负责	55	公共服务	24	创新	11	业态	8
10	规划	51	组织开展	23	教育工作	11	标准	8
11	组织实施	50	成果	23	融合	11	综合	8
12	拟订	47	推动	23	旅游产业	11	广播	8
13	体育	47	旅游行业	21	拟定	11	对外	8
14	开展	36	标准化建设	20	合作	11	旅游资源	8
15	开发利用	36	科技创新	20	宣传推广	11	宣传工作	7
16	管理	35	统筹	19	重点	11	视听	7
17	数据	34	宣传	19	区域	11	奖励	7
18	发展规划	28	政策	17	职业	10	分析	7
19	科研	28	广电	17	科研工作	10	传输	7
20	行业	28	智慧	16	全域	10	安全	7

表4-2　市、县处级政府职能描述词频表（一）

序号	巴马瑶族自治县		百色市		北海市	
1	文化	3	文化	4	旅游	5
2	广电	3	广播电视	4	文化	5
3	体育	3	体育	4	体育	5
4	旅游	3	旅游	3	负责	3
5	规划	2	规划	2	行业	3
6	拟定	1	归口	2	全市	2
7	全县	1	管理	2	拟订	1
8	科技创新	1	拟订	1	科技创新	1
9	艺术	1	全市	1	发展规划	1
10	科研	1	科技创新	1	组织实施	1
11	组织实施	1	艺术	1	协调	1
12	协调	1	科研	1	开展	1
13	开展	1	组织实施	1	数据	1
14	数据	1	协调	1	推进	1

表4-3　市、县处级政府职能描述词频表（二）

序号	岑溪市		大化瑶族自治县		大新县	
1	全市	10	旅游	8	文化	4
2	广播电视	8	指导	5	旅游	3
3	视听	5	全县	4	规划	2
4	监管	4	推进	3	科研	2
5	拟订	4	全域	3	归口	2
6	节目	4	红色旅游	3	管理	2
7	指导	4	协调	3	拟定	1

序号	岑溪市		大化瑶族自治县		大新县	
8	文化	4	拟订	2	全县	1
9	体育	4	发展规划	2	科技创新	1
10	业务	3	广西	2	艺术	1
11	发展规划	3	特色	2	组织实施	1
12	广电	3	旅游名县	2	协调	1
13	旅游	3	红色	2	开展	1
14	播出	2	文化	2	数据	1

表4-4　市、县处级政府职能描述词频表（三）

序号	德保县		东兴市	
1	广播电视	4	全市	9
2	文化	3	广播电视	8
3	旅游	3	协调	5
4	全县	2	指导	5
5	负责	1	推进	4
6	经济运行	1	重大	3
7	分析	1	传输	2
8	统计工作	1	体系建设	2
9	拟订	1	应急	2
10	科技创新	1	监管	2
11	发展规划	1	节目	2
12	艺术	1	宣传	2
13	科研	1	工程	1
14	规划	1	有线	1

表4-5　市、县处级政府职能描述词频表（四）

序号	都安瑶族自治县		防城港市		恭城瑶族自治县	
1	全县	4	广播电视	5	旅游	5
2	文化	4	全市	4	指导	2
3	广电	4	协调	3	负责	2
4	体育	4	推进	3	旅游信息	2
5	指导	4	指导	3	规划	2
6	旅游	3	传输	2	管理	2
7	管理	3	体系建设	2	旅游行业	1
8	广播电视	3	重大	1	人才交流	1
9	拟订	2	工程	1	拟订	1
10	规划	2	有线	1	促进	1
11	组织实施	2	无线	1	奖励	1
12	推进	2	卫星	1	政策	1
13	归口	2	应急	1	消费	1
14	安全	2	广播	1	政策措施	1

表4-6　市、县处级政府职能描述词频表（五）

序号	区文旅厅信科教处		贵港市		桂林市	
1	文化	4	文化	7	广播电视	5
2	旅游	3	旅游	6	文化	4
3	科研	2	指导	5	旅游	3
4	归口	2	公共服务	4	推进	3
5	管理	2	全市	3	规划	2
6	拟订	1	协调	3	协调	2
7	全区	1	体育	2	归口	2

8	科技	1	推进	2	管理	2
9	创新	1	信息	2	拟订	1
10	发展规划	1	资源共享	2	全市	1
11	艺术	1	拟订	1	视听	1
12	规划	1	广播电视	1	科技创新	1
13	组织实施	1	政策	1	艺术	1
14	协调	1	公共	1	科研	1

表 4-7 市、县处级政府职能描述词频表（六）

序号	靖西市		来宾市		乐业县	
1	旅游	12	文化	6	旅游	14
2	全市	5	旅游	5	负责	5
3	负责	5	组织	2	全县	4
4	指导	4	全市	2	组织实施	3
5	宣传	3	旅游资源	2	研究	2
6	组织实施	3	规划	2	组织	2
7	规划	3	开发	2	等级	2
8	拟订	2	指导	2	标准	2
9	重点	2	乡村	2	指导	2
10	区域	2	统筹	2	旅游行业	2
11	目的地	2	行业	2	分析	2
12	线路	2	开发利用	2	拟订	2
13	政策	2	开展	2	宣传	2
14	促进	2	拟订	1	重大问题	1

表4-8　市、县处级政府职能描述词频表（七）

序号	桂平市		河池市		贺州市	
1	旅游	15	全市	4	文化	2
2	指导	12	文化	4	旅游	2
3	文化	10	广电	4	科研	2
4	全市	6	体育	4	内设	1
5	体育	6	指导	4	机构	1
6	推进	6	旅游	3	职责	1
7	广播电视	5	管理	3	拟订	1
8	促进	4	广播电视	3	全市	1
9	协调	4	拟订	2	科技创新	1
10	公共服务	4	规划	2	发展规划	1
11	拟订	3	组织实施	2	艺术	1
12	旅游产业	3	推进	2	规划	1
13	政策	2	归口	2	组织实施	1
14	发展规划	2	安全	2	配合	1

表4-9　市、县处级政府职能描述词频表（八）

序号	凌云县		柳州市		龙胜各族自治县	
1	旅游	11	文化	5	文化	6
2	负责	5	旅游	4	旅游	6
3	全县	3	信息	3	指导	6
4	拟订	2	全市	2	全县	4
5	宣传	2	科研	2	公共服务	4
6	组织	2	指导	2	公共	4

7	研究	1	拟订	1	文化事业	2
8	营销	1	科技	1	拟订	2
9	方案	1	创新	1	广电	2
10	组织实施	1	发展规划	1	体育	2
11	整体	1	艺术	1	协调	2
12	形象	1	规划	1	文化工作	2
13	重点	1	组织实施	1	服务中心	2
14	区域	1	协调	1	统筹规划	1

表4-10 市、县处级政府职能描述词频表（九）

序号	龙州县		隆安县		马山县	
1	文化	10	文化	10	旅游	10
2	旅游	8	指导	8	全县	4
3	指导	7	旅游	6	公共服务	4
4	全县	6	全县	4	指导	3
5	艺术	4	协调	4	协调	3
6	协调	4	体育	4	拟订	2
7	公共服务	4	发展规划	3	组织实施	2
8	拟订	3	公共服务	3	推进	2
9	组织实施	3	广播电视	3	政策	1
10	规划	3	推进	3	推动	1
11	推进	3	公共	2	拟定	1
12	公共	3	推动	2	标准	1
13	推动	2	艺术	2	监督	1
14	科研	2	融合	2	实施	1

表4-11　市、县处级政府职能描述词频表（十）

序号	南宁市		平果市		浦北县	
1	广播电视	3	旅游	4	旅游	15
2	文化	2	本市	2	推进	5
3	旅游	2	指导	2	全县	4
4	负责	2	交流	2	指导	4
5	拟订	1	合作	2	负责	3
6	科技	1	拟订	1	协调	3
7	创新	1	创新	1	公共服务	2
8	发展规划	1	发展规划	1	规划	2
9	政策	1	组织实施	1	全域	2
10	组织实施	1	协调	1	开发利用	2
11	行业	1	开展	1	宣传推广	2
12	标准化建设	1	数据	1	促进	2
13	统筹	1	推进	1	拟订	1
14	开展	1	信息资源	1	旅游业	1

表4-12　市、县处级政府职能描述词频表（十一）

序号	田东县		田林县		梧州市	
1	文化	4	文化	26	全市	7
2	体育	4	旅游	20	广播电视	5
3	旅游	4	全县	11	文化	4
4	广播电视	4	指导	10	体育	4
5	行业	2	拟定	6	拟订	3
6	拟订	1	旅游市场	6	广电	3

7	全县	1	促进	5	旅游	3
8	科技创新	1	组织	5	规划	3
9	发展规划	1	规划	5	指导	3
10	艺术	1	组织实施	4	发展规划	2
11	科研	1	协调	4	科研	2
12	规划	1	监督	4	组织实施	2
13	组织实施	1	交流	4	负责	2
14	协调	1	文化产业	3	技术	2

表 4-13　市、县处级政府职能描述词频表（十二）

序号	忻城县		阳朔县		昭平县	
1	旅游	20	文化	7	旅游	7
2	全县	13	负责	6	文化	6
3	指导	7	旅游	4	全县	3
4	负责	6	旅游市场	4	形象	2
5	文化	5	协调	3	负责	2
6	促进	4	广播电视	3	交流	2
7	组织协调	4	体育	3	合作	2
8	宣传	4	安全生产	2	宣传推广	2
9	旅游行业	4	组织	2	组织	2
10	组织实施	3	推进	2	协调	2
11	规划	3	开展	2	产品	2
12	开发	3	指导	2	区域	2
13	公共	3	全县	2	统筹	2
14	研究	2	政策法规	1	拟定	1

第三节　广西旅游大数据政府职能描述词云图分析

依照前文的方法设计和路线设计，采用 ROST Gontent Mining6.0 软件，就广西旅游大数据政府部门职能描述进行分析，具体如下。

图 4-36 为广西壮族自治区全区县（区）级职能部门描述汇总词云图，反映出自治区全区县（区）政府部门的"旅游大数据智能目标"，由图可知，高频词高层的有"旅游""文化""指导""广播电视""协调""体育""全县""全市""推进"等，它们是词云标签图中字体较大的旅游大数据职能描述。

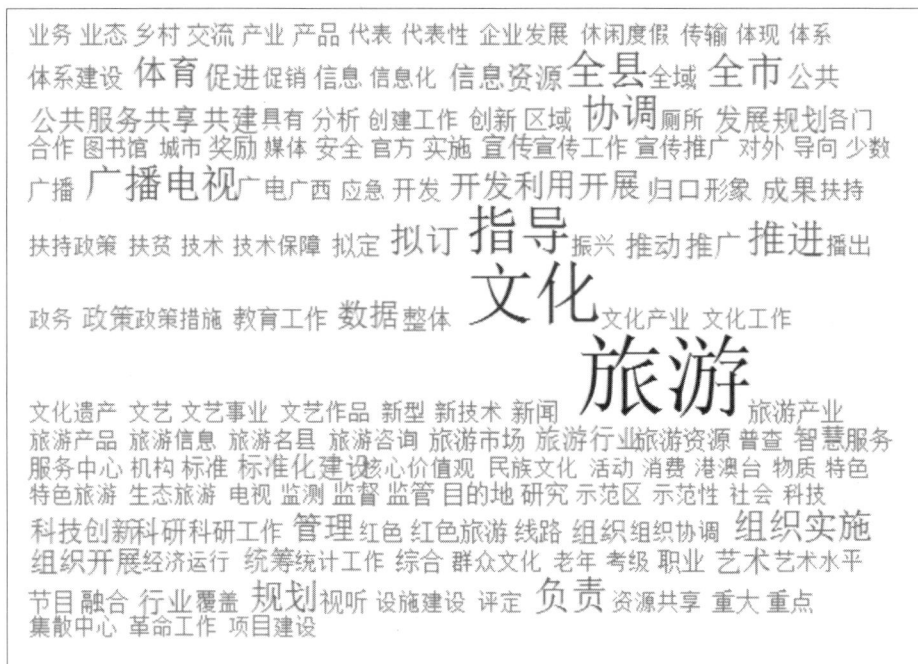

图 4-36　广西壮族自治区全区县（区）级职能部门描述汇总词云图

图 4-37 为巴马瑶族自治县文化旅游数据部门职能词云图，反映出巴马瑶族自治县政府部门的"旅游大数据智能目标"，由图可知，高频词高层的有"体育""广电""文化""旅游""规划"等，它们是词云标签图中字体较大的旅游大数据职能描述。

图 4-37　巴马瑶族自治县旅游数据部门职能词云图

图 4-38 为百色市旅游数据部门职能词云图，反映出百色市政府部门的"旅游大数据智能目标"，由图可知，高频词高层的有"体育""广播电视""文化""归口""旅游""管理""规划"等，它们是词云标签图中字体较大的旅游大数据职能描述。

图 4-38　百色市旅游数据部门职能词云图

图 4-39 为北海市旅游数据部门职能词云图,反映出北海市政府部门的"旅游大数据智能目标",由图可知,高频词高层的有"体育""全市""文化""旅游""行业负责"等,它们是词云标签图中字体较大的旅游大数据职能描述。

图 4-39　北海市旅游数据部门职能词云图

图 4-40 为岑溪市旅游数据部门职能词云图,反映出岑溪市政府部门的"旅游大数据智能目标",由图可知,高频词高层的有"全市""广播电视""广电""体育""业务""指导""视听""节目""监管""拟定"等,它们是词云标签图中字体较大的旅游大数据职能描述。

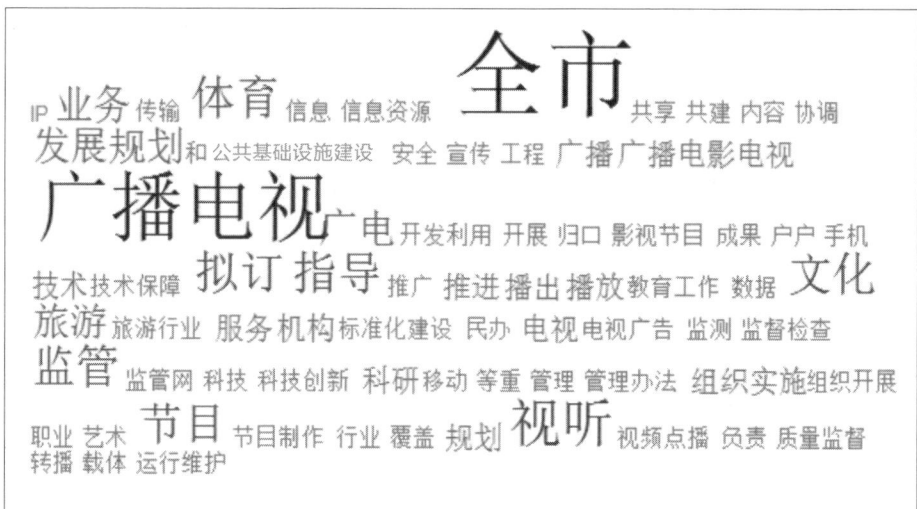

图 4-40　岑溪市旅游数据部门职能词云图

　　图 4-41 为大化瑶族自治县旅游数据部门职能词云图，反映出大化瑶族自治县政府部门的"旅游大数据智能目标"，由图可知，高频词高层的有"旅游""指导""推进""全县""红色旅游""全域""特色"等，它们是词云标签图中字体较大的旅游大数据职能描述。

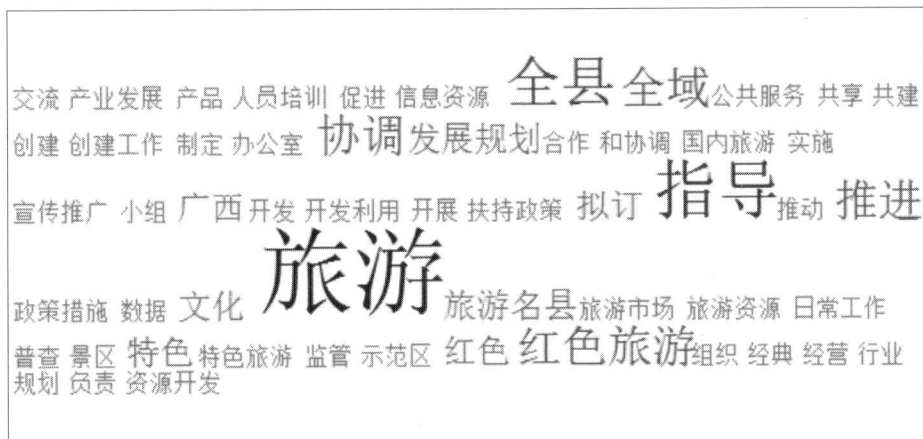

图 4-41　大化瑶族自治县旅游数据部门职能词云图

　　图 4-42 为大新县旅游数据部门职能词云图，反映出大新县政府部门的"旅游大数据智能目标"，由图可知，高频词高层的有"文化""旅游""科研""管理""规划""归口"等，它们是词云标签图中字体较大的旅游大数据职能描述。

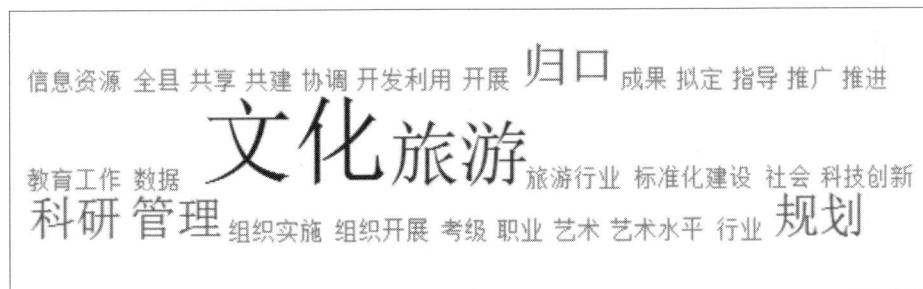

图 4-42　大新县旅游数据部门职能词云图

图 4-43 为德保县旅游数据部门职能词云图,反映出德保县政府部门的"旅游大数据智能目标",由图可知,高频词高层的有"广播电视""文化""旅游""全县"等在词云标签图中字体较大的旅游大数据职能描述。

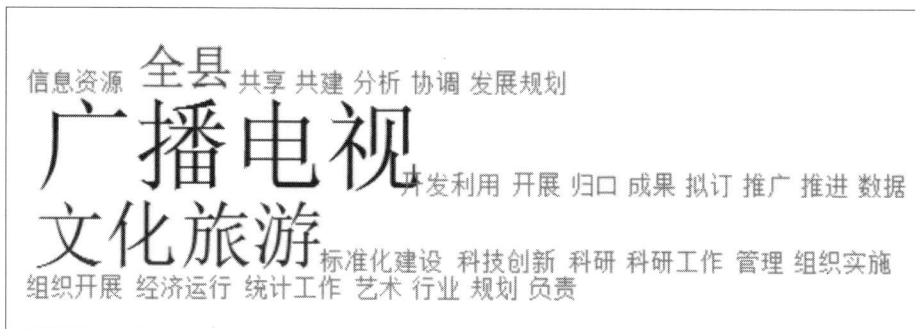

图 4-43　德保县旅游数据部门职能词云图

图 4-44 为东兴市旅游数据部门职能词云图,反映出东兴市政府部门的"旅游大数据智能目标",由图可知,高频词高层的有"全市""广播电视""指导""推进""协调""重大""节目""宣传"等,它们是词云标签图中字体较大的旅游大数据职能描述。

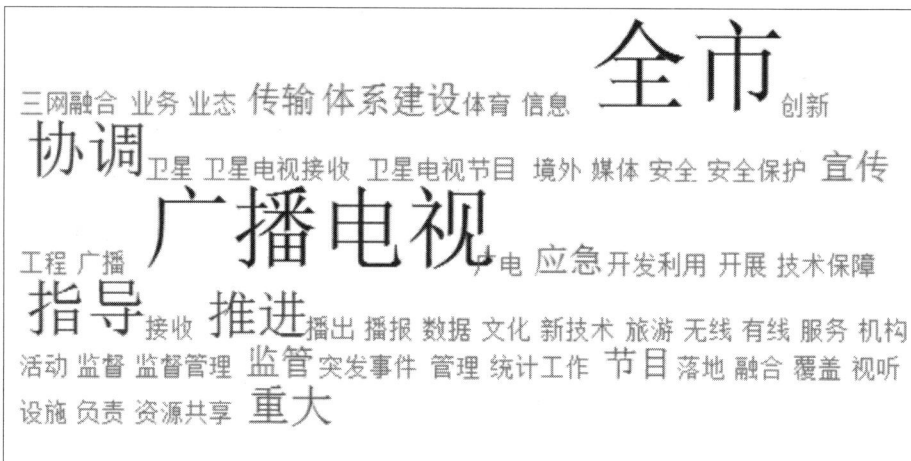

图 4-44　东兴市旅游数据部门职能词云图

图 4-45 为都安瑶族自治县旅游数据部门职能词云图，反映出都安瑶族自治县政府部门的"旅游大数据智能目标"，由图可知，高频词高层的有"广电""指导""文化""全县""广播电视""管理""规划""组织实施""推进"等，它们是词云标签图中字体较大的旅游大数据职能描述。

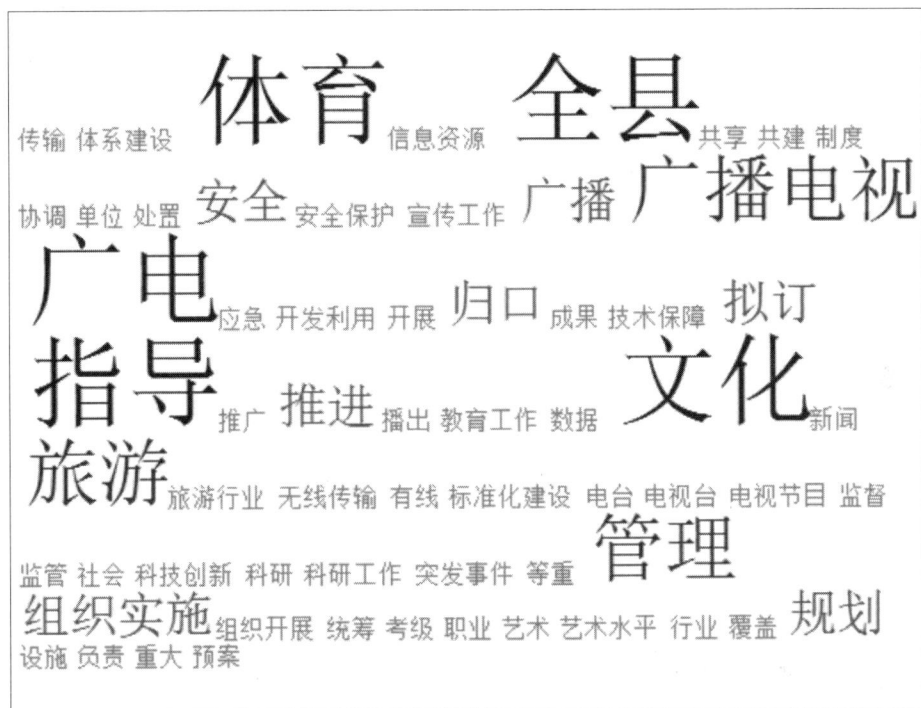

图 4-45　都安瑶族自治县旅游数据部门职能词云图

图 4-46 为防城港市旅游数据部门职能词云图，反映出防城港市政府部门的"旅游大数据智能目标"，由图可知，高频词高层的有"广播电视""全市""协调""指导""推进""传输""体系""建设"等，它们是词云标签图中字体较大的旅游大数据职能描述。

图 4-46　防城港市旅游数据部门职能词云图

图 4-47 为恭城瑶族自治县旅游数据部门职能词云图，反映出恭城瑶族自治县政府部门的"旅游大数据智能目标"，由图可知，高频词高层的有"旅游""指导""旅游信息""管理""规划""负责"等，它们是词云标签图中字体较大的旅游大数据职能描述。

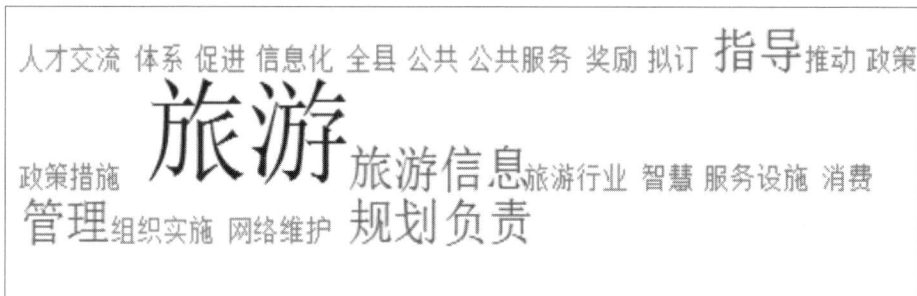

图 4-47　恭城瑶族自治县旅游数据部门职能词云图

图 4-48 为区文旅厅信科教处旅游数据部门职能词云图，反映出区文旅厅信科教处政府部门的"旅游大数据智能目标"，由图可知，高频词高层的有"文化""旅游""归口""科研""管理""新闻""行业"等，它们是词云标签图中字体较大的旅游大数据职能描述。

信息资源 全区 共享 共建 创新 协调 发展规划 宣传工作 升发利用 升展

归口 成果 拟订 指导 推广 推进 教育工作 数据 **文化** 新闻

旅游 旅游行业 标准化建设 社会 科技 **科研管理** 组织实施

组织开展 统筹 考级 职业 艺术 艺术水平 行业 规划

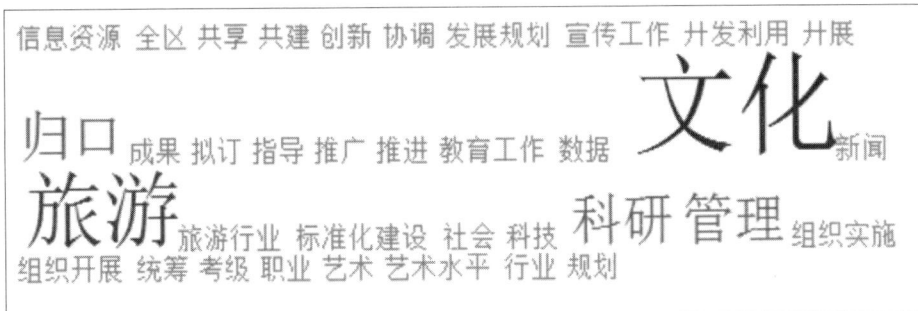

图 4-48　区文旅厅信科教处旅游数据部门职能词云图

图 4-49 为贵港市旅游数据部门职能词云图,反映出贵港市政府部门的"旅游大数据智能目标",由图可知,高频词高层的有"旅游""文化""指导""公共""服务""协调""全市""体育""信息"等,它们是词云标签图中字体较大的旅游大数据职能描述。

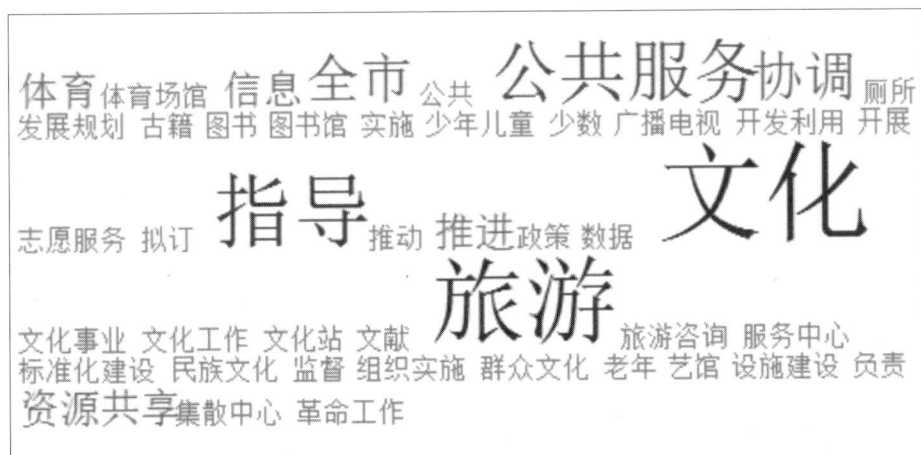

体育 体育场馆 信息 **全市** 公共 **公共服务** 协调 厕所

发展规划 古籍 图书 图书馆 实施 少年儿童 少数 广播电视 开发利用 开展

志愿服务 拟订 **指导** 推动 推进 政策 数据 **文化**

旅游

文化事业 文化工作 文化站 文献 旅游咨询 服务中心

标准化建设 民族文化 监督 组织实施 群众文化 老年 艺馆 设施建设 负责

资源共享 集散中心 革命工作

图 4-49　贵港市旅游数据部门职能词云图

图 4-50 为桂林市旅游数据部门职能词云图,反映出桂林市政府部门的"旅游大数据智能目标",由图可知,高频词高层的有"广播电视""推进""文化""旅游""管理""规划""归口""协调"等,它们是词云标签图中字体较大的旅游大数据职能描述。

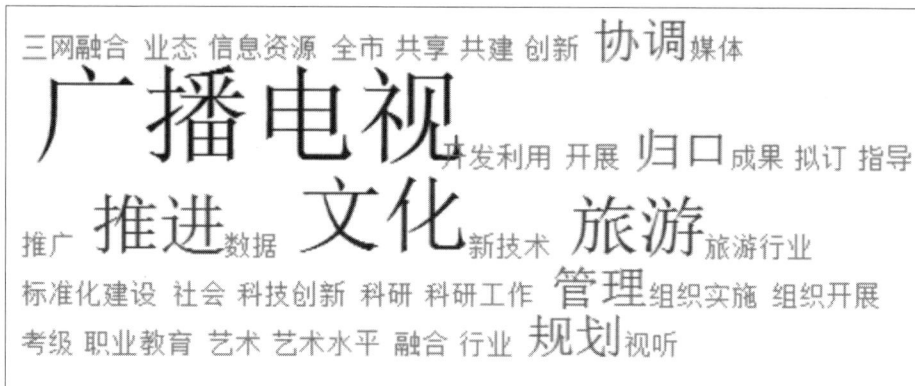

图 4-50　桂林市旅游数据部门职能词云图

图 4-51 为桂平市旅游数据部门职能词云图,反映出桂平市政府部门的"旅游大数据智能目标",由图可知,高频词高层的有"旅游""指导""文化""推进""全市""体育""公共服务""广播电视"等,它们是词云标签图中字体较大的旅游大数据职能描述。

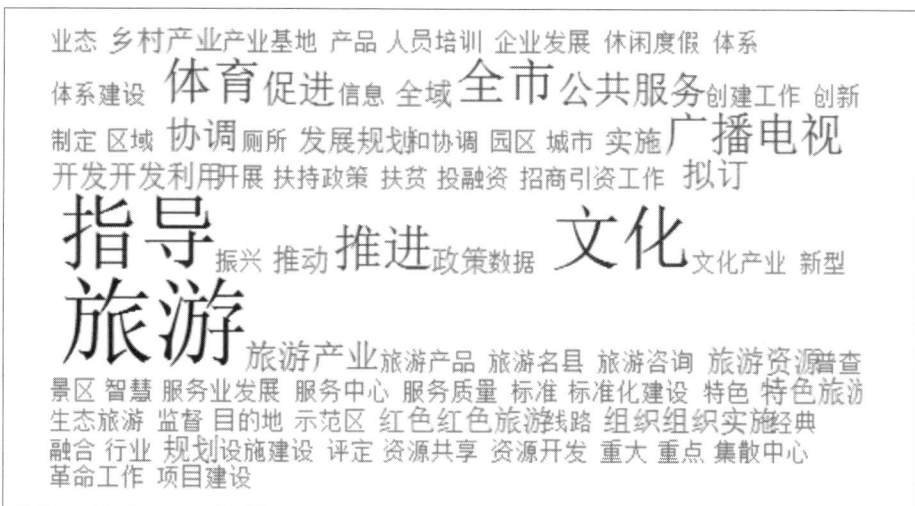

图 4-51　桂平市旅游数据部门职能词云图

图 4-52 为河池市旅游数据部门职能词云图,反映出河池市政府部门的"旅游大数据智能目标",由图可知,高频词高层的有"体育""全市""广电""广播电视""广播""归口""旅游""规划""组织实施""管理"等,它们是词云标签图中字体较大的旅游大数据职能描述。

图 4-52　河池市旅游数据部门职能词云图

　　图 4-53 为靖西市旅游数据部门职能词云图,反映出靖西市政府部门的"旅游大数据智能目标",由图可知, 高频词高层的有 "旅游" "全市" "指导" "负责" "组织实施" 等, 它们是词云标签图中字体较大的旅游大数据职能描述。

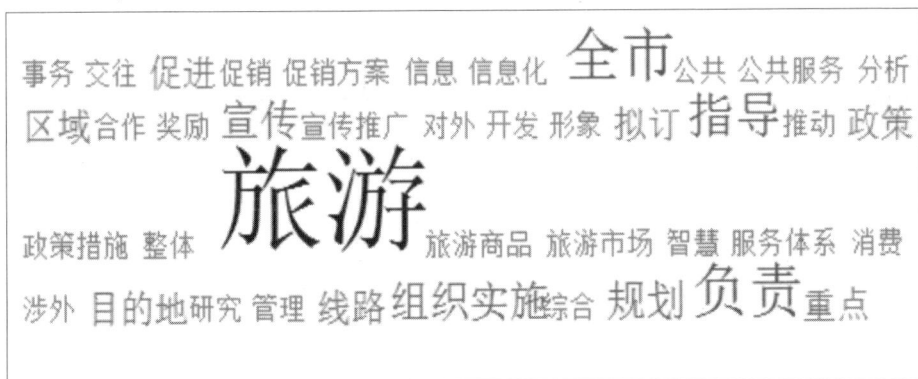

图 4-53　靖西市旅游数据部门职能词云图

　　图 4-54 为来宾市旅游数据部门职能词云图,反映出来宾市政府部门的"旅游大数据智能目标",由图可知, 高频词高层的有 "文化" "旅游" "乡村" "全

市""指导""组织""行业""规划"等，它们是词云标签图中字体较大的旅游大数据职能描述。

图 4-54　来宾市旅游数据部门职能词云图

图 4-55 为乐业县旅游数据部门职能词云图,反映出乐业县政府部门的"旅游大数据智能目标",由图可知,高频词高层的有"旅游""全县""组织实施""负责""重点""拟定"等,它们是词云标签图中字体较大的旅游大数据职能描述。

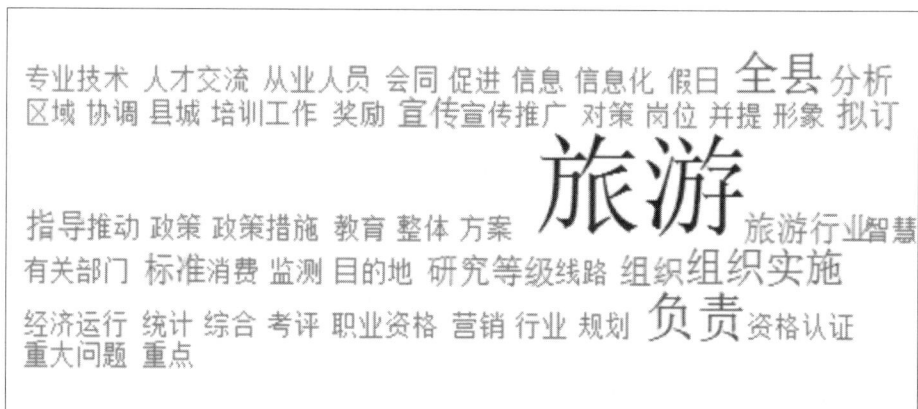

图 4-55　乐业县旅游数据部门职能词云图

图 4-56 为凌云县旅游数据部门职能词云图,反映出凌云县政府部门的"旅游大数据智能目标", 由图可知, 高频词高层的有"旅游""全县""负责""宣传""拟定""组织"等,它们是词云标签图中字体较大的旅游大数据职能描述。

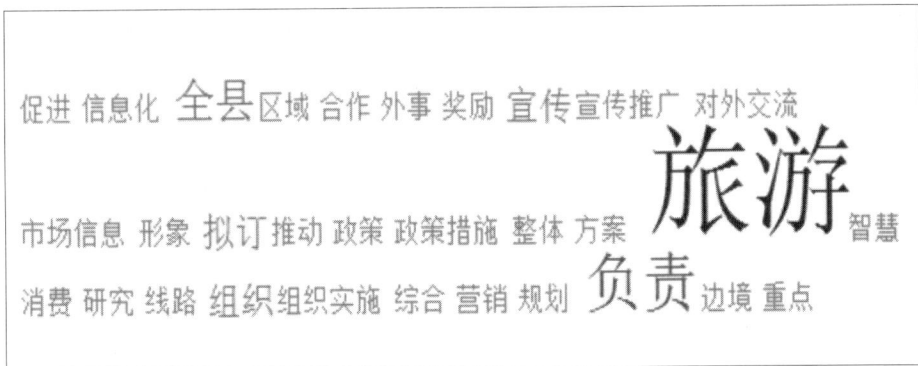

图 4-56　凌云县旅游数据部门职能词云图

　　图 4-57 为柳州市旅游数据部门职能词云图,反映出柳州市政府部门的"旅游大数据智能目标",由图可知,高频词高层的有"文化""旅游""信息""全市""指导""科研"等,它们是词云标签图中字体较大的旅游大数据职能描述。

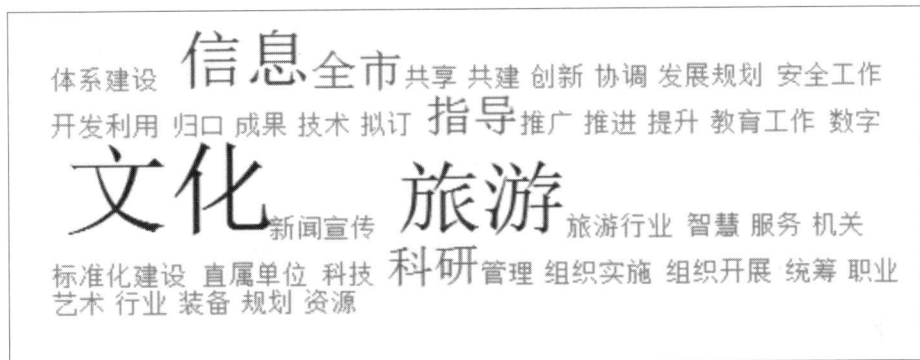

图 4-57　柳州市旅游数据部门职能词云图

　　图 4-58 为龙胜各族自治县旅游数据部门职能词云图,反映出龙胜各族自治县政府部门的"旅游大数据智能目标",由图可知,高频词高层的有"文化""旅游""指导""全县""公共""公共服务""文化事业""服务中心"等,它们是词云标签图中字体较大的旅游大数据职能描述。

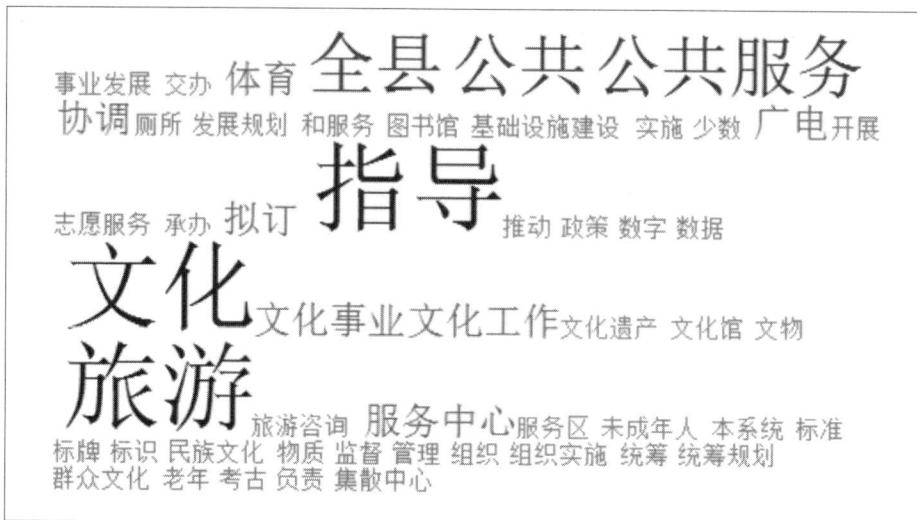

图 4-58　龙胜各族自治县旅游数据部门职能词云图

图 4-59 为龙州县旅游数据部门职能词云图，反映出龙州县政府部门的"旅游大数据智能目标"，由图可知，高频词高层的有"文化""旅游""指导""艺术""全县""公共""公共服务""推进""组织实施""规划""协调"等，它们是词云标签图中字体较大的旅游大数据职能描述。

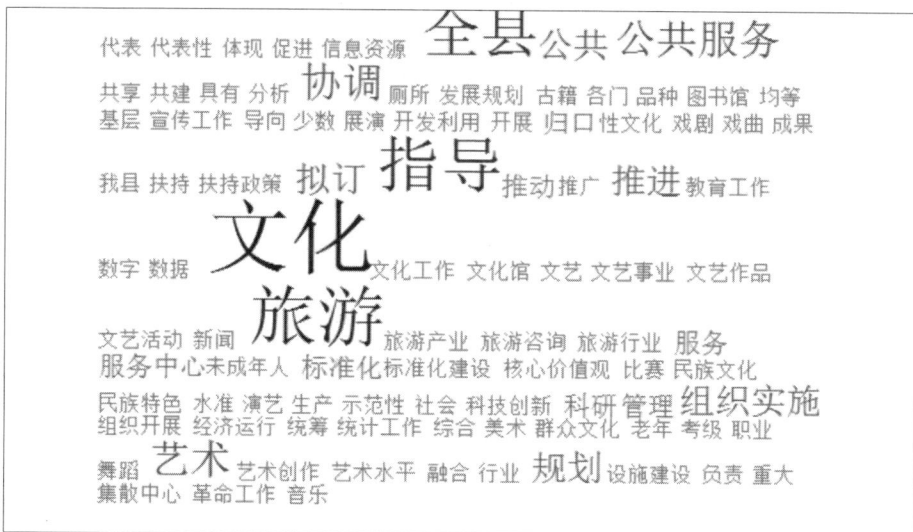

图 4-59　龙州县旅游数据部门职能词云图

图 4-60 为隆安县旅游数据部门职能词云图,反映出隆安县政府部门的"旅游大数据智能目标",由图可知,高频词高层的有"文化""旅游""指导""体育""协调""全县""广播电视""发展规划""推进"等,它们是词云标签图中字体较大的旅游大数据职能描述。

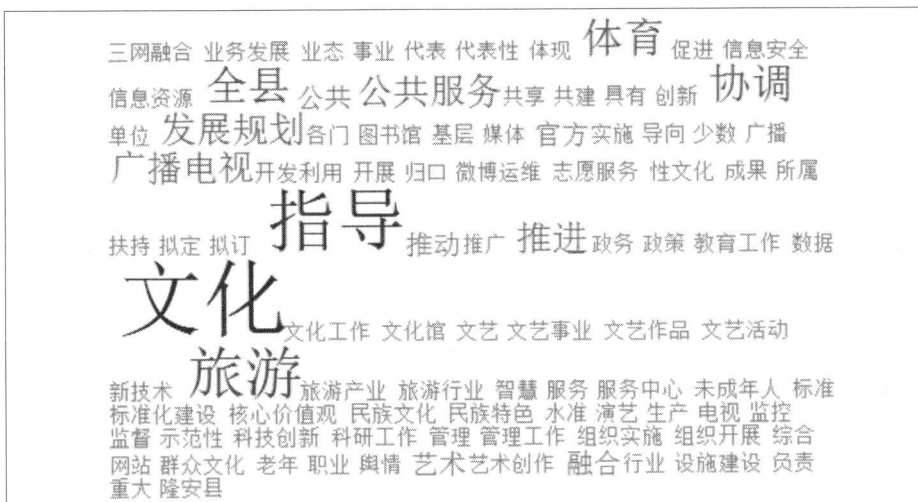

图 4-60　隆安县旅游数据部门职能词云图

图 4-61 为马山县旅游数据部门职能词云图,反映出马山县政府部门的"旅游大数据智能目标",由图可知,高频词高层的有"旅游""全县""公共服务""协调""指导""组织实施"等,它们是词云标签图中字体较大的旅游大数据职能描述。

图 4-61　马山县旅游数据部门职能词云图

图 4-62 为南宁市旅游数据部门职能词云图,反映出南宁市政府部门的"旅游大数据智能目标",由图可知,高频词高层的有"广播电视""文化""旅游""负责"等,它们是词云标签图中字体较大的旅游大数据职能描述。

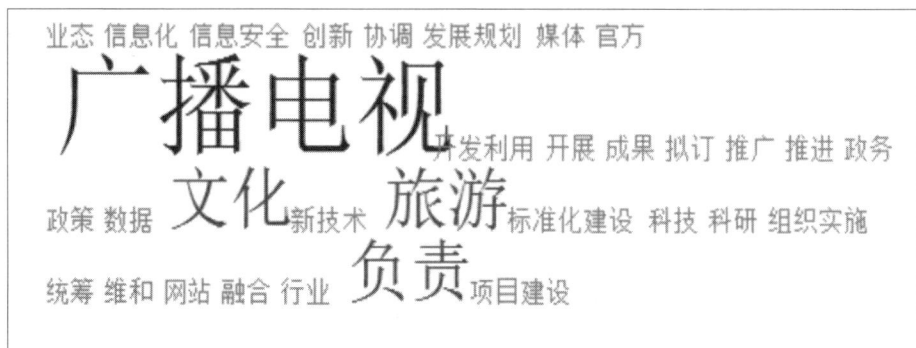

图 4-62　南宁市旅游数据部门职能词云图

图 4-63 为平果市旅游数据部门职能词云图,反映出平果市政府部门的"旅游大数据智能目标",由图可知,高频词高层的有"旅游""指导""合作""本市""交流"等,它们是词云标签图中字体较大的旅游大数据职能描述。

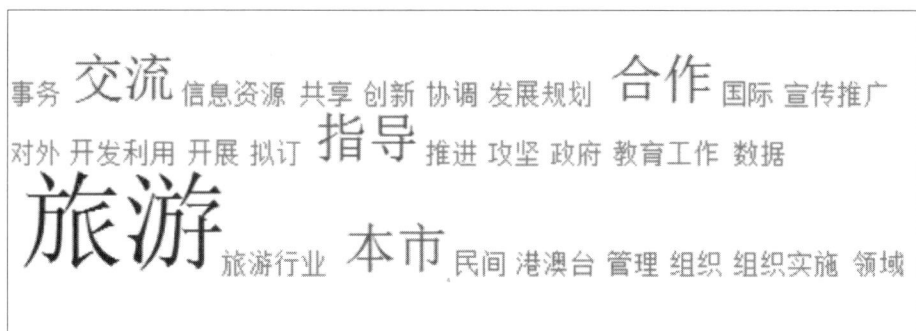

图 4-63　平果市旅游数据部门职能词云图

图 4-64 为浦北县旅游数据部门职能词云图,反映出浦北县政府部门的"旅游大数据智能目标",由图可知,高频词高层的有"旅游""指导""推进""全县""协调""负责"等,它们是词云标签图中字体较大的旅游大数据职能描述。

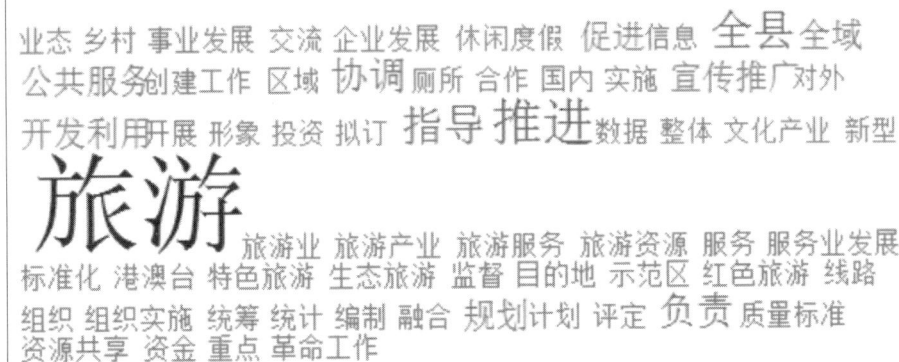

图 4-64　浦北县旅游数据部门职能词云图

图 4-65 为田东县旅游数据部门职能词云图,反映出田东县政府部门的"旅游大数据智能目标",由图可知,高频词高层的有"体育""广播电视""文化旅游""行业"等,它们是词云标签图中字体较大的旅游大数据职能描述。

图 4-65　田东县旅游数据部门职能词云图

图 4-66 为田林县旅游数据部门职能词云图,反映出田林县政府部门的"旅游大数据智能目标",由图可知,高频词高层的有"文化""旅游""指导""全县""协调""促进""旅游市场""规划""监督"等,它们是词云标签图中字体较大的旅游大数据职能描述。

业态 乡村 事项 交流 产业 产品 企业 企业发展 休闲度假 体系 体系建设
促进 信用 假日 全县 全域 创新 利用 办理 区域 协调 发展规划 受理
合作 品牌 推广 园区 国内 基地 安全 实施 宣传 宣传推广 对外 市场 广西
开发 形象 战略 执法工作 扶贫 招商引资工作 拟定 指导 振兴 推动
推进 政策 文化 文化产业 文化市场 新型 旅游
旅游产业 旅游产品 旅游名县 旅游市场 旅游服务 旅游行业 旅游资源
普查 服务 服务质量 查处 标准 案件 港澳台 特色 生态旅游 监测 监督
监督管理 监管 目的地 督办 管理 管理工作 系统安全 线路 组织 组织协调
组织实施 经营 经营场所 统筹 综合 综合执法 融合 融资 行业 行政许可
规划 规范 设施 评定 负责 质量标准 资源开发 跨区 重点 门类 项目建设

图 4-66　田林县旅游数据部门职能词云图

图 4-67 为梧州市旅游数据部门职能词云图,反映出梧州市政府部门的"旅游大数据智能目标",由图可知,高频词高层的有"全市""广播电视""体育""广电""拟定""指导""文化""旅游""规划""组织实施"等，它们是词云标签图中字体较大的旅游大数据职能描述。

专用 传输 体育 信息资源 共享 共建 分级 功率
协调 发射台 发展规划 委托 安全 广播 广播电影电视
广播电视 广电 建设规划 开发 开发利用 开展 归口 成果
技术 技术保障 技术参数 拟订 指导 指导工作 推广 推进 播出
教育工作 数据 文化旅游 旅游行业 标准化建设 电台 电视
电视台 监测 监管 监管网 科技 科技创新 科研 管理 组织 组织实施
组织开展 编制 职业 艺术 行业 覆盖 规划 负责 质量监督 运行维护
频段 频率 频道

图 4-67　梧州市旅游数据部门职能词云图

图 4-68 为忻城县旅游数据部门职能词云图,反映出忻城县政府部门的"旅游大数据智能目标",由图可知,高频词高层的有"旅游""全县""指导""文化""负责""组织协调"等,它们是词云标签图中字体较大的旅游大数据职能描述。

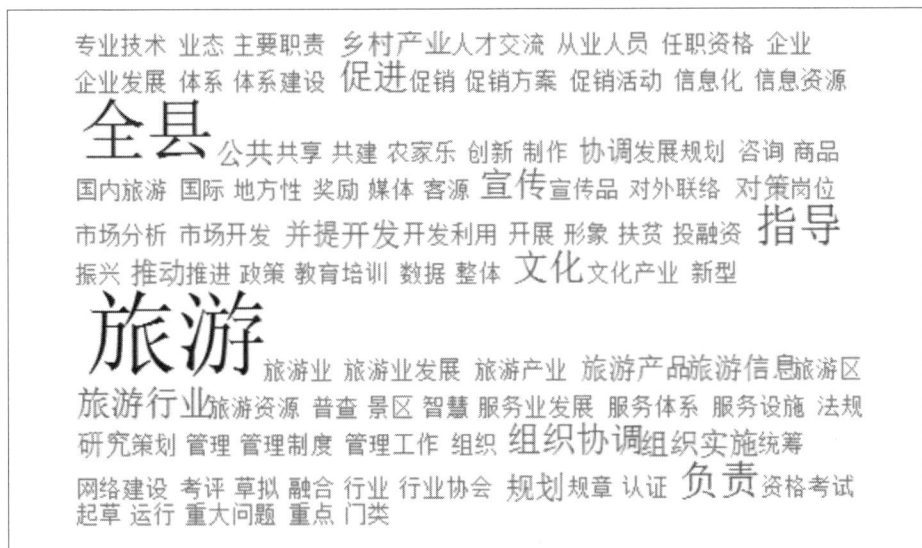

图 4-68　忻城县旅游数据部门职能词云图

图 4-69 为阳朔县旅游数据部门职能词云图,反映出阳朔县政府部门的"旅游大数据智能目标",由图可知,高频词高层的有"文化""旅游""负责""体育""全县""协调""旅游市场""推进""开展""广播电视"等,它们在词云标签图中字体较大的旅游大数据职能描述。

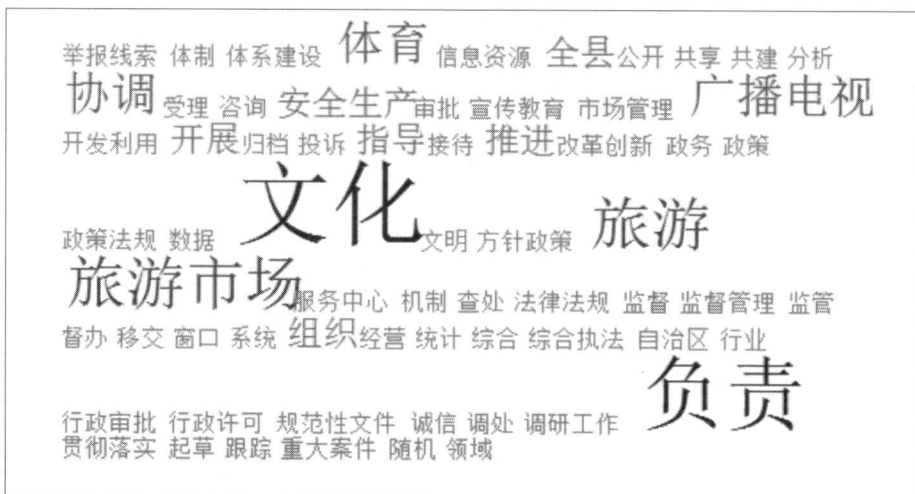

图 4-69　阳朔县旅游数据部门职能词云图

图 4-70 为昭平县旅游数据部门职能词云图,反映出昭平县政府部门的"旅游大数据智能目标",由图可知, 高频词高层的有"旅游""文化""全县""区域""交流""组织""负责""形象"等,它们是词云标签图中字体较大的旅游大数据职能描述。

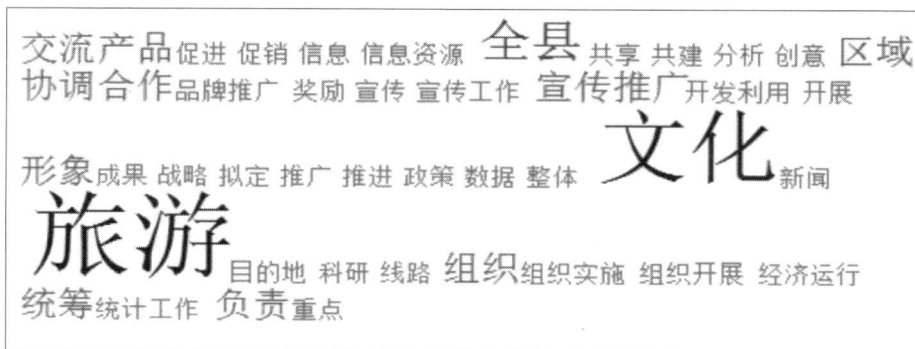

图 4-70　昭平县旅游数据部门职能词云图

第四节　本章小结

依照前文设计的研究方法和技术路线，本章通过采用 ROST Content Mining 6.0 大数据挖掘软件，对广西壮族自治区旅游职能部门的智能描述文本进行了挖掘分析，发现如下。

一、政策举措碎片化、力度小、不集中

现有政府的职能多而广、大而散，政府发文形式主要有发展规划、工作方案、通知、指南、实施意见、行动计划、指导意见等，而系统的战略性顶层性理论阐述不足、引领性理论架构阐述与设计不足。政策举措呈现碎片化、力度小、不集中的特点。

二、纵向的政策施策框架体系需进一步整合

从中央到自治区级（省部级）、地市级、县（区）级均设有旅游大数据相关的政府职能部门，纵向的政策体系已经初步形成，但旅游大数据涉及文旅部门、工业和信息化部门、大数据局等政府机构，不同的机构有不同的政策出发点和诉求，需以旅游大数据赋能文旅产业发展、文旅消费场景打造、文旅产品供给创新等目标为出发点，整合相关政府职能部门，提升政策施策的效能，为旅游大数据赋能广西壮族自治区文旅发展创造创新友好型、快速迭代发展型环境。

附件一：政策文献编码

表附件一-1　广西文化和旅游数字化政策文本内容分析单元

政策编号	发文日期	发文年	发文单位	政策名称	政策类别	内容分析单元	编码	政策工具	政策工具类型	政策目标
1	2022-11-30	2022	桂文旅领导小组办发〔2022〕1号	《广西创建国家全域旅游示范省（区）工作方案》的通知	通知	加快智慧旅游建设。全面推进智慧旅游设施、智慧旅游服务和运营监测中心建设。鼓励各县（市、区）建立旅游大数据中心、全域旅游监测指挥平台和应急指挥执法平台，并积极融入"一键游广西""一云一池三平台"，实现在线预订、网上支付、智能导游、电子讲解、实时信息推送、主要游览场所实现免密Wi-Fi、通信信号、视频监控全覆盖	1-1	资金投入	环境型	提升公共服务
	2022-11-30	2022	桂文旅领导小组办发〔2022〕1号	《广西创建国家全域旅游示范省（区）工作方案》的通知	通知	积极推动"智慧广电＋智慧旅游"融合发展，推进"一键研学""一键游广西"，完善智慧元宇宙平台融入。探索推动文旅元宇宙发展，加快推进文旅融媒体服务技术研发、成果转化、场景应用，打造一批特色场景示范案例	1-2	基础设施	供给型	产业融合
2	2023-12-12	2023	广西壮族自治区人民政府办公厅	《关于推进文化旅游业高质量发展	措施	加快推进"一键游广西"项目建设，推动全区各部门、各市县游涉企业、文化场		设备采购	需求型	品牌建设

续表

政策编号	发文日期	发文年	发文单位	政策名称	政策类别	内容分析单元	编码	政策工具	政策工具类型	政策目标
				的若干措施》		所等资源进入"一键游广西"项目，完善线上预约、扫码入园、智慧停车、一键寻厕、自助入住等服务功能，提升建设"旅游商品溯源平台""旅游诚信管理平台"，实现智慧化升级和线上线下联动，全面提升用户体验便捷度。积极推进"一键游广西"智慧监管平台应用，以桂林为试点，引导推进重点范围的旅游购物30天无理由退货				
3	2022-08-18	2022	桂文旅发〔2022〕90号	《关于推进广西博物馆改革发展的实施意见》的通知	通知	强化科技支撑。推进智慧博物馆建设，逐步实现智慧服务、智慧保护、智慧管理，推动市级以上综合博物馆提供数字导览、虚拟展厅、自助讲解、高清直播等新型服务。推动研究型博物馆建设，依法开展博物馆科技成果转化收益分配试点，推动符合条件博物馆从业人员享受科技创新扶持政策。指导和支持有条件的博物馆与高等院校、科研院所合作开展纸质、金属、陶瓷和纺织品类文物保护修复科研工作，鼓励博物馆申报自治区社会科学基金、科技计划项目，对符合立项条件的予以支持	1-3	资金支持	供给型	提升公共服务

续表

政策编号	发文日期	发文年	发文单位	政策名称	政策类别	内容分析单元	编码	政策工具	政策工具类型	政策目标
4	2022-09-26	2022	南府办〔2022〕37号	《南宁市文化广电和旅游业发展"十四五"规划》	规划	以文化强市建设为目标，促进"文化＋科技"融合发展，支持文化企业借助5G、物联网、大数据、区块链、云计算、人工智能等科技手段开展科技创新活动，充分享受科技创新、研发类补、减税降费等政策红利，推动文化广电和旅游科技"融合发展，体验化转型，培育高新技术文化企业和技术先进型文化企业。实施大数据战略，创新产业融合发展模式，推动文化广电和旅游业领域向智慧化、体验化转型，加速数字业化和产业数字化，促进文化产业多元化、时尚化发展，加快发展新闻内容服务，内容创作生产、创意设计、文化传播渠道、文化技资运营，文化娱乐休闲等文化服务业，支持可穿戴文化设备、工艺美术等文化制造业融合发展，推动包装、装潢及印刷等传统文化制造业转型升级，加快发	1-4	技术采购	环境型	产业融合

续表

政策编号	发文日期	发文年	发文单位	政策名称	政策类别	内容分析单元	编码	政策工具	政策工具类型	政策目标
						展电子竞技、"非遗+"、夜间文旅、大健康文旅、数字文化创意、视频直播、游戏动漫等新业态，大力发展乡村优势文化产业，加快形成全市特色文化产业主导、特色文化产业、城乡文化产业协同发展格局				
5	2023-11-20	2023	桂政办发〔2023〕80号	广西壮族自治区人民政府办公厅关于支持南宁市加快创新开放多元融合建设区域性国际旅游中心城市的意见	意见	强化数字科技赋能。支持南宁市参与"一键游广西"项目建设，推动南宁与智慧旅游平台和"一键游广西"项目互联互通，全面提升用户体验感和监管便捷度。创新开展线上销售、旅游直播、短视频制作等数字赋能文化和旅游活动，提升"第五代移动通信（5G）技术+智慧旅游"营销和管理水平。推进五象新区等建设数字文旅体验区，培育一批数字文化体验园（馆），发展网络视听、线上演播、数字艺术展示等业态，支持中国—东盟网络视听产业基地建设。加大"5G+增强现实（AR）技术""5G+虚拟现实（VR）技术"等沉浸式体验场景应用力度，创新发展交互式个性	1-5	产品创新 技术支持	需求型	产业融合

续表

政策编号	发文日期	发文年	发文单位	政策名称	政策类别	内容分析单元	编码	政策工具	政策工具类型	政策目标
6	2023-05-10	2023	柳政办〔2023〕31号	柳州市人民政府办公室印发关于加快文化旅游业提质发展方案的实施的通知	通知	化产品和服务。（责任单位：自治区文化和旅游厅、商务厅、通信管理局、大数据发展局、广电局、广西旅游发展集团）强化数字科技赋能，提升文化旅游智能化进程。				
						充分整合资源，做好"一键游广西"柳州分平台的建设。整合全市优质旅游资源，慧化应用推动柳州市智纳入"一键游广西"平台，围绕旅游过程中"吃、住、行、游、娱、购"等旅游要素提供一站式服务。推动柳州市博物馆、工业博物馆等建设智慧博物馆，推进各级公共图书馆、文化馆、博物馆等公共文化数字化建设，开发和整合特色数字文化产品。鼓励各类文化场所开发VR艺术体验馆、互动电影体验馆等数字文化产品体验馆，以柳州772数字文化创意产业园为主要着力点，加快培育数字文创产业发展新业态。促进动漫	1-6	产品创新 技术支持	环境型	促进消费

续表

政策编号	发文日期	发文年	发文单位	政策名称	政策类别	内容分析单元	编码	政策工具	政策工具类型	政策目标
						产业发展,积极创作柳州工业文化、特色民族文化的原创动漫形象,打造具有柳州特色、有质量、有创新的精品动漫。支持星级饭店、旅游景区、度假区等运营服务智慧化转型,开发智慧文旅融合体验项目,构建完善的智慧服务和监管平台,提升市场智慧化水平。〔责任单位:市文化广电旅游局,市大数据发展局,各县(区)人民政府,新区管委会〕				
7	2022-01-24	2022	桂林市文化广电和旅游局	国务院关于印发"十四五"旅游业发展规划的通知	转发中央通知	坚持创新驱动发展。	1-7	产品创新		
						强化自主创新,集合优势资源,结合疫情防控工作需要,加快推进以数字化、网络化、智能化为特征的智慧旅游,深化中"互联网+旅游",扩大新技术场景应用。推进智慧旅游发展。		技术支持	环境型	提升公共服务
								资金支持	供给型	
						创新智慧旅游公共服务模式,有效整合旅游、交通、气象、测绘等信息,综合应用第五代移动通信(5G)、大数		设备采购	需求型	促进消费

续表

政策编号	发文日期	发文年	发文单位	政策名称	政策类别	内容分析单元	编码	政策工具	政策工具类型	政策目标
						据、云计算等技术，及时发布气象预警、道路通行、游客接待量等实时信息，加强旅游预约平台建设，推进分时段预约游览、流量监测监控，科学引导分流等服务。建设旅游监测设施和大数据平台，推进"互联网+监管"，建立大数据精准监管机制。 打造一批智慧旅游城市、旅游景区、度假区、旅游街区，培育一批智慧旅游创新企业和重点项目，开发数字化体验产品，发展沉浸式互动体验、虚拟展示、智慧导览等新型旅游服务，推进以"互联网+"为代表的旅游景区各类智慧化建设。提升旅游景区、度假景区等各类旅游重点景区5G网络覆盖水平。推动停车场、旅游集散中心、旅游咨询中心、游客服务中心、旅游专用通路，旅游厕所及旅游景区、度假区能化改造升级。通过互联网有效整合线上线下资源，促进旅游行社等旅游企业转型升级，鼓励旅游景区、度假区、				

政策编号	发文日期	发文年	发文单位	政策名称	政策类别	内容分析单元	编码	政策工具	政策工具类型	政策目标
						旅游饭店、主题公园、民宿等与互联网服务平台合作建设网上旗舰店。鼓励旅游依规利用大数据合作手段，提高旅游营销传播的针对性和有效性				
8	2023-04-10	2023	桂林市文化广电和旅游局	文化和旅游部关于推动在线旅游市场高质量发展的意见	转发中央意见	引领行业创新发展。推动在线旅游经营者深度应用5G、人工智能、大数据、云计算、区块链等新技术，以科技引领行业创新发展。支持在线旅游平台经营者承担旅游服务新基建功能，引导旅游营者以产品和内容为载体开展资源优化配置，赋能中小旅游经营者创业态创新融合，推动在线旅游经营者数字化转型升级。推动在线旅游经营者数字化营销，支持在线旅游经营者利用网络直播、短视频等平台开展线上旅游展示活动，发展线上数字化体验产品，打造沉浸式旅游体验新场景，培育智慧旅游沉浸式体验新空间，推动乡村振兴、文旅融合、文明旅游，旅游公共服务取得新进展。支持在线旅游消费集聚营者与国家级夜间文化和旅游消费集聚区、国家对外文化贸易基地加强协同协作	1-8	设备采购 产品创新 技术支持	环境型 需求型	产业融合

续表

政策编号	发文日期	发文年	发文单位	政策名称	政策类别	内容分析单元	编码	政策工具	政策工具类型	政策目标
9	2023-04-26	2023	桂林市文化广电和旅游局	工业和信息化部文化和旅游部关于加强5G+智慧旅游协同创新发展的通知	通知	创新5G+智慧旅游服务新体验。鼓励旅游行业结合生态环境、自然景观、历史文化等资源及文化旅游公共服务设施，以增强游客体验、提升游客服务为核心，充分利用5G等技术适配更多应用场景，打造复合型公共服务平台，提供个性化、品质化、交互化、沉浸式旅游服务。推广云旅游、云直播等线上服务模式，增强游客体验，提升游客感知。推动5G与物联网、虚拟现实、增强现实、数字孪生、机器人等技术和产品的有效融合，引导5G+4K/8K超高清视频、5G智慧导览、5G+VR/AR沉浸式旅游等应用场景规模发展，满足旅游全过程智能体验	1-9	技术支持	环境型	促进消费
								设备采购	供给型	
								产品创新		
10	2023-09-27	2023	《关于加快文化旅游业全面恢复振兴的若干政策措施》（桂政办发〔2023〕4号）	措施	强化数字科技赋能。开展"一键游广西"客户智慧体验行动，以旅游智慧服务、智慧营销和智慧监管三大平台为重点，组织"万人体验"跟踪服务活动，全面提升"一键游广西"项目智能服务水平，推动全区主要涉旅	1-10	技术支持	环境型	产业融合
								产品创新	供给型	

续表

政策编号	发文日期	发文年	发文单位	政策名称	政策类别	内容分析单元	编码	政策工具	政策工具类型	政策目标
11	2023-11-22	2023	（桂政办发〔2023〕79号）	广西壮族自治区人民政府办公厅印发《关于推进文化旅游业高质量发展的若干措施》的通知	通知	企业、重点文化场所实现智慧化升级。推进"一键游广西"与"一部手机游云南"等智慧旅游平台数据对接，实现产品共享、营销互动、流量互引。加快"一键游广西"电商直播发展，培育一批本土文化和旅游电商直播品牌。加快推出一批元宇宙旅游景点、文化场馆和文旅虚拟数字人等，打造高品质数字文旅消费新场景，新造文旅消费新场景。组织申办数字文娱乐展览会、电竞文创大赛、电竞文化和旅游高峰论坛，全面推进广区文化和旅游创意发展。（责任单位：自治区大数据发展局，广西旅游发展集团，各市人民政府）				
						加快推进"一键游广西"项目建设。加快完善"一云一池三平台"建设，推动全区各部门、各市县游企业、文化场所等资源接入"一键游广西"项目，完善线上预约、扫码入园、智慧停车，一键游"文化入住等服务功能，提升建设"旅游商品湖源平台""旅游诚信管理平台"，实现智慧化升级和线上线	1-11	技术支持、设备采购	需求型、供给型	提升公共服务

续表

政策编号	发文日期	发文年	发文单位	政策名称	政策类别	内容分析单元	编码	政策工具	政策工具类型	政策目标
						下联动，全面提升用户体验感和监管便捷度。积极推进"一键游广西"智慧监管平台推广应用，以桂林为试点，引导推进重点范围的旅游购物30天无理由退货。（责任单位：自治区文化和旅游厅、市场监管局、大数据发展局，广西旅游发展集团）				
12	2022-04-25	2022	梧州市文化广电体育和旅游局	《梧州市文化和旅游发展"十四五"规划》	规划	健全文化和旅游公共服务体系。全面提升梧州市公共图书馆、文化馆、博物馆等文化服务设施，推进旅游集散中心、旅游厕所、自驾车营地等旅游公共服务设施建设，加快建立高品质旅游交通系统建设，完善旅游交通服务体系。应用现代科技，深化"互联网＋旅游"，推动文化和旅游公共服务数字化、信息化智能化发展	1-12	技术支持 设备采购	环境型 供给型	服务质量提升
13	2022-08-17	2022	梧州市文化广电体育和旅游局	中办国办印发《"十四五"文化发展规划》	转发中央规划决策	加强规划引导和政策指导，打通公共文化数字平台，打造各层级数字资源库群，建设国家文化大数据体系。统筹推进公共文化数字化重点工程建设	1-13	技术支持 设备采购	环境型 供给型	产业融合

续表

政策编号	发文日期	发文年	发文单位	政策名称	政策类别	内容分析单元	编码	政策工具	政策工具类型	政策目标
						设，把服务城乡基层特别是农村作为着力点，不断缩小城乡之间的数字鸿沟。建设智慧图书馆体系和国家公共文化云，建设智慧博物馆，打造智慧广电、电影数字节目管理等信息数字化服务平台。积极发展云展览、云阅读、云视听、云体验，推进农村供需在"云端""指尖"对接，建立智能化管理体系。书屋数字化建设，建立智能化管理体系。				
						加快文化产业数字化布局		产品创新		
						以国家文化大数据体系建设为抓手，坚持统一设计、长期规划，分步实施，统筹文化资源存量和增量数字化，以物理分布、逻辑关联、快速链接、高效搜索、全面共享、重点集成为目标集成基于文化数字资源，推动文化企业推出新产品新服务，据不断推出新产品新服务，提升文化产品和服务的质量水平。				
						把先进科技赋能科技作为文化产业发展的战略				

续表

政策编号	发文日期	发文年	发文单位	政策名称	政策类别	内容分析单元	编码	政策工具	政策工具类型	政策目标
						支撑，建立健全文化科技融合创新体系。围绕产业链部署创新链，围绕创新链布局产业链，建立健全文化产业技术标准和服务标准，参与国际标准制定。推进产学研相结合，注重原始创新、集成创新，加强制约文化产业发展的共性关键技术研发，在电影放映、影视摄录、电影特效、高清制播、舞台演艺、智能印刷等文化表演技术领域攻克瓶颈技术。实施出版融合发展、电影制作提升、印刷智能制造、大视听产业链建设等工程项目，引导和鼓励文化企业运用大数据、5G、云计算、人工智能、区块链、超高清等新技术，改造提升产业链，促进内容生产和传播手段现代化，重塑文化发展模式。 第四节　构建创新发展生态体系 围绕产业链部署创新链、围绕创新链布局产业链，推动文化产业要素合理集聚，促进创新链和服务产业链，实现创新成果快速转化运用，推进产业基础高级				
14	2021-05-06	2021	贵港市文化广电体育和旅游局	文化和旅游部关于印发《"十四五"文化产业发展规划》的通知	转发中央规划		1-14	设备采购　技术支持	环境型	产业发展

政策编号	发文日期	发文年	发文单位	政策名称	政策类别	内容分析单元	编码	政策工具	政策工具类型	政策目标
						化、产业链现代化。抓住新型基础设施港建设机遇，提升文化装备水平，加强文化产业数据中心、云平台等"云、网、端"通用基础设施建设。支持文化企业孵化器、众创空间、服务平台、互联网创业和交易平台等创新创业载体建设，鼓励建设新与创业、孵化与投资，线上与线下结合的文化双创服务平台				
15	2022-03-02	2022	贵政办通〔2022〕9号	贵港市人民政府办公室关于印发贵港市推进国家文化和旅游消费试点城市建设实施方案的通知	通知	提高消费便捷程度。建设贵港市智慧文旅云平台，集聚消费元素，实现"一键消费"。推进智慧景区、智慧商场、智慧商圈建设，鼓励企业搭建线上交易服务平台，提高交易便民便捷程度。发挥12345政务服务便民热线作用，提高旅游应急响应和处置能力，及时有效处置旅游投诉，消费投诉等问题。不断优化营商环境，简化审批流程和交易手续，减轻企业和消费者负担，增强消费获得感。〔牵头单位：市文化广电文化旅游局；配合单位：市发展改革委、商务局、大数据发展和政务局，各县（市、区）人民政府〕	1-15	促进消费	供给型	提升服务质量

续表

政策编号	发文日期	发文年	发文单位	政策名称	政策类别	内容分析单元	编码	政策工具	政策工具类型	政策目标
16	2021-03-22	2021	百色市文化广电和旅游局	《百色市促进乡村旅游高质量发展若干措施》	措施	依托百色市全域旅游综合服务平台，设置乡村旅游版块，加快完善县域旅游电子地图、电子商务等智慧旅游服务功能，打造"智慧村屯"。[责任单位：文化广电和旅游局，市交通运输局，住房和城乡建设局，自然资源局，生态环境局，发展改革委，工业和信息化局，水利局，农业农村局，各县（市、区）人民政府]	1-16	技术支持 设备采购	供给型 需求型	
17	2022-03-21	2022	百色市文化广电体育和旅游局	文化和旅游部教育部自然资源部农业农村部国家乡村振兴局国家开发银行关于推动文化产业赋能乡村振兴的意见转发中央意见	意见	数字文化赋能。鼓励数字文化企业发挥平台和技术优势，创作传播展现乡村特色文化、民间技艺、乡土风貌、田园风光、生产生活等方面的数字文化产品，规划开发乡村文化体验项目，无分运用乡村动漫、游戏、数字艺术、网络表演、网络视频等产业形态，挖掘活化乡村特色传统文化资源，打造独具当地特色的主题形象、文创产品开发、带动地域宣传推广、文创形象塑造。推广社交电商、直播卖货等销售模式，促进特色农产品销售。	1-17	产品创新 技术支持	环境型	产业发展

续表

政策编号	发文日期	发文年	发文单位	政策名称	政策类别	内容分析单元	编码	政策工具	政策工具类型	政策目标
18	2023-12-14	2023	百色市文化广电体育和旅游局	广西壮族自治区人民政府办公厅印发《关于推进文化旅游业高质量发展的若干措施》的通知	转发自治区措施	加快推进"一键游广西"项目建设。加快完善全区各部门、各市县涉旅企业、文化场所等资源进入"一键游广西",完善线上预约、扫码入园、智慧停车、一键寻厕、自助入住等服务功能,提升建设"旅游商品溯源平台""旅游诚信管理平台",实现智慧化升级和线上线下联动,全面提升用户体验和监管便捷度。积极推进"一键游广西"智慧监管平台推广应用,以桂林为试点,引导推进重点范围的旅游购物30天无理由退货。(责任单位:自治区文化和旅游厅、市场监管局,大数据发展局,广西旅游发展集团)	1-18	技术支持 设备采购	环境型 需求型	产业发展
19	2022-07-20	2022	贺政办发〔2022〕59号	贺州市人民政府办公室关于印发贺州市	市级规划	推进文化和旅游智慧城市建设。以正在构建的"一个中心+三大平台"系统为基础,增加四类大数据应用体系(文化和旅游公共服务大数据应用体系、文化和旅游产品创新大数据应用体系、文化和旅游精准营销大数据应用体系、文化	1-19	技术支持 设备采购	环境型 需求型	提升公共服务 产业发展

续表

政策编号	发文日期	发文年	发文单位	政策名称	政策类别	内容分析单元	编码	政策工具	政策工具类型	政策目标
				"十四五"文化广电和旅游发展规划的通知		和旅游服务提升大数据应用体系）的构建，丰富完善探索贺州市智慧文化和旅游信息化，智能化建设，加快城市旅游数据中心，门户网站、旅游APP，旅游电子商务系统（B2B2C），旅游安全监管中心，旅游移动营销系统与分销系统等智慧服务系统建设，提高城市旅游服务效能，提升游客体验感，将贺州向数字化时代文化和旅游智慧城市推进。 深化科技与文化和旅游融合发展。提升各类文化机构数字化水平。依托贺州各类文化场所平台，推动建设智慧图书馆，数字文化馆，虚拟博物馆，开展上线服务，打造"24小时线上展馆"。 推进文化和旅游服务设施智能化升级。推动各类文化场馆，旅游景区，旅游饭店，旅游餐饮店，旅游购物店，旅游演艺场所等进行智能化改造，依托旅游大数据平台，推进旅游集散中心，咨询服务中心，旅游驿站，旅游厕所等服务设		产品创新		产业融合

政策编号	发文日期	发文年	发文单位	政策名称	政策类别	内容分析单元	编码	政策工具	政策工具类型	政策目标
						拖全市联网和智能显示服务状况。 加快文化和旅游大数据平台建设及应用。加快完善贺州文化旅游大数据平台，将文化和旅游的数据库整合，开发面向不同群体和政府管理部门的数据应用平台。建立市一县联网的贺州文化旅游平台，信息系统、开发在线咨询、在线预订、信息查询等服务模式。 创新高科技文化和旅游产品体验方式。推动文化和旅游数字化、网络化、智能化发展，推动5G、人工智能、物联网、大数据、云计算等在文化和旅游领域的应用。建设一批智慧旅游景区、数字文化场馆，推动有条件的文化馆、博物馆和国家AAAA级（含）以上旅游景区、自治区以上旅游度假区等进行智能化改造升级。试点开发无人机飞行体验、无人驾驶观光车体验等高科技旅游体验服务，持续提高文化和旅游产品科技含量				

续表

政策编号	发文日期	发文年	发文单位	政策名称	政策类别	内容分析单元	编码	政策工具	政策工具类型	政策目标
20	2022-02-07	2022	国发〔2021〕32号	国务院关于印发"十四五"旅游业发展规划的通知	转发中央规划	面临的发展机遇和挑战。 "十四五"时期，我国将全面进入大众旅游时代，旅游业发展仍处于重要战略机遇期，但机遇和挑战都有新的发展变化。 实施创新驱动发展战略为旅游业赋予新动能，也对旅游业提出了创新发展的新要求。坚持创新在现代化建设全局和产业变革中的核心地位，推动新一轮科技革命和产业变革，将深刻影响旅游信息获取、便利支付以及供应商选择、消费场景全链条。同时，要充分运用数字化、网络化、智能化科技创新成果，升级传统旅游业态，创新产品和服务方式，推动旅游业从资源驱动向创新驱动转变。 坚持创新驱动发展 强化自主创新，结合优势资源，结合疫情防控工作需求，加快推进以数字化、网络化、智能化为特征的智慧旅游，深化"互联网＋旅游"，扩大新技术场景应用	1-20	产品创新 技术支持 资金支持 设备采购	环境型	产业融合

续表

政策编号	发文日期	发文年	发文单位	政策名称	政策类别	内容分析单元	编码	政策工具	政策工具类型	政策目标
						推进智慧旅游发展。				
						创新智慧旅游公共服务模式，有效整合旅游、交通、气象、测绘等信息，综合应用第五代移动通信（5G）、大数据、云计算等技术，及时发布气象预警、道路通行、游客接待量等实时信息，加强旅游预约平台建设，推进分时段预约游览、流量监测监控，科学引导分流等服务。建设旅游监测设施和大数据平台，推进"互联网＋监督"，建立大数据精准监管机制。				
						打造一批智慧旅游城市、旅游景区、度假区、旅游街区，培育一批智慧旅游创新企业和重点项目，开发数字化体验产品，发展沉浸式互动体验、虚拟展示、智慧导览等新型旅游服务，推进以"互联网＋"为代表的旅游场景类数字化建设。提升5G网络覆盖各类旅游景区重点景区域、度假区覆盖水平。推动停车场、旅游集散中心、旅游咨询中心、游客服务中心、旅游专用道路、旅游厕所及旅游				

续表

政策编号	发文日期	发文单位	政策名称	政策类别	内容分析单元	编码	政策工具	政策工具类型	政策目标
					景区、度假区内部引导标识系统等数字化、智能化改造升级。通过互联网有效整合线上线下资源，鼓励旅行社等旅游企业转型升级，主题公园、度假区、旅游饭店、民宿等互联网服务平台合作建设网上旗舰店。鼓励依法依规利用大数据等手段，提高旅游营销传播的针对性和有效性。				
					加快新技术应用与技术创新。				
					加快推动大数据、云计算、物联网、区块链及5G、北斗系统、虚拟现实、增强现实等新技术在旅游领域的应用普及，以科技创新提升旅游业发展水平。大力提升旅游服务相关技术，增强旅游产品的体验性和互动性，提高旅游服务面向游客的便利度和安全性。鼓励开发决策、智能推荐、智能决策、智能支付等综合功能的旅游平台和系统工具。推进全息展示、可穿戴设备、服务机器人、智能终端、无人机等技术的综合集成应用。推动智能旅游公共服务、旅游市场				

续表

政策编号	发文日期	发文年	发文单位	政策名称	政策类别	内容分析单元	编码	政策工具	政策工具类型	政策目标
						治理"智慧大脑"，交互式沉浸式旅游演艺等技术研发与应用示范				
21	2023-04-03	2023	文旅市场发〔2023〕41号	文化和旅游部关于推动在线旅游市场高质量发展的意见	转发中央意见	引领行业创新发展。推动在线旅游经营者深度应用5G、人工智能、大数据、云计算、区块链等新技术，以科技引领行业创新发展。支持在线旅游平台经营者承担旅游服务新基建功能，引导旅游资源优化配置，以产品和内容为载体开展业态创新融合，赋能中小旅游经营者创新发展。推动在线旅游数字化营销，短视频平台、旅游经营者利用网络直播，支持在线旅游经营者数字化转型升级。推动在线旅游数字化营销，短视频平台、旅游经营者利用网络直播，支持在线旅游上数字开展线上旅游展示活动，发展线上数字化体验产品，打造沉浸式沉浸式旅游休闲新场景，培育智慧旅游休闲新空间，推动乡村振兴，文旅融合。文明旅游、旅游公共服务取得新进展。支持国家级夜间文化和旅游消费集聚区、国家对外文化贸易基地加强协同协作	1-21	技术支持 产品创新	环境型	促进消费

续表

政策编号	发文日期	发文年	发文单位	政策名称	政策类别	内容分析单元	编码	政策工具	政策工具类型	政策目标
22	2024-07-05	2024	桂文旅发〔2024〕17号	广西壮族自治区文化和旅游厅关于印发广西文旅产业发展三年行动方案的通知	行动方案	数字化赋能文旅产业高质量发展。利用数字化科技引导文旅产业升级，培育文旅产业新质生产力，加快推进大数据、人工智能、虚拟现实、增强现实等技术成果在文化和旅游领域运用。推动文化旅游企业"上云用数赋智"，基于特色文旅IP，文物活化打造一批数字文旅标杆项目和产品，培育智慧景区、云旅游、数字娱乐、数字艺术、沉浸式体验、互动体验游戏、文旅元宇宙等数字文旅消费新业态。加快推进博物馆数字化转型升级。持续优化提升"一键游广西""数博"平台建设与应用，促进提升"一键游广西"智慧旅游平台，健全完善服务平台、监管平台、营销平台、升级"放心购""数字应用，加快建设食品安全监管和旅游等应用，升级"放心购""数字应用系统。用好"一键游广西""智慧旅游平台，整合广西文旅要素资源，推动全区各部门、涉旅企业、文化场所等进驻，为涉客提供更好的产品和服务。引导各地拓宽数字文旅服务应用场景，运用数字化技术开展市场数据采集、文	1-22	技术支持 产品创新	环境型	产业发展 产业融合 参加消费

续表

政策编号	发文日期	发文年	发文单位	政策名称	政策类别	内容分析单元	编码	政策工具	政策工具类型	政策目标
						旅需求分析、文旅智慧监管、智能营销等。（责任单位：自治区文化和旅游厅、市场监管厅、广电局、数据局、广西旅游发展集团）				
23	2024-08-09	2024	桂文旅发〔2024〕25号	广西壮族自治区文化和旅游厅关于印发《发展广西水上文体旅游装备拓展消费新场景建设行动方案（2024—2026年）》的通知	行动方案	支持装备制造企业向运营、服务延伸发展，与旅游企业联合开展装备融资租赁试点，实现生产和服务互相带动。推进数字技术覆盖水上运动休闲全场景、全流程，丰富水上运动赛事线上直播，水上运动电竞等数字内容，培育水上运动休闲数字化产业链。	1-23	设备采购 / 产品创新	环境型 / 供给型	促进消费
						构建水上文体消费新空间。以北海银滩国家级旅游度假区为依托，以北海银滩高星级酒店群为核心，逐步拓展形成"星级酒店＋亲子酒店＋特色民宿＋主题露营"多元住宿体系。加快AR/VR、大数据、人工智能等信息新技术在水上休闲体验方面的应用，打造"实体体验＋虚拟体验"沉浸式体验空间				

续表

政策编号	发文日期	发文年	发文单位	政策名称	政策类别	内容分析单元	编码	政策工具	政策工具类型	政策目标
24	2024-08-12	2024	广西壮族自治区文化和旅游厅	广西壮族自治区文化和旅游厅关于印发《广西旅游实施"串珠成链"工程行动方案（2024—2026年）》的通知	行动方案	做大做强线上线下服务。完善"一键游广西"旅游线路功能与服务，提升游客到广西旅游的便利化水平。推动旅行社转型发展，加强跨界融合和线上线下融合，加强与知名OTA平台合作，整合优质旅游资源，利用大数据和人工智能方案技术为游客提供个性化推荐，提供便捷的预订、支付和行程管理等服务。完善设立立分享和评价功能，及时处理游客的投诉和反馈，加强与高德、百度地图等地图服务商的导航协作，定期更新和优化精品旅游线路相关信息，为游客提供准确、快捷的旅游目的地和旅游服务信息	1-24	技术支持 设备采购	需求型	提升服务
25	2024-08-09	2024	广西柳州市文化广电和旅游局	广西壮族自治区文化和旅游厅关于印发《发展广西水上文体旅装备拓展消费新场》行动方案	行动方案	建设绿色装备体系 发展水上文体旅绿色装备制造。积极融入广西"19+6+N"现代化产业体系，瞄准高端、智能和绿色等方向，发展壮大水上文体旅装备产业。依托新能源汽车、文化旅游装备制造等关键技术和产业基础，提升支撑装备水平，加强	1-25	设备采购	供给型	产业发展

政策编号	发文日期	发文年	发文单位	政策名称	政策类别	内容分析单元	编码	政策工具	政策工具类型	政策目标
				…景建设行动方案（2024—2026年）》的通知		水上文体旅绿色装备制造业、游乐先进装备、沉浸式文体验设施等高端文旅装备及智慧旅游系统、检测监测平台的智能化、高端化、成套化研制及更新提升，构建产品配套、软硬协同的产业生态，推动水上文体旅装备制造技术与工业互联网、大数据、5G、人工智能等新一代信息技术融合，提升能源、资源、环境管理和综合利用水平，建设一批绿色智能制造工厂。深化水上文体旅绿色装备研发合作。加强水上文体旅智能装备前瞻性技术布局，支持由企业牵头、联合高校、科研机构开展新材料、新能源、水上智能穿戴装备、水上智能运动平台等研发，推进水上智能载体、水上无人驾驶、水上智能训练系统产研一体化发展。加强产品外观创意设计水平，提升水上运动装备外观创意设计水平，鼓励开展个性化定制、柔性化生产				

续表

政策编号	发文日期	发文年	发文单位	政策名称	政策类别	内容分析单元	编码	政策工具	政策工具类型	政策目标
26	2024-02-18	2024	桂政办发〔2023〕85号	广西壮族自治区人民政府办公厅关于印发《广西进一步构建高质量充电基础设施体系实施方案》的通知	通知	构建水上文体旅绿色装备产业链。重点围绕水上电动板表、智能游船游艇、电池、驱动形成电机、材料、充接电配套等先进装备制造及产品回收循环利用等现代化特色产业链，不断提升产业链韧性和安全水平。支持装备制造企业联合开展装服务延伸发展，与旅游企业联合开展装备融资租赁试点，实现生产和服务互相带动。推进数字技术全覆盖水上运动休闲全场景、全流程，丰富水上运动休闲数字化内容，培育水上运动休闲数字化产业链				
						政策引导、市场主导。通过完善财政补贴政策，建立合理价格机制等方式，支持各类市场参与充电基础设施建设运营。鼓励商业企业结合"互联网+"创新商业合作与服务模式，实现可持续发展。构建便捷高效的城际充电网络。与构建广西新型城镇化相适应，以沿海、	1-26	设备采购	环境型 供给型	提升服务

续表

政策编号	发文日期	发文年	发文单位	政策名称	政策类别	内容分析单元	编码	政策工具	政策工具类型	政策目标
						沿江、沿边、沿线重点城市为节点，以"两轴一区一带"城镇格局为加快建构西部陆海新通道发展轴，珠江—西江经济带、边海联动城镇带城际间的路网充电基础设施网络，加快补齐短板，强化快速充电网络，打造城际超快速充电网络，提升城际间的通达能力，加快强化充电网络智慧化升级改造，实现跨城市间，快慢结合充电服务有效衔接，提升电动汽车在城市群、重点城市间的通达能力。北部湾城市群先行实现快速充电网络互联互通。				
						提升自治区电动汽车充电服务监管平台服务水平。将充电桩检强化信息纳入查询服务监管内容。增加充电基础设施收费数据实时在线监测功能。不断完善一键寻桩、安全运行、信息公开、车网互动等数据服务。拓展与数字政务、交通、能源等公共服务应用				

续表

政策编号	发文日期	发文年	发文单位	政策名称	政策类别	内容分析单元	编码	政策工具	政策工具类型	政策目标
27	2024-03-04	2024	广西桂林市文化广电和旅游局	工业和信息化部等七部门关于推动动未来产业创新发展的实施意见	意见	突破下一代智能终端。发展量大面广、智能便携、沉浸体验的消费级终端，满足数字生活、公共文化、公共服务等新需求。打造智能适老的医疗健康终端，提升人民群众生命健康质量。突破高级别智能网联汽车、元宇宙入口等具有爆发潜能的超级终端，构筑产业竞争新优势。做优信息服务产品。发展下一代操作系统，构筑安全可靠的数字底座。推广开源技术，建设开源社区，构建开源生态体系。探索以区块链为核心技术，以数据为关键要素，构建下一代互联网应用和数字化生态。面向新一代移动信息网络，鼓励新类脑智能等加快软件产品研发，激发信息服务潜能产品示范应用	1-27	设备采购 产品创新	需求型	提升服务
28	2024-06-25	2024	广西桂林市文化广电和旅游局	文化和旅游部办公厅中央网信办秘书局国家发	通知	重点任务 智慧旅游基础设施提升行动。改造升级信息基础设施，用好新一轮大规模设备更新政策，推动旅游应指挥	1-28	技术支持 设备采购	需求型	提升服务 促进消费

续表

政策编号	发文日期	发文年	发文单位	政策名称	政策类别	内容分析单元	编码	政策工具	政策工具类型	政策目标
			发展改革委办公厅 工业和信息化部办公厅 国家数据局综合司	关于印发《智慧旅游创新发展行动计划》的通知		中心、智能闸机、景区智慧屏、票务系统、电子讲解等进行改造升级。引行停车场、旅游集散与咨询中心、游客服务中心、景区道路及景区内部引导标识系统等数字化与智能化改造升级，提升基础设施网络化、智能化、协同化水平。强化试点、创新模式，鼓励和支持信息服务商对文化和旅游场所开展"上云用数赋智"服务。 加强5G＋智慧旅游协同创新发展。实施好"信号升格"专项行动，持续提升国家4A级以上旅游景区、国家级旅游度假区、国家级旅游休闲街区、国家级夜间文化和旅游消费集聚区、全国乡村旅游重点村镇、国家考古遗址公园等各类重点旅游区域5G网络覆盖，优化重点区域及客流密集区域的5G网络服务质量、挖掘利用5G技术在视频监控、实时传输、无人驾驶等方面的潜力和优势，拓展旅游领域应用场景。持续推出5G＋智慧旅游应用试点项目，解决方案				

续表

政策编号	发文日期	发文年	发文单位	政策名称	政策类别	内容分析单元	编码	政策工具	政策工具类型	政策目标
29	2024-12-25	2024	（桂政办发〔2024〕57号）	广西壮族自治区人民政府办公厅关于支持梧州市打造岭南历史文化名城的意见	意见	打造消费新场景。支持梧州市加快培育文旅演艺、休闲街区、文体旅综合体等夜间消费场景，打造城市夜经济品牌。进商持开展"体育赛事进景区、进街区、进商圈"行动。打造数字文旅新模式，创新开展线上销售、旅游直播、短视频制作等活动，提升文旅消费集聚区智慧化、数字化水平。建设"两江四岸"景观带，培育游轮游艇、低空旅游、滨水度假、婚庆旅游等文旅体新业态，打造沉浸式体验场景，推出一批文化艺术打卡地和新生代潮玩聚集地	1-29	技术支持	环境型	促进消费
30	2023-02-10	2023	北海市旅游文体局	关于公开征求《北海市关于加快文化旅游业全面复苏振兴的若干政策措施（征求意见稿）》意见的公告		无相关旅游数据	1-30			

续表

政策编号	发文日期	发文年	发文单位	政策名称	政策类别	内容分析单元	编码	政策工具	政策工具类型	政策目标
31	2024-08-12	2024	广西玉林市文化广电体育和旅游局	广西壮族自治区文化和旅游厅关于印发《广西旅游实施"串来成链"工程行动方案（2024—2026年）》的通知	通知	做大做强线上线下服务。完善"一键游广西"旅游线路功能与服务，提升游客到广西旅游的便利化水平。推动旅行社转型发展，加快跨界融合和线上线下融合，加强与知名OTA平台合作，整合优质旅游资源，利用大数据和人工智能技术为游客提供个性化推荐，提升便捷的预订、支付和行程管理等服务。完善设立分享和评价功能，及时处理游客的投诉和反馈。加强与高德、百度地图等地图服务商的导航协作，定期更新和优化精品旅游线路相关信息，为游客提供准确、快捷的旅游目的地和旅游服务信息	1-31	技术支持	供给型	提升服务
32	2024-05-06	2024	广西百色市文化广电体育和旅游局（桂文旅游函〔2024〕164号）	广西壮族自治区文化和旅游厅关于进一步加强旅行社市场监管的通知	通知	发挥社会监督作用。加强对旅行社投诉的处理，充分发挥"一键游广西"、12345政务服务等平台合作，畅通旅游投诉渠道。支持媒体曝光扰乱旅游市场秩序的旅行社典型事件，强化媒体的舆论监督	1-32	技术支持	环境型	提升服务

续表

政策编号	发文日期	发文年	发文单位	政策名称	政策类别	内容分析单元	编码	政策工具	政策工具类型	政策目标
33	2024-07-19	2024	广西百色市文化广电体育和旅游局（桂百文旅发〔2024〕17号）	广西壮族自治区文化和旅游厅关于印发广西文旅产业发展三年行动方案的通知	通知	实施产业总体效益提升行动 实施"景区焕新"工程。深入开展景区业态焕新、数字焕新、管理焕新等行动，不断推动景区提质升级。鼓励景区运用数字技术发展线上"云游"、全景式虚拟游、沉浸式实景游等景游体验项目，定制利用大数据分析创新发展个性化、智能化消费模式，加强景区智慧化服务，推进智慧旅游景区建设。探索建立景区提升现代化运营管理水平，"运管服"一体化和社会共建共享的发展机制，强化优质服务决策动态监管，对复制不达标的景区，严格执行通报、警告、摘牌处理。 数字化赋能文旅产业高质量发展。利用数字科技引导文旅产业升级，培育文旅产业新质生产力，加快推进大数据、人工智能、虚拟现实、增强现实等技术成果在文化和旅游领域运用。推动文化旅游企业"上云用数赋智"，基于特色文旅IP、文物活化打造一批数字文旅标杆项目和产品，	1-33	设备采购、技术支持	环境型	产业发展

续表

政策编号	发文日期	发文年	发文单位	政策名称	政策类别	内容分析单元	编码	政策工具	政策工具类型	政策目标
34	2024-05-17	2024	广西来宾市文化广电和旅游局（桂文旅函	广西壮族自治区文化和旅游厅关于进一步加强	通知	培育智慧景区、云旅游、数字娱乐、数字艺术、沉浸式体验、互动体验游戏、文旅元宇宙等数字文旅消费新业态。加快推进"数字文博"平台建设与应用，促进博物馆数字化转型升级。持续优化提升"一键游广西"智慧旅游平台，健全完善服务平台、监管平台、营销平台，升级"线工在线"等应用，加快建设食品安全监管和旅游"放心购""数字应用系统"。用好"一键游广西"智慧旅游平台，整合广西旅游要素资源，推动全区各部门、涉旅企业、文化场所等进驻，为游客提供更好的产品和服务。引导各地拓宽数字文旅服务应用场景，运用数字化技术开展市场数据采集、文旅需求分析、文旅智慧监管、智能营销等				
						发挥社会监督作用。加强对旅行社投诉的处理，充分发挥"一键游广西"、12345政务服务平台作用，畅通旅游投诉渠道。支持媒体曝光扰乱旅游市场秩	1-34	技术支持	环境型	提升服务

续表

政策编号	发文日期	发文年	发文单位	政策名称	政策类别	内容分析单元	编码	政策工具	政策工具类型	政策目标
			[2024］164号）	旅行社市场监管的通知		序的旅行社典型事件，强化媒体的舆论监督				
35	2023-01-29	2023	广西来宾市文化广电和旅游局	广西壮族自治区人民政府办公厅关于加快文化旅游业全面恢复振兴的若干政策措施	措施	强化数字科技赋能。开展"一键游广西""客户智慧体验行动，以旅游为重点，组织"万人体验"跟管三大平台活动，全面提升"一键游广西"项目智能服务水平，推动全区主要涉旅企业、重点文化场所实现智慧化升级。推进"一键游广西"与"一部手机游云南"等智慧旅游平台数据对接，实现产品共享、营销互动、流量互享。加快"一键游广西"电商直播发展，培育一批本土文化和旅游电商直播点。文化馆和文旅虚拟数字人等区景点，打造高品质数字文化和旅游消费新场景，电竞文创大赛、电竞文化数字娱乐展览会、电竞文创大赛、电竞文化数字展示高峰论坛，全面推进广西电竞文创产品发展	1-35	技术支持 产品创新	环境型	提升服务

续表

政策编号	发文日期	发文年	发文单位	政策名称	政策类别	内容分析单元	编码	政策工具	政策工具类型	政策目标
36	2023-07-03	2023	广西来宾市文化广电和旅游局	国家级文化产业示范园区（基地）管理办法	管理办法	申报示范基地的企业应当具备下列基本条件：在中华人民共和国境内注册设立满2年，以演艺、娱乐、动漫、创意设计、数字文化、艺术品、工艺美术、文化会展、文化装备制造、文化投资运营等文化行业生产经营活动为主营业务；创新能力突出，在推动业态优化升级、加快文化科技创新应用，促进产业融合发展等方面取得显著成效，具有较强行业影响力和示范带动性	1-36			
37	2022-04-22	2022	钦政办〔2022〕3号	钦州市人民政府办公室关于印发钦州市文化广电体育和旅游发展"十四五"规划的通知	规划	加快推动广电5G赋能公共服务转型升级，推动有线无线、广播通信、大屏小屏协同发展。充分发挥广电企业的媒体平台、内容资源和网络传输作用，挖掘广电5G应用场景，重点在广播、高清视频、智慧文旅、智慧医疗、智慧教育、智慧安防等领域拓展广电5G的创新和应用；加大非物质文化遗产传播普及力度。	1-37	技术支持 产品创新	环境型 供给型	提升服务

续表

政策编号	发文日期	发文年	发文单位	政策名称	政策类别	内容分析单元	编码	政策工具	政策工具类型	政策目标
						加强非遗文化展示。结合博物馆、文化馆配套情况，鼓励有条件的县区建设非遗展演馆，充分利用3D影像科技、多媒体互动展示、数字讲解阐释、VR虚拟展示等丰富非遗展示手段与展示方式。				
						加强部门间的沟通协作，强化智慧旅游建设，加速实现景区数字化、网络化、智能化升级，形成以游客需求为中心的旅游全程化服务体系，促进全市旅游向高端化发展。				
						推动公共文化云平台数字化发展。推进公共文化云平台建设。对接广西公共文化服务云平台，完善提升钦州公共文化服务云平台建设；提升各县区文化旅游部门建设本级公共文化云平台，实现全市各级公共文化云平台互联互通、数据共享；建设集成化管理及服务导航系统，提供便捷高效的管理后台，为群众提供"一站式"服务。加强公共文化服务数字资源建设，统一公共文化数字资源对接标准、整				

续表

政策编号	发文日期	发文年	发文单位	政策名称	政策类别	内容分析单元	编码	政策工具	政策工具类型	政策目标
						合分散的、多元的数字资源,孤立的数字资源,打造基于云端的分布式数字文化资源库群;完善图书馆藏资源及预览平台等,开展"码上阅读""在线共读""听书打卡"等活动;加大群艺馆(文化馆)在线资源开发、生产并提供群众更加丰富的文化艺术资源产品;鼓励开展群众互联网平台预约和评价工作;培养具有黏性社群网络自媒体公众号,鼓励打造公共文化机构鼓励与企业合作,探索创新有声图书馆等新型文化服务方式				
38	2023-03-03	2023	钦州市文化广电体育和旅游局	钦州市"文旅+"产业融合培育新业态拓展新消费行动计划2023-2024年	行动计划	培育文旅+科技新业态 增强文化和旅游场景体验。挖掘海上丝绸之路文化等历史文化、非遗文化、农耕文化,应用触控交互、体感交互、投影成像、场景艺术等前沿培育技术手段,推出一批有代表性和影响力的沉浸式音乐、戏剧、光影影像、演艺剧目等。加快推进公共数字文化场建设,推进图书馆、文化馆、博物馆等文化场	1-38	技术支持 资金支持	供给型	产业融合 消费促进

续表

政策编号	发文日期	发文年	发文单位	政策名称	政策类别	内容分析单元	编码	政策工具	政策工具类型	政策目标
						馆数字化发展。力争培育1个以上沉浸式文化体验精品项目，推出特色旅游演艺10场以上，精品艺术剧目1台以上。〔市文化广电文化旅游局，市科技局，各县（区）人民政府，自贸区钦州港片区协调指导局按职责分工负责〕				
						发展数字文旅融合新业态。鼓励推进三娘湾景区、八寨沟旅游景区等国家AAAA级旅游景区开展数字化、智能化转型升级，积极打造智慧旅游景区体验场景，培育以科技为支撑、一二三产业深度融合的新业态。力争培育1个以上数字文旅融合精品项目，举办2场以上多样化、沉浸式的大型数字文娱体验活动。〔市文化广电文化旅游发展局，市发展改革委（市大数据发展局），市科技局，各县（区）人民政府，自贸区钦州港片区协调指导局按职责分工负责〕				
						培育"文旅+科技"融合示范品牌。依托中马钦州产业园区、广西钦州高新技术开发区、华为钦州数字小镇等，创				

续表

政策编号	发文日期	发文年	发文单位	政策名称	政策类别	内容分析单元	编码	政策工具	政策工具类型	政策目标
						建文化和科技融合示范基地、旅游科技示范园区等融合示范品牌，挖掘科技产品的旅游价值，增强文旅产业创新能力，开发虚拟探索体验，高新科技科普研学，高新科技产品推介等业态。力争创建1家以上"文旅+科技"融合示范品牌，评选2家"文旅融合新业态"子重点企业，予以扶持奖励				

附件二：广西壮族自治区文旅大数据政府职能部门职能描述

表附件二-1　广西文化和旅游大数据政府职能统计

序号	机构名称	职能	上级部门
1	信息科技教育处	拟订全区文化和旅游科技创新发展规划以及艺术科研规划并组织实施。协调开展文化和旅游大数据工作，推进信息资源共建共享和开发利用。指导文化和旅游业职业教育工作。归口管理行业标准化建设。组织开展文化和旅游科研工作及成果推广。统筹新闻宣传工作。平号级安全保障工作。	广西壮族自治区文化和旅游厅
2	信息科技教育科	拟订文化广播电视和旅游科技创新发展规划，政策并组织实施。统筹开展文化广播电视和旅游大数据建设，开发利用及科研工作和成果推广。协调推进广播电视和新媒体新技术新业态融合发展。负责信息化项目建设，官方政务网站运维和生态网络信息安全保障工作。	南宁市文化广电和旅游局
3	官网未披露	官网未披露	横州市文化广电体育和旅游局
4	官网未披露	官网未披露	宾阳县文化广电体育和旅游局
5	官网未披露	官网未披露	上林县文化广电体育和旅游局
6	旅游股	拟订全县旅游公共服务政策并组织实施。承担全县旅游公共服务的指导，协调和推动工作。拟订全县旅游公共服务标准并监督实施。指导旅游集散中心，旅游咨询服务中心、汽车旅游营地，旅游交通等公共服务设施建设。协调推进旅游厕所所革命工作。拟订全县旅游科技创新发展规划并组织实施。协调开展旅游大数据工作，推进信息资源共建共享和开发利用。归口管理行业标准化建设。组织开展旅游科研工作及成果推广。指导旅游行业职业教育工作	马山县文化广电和旅游局

续表

序号	机构名称	职能	上级部门
7	文体广电旅游综合股	拟订全县文艺事业发展规划、广播电视和旅游科技创新发展规划、文化和旅游公共服务政策及公共文化事业发展规划，文化代表性示范性的文艺作品和代表及民族特色价值观，具有导向向性指导，协调全县性重大文艺活动。推动各门类艺术发展，促进艺术创作生产与旅游产业发展。指导所属离艺术单位的业务发展，指导旅游演艺。拟定全县文化体育和旅游公共服务标准并组织实施。承担全县公共文化服务的指导，指导群众文化、少数民族文化、未成年人文化和老年文化工作，指导图书馆、文化馆、基层综合性文化服务中心等公共服务设施建设。指导文化志愿服务。协调开展文化广播电视体育和旅游大数据建设，推进信息资源共享和开发利用。协调推进全县三网融合，推进广播电视体育和旅游新技术新业态创新融合发展。归口管理行业标准化工作。组织开展文化广播电视体育和旅游科研工作及成果推广。指导智慧文化体育和旅游行业网站、官方政务网站，官方微信、微博运维管理工作。负责官方政务网站建设和网络信息安全保障、舆情监控工作。	隆安县文化广电体育和旅游局
8	信息教育科	拟订全县文化和旅游科技创新发展规划以及艺术科研规划并组织实施。协调推进数字文化服务体系建设，智慧旅游发展，信息资源共建共享和开发利用。归口管理行业标准化建设。组织开展文化和旅游科研工作及成果推广。指导全市文化和旅游装备技术提升。指导文化和旅游行业职业教育工作。统筹机关、直属单位的信息，新闻宣传和网络信息安全工作	柳州市文化广电体育和旅游局
9	官网未披露	官网未披露	柳城县文化体育广电和旅游局
10	官网未披露	官网未披露	鹿寨县文化体育广电和旅游局
11	官网未披露	官网未披露	融安县文化体育广电和旅游局

续表

序号	机构名称	职能	上级部门
12	官网未披露		融水苗族自治县文化体育广电和旅游局
13	官网未披露		三江侗族自治县文化体育广电和旅游局
14	信息科技教育科	拟订全市文化、广播电视、网络视听和旅游大数据科技创新发展规划以及艺术科研规划并组织实施。协调开展文化、广播电视、广播电视行业资源共享和开发利用。归口管理行业标准化建设。协调推进全市三网融合，推进广播电视与新媒体新技术新业态创新融合发展。组织开展文化、广播电视和旅游科研工作及成果推广。指导文化、广播电视、广播电视和旅游行业职业教育工作。归口管理社会艺术水平考级工作	桂林市文化广电和旅游局
15	官网未披露	指导旅游行业人才交流工作。拟订旅游促进奖励政策和旅游消费政策措施并组织实施。	荔浦市文化广电体育和旅游局
16	文化和旅游股	指导旅游信息公共服务体系的规划。指导旅游信息化建设的规划与建设，推动智慧旅游。负责旅游信息服务及全县旅游信息化的规划与建设。负责网络维护和管理全县旅游信息总站。	恭城瑶族自治县文化广电体育和旅游局
17	综合协调股	负责政策法规、行政审批、市场管理、安全生产等工作；组织起草规范性文件，协调文化、广播电视、广播电视、体育和旅游大数据工作的贯彻落实；机制改革利用；开展文化、广播电视、审批工作，审批工作；负责行政许可、开展行政许可、开展行政许可；负责旅游信息资源共建共享、县历旅游政策的贯彻落实；负责政务服务中心窗口的接待、咨询等工作；负责文化和旅游市场经营行业监管；对文化和旅游市场经营进行行业监管；指导监督全县文化旅游安全生产综合协调和监督	阳朔县文化广电体育和旅游局

续表

游市场综合执法工作;负责"双随机、一公开"工作和诚信体系建设;组织查处和督办全县文化和旅游市场重大案件;负责文化和旅游市场投诉和举报线索的受理、跟踪、统计、分析、归档等工作

序号	机构名称	职能	上级部门
18	官网未披露	官网未披露	灵川县文化广电体育和旅游局
19	官网未披露	官网未披露	全州县文化广电体育和旅游局
20	官网未披露	官网未披露	兴安县文化广电体育和旅游局
21	官网未披露	官网未披露	永福县文化广电体育和旅游局
22	官网未披露	官网未披露	灌阳县文化广电体育和旅游局
23	官网未披露	官网未披露	资源县文化广电体育和旅游局
24	官网未披露	官网未披露	平乐县文化广电体育和旅游局
25	公共服务股	统筹规划文化事业,拟订全县文化和旅游公共服务政策及公共文化事业发展规划并组织实施。拟订全县文化和旅游公共服务标准并监督实施。承担全县公共文化、广电、体育和旅游公共服务的指导,协调和推动工作。指导群众文化、少数民族文化、未成年人文化和老年文化工作。指导图书馆、文化馆、公共文化服务中心、旅游集散中心、旅游咨询服务中心、服务区和服务点的工作。公共文化服务基础设施建设和管理。协调开展文化、广电、体育和旅游大数据工作,指导公共数字文化工作,指导统筹全县文物事业发展。	龙胜各族自治县文化广电体育和旅游局

续表

序号	机构名称	职能	上级部门
		非物质文化遗产保护和考古工作。组织、指导本系统志愿服务工作。承办交办的其他工作。	
26	信息科技科	拟订全市文化广电体育和旅游大数据工作。组织开展文化广电体育和旅游科研工作及成果推广。指导全市广播电视科技发展规划并组织实施。拟订全市广播电视台合建设规划与开发，受托组织编制全市广播电视专用频段规划，指导其分级建设与开发。负责全市广播电视工作和技术维护工作和技术质量监督工作。协调开展文化遗产保护以及艺术科研创新发展科技以及艺术创新发展并组织实施。归口管理行业标准化建设。组织开展文化广电体育和旅游信息资源共享和建设共享和成果推广。指导文化、体育行业行职业教育发展规划并组织实施。负责全市电视台、电视台、广播电台、广播电视网的覆盖网和监测监管广播电视频率（频道）和功率等技术参数，指配广播电视专用频段规划，指导全市广播电影电视的安全播出监管和技术保障，指导全市广播电影电视的技术运行维护工作和技术质量监督工作	梧州市文化广电体育和旅游局
27	传媒信息科技股	对全市广播电视播出（转播）机构、广播影视节目制作民办机构的业务进行监督检查。监管全市移动视频及广播电视频视频点业务，监管全市广播影视和公共视听节目载体的广播电视节目播放。拟订全市信息网络视听节目服务的发展办法、指导网络视听节目的发展，对网络视听节目（含IP电视、网络广播电视、手机视听节目）内容进行监管。拟订全市文化广电体育和旅游大数据科研以及艺术科技创新发展科研以及艺术科研并建共享成果开发利用。推进信息资源共享和建设共享成果利用。推进全市广播电视、手机视听电视"户户通"广播电视基础设施建设等重大工程。组织开展文化广电体育大数据工作。协调开展文化广电体育和旅游科技基础设施建设，指导、体育、旅游行业职业教育实施，覆盖全市广播传输，拟订全市广播电视发展规划并组织实施，指导全市广播电视的安全播出监管和技术保障，指导全市广播电影电视监测的技术运行维护工作和技术质量监督工作	岑溪市文化广电体育和旅游局
28	官网未披露	官网未披露	苍梧县文化广电体育和旅游局

续表

序号	机构名称	职能	上级部门
29	官网未披露	官网未披露	藤县文化广电体育和旅游局
30	官网未披露	官网未披露	蒙山县文化广电体育和旅游局
31	信息科技科	拟订全市旅游、文化和体育科技创新发展规划并组织实施。协调开展旅游、文化和体育大数据，推进信息资源共建共享和开发利用。推进行业标准化建设，文化和体育数字化工作。负责旅游、文化和体育科研工作及成果推广、归口管理行业信息建设。组织开展旅游、文化和体育系统内的新闻宣传、舆情工作。负责全市旅游、文化、体育行业统计分析工作	北海市旅游文体局
32	官网未披露	官网未披露	合浦县文化广电体育和旅游局
33	科技事业和安全传输保障科	协调推进全市广播电视重大工程及有线、无线、卫星等传输体系建设。指导、推进全市的国家应急广播体系建设。负责广播电视出台的监督管理和技术保障工作。指导、监管全市广播电视节目传输覆盖安全保护工作。协调开展文化和体育广播电视统计工作。推进信息资源共享和开发利用	防城港市文化广电体育和旅游局
34	广电科技股	协调推进全市广播电视重大工程及有线、无线、卫星等传输体系建设。指导、推进全市的国家应急广播体系建设。负责广播电视出台的监督管理和技术保障工作。指导、监管全市广播电视节目传输覆盖，全市广播电视重大突发事件报道及应急播报。推进信息资源共享和开发利用。协调开展境外卫星电视节目的落地和接收。承担全市广播电视有关机构业务的监督管理。监管全市卫星电视接收设施和境外卫星电视节目的落地与接收。指导全市广播电视网络视听节目服务及广播电视三网融合及新媒体新技术新业态创新融合发展	东兴市文化广电体育和旅游局

续表

序号	机构名称	职能	上级部门
35	官网未披露		上思县文化广电体育和旅游局
36	官网未披露		钦州市文化广电体育和旅游局
37	官网未披露		灵山县文化广电体育和旅游局
38	旅游股	负责拟订全县旅游业、旅游公共服务事业发展规划并组织实施。承担全县旅游业发展标准化、协调和推进工作。监督实施全县旅游公共服务计划。编制旅游发展投资计划。负责旅游统计。指导和推进全域旅游、特色旅游、乡村旅游、红色旅游、休闲度假旅游示范区创建工作。协调开展旅游大数据工作，推进信息资源共享和对外沟通。负责国内和对外沟通、澳台旅游交流，合作和宣传推广工作，组织全县旅游整体形象的宣传推广。指导重点旅游区域、目的地和线路的规划和生态旅游，休闲度假旅游发展。指导开发利用与服务质量标准评定工作。指导促进文化产业与旅游产业融合及新型业态发展。协调推进旅游厕所革命工作。促进旅游企业发展及旅游服务业发展	浦北县文化广电体育和旅游局
39	公共服务科	拟订全市文化、广播电视、体育、旅游等公共服务及公共文化事业发展规划并组织实施。承担全市文化、体育、旅游等公共服务政策的指导，协调和推动工作。指导全市文化和旅游公共服务标准化建设并监督实施。指导群众文化、少数民族文化、少年儿童文化和老年文化工作，指导图书馆、群艺馆（文化站）、体育场馆，旅游集散中心，旅游咨询服务中心（点）等公共服务设施建设。协调推进旅游厕所革命工作，协调开展文化旅游大数据工作，推进信息资源共享和开发利用。负责文化信息资源共享、图书文献古籍的保护工作。指导文化志愿服务	贵港市文化广电体育和旅游局

续表

序号	机构名称	职能	上级部门
40	业发展与资源开发股	拟订全市文化、广播电视、体育、旅游产业政策和发展规划并组织实施。指导、促进文化、广播电视、体育、旅游产业及新型业态发展。推动产业融合发展。指导、促进文化、广播电视、体育、旅游企业发展。协调促进文化基地和重大旅游项目建设。承担全市文化、广播电视、体育、旅游资源普查、规划、开发和保护。指导、指导重点旅游区域、目的地、线路的规划和生态旅游、乡村旅游、休闲度假旅游开发。指导文化和旅游产品创新及开发体系建设。指导和推进乡村文化振兴和行业扶贫工作。指导和推进全市全域旅游、特色旅游、红色旅游工作。推进全域旅游示范区和特色旅游名县、特色旅游名镇(名村)创建工作。拟订全市红色文化旅游发展规划和红色旅游经典景区建设工作。指导红色文化资源开发、产品建设人员培训及红色旅游经典景区建设工作。协调和推动中心(点)等旅游公共服务政策和组织实施。承担全市旅游公共服务设施建设。指导全市旅游公共服务标准化建设和监督实施。指导旅游集散中心、旅游咨询服务中心(点)等旅游公共服务设施建设。协调推进旅游厕所革命工作。协调开展智慧城市和大数据工作，推进信息资源共享和开发利用	桂平市文化广电体育和旅游局
41	推广科	拟订全市文化和旅游科技创新发展规划并组织实施。协调开展文化和旅游大数据工作。推进信息资源共建共享和开发利用。推动"智慧旅游""智慧城市"工作。组织开展文化和旅游科研工作及成果推广	平南县文化广电体育和旅游局
42	官网未披露	官网未披露	玉林市文化广电体育和旅游局
43	官网未披露	官网未披露	北流市文化广电体育和旅游局

续表

序号	机构名称	职能	上级部门
44	官网未披露	官网未披露	容县文体广电和旅游局
45	官网未披露	官网未披露	陆川县文体广电和旅游局
46	官网未披露	官网未披露	博白县文体广电和旅游局
47	官网未披露	官网未披露	兴业县文体广电和旅游局
48	信息科技教育科	拟订全市文化、广播电视、体育和旅游科技创新发展规划以及艺术科科研科规划并组织实施。协调开展文化、广播电视、体育和旅游大数据建设。组织开展文化、广播电视、体育和旅游科研工作及成果推广。指导口管理行业标准化建设。归口管理广播电视、体育和旅游行业职业教育等工作。统筹新闻宣传工作	百色市文化广电和旅游局
49	旅游推广股	研究拟订全市旅游宣传促销方案并组织实施；负责组织实施全市旅游整体形象宣传规划；负责重点旅游区域、目的地、线路的宣传促销；指导重点旅游区域、目的地、线路的宣传促销规划；负责旅游市场信息综合和分析并提出宣传促进政策；拟订旅游促进奖励政策和旅游消费激励政策；负责旅游对外交往合作工作；指导旅游游外事务工作；负责全市旅游规划、建设和管理；负责全市旅游信息化的规划与建设；服务体系的规划；指导全市旅游公共服务体系的建设和管理；推动智慧旅游工作；指导和促进旅游商品开发	靖西市文化体育广电和旅游局
50	旅游股	拟订本市旅游创新发展规划并组织实施。协调开展旅游大数据工作，推进信息资源共建共享和开发利用。指导旅游行业教育工作。指导、管理本市旅游对外及港澳台交流合作和宣传推广工作。承接政府、民间及国际组织在旅游领域交流合作相关事务	平果市文化体育广电和旅游局

续表

序号	机构名称	职能	上级部门
51	政策法规股	拟订全县文化、体育、旅游和广播电视科技创新发展规划以及艺术科研规划并组织实施。归口管理行业协调开展文化、体育、旅游和广播电视大数据共建共享和开发利用。指导文化、体育、旅游和广播电视科研工作及成果推广。标准化建设。组织开展广播电视职业教育工作	田东县文化体育广电和旅游局
52	广电宣传和科技法规股	负责全县广播电视经济运行分析及统计工作。拟订全县文化、旅游和广播电视科技创新发展规划以及艺术科研规划并组织实施。协调开展文化、旅游和广播电视大数据工作,推进信息资源共建共享和开发利用。归口管理行业标准化建设。组织开展文化、旅游和广播电视科研工作及成果推广	德保县文化体育广电和旅游局
53	官网未披露	官网未披露	那坡县文化体育广电和旅游局
54	市场开发股	研究拟订全县旅游宣传营销方案并组织实施;组织全县旅游整体形象宣传和重点旅游区域、目的地和线路的宣传推广工作;负责旅游市场信息综合分析;拟订旅游促进奖励政策和旅游消费政策措施并组织实施,负责全县旅游信息化的规划与建设,推动智慧旅游工作;负责旅游对外交流与合作工作;负责边境旅游外事工作;负责旅游发展重大问题并提出对策;负责旅游教育和培训工作,组织旅游行业人员培训工作,会同有关部门组织实施旅游从业人员的职业资格标准和等级标准;协调和指导假日旅游有关工作;研究拟订全县旅游宣传营销方案并组织实施;负责全县旅游行业的城乡旅游标准等级评定工作,分析工作,指导旅游行业统计	凌云县文化体育广电和旅游局
55	旅游发展股	岗位资格认证和旅游等级标准、目的地和旅游区域、拟订旅游促进奖励政策和旅游消费政策措施并组织实施;负责全县旅游信息化综合分析,拟订旅游促进奖励政策措施并组织实施,推动智慧旅游工作规划与建设,推动智慧旅游工作	乐业县文化体育广电和旅游局

续表

序号	机构名称	职能	上级部门
56	文化旅游产业发展股	拟定全县文化产业、旅游产业政策和发展规划并组织实施；指导、促进文化产业相关门类和旅游产业及新型业态发展；推动产业投融资招商引资工作；促进文化、旅游与相关产业融合发展；指导文化产业园区、基地和旅游项目建设；组织、指导、促进文化企业和旅游企业发展；协调促进文化和旅游服务业发展；承担全县文化和旅游资源普查、规划、开发和保护；指导重点旅游区域、目的地、线路的规划，乡村旅游、生态旅游、休闲度假旅游发展；指导文化和旅游产品创新及开发体系建设；统筹乡村文化振兴和行业扶贫工作；统筹旅游资源开发利用和保护工作。对文化和旅游市场经营进行行业监督；承担文化和旅游行业信用服务体系建设工作；组织拟定全县文化和旅游市场经营场所、设施、服务、产品等标准并推进实施，监督全县文化和旅游市场服务质量，指导服务质量提升；负责全县文化和旅游市场监测、假日市场、安全综合协调和监督管理；负责行政审可事项的受理、办理和组织协调工作；拟定文化市场综合执法工作标准和规范并组织实施；指导监督全县文化和旅游市场综合执法工作；组织查处和督办全县性、跨区域文化和旅游市场案件；统筹监督及旅游促进奖励政策并组织实施；全生产监督管理工作。拟定全县文化、旅游形象品牌推广战略及旅游整体形象推广的国内宣传推广工作；组织全县文化和旅游线路的宣传促销工作；指导、负责国内文化和旅游交流，合作及旅游产品、创意产品、重点旅游区域，合作及国际组织在文化和旅游领域交流合作的相管理全县文化对外及对港澳台交流推广工作，民间及国际组织在文化和旅游领域交流合作的相关事务；管理文化对外交流工作。指导和推进全县特色旅游，特色旅游，组织实施大型文化和旅游领域合作的相对外及对港澳台交流推广活动；承担政府、目的地旅游区域，推进全域旅游示范区和广西特色旅游发展规划和创建工作；拟定全县特色旅游名县创建工作；拟定文化和旅游大数据发展规划以及艺术科研开发利用；推进信息资源共建共享和开发利用；归口管理行业标准化建设，调研开展文化和旅游科研工作及成果推广；指导文化和旅游行业职业教育工作	田林县文化体育广电和旅游局

续表

序号	机构名称	职能	上级部门
57	官网未披露	官网未披露	西林县文化体育广电和旅游局
58	信息科技科	内设机构职责：拟订全市文化、旅游科技创新发展规划和艺术科研规划并组织实施。配合开展大数据工作，推进信息资源共建共享和开发利用。归口管理行业标准化建设。组织开展文化和旅游科研工作及成果推广。承担局机关官方媒体、办公室系统运行、维护和技术保障工作。统筹新闻、信息宣传和意识形态安全工作。	贺州市文化广电和旅游局
59	宣传推广股	拟定全县文化、旅游形象品牌推广及旅游促进奖励政策并组织实施。负责文化和旅游宣传推广工作。组织、协调文化和旅游整体形象的宣传推广。统筹文化、协调文化和旅游区域交流合作。组织、创意、产品、重点旅游区域，目的地和线路的宣传促销工作。全县文化和旅游经济运行分析及统计工作。组织开展文化和旅游科研工作及成果推广。协调开展大数据统计工作，推进信息资源共建共享和开发利用。统筹新闻、信息宣传工作。	昭平县文化广电和旅游局
60	官网未披露	官网未披露	钟山县文化广电和旅游局
61	官网未披露	官网未披露	富川瑶族自治县文体广电和旅游局
62	信息与科技教育科	拟订全市文化、广电、体育和旅游科技创新发展规划以及艺术科研规划并组织实施。协调开展文化、广电、体育和旅游大数据工作，推进信息资源共建共享和开发利用。归口管理行业标准化建设。组织开展职业教育工作。归口管理文化、广电、体育和旅游行业科研工作及成果推广。指导文化、广电、体育和旅游行业社会艺术水平考级工作，监管全市广播电视级别，统筹全市广播电视节目传输覆盖工作，指导全市广播电视事业、无线传输设施和电台，电视台等重点单位安全保护工作，指导、监督有关安全制度和处置重大突发事件预案并组织实施，指导、推进全市的国家应急广播体系建设。	河池市文化广电体育和旅游局

续表

序号	机构名称	职能	上级部门
63	官网未披露	官网未披露	南丹县文化广电体育和旅游局
64	官网未披露	官网未披露	天峨县文化广电体育和旅游局
65	官网未披露	官网未披露	凤山县文化广电体育和旅游局
66	官网未披露	官网未披露	东兰县文化广电体育和旅游局
67	官网未披露	官网未披露	罗城仫佬族自治县文化广电体育和旅游局
68	官网未披露	官网未披露	环江毛南族自治县文化广电体育和旅游局
69	宣传推广股	拟定全县文化、广电、体育和旅游大数据科技创新发展规划以及艺术科研规划并组织实施。组织开展文化、广电、体育和旅游科研工作，推进信息资源共建共享和开发利用。统筹新闻宣传工作。组织开展文化、广电、体育和旅游科研工作及成果推广。	巴马瑶族自治县文化广电体育和旅游局
70	广电股	拟订全县文化、广电、体育和旅游大数据科技创新发展规划以及艺术科研规划并组织实施。组织开展文化、广电、体育和旅游科研工作，推进信息资源共建共享和开发利用。归口管理文化、广电、体育和旅游行业标准化建设。指导文化、广电、体育和旅游行业职业	都安瑶族自治县广电体育和旅游局

续表

序号	机构名称	职能	上级部门
		教育工作。归口管理社会艺术水平考级工作。指导，统筹新闻宣传工作。负责广播电视安全播出的监督和技术保障工作，指导，监督全县广播电视节目传输覆盖工作，拟订广播电视无线传输设施有关安全制度的处置重大突发事件预案并组织实施，指导全县广播电视和电视台、电视台等重点单位安全保护工作，指导，推进全县的国家应急广播体系建设	
71	业务股	指导和推进全县全域旅游、特色旅游、红色旅游工作。拟订全县全域旅游名县和广西特色旅游示范区旅游名县创建工作。拟订全县红色文化旅游发展政策并组织实施。指导红色旅游资源开发、产品建设，人员培训及红色旅游经典景区建设工作。承担县红色旅游发展协调小组办公室的日常工作。承担全县旅游公共服务的指导、协调和推动工作，促进旅游产业发展。承担全县旅游资源普查、规划、推进信息资源共建共享和开发利用。对旅游市场经营进行行业监督。	大化瑶族自治县文化广电和体育和旅游局
72	资源开发科	开发和保护。负责国内旅游交流、合作宣传推广工作。承担全市文化和旅游资源普查、规划、开发和保护。组织拟订全市文化和旅游发展规划。指导重点旅游区域、目的地、线路的规划开发建设，乡村旅游、生态旅游，休闲度假旅游发展。统筹乡村文化和旅游行业扶贫工作。统筹全县旅游资源，指导文化和旅游产品创新及开发利用与确定工作。协调开展文化和旅游大数据工作，推进信息资源共建共享，开发利用。组织开展文化和旅游产业科研工作及成果推广。归口管理旅游行业标准化建设。	来宾市文化广电和旅游局
73	官网未披露	官网未披露	合山市文化广电和旅游局
74	旅游股	主要职责：负责组织实施全县旅游业发展规划。起草促进全县旅游业发展奖励政策，研究全县旅游业重大问题并提出对策，承担全县旅游资源普查、法规、规划。开发和保护，指导文化产业相关门类和旅游业态及新型业态发展。组织协调文化和旅游产品创新及开发体系建设。统筹乡村旅游振兴和旅游扶贫工作，推动产业投融资	忻城县文化广电和体育和旅游局

续表

序号	机构名称	职能	上级部门
		体系建设，促进文化、旅游与相关产业融合发展。开展文化和旅游大数据工作，推进信息资源共建共享和开发利用。促进文化企业和旅游企业发展。协调促进文化和旅游业发展。负责旅游整体形象设计规范的管理工作。研究拟定全县旅游宣传促销方案并组织实施；组织全县旅游整体形象策划宣传和重点旅游促销活动。负责全县旅游产品、商品的开发；负责全县旅游信息、宣传促销对策、市场开发和对外联络；组织协调旅游宣传，旅游行业媒体宣传，指导全县旅游信息网络建设及运行。负责全县旅游公共服务体系的规划、建设旅游区、乡村旅游景区，指导景区、乡村旅游工作；组织旅游行业教育培训工作；组织协调旅游从业人员参加旅游和红色旅游工作；组织实施全县红色旅游智慧旅游工作。指导景区、乡村旅游，农家乐评星工作。指导旅游行业协会工作。承担全县旅游行业教育培训工作；组织协调旅游从业人员参加旅游行业岗位资格考试认证，人才交流和专业技术任职资格考评工作；协调，指导假日旅游，指导全县旅游精神文明建设工作，指导旅游集散中心、旅游咨询服务中心等公共服务项目建设。积极完成上级和局领导交办的各项工作任务	
75	官网未披露	官网未披露	象州县文化广电和旅游局
76	官网未披露	官网未披露	武宣县文化广电和旅游局
77	官网未披露	官网未披露	金秀瑶族自治县文化广电和旅游局
78	官网未披露	官网未披露	崇左市文化广电和旅游局
79	官网未披露	官网未披露	凭祥市文化旅游和体育广电局

续表

序号	机构名称	职能	上级部门
80	官网未披露	官网未披露	扶绥县文化旅游和体育广电局
81	文化艺术管理股	拟定全县文化、旅游科技创新发展规划以及艺术科研开发和利用。协调开展文化和旅游大数据工作，推进信息资源共建共享和开发利用。组织开展文化和旅游科研工作及成果推广。指导文化和旅游行业职业教育工作。归口管理社会艺术水平考级工作	大新县文化旅游和体育广电局
82	艺术、文化、非物质文化遗产股	拟订全县音乐、舞蹈、戏曲、美术等艺术事业发展规划并组织实施。扶持体现社会主义核心价值观、具有导向性代表性示范性的文艺院团。推动各门类艺术、各艺术品种发展。协调全县艺术比赛、展演以及民族展演以及重大文艺活动。指导旅游演艺，促进艺术创作生产与旅游产业发展。拟订全县文化和旅游科技创新发展规划以及艺术科研开发和利用。进信息资源共建共享和开发利用。指导文化和旅游经济运行分析及统计工作。归口管理社会艺术水平考级工作。组织开展文化和旅游科研工作及扶持政策并组织实施。统筹新闻宣传工作。承担全县文化和旅游公共服务公共文化服务公共服务标准化工作，指导基层文化和旅游公共服务标准化、均等化工作，指导图书馆、文化馆、文化、少数民族文化，推动人文化和老年文化工作，指导图书馆、文化馆、基层综合性文化服务中心、未成年人、旅游咨询服务中心等公共服务设施建设。协调推进旅游厕所革命工作。指导公共数字文化古籍保护工作	龙州县文化旅游和体育广电局
83	官网未披露	官网未披露	宁明县文化旅游和体育广电局
84	官网未披露	官网未披露	天等县文化旅游和体育广电局

人才培养篇

第五章 研究概述

第一节 大数据在文旅领域的应用现状

随着信息技术的飞速发展，大数据已经成为推动各行各业转型升级的重要驱动力。在文化和旅游领域，大数据技术的应用更是带来了前所未有的变革，文旅行业得以从海量的数据中挖掘出有价值的信息，进而优化旅游管理和服务模式，提升游客体验，促进文化资源的保护与传承。

具体而言，大数据技术在文旅领域的应用体现在多个方面。例如，在智慧景区的建设中，大数据技术被用于实时监测景区的人流量、车流量以及游客的行为轨迹，从而帮助景区管理者做出更为精准的决策，如调整开放时间、优化游览路线等。此外，大数据技术还被用于文化旅游产品的个性化推荐，通过分析游客的偏好和历史行为数据，为游客提供符合其兴趣和需求的旅游产品和服务。

在游客行为分析方面，大数据技术能够深入挖掘游客的消费习惯、兴趣爱好以及潜在需求，为文旅企业提供更为精准的市场定位和产品策略。同时，大数据技术还被广泛应用于文化遗产的数字化展示中，通过虚拟现实、增强现实等技术手段，让游客能够在不受时间和空间限制的情况下，近距离地欣赏和体验文化遗产的魅力。

在当今文旅产业数字化转型的汹涌浪潮中，复合型大数据人才的匮乏已成为制约产业发展的关键瓶颈，其所引发的供给缺口更是呈现出极为显著的结构性矛盾，深刻地影响着文旅产业的创新步伐与升级进程。

据中国旅游研究院调研所提供的翔实统计数据表明，现阶段文旅企业在大数据相关岗位上的空缺率竟高达 38.7%，这一惊人的数字直观地反映出行业在大数据人才方面的急切渴求。尤其是那些同时兼具数据科学能力与文旅运营经验的"双栖人才"，其在市场上的缺口表现得尤为突出，成为文旅企业在数字化转型过程中难以填补的关键短板。例如，当一些大型旅游集团试图构建智能化的旅游营销平台时，由于缺乏此类复合型人才，导致项目推进困难重重，无法充分发挥大数据在精准营销、客户关系管理等方面的巨大潜力，进而影响了企业的市场竞争力和盈利能力。

进一步深入分析教育部的学科评估数据，不难发现问题的根源所在。在2022 年，全国高校旅游管理类专业中，仅有 12.4% 开设了数据科学必修课程。这意味着大部分旅游管理专业的学生在接受教育过程中，未能系统地学习数据科学的核心知识和技能，难以满足文旅产业数字化运营对数据处理、分析和应用的需求。而在计算机类专业方面，涉及文旅场景教学的占比更是不足5%。这就导致计算机专业的学生虽然具备扎实的技术功底，但对文旅产业的业务逻辑和运营特点知之甚少，同样难以胜任文旅大数据相关工作。这种教育与产业需求的严重错位，直接造成了人才产出与产业实际需求的严重失衡。

从文旅企业的实际运营角度来看，随着数字化技术在文旅产业各个环节的深度渗透，如旅游景区的智能管理、旅游产品的精准设计与营销、游客服务的个性化定制等方面，都迫切需要既懂数据科学又熟悉文旅业务的复合型人才来推动创新与发展。然而，由于高校教育体系未能及时跟上产业变革的步伐，使得企业在招聘市场上难以寻觅到合适的人才，不得不花费大量的时间和成本进行内部培训或从其他相关行业挖掘人才，这无疑增加了企业的运营负担，也延缓了文旅产业数字化转型的整体进程。

在文旅产业数字化转型的大背景下，复合型大数据人才的短缺已成为亟待解决的重要问题，需要高校、企业和政府等各方共同努力，协同推进教育改革和人才培养模式创新，以满足文旅产业蓬勃发展的需求。

由此可见，在大数据为基础的新技术应用的驱动下，文旅产业数字化转型的需求是迫切的，具体如下。

一、新业态倒逼数据驱动决策

在当今数字化浪潮席卷全球的时代背景下，文旅产业的数字化转型已然不只是一种可有可无的"可选"路径，而是成为行业生存与发展的"必选"战略抉择。随着信息技术的日新月异，文旅产业的发展环境发生了翻天覆地的变化，对数据能力的依赖程度也达到了前所未有的高度。在这一转型过程中，新的业态和模式不断涌现，而数据能力则成为推动文旅产业快速发展、实现创新突破的关键驱动力。

在智慧旅游领域，数据的价值愈发凸显。如今，游客对于旅游体验的要求日益提高，他们希望在旅行过程中能够享受到更加便捷、个性化、智能化的服务。同时，文旅企业也迫切需要提升管理效率，以应对日益激烈的市场竞争。而实现这一目标的关键就在于通过实时数据分析来优化游客体验与管理效率。这就要求文旅产业必须具备最基础的数字平台和完善的基础设施。例如，一些大型旅游景区通过搭建智能票务系统、游客流量监测系统以及智能导览系统等，能够实时收集和分析游客的入园时间、游览路线、停留时长等数据信息。基于这些数据，景区管理者可以及时调整人员配置，优化游览路线，避免出现拥堵的情况，从而提升游客的游览体验。同时，通过对游客消费数据的分析，景区还可以精准地了解游客的消费偏好，为游客提供更加个性化的推荐服务，如特色美食、纪念品等，进一步提高游客的满意度和消费意愿。

更进一步来看，智慧旅游的核心竞争力在于能够基于用户行为数据开展个性化推荐和精准营销。在大数据时代，每一位游客在旅游过程中的行为都留下了丰富的数据痕迹，这些数据蕴含着巨大的商业价值。文旅企业可以通过运用先进的数据挖掘和分析技术，对用户的行为数据进行深度分析，从而了解用户的兴趣爱好、消费习惯和旅游需求。在此基础上，企业可以为用户提供个性化的旅游产品和服务推荐，如根据用户的历史游览记录推荐相似的旅游目的地、根据用户的消费偏好推荐特色旅游套餐等。这种个性化的推荐服务不仅能够提高用户的体验感和忠诚度，还能够帮助企业实现精准营销，降低营销成本，提高营销效果。例如，某在线旅游平台通过对用户的搜索记录、浏览历史和购买行为等数据进行分析，为用户推送符合其兴趣的旅游产品，使得平台的转化率大幅提升，销售额也实现了显著增长。

随着数据技术的不断发展和应用，文旅产业的触角正在逐步延伸。越来越多的文旅资产需要进行数字化处理，以更好地实现文化历史遗迹遗产的保护、修复和传承。通过3D建模与AI（人工智能）算法，技术人员能够对那些珍贵的文化历史遗迹遗产进行高精度的数字化重建，使其能够以更加生动、直观的方式呈现在人们面前。例如，对于一些因年代久远而受损严重的古建筑，通过3D建模技术可以将其原貌完整地还原出来，让人们能够穿越时空，领略到古建筑的独特魅力。同时，AI算法还可以对文物的破损部位进行智能修复，大幅提高文物修复的效率和质量。此外，借助区块链技术，文旅产业可以实现版权存证与授权管理，确保文化作品的版权得到有效保护，激发创作者的积极性和创造力。而且，通过VR（虚拟现实）、AR（增强现实）或MR（混合现实）技术，文旅资源能够以虚实融合的方式与用户进行交互，为用户带来沉浸式的旅游体验。用户可以足不出户，就能够身临其境地游览世界各地的名胜古迹，感受不同文化的魅力。这种全新的交互方式不仅能吸引更多的用户参与，还能收集到更多的用户数据，为文旅企业的数据分析和决策提供更加丰富的依据。

根据权威的《2023中国智慧文旅发展报告》显示，2022年国内智慧旅游市场规模达 12000 亿元，同比增长 45%，这一数据充分展示了智慧旅游市场的巨大潜力和发展活力。其中，数据服务在智慧旅游市场中占据了超 60% 的比重，这进一步说明了数据在智慧旅游发展中的核心地位和重要作用。随着数据技术的不断创新和应用，以及人们对旅游体验要求的不断提高，智慧旅游市场有望继续保持高速增长的态势，为文旅产业的数字化转型注入强大的动力。

综上所述，文旅产业的数字化转型已成为不可阻挡的发展趋势，数据能力将成为决定文旅企业核心竞争力的关键因素。只有不断加强数据能力建设，充分挖掘数据的价值，文旅产业才能在激烈的市场竞争中立于不败之地，实现可持续发展。

二、文旅数字化已成为国家战略明确的融合路径

在数字经济蓬勃发展的时代浪潮下，国家高度重视产业数字化与数字产业化的深度融合，从顶层设计层面为文旅产业转型按下了"加速键"，助力文旅产业在数字化赛道上实现跨越式发展，为整个行业的升级变革注入了强大动力。

国家"十四五"发展规划这一具有重大战略意义的纲领性文件，以及文化和旅游部发布的《"十四五"文化和旅游发展规划》，均对文旅产业的数字化转型做出了明确且清晰的规划与指导。在这些高瞻远瞩的规划中，明确提出要广泛应用先进科技，旨在全方位推动旅游业态、服务方式、消费模式和管理手段的创新与提升。这意味着文旅产业不能再故步自封于传统的发展模式，而是要积极拥抱数字化变革，充分利用大数据、人工智能、虚拟现实、区块链等前沿科技，为游客创造更加丰富、多元、个性化的旅游体验，同时提高文旅企业的运营管理效率和服务质量。

建立智能化信息平台，是实现文旅产业数字化转型的关键一环。构建这样的平台，能够整合各类文旅信息资源，实现数据的实时共享和高效利用，从而提高文化旅游发展的科学性。例如，智能化信息平台可以实时收集游客的出行数据、消费偏好、评价反馈等信息，文旅企业和管理部门借助这些数据，

能够精准地把握市场需求和行业动态，进而优化旅游产品设计、制定营销策略、提升服务品质，为游客提供更加贴心、便捷的服务。同时，平台还可以对景区的游客流量、环境承载能力等进行实时监测和预警，有效保障游客的游览安全和景区的可持续发展。

为了将国家的顶层设计目标落到实处，各地纷纷出台了一系列地方性配套政策，并积极推进实施。以浙江省为例，其发布的《文旅数字化改革行动计划》具有很强的针对性和可操作性。该计划明确要求 4A 级以上景区在 2024 年前必须全面接入"文旅大脑"平台。"文旅大脑"平台作为浙江省文旅数字化改革的重要成果，集成了大数据分析、人工智能等先进技术，能够对景区的各类数据进行深度挖掘和分析，为景区的运营管理提供科学决策依据。通过接入该平台，景区可以实现对游客流量的精准调控、对旅游产品的精准营销、对服务质量的精准评估，从而提升景区的整体竞争力。例如，某 4A 级景区在接入"文旅大脑"平台后，通过对游客数据的分析，优化了景区的游览路线，增设了一些个性化的服务设施，游客的满意度得到了显著提高，景区的客流量和收入也实现了稳步增长。

北京市在推动文旅产业数字化转型方面也不遗余力。北京市设立了高达 20 亿元的文旅数字化专项基金，旨在支持一系列具有代表性的文旅数字化项目建设。其中，胡同 VR 导览项目借助虚拟现实技术，让游客能够身临其境地感受北京胡同的历史文化氛围，仿佛穿越时空，感受老北京的传统生活方式。游客只需戴上 VR 设备，就可以在虚拟的胡同场景中自由穿梭，欣赏古老的四合院建筑、了解胡同的历史故事和民俗文化。而数字中轴线项目则运用数字化手段对北京中轴线这一重要的历史文化遗产进行全方位的展示和保护。通过高精度的三维建模、数字化修复等技术，将中轴线的历史风貌和文化内涵生动地呈现出来，不仅为游客提供了全新的游览体验，也为中轴线的保护和传承提供了有力支持。这些项目的实施，不仅丰富了北京的文旅产品供给，提升了北京的文化影响力，也为全国文旅产业的数字化转型提供了宝贵的经验借鉴。

从国家的顶层设计到地方的具体实践，都充分体现了国家战略层面上对文旅发展的系统部署。这一部署以制度化建设为牵引，通过制定一系列的政策法规和标准规范，为文旅产业的数字化转型提供了坚实的制度保障；以改革创新为根本动力，鼓励各地积极探索新的发展模式和运营机制，推动文旅产业与数字技术的深度融合；以建设高标准现代化旅游市场体系为目标，致力于打造一个更加开放、公平、竞争有序的文旅市场环境，促进文旅产业的高质量发展。在这一系统部署的引领下，我国文旅产业的数字化转型必将取得更加丰硕的成果，为经济社会发展做出更大的贡献。

三、新兴技术重构文旅产业生态体现技术赋能

在科技飞速发展的当下，新兴技术正以前所未有的速度与力度，全方位、深层次地融入文旅产业，为这个古老而充满活力的行业带来了翻天覆地的变革。5G 通信技术、人工智能、区块链等前沿科技的涌现，犹如一股强劲的东风，不仅推动着文旅服务模式的革新升级，更对文旅产业内的岗位需求提出了全新的挑战与要求，促使行业不断调整和优化人才结构，以适应新时代的发展潮流。

首先，5G 通信技术凭借其高速率、低时延、大连接的卓越特性，在文旅产业中发挥着举足轻重的作用，为众多新兴应用场景的落地提供了坚实的网络基础支撑。在过去，由于网络带宽的限制，一些对数据传输要求较高的文旅服务场景难以大规模普及。然而，5G 网络的出现彻底改变了这一局面。它能够支撑高并发数据的实时传输，使得无人导览、8K 直播等曾经遥不可及的场景逐渐走进大众的视野，成为文旅行业的新亮点。以洛阳龙门石窟为例，作为中国著名的世界文化遗产，龙门石窟拥有着悠久的历史和丰富的文化内涵。为了让更多的游客能够领略到它的魅力，景区积极引入"5G+边缘计算"技术，实现了令人瞩目的 VR 云游体验。通过这一技术创新，龙门石窟成功做到了支持多达 4 万人同时在线进行 VR 云游，让世界各地的游客足不出户就能身临其境地感受石窟的壮丽与神秘。而且，5G 通信技术的应用还大幅提

高了网络资源的利用效率，使得带宽利用率相比以往降低了40%，有效降低了运营成本，为景区的数字化转型提供了有力保障。这种创新的服务模式不仅拓宽了游客的游览渠道，也为文旅产业的发展开辟了新的思路。

其次，人工智能技术在文旅产业中的应用场景也在不断拓展和深化，从最初简单的客服机器人，逐渐延伸至智能决策领域，为文旅企业的运营管理带来了质的飞跃。同程旅行作为国内领先的在线旅游平台，积极探索人工智能技术的应用，利用NLP（自然语言处理）技术对海量的用户评论进行深入分析，精准把握用户的情感倾向。通过对用户评论的情感挖掘，同程旅行能够及时发现酒店服务中存在的问题和不足，并将这些信息反馈给酒店方，辅助其进行服务质量的优化。这一举措取得了显著的成效，使酒店的差评率大幅下降了18%，有效提升了用户的满意度和忠诚度。同样，九寨沟景区也借助人工智能的力量，引入了AI预测模型。该模型能够通过对历史数据、天气情况、节假日等多方面因素的综合分析，提前7天精准预判景区的客流峰值。基于这一预测结果，景区可以提前做好各项准备工作，合理调度人员和资源，确保游客的游览体验。目前，九寨沟景区的调度准确率已经高达90%，有效避免了游客拥堵现象的发生，提升了景区的运营管理水平。

再者，区块链技术的出现为文旅产业解决了长期以来困扰行业发展的数据确权与交易信任问题。在文旅领域，数据的真实性、可靠性和安全性至关重要，尤其是涉及文化遗产、艺术品等具有高价值的文旅资产时，数据确权和交易信任更是成了行业发展的关键瓶颈。苏州推出的"非遗数字资产平台"便是区块链技术在文旅产业应用的一个成功范例。该平台基于区块链技术，对苏绣作品的创作过程、流转信息等进行详细记录，确保了每一件苏绣作品的来源可追溯、信息不可篡改。这一举措有效地解决了苏绣作品的版权纠纷问题，使得版权纠纷发生率减少了60%，为非遗文化的传承和发展提供了有力保障。此外，广之旅国际旅行社也充分利用区块链技术的智能合约功能，实现了旅行社与供应商结算的自动化执行。通过智能合约，双方事先约定好结算规则和条件，一旦条件满足，合约将自动执行结算操作，无须人工干预。这不仅大大提高了结算的效率和准确性，还降低了人为因素带来的风险，使得广之旅的财务成本降低了 25%，提升了企业的运营效益。

在当今数字化时代，科技进步的浪潮汹涌澎湃，以 5G 通信技术、人工智能、区块链等为代表的新兴技术正以前所未有的速度和深度融入文旅产业，对其发展格局产生了极为深刻且广泛的影响，全方位重塑着这一传统产业的形态与面貌。

人工智能技术的发展同样为文旅产业带来了革命性的变革。从智能客服到智能推荐，从智能决策到智能运营，人工智能技术的应用场景不断拓展，深度融入文旅产业的各个环节。在旅游预订平台上，智能客服机器人能够 24 小时不间断地为用户提供咨询服务，快速解答用户的各种问题，大幅提高了服务效率和用户满意度。借助人工智能的图像识别和自然语言处理技术，旅游企业可以对海量的用户数据进行深度分析，精准了解用户的兴趣爱好、消费习惯和旅游需求，从而为用户提供个性化的旅游产品推荐和定制化的旅游服务方案。例如，根据用户的历史浏览记录和购买行为，推荐符合其口味的旅游目的地、酒店和美食。在景区运营管理方面，人工智能技术可以通过对游客流量、天气变化、设施设备运行状况等多源数据的实时监测和分析，实现对景区的智能化管理和决策。例如，提前预测景区的客流高峰，合理安排工作人员和服务设施，优化景区的游览路线，避免游客拥堵现象的发生，提升游客的游览体验。

区块链技术作为一种分布式账本技术，具有去中心化、不可篡改、可追溯等特点，为文旅产业解决了长期以来困扰行业发展的数据安全、版权保护和交易信任等问题。在文旅资产数字化领域，区块链技术可以为每一件文化艺术品、旅游纪念品等赋予唯一的数字身份标识，记录其创作、生产、流通、交易等全过程信息，确保数据的真实性和可靠性。这不仅有助于保护创作者的知识产权，还能为消费者提供更加透明、可信的消费环境。例如，一些艺术品交易平台利用区块链技术实现了艺术品的真伪鉴定和溯源，有效打击了艺术品市场的假冒伪劣现象。在旅游供应链管理方面，区块链技术可以实现供应链各方信息的共享和协同，提高供应链的透明度和效率。通过智能合约技术，还可以自动执行合同条款，减少人为干预和纠纷，降低交易成本。例如，旅行社和供应商之间可以通过智能合约实现自动化的结算和支付，大幅提高了业务处理效率。

这些新兴技术的不断融入，不仅催生出了一系列全新的文旅服务模式，为游客带来了更加便捷、个性化的旅游体验，也对文旅产业的岗位需求提出了更高的要求。在技术研发方面，需要大量掌握 5G 通信技术、AI 算法、区块链技术等专业知识的技术人才，他们负责开发和维护各种创新的文旅应用系统和平台。在数据分析方面，需要具备数据挖掘、数据分析和数据可视化能力的专业人才，能够从海量的文旅数据中提取有价值的信息，为企业的决策提供支持。在运营管理方面，需要既懂文旅业务又熟悉新兴技术的复合型人才，他们能够将技术与业务有机结合，推动企业的数字化转型和创新发展。

展望未来，随着 5G 通信技术、人工智能、区块链等新兴技术的不断发展和完善，文旅产业有望迎来更加广阔的发展空间。一方面，技术的进步将进一步拓展文旅产业的边界，创造出更多新颖、有趣的文旅产品和服务，满足人们日益多样化的旅游需求。例如，基于虚拟现实和增强现实技术的沉浸式旅游体验，让游客仿佛置身于虚拟的历史场景或奇幻世界中，获得前所未有的感官体验。另一方面，文旅产业与其他产业的融合将更加深入，形成更加完善的产业链和产业生态。例如，文旅产业与教育产业融合，开发出一系列具有教育意义的研学旅游产品；与体育产业融合，打造出具有特色的体育旅游项目。这些融合发展将为文旅产业带来新的增长点，使其成为推动经济增长和社会进步的重要力量。同时，文旅产业的发展也将促进文化的传承和创新，提升国家和地区的文化软实力，为构建人类命运共同体做出积极贡献。

大数据技术这一技术底座所构建起来的数据架构，为 5G 通信、人工智能和区块链等技术的推广和应用提供了足够和高效的数据架构基础。

第二节　文旅大数据人才短缺的现状与影响

尽管大数据在文旅领域的应用已经取得了显著的成效，但当前市场上具备跨学科知识结构和实战能力的文旅大数据人才仍然严重短缺。这一现状不仅限制了文旅大数据潜力的充分挖掘，也阻碍了文旅产业的高质量发展。文旅大数据人才的短缺主要体现在以下几个方面。首先，具备大数据技术和文化旅游业务双重背景的人才稀缺。这类人才不仅需要掌握大数据处理、分析和应用的技术能力，还需要对文旅行业有深入的了解和认知。然而，目前市场上这类人才的数量远远不能满足文旅行业的需求。

其次，文旅大数据人才的培养体系尚不完善，跨学科能力缺失。由于文旅大数据是一个新兴的交叉领域，因此其人才培养需要跨越多个学科和领域。然而，目前的教育体系和培训机构在文旅大数据人才的培养方面还存在诸多不足，如课程设置不合理、实践机会缺乏等。

最后，文旅大数据人才的流失问题也不容忽视。由于文旅行业的薪酬待遇和职业发展前景相对有限，因此一些具备大数据技术的文旅人才可能会选择离开这个行业，转向其他更具吸引力的领域。

第三节　培养文旅大数据人才的迫切性与策略

鉴于文旅大数据人才短缺的现状及其对文旅行业发展的影响，培养既懂文化旅游业务又精通大数据技术的复合型人才已经成为当前文旅行业转型升级和可持续发展的迫切需求。在文旅产业数字化转型的过程中，复合型大数据人才的供给缺口已形成显著的结构性矛盾。

为了培养符合需求的文旅大数据人才，我们需要采取一系列有效的策略。首先，加强教育体系和培训机构在文旅大数据人才培养方面的投入和建设。

通过优化课程设置、增加实践机会等方式，提升文旅大数据人才的培养质量和效率。

其次，推动文旅企业与高校、科研机构等之间的深度合作。通过产学研合作的方式，实现资源共享和优势互补，共同培养具备实战能力的文旅大数据人才。

最后，建立完善的激励机制和职业发展路径。通过提高薪酬待遇、提供晋升机会等方式，吸引和留住具备大数据技术的文旅人才，为文旅行业的持续发展提供有力的人才保障。

综上所述，大数据在文旅领域的应用已经取得了显著的成效，但当前市场上具备跨学科知识结构和实战能力的文旅大数据人才仍然严重短缺。为了推动文旅行业的转型升级和可持续发展，我们需要采取有效的策略来培养符合需求的文旅大数据人才。

第四节　数据来源及分析方法

广西文旅大数据人才培养研究以分析文旅产业人才培养的供需动态为目标，结合数据和现代分析工具，构建基于多源数据现状诊断和供需动态画像。

一、多源数据驱动的现状诊断分析

本研究首先从政策、课程和产业需求三个维度对文旅大数据人才培养的现状进行全面分析，既要看政策开什么"药方"（政策），也要看学校教了什么"功夫"（课程），最后还得测企业需要什么"技能"（需求）。具体步骤如下。

第一步，以广西壮族自治区人民政府办公厅、文化和旅游厅办公室、广西壮族自治区 14 个地级市文旅局、广西壮族自治区所有县（区）级文化和旅游部门的职能描述、文化和旅游部等官网为数据源，通过 Python 爬虫抓取 2021—2024 年发布的政策文件，运用潜在狄利克雷分配（Latent Dirichlet Allocation

LDA）主题模型提取"人才培养"相关调频词汇（如"产教融合""数字技能"等），量化政策关注度演变趋势。构建双重差分（Difference-in-Differences, DID）模型，评估"数字文旅英才计划"政策实施前后人才密度变化，处理对照实施该计划的南宁、桂林等城市与未实施该计划的城市相应指标的差异及分析。

第二步，对教育供给侧进行数据汇总和审计。对广西 32 所高校旅游管理专业和计算机专业进行课程矩阵分析，使用 Levenshtein 距离算法计算课程设置与《普通高等学校本科专业类教学质量国家标准》的匹配度。统计《大数据技术》《智慧旅游》《数据挖掘》等交叉学科课程的开设率，绘制学科交叉分析。

第三步，产业需求侧调研。设计双维度问卷（企业需求 + 个人能力），调研范围覆盖桂林旅游学院、南宁方特东盟神画等 63 个样本，采用李克特量表评估岗位能力匹配度缺口。对企业招聘信息进行分析处理，采用 CNN（卷积神经网络）识别岗位能力关键词的空间分布特征。

二、对标对本的差距定位分析

本研究采用对比法，选择广西地域周边相对应地区的文旅大数据人才培养作为参照系，研究广西文旅大数据人才培养历史、现状和发展趋势。选用东盟地区和大湾区作为参照，建立"东盟—大湾区—广西"三维参照系，具体方法如下。

横向对比建立评估体系。选取马来西亚槟城数字文旅基地、广州长隆智慧景区作为标杆案例，构建包含 6 个一级指标（如"数据基础设施""产教协同度"等）、23 个二级指标的评估体系。具体表现如表 5-1 所示。

表 5-1　评估指标体系

一级指标	二级指标
数据基础设施	文旅数据采集设备覆盖率
	实时数据传输带宽达标率
	分布式存储节点部署密度

一级指标	二级指标
	数据安全防护等级认证
产教协同度	校企共建实验室数量
	双导师制项目覆盖率
	产业需求嵌入课程比例
	企业捐赠实训设备总值
人才培养质量	数据技术认证通过率
	文旅场景项目完成度
	毕业生行业留存率（3 年）
	雇主满意度指数
技术应用深度	预测模型部署率
	智能决策系统渗透率
	文化遗产数字化率
	跨境数据流通合规率
政策支持力度	专项财政资金占比
	人才引进补贴强度
	数据开发共享目录数
	产学研合作税收优惠幅度
国际竞争力	东盟标准互认项目数
	数字文旅产品出口额
	国际学术合作频次

纵向溯源研究文旅大数据人才需求趋势。通过 ARIMA 模型预测 2025 年广西文旅大数据人才需求总量，对比当前培养规模并计算缺口倍数。

研究方法设计及数据源矩阵分别如表 5-2 和表 5-3 所示。

表 5-2　研究方法设计

方法类型	应用场景	技术工具
定量分析	人才缺口规模测算	灰色预测 GM(1,1) 模型
	培养方案成本效益分析	蒙特卡洛模拟
定性分析	校企合作障碍因素识别	扎根理论编码（NVivo 软件）
	东盟数字文旅人才标准研究	专家德尔菲法
空间分析	人才分布热点探测	GIS 核密度估计
	实训基地选址优化	地理加权回归（GWR）

表 5-3　数据源矩阵

数据类型	具体来源	采集方式
结构化数据	广西人才市场岗位数据库	API 接口定时抓取
	高校毕业生就业跟踪调查表	OCR 识别＋结构化存储
半结构化数据	文旅企业招聘 JD 文本	Scrapy 框架爬虫
	政府政策文件	自然语言处理（NLP）解析
非结构化数据	校企合作座谈会录音	语音转文本＋主题聚类
	实训基地监控视频	行为轨迹特征提取

技术路线图如图 5-1 所示。

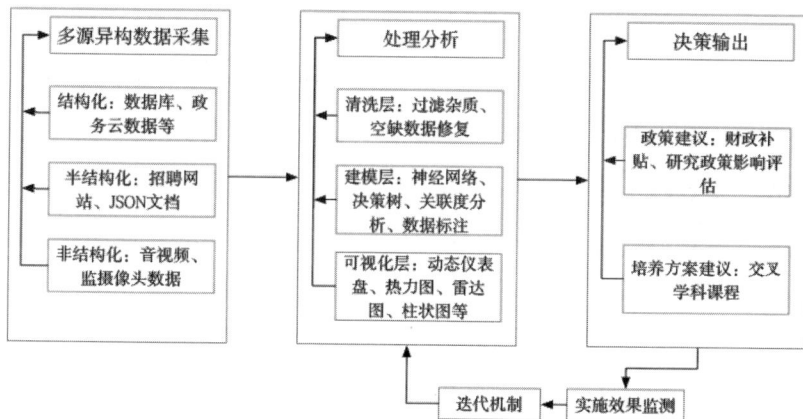

图 5-1　技术路线

第六章
文旅大数据人才培养的政策研究

第一节　本章引言

在全球数字化转型的宏大时代背景之下，数字化浪潮正以排山倒海之势席卷各个行业，深刻地重塑着经济社会的发展格局。文化和旅游产业作为兼具经济属性与文化属性的重要产业，面临着前所未有的机遇与挑战。在此关键时刻，广西壮族自治区的各级政府部门迅速行动起来，积极响应国家对于文化和旅游产业创新发展的号召，全力推动文化和旅游的深度融合与数字化转型进程，为产业高质量发展谋篇布局。

广西壮族自治区人民政府办公厅、教育厅、人力资源和社会保障厅、发展和改革委员会、文化和旅游厅办公室等省级核心部门，凭借其在政策制定、资源调配、宏观指导等方面的重要职能，发挥着关键的引领作用。它们充分认识到文化和旅游产业深度融合与创新发展对于广西经济社会发展的重要意义，将其作为推动地区经济转型升级、提升文化软实力的重要抓手，积极谋划相关政策举措，为产业发展营造良好的政策环境和制度保障。同时，下辖的 14 个地级市文旅局以及所有县（区）级文化和旅游部门也不甘落后，结合当地的实际情况和资源特色，制定并实施了一系列具有针对性和可操作性的政策措施，从微观层面为文化和旅游产业的发展提供了坚实的支持和保障。

在文化和旅游产业的发展过程中，人才是最为关键的核心要素之一。为了更好地满足产业发展对人才的迫切需求，广西积极实施"数字文旅英才计划"，旨在培养和吸引一批具备数字技术能力和文旅专业素养的复合型人才，为产业的数字化转型注入强大的人才动力。然而，要全面了解和评估近年来广西在"人才培养"领域的政策关注度和实施效果，特别是"数字文旅英才计划"对人才密度的实际影响，需要进行科学、系统的量化分析。

基于此，本章将运用一系列先进的技术和方法开展深入研究。首先，借助 Python 爬虫技术，精准抓取 2021—2024 年广西各级政府部门发布的与文化和旅游产业人才培养相关的政策文件。Python 爬虫技术具有高效、精准、自动化的特点，能够快速地从海量的网页信息中筛选和提取出所需的政策文本数据，为后续的研究提供丰富、可靠的数据基础。

在获取政策文件数据后，运用 LDA 主题模型对这些文本数据进行深入分析。LDA 主题模型是一种广泛应用于文本主题挖掘的生成式概率模型，能够有效地发现文档集中隐藏的主题结构，提取出与"人才培养"相关的关键调频词汇。通过对这些词汇的分析，我们可以清晰地了解政策文件中对"人才培养"领域的关注重点和发展方向，洞察政策制定者的战略意图和政策导向。

为了进一步评估"数字文旅英才计划"对人才密度的影响，本章将构建 DID 模型进行实证研究。DID 模型是一种常用的政策评估方法，通过对比试验组和对照组在政策实施前后的差异变化，能够有效地控制其他因素的干扰，准确地评估政策实施的净效果。在本研究中，我们将选取实施了"数字文旅英才计划"的地区作为实验组，未实施该计划的地区作为对照组，通过收集和分析两组地区在政策实施前后的人才密度数据以及其他相关指标数据，运用 DID 模型进行严谨的数据分析和统计检验，从而得出关于"数字文旅英才计划"对人才密度影响的科学结论。

通过以上一系列的研究方法和技术手段，本章旨在全面、深入地量化分析近年来广西在"人才培养"领域的政策关注度和实施效果，为进一步优化和完善广西文化和旅游产业人才培养政策提供科学依据和决策参考，推动广西文化和旅游产业在数字化转型的道路上实现高质量、可持续发展。

第二节　数据来源与处理

在当今数字化进程一日千里的时代，科技的飞速进步深刻地改变着各行各业的发展轨迹，文旅产业也不例外。为了能够全面、系统和深入地研究广西文旅产业相关政策的发展态势，精准把握政策走向对产业发展的推动作用，从而为产业的创新升级和可持续发展提供有力的理论支持与决策依据，一支专业且富有经验的研究团队踏上了这场意义非凡的探索之旅。

研究团队在确定数据源时，秉持着严谨、全面的原则，精心选取了广西壮族自治区人民政府办公厅、文化和旅游厅等作为核心数据源。这些部门作为政策制定和发布的关键主体，在广西文旅产业的发展规划、资源调配以及政策引导等方面发挥着主导性作用，其发布的政策文件对于文旅产业的走向具有至关重要的影响力。不仅如此，研究团队还极具前瞻性地将数据收集的范围进一步拓展到 14 个地级市文旅局以及 111 个县（区）级文旅部门的官方网站。地级市和县级文旅部门作为政策的具体执行和落实单位，它们发布的政策文件往往更贴合当地的实际情况，包含了丰富的地方特色和针对性举措。这些官方网站作为政府信息发布的权威平台，犹如一扇扇通往政策宝库的大门，承载着丰富且极具价值的政策资讯。从宏观的产业发展战略规划，到微观的具体实施细则，从对文旅资源开发保护的政策指导，到对文旅市场主体的扶持激励措施，每一份政策文件都蕴含着政府对于文旅产业发展的深刻思考和长远布局，是深入了解广西文旅产业政策走向的关键窗口。

在数据采集这一关键环节，研究团队运用了功能强大且高度灵活的 Scrapy 框架。Scrapy 框架是 Python 语言开发的一个开源的网络爬虫框架，它在数据抓取领域具有广泛的应用和良好的口碑。这一框架凭借其出色的高效性和稳定性，犹如一位训练有素的信息猎手，能够精准且快速地在浩如烟海、纷繁复杂的网页信息中筛选出符合研究需求的内容。在实际操作过程中，研究团队需要根据不同网站的页面结构和数据格式，精心编写相应的爬虫规则和解析代码，确保能够准确地定位和提取到政策文件的标题、发布时间、正文内容等关键信息。

为了保证所获取的数据能够紧密反映广西文旅产业政策在特定时期内的动态变化，研究团队严格设定了时间范围，从2021年1月至2024年5月。这一时间段内，广西文旅产业正处于数字化转型的关键时期，一系列旨在推动产业创新发展、促进文旅融合的政策密集出台。研究团队希望通过对这一时期政策文件的研究，清晰地梳理出政策的演变脉络和发展趋势，分析政策实施的效果和影响因素。

在数据采集过程中，研究团队面临着诸多挑战。不同网站的页面结构和数据存储方式千差万别，有些网站还设置了反爬虫机制，给数据抓取工作带来了不小的困难。研究团队成员凭借着扎实的专业知识和坚韧不拔的毅力，通过不断地调试代码、优化爬虫策略，成功突破了一个又一个技术难题。经过无数个日夜的艰苦努力和细致筛选，研究团队最终成功构建起一个内容丰富、结构严谨的结构化数据库。这个数据库不仅整合了来自不同层级政府部门的政策文件，还对数据进行了标准化处理和分类存储，方便后续的数据分析和挖掘工作。每一条数据都凝聚着研究团队的心血和智慧，为深入研究广西文旅产业政策的发展态势奠定了坚实的基础。

从总量特征的维度深入剖析，此次数据采集工作取得了极为丰硕的成果，为后续对广西文旅产业政策的研究提供了海量且极具价值的一手资料。在研究团队的不懈努力下，共获取到有效政策文本多达437份，这些政策文本犹如一把把钥匙，开启了深入了解广西文旅产业政策发展脉络和实施方向的大门。

在这437份有效政策文本中，省级层面的政策文本共有28份。省级政策作为广西文旅产业发展的顶层设计，往往站在全省乃至全国的高度，从宏观视角出发，为广西文旅产业的整体发展绘制了宏伟蓝图，制定了明确的战略方向和框架。这些政策具有高屋建瓴的意义，它们就像灯塔，为广西文旅产业这艘大船在波涛汹涌的市场浪潮中指引前进的方向。省级政策不仅涵盖了文旅产业的长远发展目标，还对产业布局、资源整合、政策扶持等关键领域进行了统筹规划。例如，省级政策可能会明确提出将广西打造成具有国际影响力的文旅融合示范区的战略目标，并围绕这一目标制定一系列鼓励文旅产业创新发展、加强文化遗产保护与利用、推动文旅与其他产业深度融合的政策措施。这些政策的出台，为广西文旅产业的发展奠定了坚实的基础，指明了发展的大方向。

市级层面的政策文本数量达到 149 份，相较于省级政策，市级政策更具针对性和实操性。市级政策是在省级政策的宏观指导下，结合各地级市的具体实际情况制定而成的。每个地级市都拥其独特的旅游资源特色、深厚的文化底蕴、不同的经济发展水平和多样化的社会需求。市级政策充分考虑到这些因素，对文旅产业的发展进行更为具体和细致的规划与引导。以桂林为例，作为世界知名的旅游胜地，桂林的旅游资源以山水风光闻名于世，其市级政策就会围绕如何进一步提升山水旅游的品质、开发更多具有特色的旅游产品、加强旅游服务质量等方面展开。同时，桂林还拥有丰富的历史文化遗产，如靖江王城、甑皮岩遗址等，市级政策也会注重对这些文化遗产的保护和利用，推动文化旅游的深度融合。又如柳州，作为广西的工业重镇，柳州的文旅产业发展则侧重于工业旅游的开发，其市级政策会围绕如何挖掘工业文化资源、打造工业旅游线路、促进工业与旅游的融合发展等方面进行规划。市级政策在区域范围内发挥着重要的衔接和推动作用，将省级政策的宏观要求转化为具体的实施举措，确保政策能够在当地落地生根、开花结果。

县级层面的政策文本数量最多，有 260 份。县级政策更加贴近基层文旅产业的实际运营和发展需求，是政策落地的"最后一公里"。县级政策聚焦于当地文旅项目的具体实施、小型旅游企业的扶持、乡村旅游的振兴以及基层文化设施的建设与管理等方面。在一些旅游资源丰富的县份，县级政策会大力支持当地文旅项目的开发和建设，为项目提供土地、资金、税收等方面的优惠政策，吸引更多的社会资本投入文旅产业中。对于小型旅游企业，县级政策会通过提供创业补贴、贷款贴息、技术培训等方式，帮助它们解决发展过程中面临的资金短缺、技术落后等问题，促进小型旅游企业的健康发展。在乡村旅游振兴方面，县级政策会鼓励发展农家乐、民宿、乡村旅游合作社等新型业态，加强乡村基础设施建设，改善乡村旅游环境，推动乡村旅游成为农民增收致富的重要途径。此外，县级政策还会注重基层文化设施的建设与管理，建设文化广场、图书馆、文化馆等文化设施，丰富基层群众的精神文化生活，为文旅产业的发展营造良好的文化氛围。县级政策的有效实施，为文旅产业在基层的落地生根和蓬勃发展提供了有力的保障，使得文旅产业能够真正惠及广大基层群众。

这些不同层级的政策文本相互关联、相互补充，共同构成了一个完整的政策体系，为广西文旅产业的发展提供了全方位的支持和保障。通过对这些政策文本的深入研究，我们能够更加全面、深入地了解广西文旅产业政策的发展态势，为推动广西文旅产业的高质量发展提供有力的理论支持和决策依据。

进一步对这些政策文本的内容进行分析，发现其总字数累计达到 287 万字。如此庞大的文字体量蕴含着丰富的信息，涵盖了文旅产业的各个领域和环节。从旅游资源的开发与保护，包括对自然景观如桂林山水的生态保护措施、对历史文化遗迹如灵渠的修缮与传承规划；到旅游市场的规范与拓展，涉及对旅游企业的资质审核与管理办法、对旅游市场秩序的整治措施以及对新兴旅游市场如自驾游、研学游市场的培育与引导政策；再到文化产业与旅游产业的深度融合发展，包括如何利用当地的民族文化、民俗风情打造特色旅游文化产品，如壮族的三月三文化节与旅游活动的结合方案等。这些政策文本不仅体现了广西各级政府对文旅产业的高度重视和大力支持，也为进一步深入研究广西文旅产业的发展趋势、政策效果评估以及未来政策的优化方向提供了坚实的数据基础和丰富的研究素材。对抓取到的政策文件进行文本清洗，去除无关信息（如标题、日期、发布机构等），保留正文内容，以便进行后续的主题模型分析；去除通知类、事务性文件（保留规划、意见、方案等实质性政策）；提取正文主体内容，剔除附件、附录等非核心信息；将行政区划编码（依据国家标准 GB/T 2260–2022）与发文日期格式统一为标准化格式。

第三节　LDA 主题模型分析

在本次研究中，为了深入挖掘政策文件中关于人才培养的潜在信息和关键主题，我们选用了 LDA 主题模型进行模型构建。作为一种先进的生成式概率模型，LDA 主体模型在文本分析领域具有重要地位，能够有效识别文档集中隐藏的主题结构，从而帮助我们更好地理解文本背后的语义信息和主题脉络。

在具体操作过程中，我们首先要对收集到的政策文件正文进行全面而细致的预处理工作。这一环节至关重要，它包括对文本进行清洗、分词、词干提取等一系列操作，确保文本数据的质量和规范性，以便为后续的主题提取工作奠定坚实基础。

在完成预处理后，我们将这些处理后的文本数据输入 LDA 主题模型中进行主题提取。经过模型的复杂运算和分析，我们成功提取出了一系列与"人才培养"密切相关的调频词汇。其中，"产教融合"这一词汇的出现，深刻反映了当前政策对于产业与教育紧密结合的高度重视。在文旅产业快速发展的背景下，产教融合旨在促进教育机构与文旅企业之间的深度合作，实现教育资源与产业需求的无缝对接。例如，广西某地级市出台的文旅人才培养政策中明确规定，当地的旅游职业院校要与知名旅游企业建立长期稳定的合作关系，共同打造"订单式"人才培养模式。企业根据自身的业务需求向学校提出人才培养标准和课程设置建议，学校则按照企业要求制订教学计划，开展针对性的教学活动。学生在学习期间有机会到企业进行实习实践，毕业后直接进入合作企业工作，实现了学习与就业的无缝衔接，大幅提升了人才的实践能力和就业竞争力。并且，为了激励更多优秀人才投身文旅产业，该政策还设立了专项奖学金，对于在学习期间表现出色、专业技能突出的学生给予高额奖励，同时对毕业后在本地文旅企业工作一定年限的人才，提供住房补贴、职业晋升优先等激励措施，有效增强了人才对文旅行业的归属感和忠诚度。

"数字技能"这一词汇的频繁出现，凸显了在数字化时代，文旅产业对于人才数字素养的迫切需求。随着大数据、人工智能、物联网等新兴技术在文旅领域的广泛应用，具备数字技能的人才成为推动产业创新发展的关键力量。政策文件中对数字技能的关注，意味着在人才培养过程中，需要加强对相关技术知识和应用能力的培训，如数据分析、软件开发、智能设备操作等方面的技能培养，使人才能够熟练运用数字技术为文旅产业赋能。以桂林旅游学院的文旅专业为例，学校积极响应政策号召，增设了大数据分析与应用、智能旅游系统开发等课程，并与专业的科技公司合作建立了数字文旅实验室。学生在实验室中可以接触到真实的文旅数据和先进的技术设备，通过实际操作和项目实践，掌握数字技能的实际应用。同时，学校还鼓励学生参与各类数字文旅创新创业大赛，在比赛中锻炼和提升自己的数字技能和创新能力。对于在大赛中取得优异成绩的学生团队或个人，学校给予丰厚的奖金奖励，并为其提供创业孵化支持，包括办公场地、设备设施以及专业导师指导等，助力学生将创意转化为实际的文旅创新项目，进一步激发了学生提升数字技能的积极性。

"人才培养计划"则明确体现了政府和相关部门对于人才培养工作的系统性规划和战略布局。这些计划通常涵盖了从人才培养目标的设定、培养途径的选择、培养过程的管理到培养效果的评估等各个环节，确保人才培养工作能够有条不紊地进行。例如，广西壮族自治区层面制订的文旅人才培养计划中，明确提出在未来 5 年内，要培养出一批具有国际视野、创新能力和专业素养的文旅高端人才，以及一大批适应文旅产业基层岗位需求的实用型人才。为实现这一目标，有关部门计划采取多种培养途径，包括加强高校文旅专业建设，优化课程体系和教学方法；开展在职人员继续教育，提升现有从业人员的业务水平；组织国际交流与合作项目，选派优秀人才到国外学习先进的文旅管理经验和技术等。同时，建立严格的培养效果评估机制，定期对人才培养工作进行考核和评价，根据评估结果及时调整和优化培养方案。在人才激励方面，对于积极参与国际交流项目并取得显著成果的人才，给予一定的科研经费资助，鼓励其开展深入的文旅研究工作；对于在在职人员继续教育中表现优秀、能够快速将所学知识应用到工作中并取得突出业绩的人员，给予晋升机会或薪资奖励，激励广大从业人员不断提升自身素质。

"数字文旅"和"智慧文旅"这两个词汇的出现，进一步表明了文旅产业的发展趋势和方向。数字文旅强调利用数字技术对文旅资源进行数字化转化和开发，如建设数字博物馆、虚拟旅游景区等，为游客提供更加丰富多样的旅游体验。智慧文旅则更侧重于通过智能化技术实现文旅产业的智慧管理和服务，如智能导览、智能客服、智慧营销等。在人才培养方面，这就要求培养出的人才不仅要具备传统的文旅专业知识，还要熟悉数字技术和智能化应用，能够适应数字文旅和智慧文旅的发展需求。比如，在某县级文旅部门发布的政策中，鼓励当地的文旅企业与科技企业联合开展智慧文旅人才培养项目。通过企业间的合作，共同开发智慧文旅培训课程和教材，培养既懂文旅业务又懂智能技术的复合型人才。同时，政府给予一定的资金支持和政策优惠，推动项目的顺利实施。对于参与该项目并获得相关技能认证的人才，当地文旅企业在招聘时会优先录用，并给予较高的薪资待遇，吸引更多人才参与到智慧文旅人才培养中来。

在提取这些调频词汇的过程中，我们实施了一项极为关键的操作流程，那就是对停用词和低频词进行精准去除。所谓停用词，像日常语言中频繁出现的"和""同"等词汇，尽管它们在文本的语句构建与语义连贯方面发挥着不可或缺的连接和辅助表达作用，然而在我们聚焦于主题提取这一核心任务时，它们却并未携带实质性的关键信息。倘若在分析过程中保留这些停用词，将会大幅增加文本处理的复杂程度，引入不必要的噪声干扰，从而影响我们对核心主题的精准把控。

与此同时，对于那些出现次数 n≤5 的低频词，我们也采取了果断去除的策略。这是因为低频词在文本中的出现频率过低，其可能仅仅是个别特殊语境下的偶然用词，并不具备广泛的代表性和普遍性意义。若将其纳入分析范畴，很可能会误导我们对整体文本主题倾向的判断，使分析结果偏离实际情况。通过去除这些停用词和低频词，我们能够将注意力聚焦于那些在文本中真正具有重要意义和较高出现频率的词汇上。这些词汇犹如隐藏在文本深处的关键线索，能够更加准确地反映出政策文件中对人才培养领域的关注度和重点方向，为后续深入的研究和分析奠定坚实而清晰的信息基础，确保我们的研究路径始终朝着揭示核心主题的方向稳步推进。

在完成上述基础工作之后，我们进一步借助 LDA 主题模型强大的量化分析功能，深入探究政策关注度的演变趋势。具体而言，我们依据已经提取出来的调频词汇，对其在不同年份的政策文件中的出现频率进行了细致的统计分析。例如，对于"产教融合"这一关键调频词汇，我们逐年梳理其在 2021 年至 2024 年政策文件中出现的频次，并将这些数据进行系统整理。同样地，对于"数字技能""人才培养计划""数字文旅""智慧文旅"等重要词汇，也都逐一进行了类似的频率统计工作。

在获取了各个调频词汇在不同年份的出现频率数据之后，我们运用专业的数据可视化工具绘制了关注度演变趋势图。在这个图表中，横坐标清晰地标注了时间年份，从 2021 年开始，以年度为单位依次递进，纵坐标则精确地表示各个调频词汇的出现频率数值。通过这样的图表构建，我们能够以一种极为直观的方式清晰展示广西在"人才培养"领域的政策关注度随时间的变化情况。例如，从趋势图中，我们可以一目了然地观察到"产教融合"这一主题在 2021 年至 2022 年的关注度呈现出稳步上升的态势，这可能反映出在这一时期广西文旅产业在实践过程中愈发意识到产业与教育深度融合对于人才培养的关键作用，从而促使政策制定者在相关政策文件中更多地提及这一概念，以引导和推动产业与教育的协同发展。

接着，我们运用特定的算法和标准，提取出"人才培养"相关主题中权重 > 0.3 的重要主题。这些主题在整个政策文件体系中占据着核心地位，对于理解广西文旅人才培养政策的重点和方向具有决定性意义。在识别这些核心主题的过程中，我们对每个主题下的调频词汇进行了深入分析和筛选，确定了那些在语义和逻辑上与主题紧密相关且出现频率较高的核心调频词。例如，在"产教融合"这一核心主题下，除了"产教融合"本身之外，像"校企合作""实习基地建设""课程共建"等词汇也频繁出现，它们共同构成了这一主题的核心调频词集，从不同角度和层面丰富和深化了我们对"产教融合"主题内涵的理解，为进一步剖析广西文旅人才培养政策的具体实施路径和重点举措提供了有力的依据。通过这一系列严谨而系统的操作，我们得以全面而深入地把握广西文旅人才培养政策的动态演变和核心要点，为后续的研究工作开辟了清晰而坚实的道路。结果如表 6-1 所示。

表 6-1 "人才培养"相关主题

相关主题	权重
产教融合	0.42
数字技能	0.51
实训基地	0.38
"双师型"教师	0.25
区块链	0.33
跨境数据	0.28

第四节 DID分模型构建与评估

在本次研究中，模型设计环节经过深思熟虑，选取了南宁、桂林等在文旅产业发展中具有代表性且已积极实施了"数字文旅英才计划"的城市作为实验组。这些城市在广西文旅领域占据着重要地位，它们拥有较为丰富的文旅资源和相对成熟的产业基础，具备率先推行此类创新计划的条件与优势。例如，南宁作为首府，在经济、科技和教育资源方面具有强大的集聚效应，能够为"数字文旅英才计划"的实施提供充足的支持与保障；桂林则凭借其闻名遐迩的自然风光和深厚的历史文化底蕴，文旅产业发展蓬勃，对于数字文旅人才有迫切的需求，在实施该计划过程中也积累了一定的实践经验。

与之相对应，我们将那些尚未实施"数字文旅英才计划"的城市列为对照组。这些城市在文旅产业规模、发展速度以及数字化转型程度等方面与实验组城市存在一定的差异，通过对比实验组和对照组的情况，能够更加清晰地凸显出"数字文旅英才计划"所产生的实际效果。

为了全面且深入地评估"数字文旅英才计划"对人才密度的提升效果，我们需要收集实验组和对照组在政策实施前后的一系列相关指标数据。其中，文旅行业从业人员数量是一个关键指标，它直接反映了文旅行业的人力规模基础，通过对比政策实施前后这一数据的变化，可以初步了解到人才的总体增减趋势。例如，在实验组城市南宁，在计划实施前文旅行业从业人员数量为199人，而随着计划的推进，这一数字在实施后的2023年10月增长到了247人，呈现出明显的上升趋势，这初步表明该计划可能对人才吸引产生了积极影响。

数字技能人才占比同样至关重要，在当今数字化时代，文旅产业的创新发展高度依赖具备数字技能的专业人才。在桂林，计划实施前数字技能人才在文旅行业从业人员中的占比仅为8.3%，经过一段时间的"数字文旅英才计划"实施，这一占比提升到了14.9%，这一显著变化凸显了该计划在提升人才数字技能水平方面的成效，也间接反映了其对人才结构优化的作用。

产教融合项目数量也是不容忽视的指标。在实验组城市中，随着"数字文旅英才计划"的开展，当地高校、职业院校与文旅企业之间的合作愈发紧密，产教融合项目数量大幅增加。例如，某高校与多家旅游科技企业联合开展了数字文旅人才培养项目，从课程开发、实践教学到实习就业等环节进行全方位合作，这些项目的增多为培养适应数字文旅发展需求的专业人才提供了有力的支撑，同时也为行业吸引和留住人才创造了有利条件。

在收集完上述丰富的数据后，我们运用 DID 模型进行深入数据分析。首先，计算实验组和对照组在政策实施前后的差异值，这一步骤能够精准地量化出两组之间的差异变化情况。例如，通过计算发现实验组城市在政策实施后的文旅行业从业人员增长幅度相较于对照组城市高出了 1.3 个百分点，这初步表明了"数字文旅英才计划"可能对人才增长产生了促进作用。

接着，进一步计算政策实施对人才密度变化的净影响，这一结果能够更加准确地揭示出"数字文旅英才计划"在排除其他干扰因素后，对人才密度提升的实际贡献程度。例如，经过复杂的模型运算，得出该计划使得实验组城市的人才密度净增加了 1.5 人 / 每单位，这为评估该计划的有效性提供了关键的量化依据。

同时，为了确保我们的研究结果具有高度的可靠性和科学性，我们还进行了严格的显著性检验，通过一系列严谨的统计检验方法，验证所得结果是否在统计学意义上显著。如果统计检验结果达到显著性水平，那么我们就可以更加有信心地得出结论，即"数字文旅英才计划"确实对人才密度的提升产生了显著的积极影响；反之，如果未通过检验，则需要进一步深入分析原因，重新审视数据收集和模型应用过程中可能存在的问题，以确保研究结果的准确性和可信度。通过这样一套完整而严谨的研究流程，我们能够为"数字文旅英才计划"的效果评估提供有力的支持和科学的依据，为广西乃至全国的文旅人才培养政策提供有益的参考和借鉴。

第五节　结果分析与讨论

本研究利用 LDA 主题模型对政策文本进行主题挖掘，提取与"人才培养"相关的高频词汇，并结合关注度演变趋势图，系统分析广西地区在该领域的政策关注重点及其变化趋势。通过对不同时间段的政策文本进行主题归纳，识别政策关注热点的演变路径，揭示政府在人才培养方面的战略调整。例如，我们考察了政策对"职业教育""校企合作""技能培训""高层次人才引进"等方面的倾斜程度，以及这些关键词在各阶段政策中的占比变化，进而探讨政策重心从传统人才培养模式向数字化、智能化方向转变的特征。此外，还对比了广西与国内其他省份在相关政策关注度上的异同，为后续政策优化提供参考。

在评估"数字文旅英才计划"对广西文旅行业人才密度的影响时，我们采用 DID 模型，利用政策实施前后的数据对比，量化该计划的实际成效。具体而言，我们分析了政策干预前后文旅行业人才数量、人才技能水平、就业率等关键指标的变化，并将广西作为实验组，与未实施类似计划的其他地区作为对照组，以控制可能的外部干扰因素。研究结果表明，该计划在推动广西文旅行业人才供给增长方面具有显著效果，尤其在高技能数字文旅人才培养上取得了积极进展。此外，我们还进一步探讨了该政策在不同类型城市（如核心城市、地级市、县域城市）和地区（如旅游资源丰富地区与一般地区）中的实施效果差异，分析影响政策效果的潜在因素，并结合实证数据提出优化方向。

在经过全面且深入的分析之后，我们得以系统梳理出广西文旅行业在人才培养和数字化转型进程中所面临的机遇与挑战，进而针对性地提出一系列具有重要实践指导意义的政策建议，这些建议对于广西文旅行业的人才培养有着多方面的关键意义，旨在为广西文旅行业的可持续发展注入新的活力与动力。

首先，深化产教融合是推动广西文旅行业人才培养的核心基石。高校与职业院校作为人才培养的重要阵地，与文旅企业携手共建数字化实训基地意义非凡。在这些实训基地中，学生能够置身于高度仿真的工作场景，将课堂所学的理论知识与实际操作深度融合。例如，借助先进的虚拟现实和增强现实技术，学生仿佛亲身参与到旅游景区的数字化运营管理实践中，熟练掌握智能票务系统的操作流程、精准分析游客流量监测数据，从而切实提升自身的实践动手能力。这种紧密的产教融合模式，能够确保培养出的人才与文旅行业的实际岗位需求高度契合，极大缩短了人才从校园到职场的适应期，为广西文旅行业源源不断地输送兼具扎实理论基础和丰富实践经验的高素质应用型人才，有力地夯实了行业人才队伍的基础，为行业的持续发展提供稳定的人力支持。

其次，优化区域人才政策对于广西文旅行业人才培养的均衡发展起着决定性作用。广西各地区文旅产业发展状况和资源优势各具特色，因此，因地制宜制定分层次、分行业的人才引进与培养激励机制至关重要。在旅游资源丰富但人才相对短缺的偏远地区，如百色、河池等地的部分山区县，通过提供住房补贴、子女教育优惠等极具吸引力的政策措施，能够吸引到旅游规划、文化创意等专业人才扎根基层。这些人才的加入，不仅能为当地文旅资源的深度开发与高效利用贡献专业智慧，还能带动当地人才培养氛围的形成，通过传帮带等方式提升本土人才的专业素养。对于南宁、桂林等文旅产业相对发达的城市，侧重于引进高端的数字化文旅人才，如大数据分析师、人工智能专家等，并搭建创新创业平台，鼓励他们开展前沿研究与实践。这些高端人才的汇聚，能够引领行业技术创新潮流，提升整个地区的人才培养标准和质量，促进区域内人才培养的良性竞争与协同发展，确保广西文旅行业在不同层次和领域都能拥有充足的优秀人才储备。

再次，强化数字技能培训是适应广西文旅行业数字化转型趋势、提升人才培养质量的关键环节。广西文旅行业蕴含着独特的地域文化魅力和丰富多样的旅游资源，在数字技能提升计划的制定过程中紧密结合这些特点意义深远。例如，针对广西精彩纷呈的民族文化节庆活动，如壮族三月三、瑶族盘王节等，开发专门的数字营销课程，教导学员如何巧妙利用社交媒体、短视频平台等数字化渠道进行全方位宣传推广，不仅能够吸引更多游客参与，还能让学员在实践中掌握前沿的数字营销技巧。同时，开设大数据分析在游客行为研究中的应用课程，通过深入剖析游客在广西旅游期间的消费习惯、游览路线偏好、停留时间等海量数据，学员能够学会挖掘数据背后的价值，为旅游产品的精细化设计和优化升级提供科学依据，培养其敏锐的市场洞察力和精准的决策能力。同时，培养学员掌握人工智能技术在景区智能导览、智能客服等方面的应用，能够显著提升游客的旅游体验，也让学员成为适应时代发展需求的复合型人才，全面提升广西文旅行业人才的综合素质和竞争力，推动人才培养向更高水平迈进。

此外，建立政策跟踪与评估机制是保障广西文旅行业人才培养政策科学有效实施的重要支撑。人才培养政策的实施效果受多种因素影响且处于动态变化之中，随着文旅行业的快速发展和市场环境的持续演变，政策必须与时俱进并不断优化。定期对人才政策的实施效果进行全面评估，通过广泛收集企业反馈意见、深入分析人才流动数据、系统调查行业发展关键指标等方式，能够精准了解政策在人才培养各个环节的实际成效。例如，每半年对文旅企业开展一次详细的问卷调查，全面了解企业对新入职员工的专业技能水平、职业素养等方面的满意度，以及员工在实际工作中的技能应用情况和岗位匹配度；每年深入分析广西文旅行业的人才结构变化数据，包括不同专业、不同层次人才的比例动态变化、新兴专业人才的增长趋势等。依据科学严谨的评估结果，及时发现政策存在的问题和不足之处，迅速调整政策方向和重点，确保人才培养始终紧密贴合产业发展的实际需求，保持政策的科学性、有效性和前瞻性，为广西文旅行业人才培养提供可靠的制度保障。

最后，推动跨区域人才流动是丰富广西文旅行业人才培养内涵、促进人才全面发展的有效举措。通过加强区域合作，搭建人才共享平台，打破地域限制的壁垒，实现优质人才资源在广西各地的合理流动与优化配置。例如，在旅游旺季，组织南宁、桂林等城市的旅游服务精英前往北海、防城港等滨海旅游城市进行短期支援，这不仅能有效缓解当地旅游服务人员紧张的局面，还能促进不同地区人才之间的经验交流与技能互补。鼓励柳州等工业城市的科技人才与桂林、贺州等生态旅游城市开展深度合作，将工业领域先进的数字化技术创新性地应用于生态旅游的开发与管理实践中，既提升了旅游产品的科技含量和附加值，又拓宽了人才的视野和思维方式，激发了人才的创新活力。同时，建立跨区域人才交流长效机制，定期举办丰富多彩的人才交流活动，如学术研讨会、经验分享会、项目合作洽谈会等，为人才提供广阔的交流合作平台，促进知识共享、技术创新和文化融合，全面提升广西文旅行业人才的创新能力和综合素质，推动人才培养向多元化、国际化方向发展，进一步提升广西文旅行业的整体人才竞争力，加速行业数字化转型进程，助力广西文旅产业实现高质量、可持续发展。

这些政策建议相互关联、协同发力，共同构成一个有机的整体，全方位、深层次地促进广西文旅行业人才培养体系的完善与发展，有力推动行业数字化转型步伐，为广西文旅产业的繁荣昌盛奠定坚实的人才基础。

第七章
文旅大数据人才培养现状分析

广西文旅产业在政策的驱动下蓬勃发展，在数字文旅、全域旅游和智慧旅游等方向的引导下，文旅大数据在推动广西文旅发展中发挥着重要作用。随着大数据技术的广泛应用，文旅大数据人才成为推动广西文旅产业转型升级的关键力量。因此，对广西文旅大数据人才培养现状进行深入分析具有重要意义。

第一节　文旅大数据招生规模及产业需求

一、广西文旅大数据相关专业院校数量及招生规模现状

近年来，伴随着大数据技术在全球范围内的飞速发展，其应用领域不断拓展，在文旅产业中更是掀起了一场深刻的变革。大数据技术凭借其强大的数据收集、分析和处理能力，能够精准洞察游客的需求与偏好，为文旅企业提供科学决策依据，助力文旅产品的创新与升级，从而推动整个文旅产业向智能化、数字化方向迈进。在此背景下，广西文旅产业也积极采用大数据技术，不断探索新的发展模式和路径，市场对具备文旅大数据专业知识和技能的人才需求呈现出"井喷式"增长。

为了顺应这一市场需求，广西各高校纷纷行动起来，充分发挥自身的教

育资源优势，积极开设了一系列与文旅大数据相关的专业。据不完全数据统计，目前广西已有众多院校投身到这一人才培养的浪潮中，开设了文旅大数据、旅游管理（大数据方向）、信息管理与信息系统（文旅大数据方向）等特色鲜明的专业。这些院校涵盖了从专科到本科的不同学历层次，形成了较为完善的人才培养体系。专科院校注重培养学生的实践操作能力，使学生能够快速掌握文旅大数据领域的基础技能，毕业后能够迅速适应一线工作岗位的需求。例如，一些专科院校与当地的文旅企业建立了紧密的合作关系，通过开展订单式培养、实习实训等方式，让学生在学习过程中就能够接触到实际的工作项目，积累丰富的实践经验。本科院校则更加注重培养学生的理论基础和综合素养，使学生具备扎实的专业知识和创新能力，能够在文旅大数据领域从事更具挑战性的工作。本科院校通常拥有更强大的科研团队和科研资源，能够为学生提供更广阔的学术视野和创新平台，鼓励学生参与科研项目和学术研究，培养学生的科研思维和创新精神。

在招生规模方面，各院校根据自身的办学条件和市场需求，制订了差异化的招生计划。一些重点高校凭借其雄厚的师资力量、完善的教学设施和卓越的学术声誉，在文旅大数据专业的招生中占据了明显的优势。这些高校拥有一批在文旅大数据领域具有深厚学术造诣和丰富实践经验的专家学者，他们既能为学生传授前沿的专业知识，还能引导学生参与实际的科研项目和企业实践，为学生提供优质的教育资源和发展机会。因此，这些重点高校吸引了大量学生报考，招生规模相对较大。例如，广西某重点高校的旅游管理（大数据方向）专业，每年的招生人数都在数百人以上，学生的报考热度持续高涨。

然而，一些新建或转型的院校在招生过程中则面临着诸多挑战。这些院校可能由于成立时间较短，知名度相对较低，在师资力量、教学设施等方面还存在一定的不足，导致其在招生竞争中处于劣势地位，招生规模相对较小。但这些院校也在积极采取措施，努力提升自身的办学水平和竞争力。例如，通过引进高层次人才、加强与企业的合作、改善教学设施等方式，不断优化办学条件，提高教学质量，逐步扩大招生规模。

尽管各院校的招生规模存在差异，但总体来看，随着文旅大数据产业的不断发展壮大，广西文旅大数据相关专业的招生规模呈现出逐年增长的趋势。这一趋势不仅反映了市场对文旅大数据人才的旺盛需求，也表明广西各高校对这一新兴领域的重视程度不断提高。随着招生规模的不断扩大，广西将培养出更多优秀的文旅大数据专业人才，为广西文旅产业的数字化转型和高质量发展提供坚实的人才支撑。同时，高校也将在与企业的合作中不断深化教育教学改革，优化专业设置和课程体系，提高人才培养质量，更好地满足市场对文旅大数据人才的需求。

从时间维度来看，2022—2024 年大数据专业的招生计划数呈现出逐年增长的趋势。2023 年较 2022 年招生计划数有一定幅度的提升，增长了约 19.60% 由（1245-1041）/1041×100% 计算而来。而 2024 年的增长更为显著，较 2023 年增长了约 76.14% 由 (2193-1245)/1245×100% 计算而来。这可能反映出随着时间的推移，社会对大数据专业人才的需求不断增加，各高校也在积极响应，扩大招生规模以满足市场需求。从占比情况来看，2024 年的招生计划数占三年总和的近一半，进一步表明大数据专业的招生在不断扩张，未来可能会持续保持这种增长态势。具体数据如表 7-1 所示。

表 7-1　时间维度上大数据专业招生统计分析

年份	计划数	占比 (%)
2022	1041	23.24
2023	1245	27.80
2024	2193	48.96

从时间维度的变化趋势来看。从 2022 年到 2023 年，计划数经历了一定程度的增长。具体而言，计划数从 1041 增加到 1245，增加了 204，增长率约为 19.60%。这一增长幅度虽然并非极为显著，但释放出了积极的信号，表明

业务处于一种稳步向前推进的状态。具体数据如图 7-1 所示。

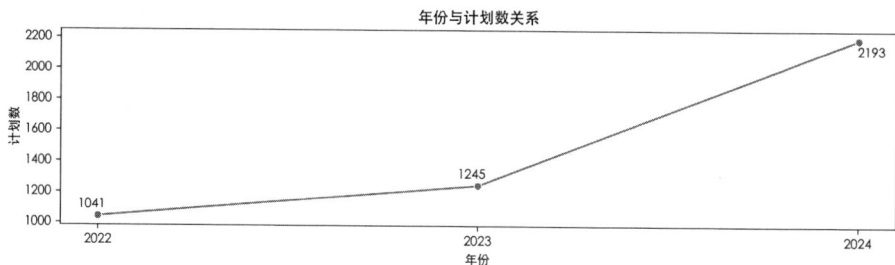

图 7-1　大数据专业的招生计划时间维度分析

　　此外，大数据业务相关项目的逐步推进也为计划数的增长贡献了力量。在科技厅的项目引导下，可能在 2022 年启动了一些重要项目，经过一年的努力，这些项目在 2023 年进入了实施和推进阶段，从而带动了资源投入和业务量的增加。比如，企业开展的新产品研发项目，促使大数据专业的招生规模在 2023 年开始随着人才需求的变化进行了进一步的调整，进而导致计划数的上升。

　　然而，从 2023 年到 2024 年，计划数发生了质的飞跃。计划数从 1245 大幅增加到 2193，增加了 948，增长率高达 76.14%。如此显著的增长，绝非偶然，提示着行业和产业对大数据人才需求的变化。

　　开拓新的市场领域是导致大数据专业招生计划数大幅增长的一个重要原因。企业可能经过前期的市场调研和战略规划，在 2024 年成功进入了一个全新的市场。这个新市场可能具有巨大的发展潜力和广阔的消费群体，企业抓住机遇，迅速投入大量资源，制订了大规模的业务计划。例如，某传统制造业企业通过技术创新和市场拓展，成功进入了新兴的智能科技领域，为了在这个新市场中占据一席之地，企业大幅增加了生产、研发和销售等方面的计划数。

　　在当今数字化浪潮席卷全球的时代背景下，大数据技术已然成为推动各行业变革与发展的核心驱动力之一。广西的众多高校也敏锐地捕捉到了这一趋势，纷纷在大数据专业领域积极布局并展开人才培养工作。

仔细观察这些高校大数据专业的招生情况，我们可以发现一些显著的变化趋势。

从整体趋势而言，不少高校的大数据专业招生计划数在 2022—2024 年这一时间段内呈现出令人瞩目的增长态势。以桂林旅游学院为例，在 2022 年，其数据科学与大数据技术专业的招生人数仅为 105 人。然而，随着时间的推移，到了 2024 年，招生人数大幅增长至 350 人。这一显著的增长背后，是学校对大数据技术在旅游行业应用前景的深刻洞察。随着旅游行业的数字化转型加速，对能够将大数据技术与旅游业务深度融合的专业人才需求急剧攀升。学校为了适应这一市场需求，不断加大对该专业的投入，无论是在师资队伍的扩充、教学设施的完善还是课程体系的优化方面都不遗余力，从而实现了招生规模的跨越式增长。

北海职业学院同样如此，在 2022 年，大数据技术专业招生 83 人，经过几年的发展，到 2024 年招生人数增长到 106 人。这得益于学院对大数据专业的持续培育和市场需求的准确把握。学院积极与当地企业合作，开展实践教学项目，提升学生的实际操作能力，使得专业的知名度和吸引力不断增强，进而推动了招生人数的稳步上升。

在 2022—2024 年，广西工商职业技术学院大数据技术专业的招生计划数始终维持在较高水平且保持着较为稳定的增长趋势。这反映出学校在该专业建设上的成熟与稳健。学校通过建立完善的校内实训基地，为学生提供丰富的实践机会，同时加强与行业协会的合作，确保专业教学内容与市场需求紧密接轨，从而使得招生规模得以持续扩大。

然而，并非所有院校的招生趋势都是一帆风顺地直线上升。部分院校的招生计划数存在着明显的波动情况。例如柳州职业技术大学，在 2022 年，大数据技术专业招生 42 人，到了 2023 年，招生人数出人意料地降至 24 人。这可能是因为学校在这一年对专业进行了全面的优化升级，重新调整了课程设置和教学模式，并适度控制了招生规模，以确保教学质量与专业同步发展。而到了 2024 年，招生人数又回升到 63 人，这表明经过一年的调整，学校已经完成了专业的优化工作，具备了扩大招生的条件，同时也反映出市场对该校优化后的大数据专业的认可。

广西科技职业学院的情况也较为类似，2022 年，大数据技术专业招生 110 人，2023 年降至 60 人，2024 年进一步降至 49 人。这背后的原因可能较为复杂，一方面，可能是学校在师资力量方面遭遇了瓶颈，部分骨干教师的流失或新教师招聘的困难影响了教学质量和招生规模；另一方面，学校对市场需求的预测出现了一定偏差，导致招生计划的调整。

值得关注的是，一些院校新开设的大数据相关专业展现出了巨大的增长潜力。在 2024 年，南宁学院新开设大数据管理与应用专业，便一举制订了 110 人的招生计划。这充分显示出学校对大数据领域人才培养的高度重视和积极主动的布局策略。学校在开设该专业之前，进行了深入的市场调研和行业分析，认为大数据管理与应用专业在未来的经济社会发展中将占据重要地位，具有广阔的就业前景。因此，学校整合各方资源，精心打造专业课程体系，配备优秀的师资队伍，致力于培养出高质量的大数据管理与应用人才，为专业的发展奠定了坚实的基础。

从院校层次来看，专科院校在大数据专业招生中占据了相当大的比例，并且招生计划数也十分可观。以广西机电职业技术学院为例，在 2024 年，其大数据技术专业招生 60 人，多年来一直保持着稳定的招生规模和教学质量。学校注重实践教学，与众多企业建立了紧密的实习合作关系，为学生提供了大量的实践机会，使得学生毕业后能够迅速适应企业的工作需求。

桂林师范高等专科学校同样积极投身于大数据专业人才的培养，2024 年，大数据技术专业招生 35 人。学校依托自身在师范教育方面的优势，将教育与大数据技术相结合，探索出具有特色的人才培养路径，为教育领域的大数据应用培养专业人才。

在 2024 年，广西生态工程职业技术学院大数据技术专业招生 125 人，在专科院校中招生规模较大。学校充分利用自身的专业特色和行业资源，将大数据技术与生态工程领域深度融合，培养出既懂生态工程又掌握大数据技术的复合型人才，满足了相关行业对专业人才的特殊需求。

综上所述，广西这些高校的大数据专业招生呈现出整体增长、部分波动的趋势，专科院校更是积极参与其中，成为大数据专业人才培养的重要力量。这一现象充分反映了大数据专业在高校教育体系中的重要性日益凸显，以及市场对大数据人才的持续旺盛需求。随着技术的不断发展和社会的进一步数字化转型，广西高校的大数据专业教育将会迎来更加蓬勃的发展。

从占比变化趋势来看。2022 年到 2023 年，占比从 23.24% 增加到 27.80%，增加了 4.56%。这一增长相对平稳，反映出该部分在整体中的份额处于逐步扩大的态势。尽管增长幅度不算特别大，但这种平稳的增长表明该部分在整体中的地位在逐渐巩固和提升。

从整体业务结构来看，可能是其他部分的发展相对稳定，而此部分通过自身的努力和优化，实现了一定程度的增长，从而导致其占比有所上升。例如，企业的多个业务板块中，在 2022—2023 年，某一新兴业务板块不断进行产品创新和市场拓展，虽然增长速度不是非常快，但相比其他相对成熟且增长缓慢的业务板块，其占比还是出现了一定的提升。这也可能意味着企业在资源分配上开始向该部分倾斜，进一步促进了其发展和占比的扩大。

从专业维度来看，"大数据技术"专业的招生计划数占比最高，超过了一半，这可能表明在广西的高校中，该专业相对更受重视或者市场对该专业人才的需求更为旺盛。也许是因为"大数据技术"更侧重于实际的技术操作和应用，与当前市场上众多行业对大数据技术落地的需求紧密相关。

"数据科学与大数据技术"专业的招生计划数占比也较高，接近 40%。这可能是因为该专业融合了数学、统计学和计算机科学等多学科知识，培养的是综合性较强的大数据人才，在一些对大数据人才综合素质要求较高的领域有较大的需求。

而"大数据管理与应用"专业的招生计划数占比仅为3.57%，相对较少。这可能反映出目前该专业在广西高校的发展相对滞后，或者市场对这类既懂管理又懂大数据应用的复合型人才的需求还处于培育阶段。具体数据如表7-2所示。

表7-2　专业维度大数据专业招生统计分析

专业名称	计划数	占比（%）
大数据技术	2531	56.51
大数据管理与应用	160	3.57
数据科学与大数据技术	1788	39.92

在学校维度上，各院校大数据专业的招生计划数存在较大差异。桂林旅游学院的招生计划数最多，占比达到16.19%，这可能是因为该校意识到自身在文旅领域的优势与大数据结合的潜力，大力发展大数据专业以培养文旅大数据相关人才。而像桂林师范高等专科学校、广西职业师范学院等院校招生计划数较少，占比均低于2%，可能受限于学校的资源、师资等条件。从整体分布来看，各院校的招生规模参差不齐，反映出不同院校在大数据专业发展战略、资源投入等方面的差异。招生计划数较多的院校可能在该领域具有更强的实力和更大的发展规划，而招生较少的院校可能处于起步阶段或者在探索适合自身的大数据专业发展方向。如图7-2所示。

各院校计划数占比情况

北海职业学院　　梧州学院
南宁学院
南宁职业技术大学　　　　　　桂林旅游学院
广西工商职业技术学院
　　　　　　　　5.85% 4.44%
　　　　2.46%
　　4.93%
9.82%　　　　　　　桂林师范高等专科学校
　　　　　　　　　　　0.78% 桂林山水职业学院
广西师范大学　　4.02%　　　2.12%
　　3.24%　　　　6.70%　桂林学院
广西机电职业技术学院
　　8.57%　　　　　7.81%
　　　　　　2.88%
　7.10%　4.89% 1.12% 7.08% 桂林信息工程职业学院
广西民族师范学院
　　　　　　　　柳州职业技术大学
广西生态工程职业技术学院
　　　　柳州城市职业学院
广西科技职业学院　广西职业师范学院

図 7-2　学校维度大数据专业招生统计分析

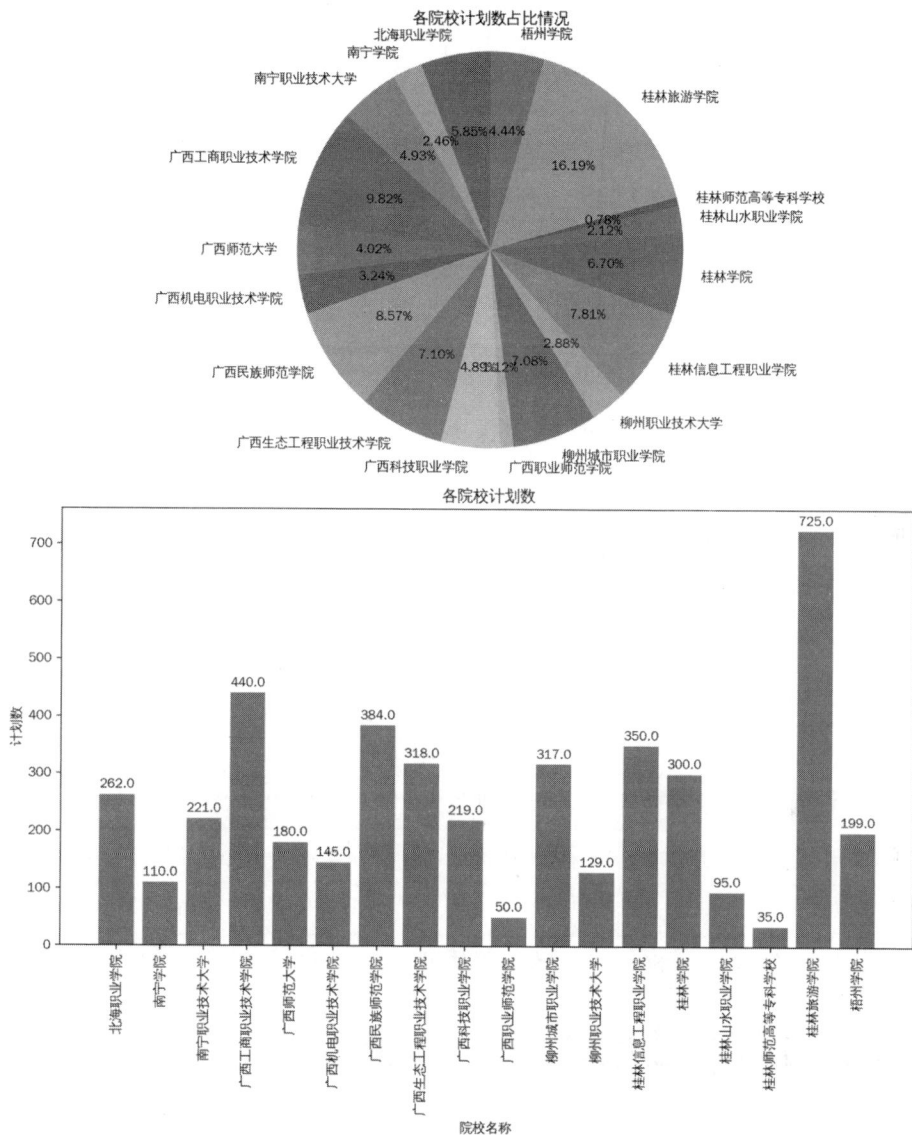

表7-3　2022—2024年广西各院校大数据专业招生计划数（人）

院校名称	专业名称	2022 年	2023 年	2024 年
广西师范大学	数据科学与大数据技术	60	60	60
广西民族师范学院	数据科学与大数据技术	101	141	142
梧州学院	数据科学与大数据技术	0	100	99
南宁学院	大数据管理与应用	0	0	110
桂林旅游学院	数据科学与大数据技术	105	270	350
桂林学院	数据科学与大数据技术	100	100	100
广西职业师范学院	大数据管理与应用	0	0	50
南宁职业技术大学	大数据技术	46	75	100
柳州职业技术大学	大数据技术	42	24	63
广西机电职业技术学院	大数据技术	45	40	60
桂林师范高等专科学校	大数据技术	0	0	35
广西生态工程职业技术学院	大数据技术	65	128	125
北海职业学院	大数据技术	83	73	106
桂林山水职业学院	大数据技术	0	0	95
广西工商职业技术学院	大数据技术	140	150	150
柳州城市职业学院	大数据技术	144	23	150
广西科技职业学院	大数据技术	110	60	49
桂林信息工程职业学院	大数据技术	0	0	350

二、广西文旅产业对大数据人才的需求分析

　　广西文旅产业作为地方经济体系中至关重要的一环，在近年来凭借其丰富多样的旅游资源、深厚悠久的文化底蕴以及不断完善的基础设施，实现了突飞猛进的发展。随着旅游市场的持续拓展、文化消费的日益升级，广西文旅产业的影响力和辐射力与日俱增，已然成为拉动地方经济增长、促进就业、提升区域形象的重要引擎。在这一蓬勃发展的进程中，大数据技术的广泛应

用和深入渗透，使广西文旅产业对大数据人才的需求呈现出"井喷式"的增长态势，并且这种需求越发旺盛和多元。

此外，广西文旅产业还迫切需要一批具备文旅行业知识和大数据技术背景的复合型人才。这类人才既熟悉文旅行业的业务流程、市场规则和文化特点，又掌握大数据技术的核心知识和应用技能，能够将大数据技术与文旅行业的实际需求紧密结合起来，推动文旅产业的创新发展。他们可以利用大数据技术挖掘文旅资源的潜在价值，开发出新颖、独特的文旅产品和服务；可以运用大数据分析手段优化文旅企业的运营管理流程，提高企业的运营效率和服务质量；还可以通过大数据技术加强文旅产业与其他产业的融合发展，拓展文旅产业的发展空间和市场潜力。

综上所述，广西文旅产业的快速发展对大数据人才的需求日益旺盛和多元化。培养和引进更多高素质的大数据人才，对于推动广西文旅产业的数字化转型和创新发展具有至关重要的意义。只有不断加强大数据人才队伍建设，才能为广西文旅产业的高质量发展提供坚实的人才支撑和智力保障。

三、当前培养规模与产业需求的对比及差距分析

近年来，随着大数据技术在文旅产业的深度融合与广泛应用，广西文旅产业对大数据人才的需求呈现出爆发式增长的态势。在这一背景下，广西各高校积极响应市场需求，投身于文旅大数据人才的培养工作，并且已经取得了一些令人瞩目的成绩。它们陆续开设了一系列与文旅大数据相关的专业，为广西文旅产业的人才储备贡献了力量，在一定程度上缓解了人才短缺的压力。然而，尽管高校在这方面做出了诸多努力，当前的培养规模和培养质量依然难以完全契合文旅产业对大数据人才的迫切需求，存在着较为明显的差距。

一方面，从培养规模的角度来看，目前广西开设文旅大数据相关专业的院校数量相对有限，这在很大程度上限制了招生规模的扩大。为数不多的院校在招生计划制定上也较为保守，导致每年毕业的文旅大数据专业人才数量

远远无法满足产业的庞大需求。由于院校数量少，在资源分配和师资力量的集中上也受到一定制约，无法形成规模化的人才培养体系。许多有意愿报考文旅大数据专业的学生，因为招生名额的限制而无法如愿，这不仅浪费了潜在的人才资源，也使得文旅产业在人才吸纳方面面临着较大的缺口。

另一方面，部分院校在人才培养的具体实施过程中，在课程设置、教学内容和实践教学等关键环节存在着不容忽视的问题。一些院校的课程设置缺乏前瞻性和针对性，未能紧密结合文旅产业的实际发展需求和市场动态。教学内容陈旧，未能及时将最新的大数据技术和文旅行业的前沿知识融入教学中，导致学生所学知识与实际应用脱节。在实践教学方面，部分院校的实践环节设置不足，学生缺乏足够的机会参与到真实的文旅大数据项目中进行锻炼，这使得学生在毕业后难以迅速适应工作岗位的要求，无法将所学的理论知识有效地运用到实际工作中。

具体而言，当前广西文旅大数据人才培养与产业需求之间的差距主要体现在以下几个关键方面。

首先是人才数量的严重不足。广西文旅产业正处于快速发展的上升期，各类文旅企业如雨后春笋般涌现，对大数据人才的需求呈现出"井喷式"增长。无论是大型的文旅集团，还是中小型的文旅创业公司，都急需大量掌握大数据技术的专业人才来推动企业的数字化转型和创新发展。然而，目前高校每年培养的文旅大数据人才数量与产业的实际需求相比，只是杯水车薪。这种人才数量上的巨大缺口，严重制约了广西文旅产业的发展速度和规模，使得许多企业在开展大数据相关业务时面临着人才短缺的困境，无法充分发挥大数据技术在提升企业竞争力方面的巨大潜力。

其次是人才质量不高的问题。部分毕业生虽然在学校里学习了相关的理论知识，但由于缺乏实践经验，在实际工作中往往表现出动手能力差、解决实际问题的能力不足等问题。同时，在创新能力方面，许多毕业生也存在明显的短板。文旅产业是一个充满创意和创新的领域，需要大数据人才能够运用创新思维和技术手段，为企业开发出新颖、独特的文旅产品和服务。然而，由于部分院校在教学过程中对学生创新能力的培养重视不够，导致学生在这方面的能力相对较弱，难以满足文旅产业对创新型人才的需求。

最后是人才结构不合理的状况。文旅产业的数字化转型需要的是既具备扎实的文旅行业知识，了解文旅市场的特点、运营模式和文化内涵，又掌握大数据技术的核心知识和应用技能的复合型人才。他们能够将大数据技术与文旅行业的实际需求紧密结合起来，为企业提供全方位的解决方案。然而，目前广西高校培养的人才中，这种复合型人才的比例相对较低。大部分毕业生要么只擅长大数据技术，对文旅行业的了解不够深入；要么只熟悉文旅行业知识，对大数据技术的掌握不够熟练。这种人才结构的不合理，让企业在招聘和使用人才时面临着很大的困难，无法满足企业对复合型人才的迫切需求。

为了有效缩小这一差距，促进广西文旅产业的数字化转型和高质量发展，广西各高校需要采取一系列切实有效的措施，进一步加强文旅大数据人才的培养力度。高校应优化课程设置，紧密结合文旅产业的发展趋势和市场需求，及时更新教学内容，引入最新的大数据技术和文旅行业的前沿知识，确保学生所学知识的实用性和前瞻性。加强实践教学环节，与更多的文旅企业建立深度合作关系，共建实习实训基地，让学生有更多的机会参与到真实的项目中进行实践锻炼，提高学生的动手能力和解决实际问题的能力。同时，高校还应注重培养学生的创新能力，通过开展创新创业教育、组织学生参加各类创新创业竞赛等方式，激发学生的创新思维和创新意识。

除了高校的努力之外，政府和企业在文旅大数据人才的培养和引进方面也肩负着重要的责任。政府应加大对文旅大数据人才培养的政策支持和资金投入，鼓励高校和职业院校加强相关专业建设，提高人才培养质量。制定更加优惠的人才引进政策，吸引国内外优秀的文旅大数据人才到广西工作和创业。企业则应积极参与到人才培养的过程中，与高校开展产学研合作，为学生提供实习和就业机会，同时将企业的实际需求和行业动态反馈给高校，为高校的人才培养提供参考和指导。通过政府、高校和企业的共同努力，形成合力，为广西文旅产业的数字化转型和高质量发展提供强有力的人才支撑。

第二节　广西文旅大数据人才培养的层次结构

在广西文旅大数据领域，人才培养的层次结构对于满足行业多元化、高层次的需求至关重要。从专科到研究生，不同层次的文旅大数据人才在推动行业创新、提升服务质量、促进产业升级等方面发挥着不可替代的作用。因此，深入分析广西文旅大数据人才培养的层次结构，明确各层次人才的作用及培养重点，对于优化人才结构、提升行业整体竞争力具有重要意义。本研究收集了广西 89 所高职以上层次高校开设文旅或大数据专业情况的数据及其课程设置。

其中按办学层次来分，高职类院校 49 个，占比 55.06%，本科院校 40 个，占比 44.94%，如图 7-3 所示。其中，大部分院校开设的文旅或大数据相关专业数量在 2~3 个，整体分布相对集中。百色学院开设的相关专业数量最多，达到 6 个，这可能表明百色学院在文旅与大数据专业融合发展方面有较大的投入和规划，或者当地对于此类复合型专业人才的需求较大。而南宁学院、广西民族大学等部分院校仅开设 1 个相关专业，可能因为是处于专业发展的初期阶段，或者学校的专业发展重点有所侧重。

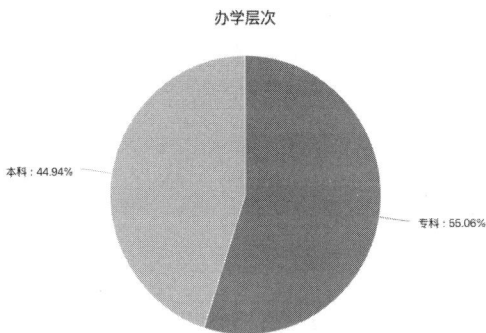

图 7-3　文旅大数据相关专业的办学层次分布

从专业开设的地域分布来看，如图 7-4 所示，南宁市在广西文旅大数据人才培养中占据了主导地位，其份额高达 40.45%，这表明了南宁市在广西文旅大数据领域的重要地位。紧随其后的是桂林市、崇左市和柳州市，分别占据了 14.61%、8.99% 和 7.87% 的份额，表明这三个城市在文旅大数据人才培养方面也有一定的实力。

百色市、北海市、钦州市、玉林市、梧州市也在文旅大数据人才培养中占有一定的比例，份额分别在 5.62%、4.49%、3.3.%、3.37% 和 3.37%、左右，这表明这些城市在文旅大数据领域也有一定的基础和潜力。

相比之下，河池市、贺州市和贵港市、防城港市、来宾市在文旅大数据人才培养方面的份额较低，但这也并不意味着这些城市在文旅大数据领域没有发展机会。随着广西文旅产业的不断发展和大数据技术的广泛应用，这些城市也有可能在未来的文旅大数据人才培养中取得更大的进展。

综上所述，广西文旅大数据人才培养的地域分布呈现出以南宁市为主导，桂林市、崇左市和柳州市为辅，其他城市竞相发展的格局。未来，随着广西文旅产业的进一步发展和大数据技术的不断革新，这一格局有望发生新的变化。

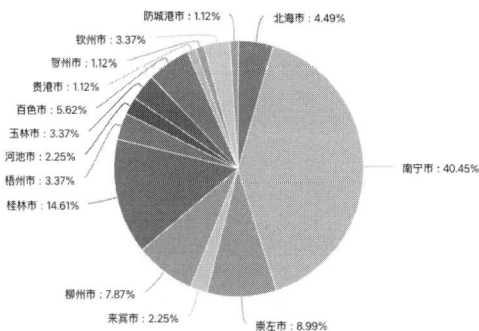

图 7-4　文旅大数据相关专业办学的地域分布

在广西高校的专业布局中，大数据技术和旅游管理这两个专业的开设院校数量相对较多，经统计，开设大数据技术专业的院校数量达到了 27 所，而开设旅游管理专业的院校数量也有 22 所。这一数据清晰地反映出这两个专业在广西高校中具有较高的普及度，已然成为众多高校专业设置中的热门选择。

大数据技术专业之所以受到众多高校的青睐，是因为与其在当下时代的重要地位和广阔的市场需求密不可分。在数字化浪潮席卷全球的今天，大数据技术作为前沿的热门技术领域，正深刻地改变着各行各业的发展模式。在文旅行业中，大数据技术更是发挥着关键作用。通过对海量的游客数据、旅游消费数据、景区运营数据等进行采集、存储、分析和挖掘，文旅企业能够精准洞察游客的需求和偏好，从而实现旅游产品的个性化推荐和精准营销。例如，一些在线旅游平台借助大数据技术，根据用户的浏览历史、搜索记录和消费行为，为用户推送符合其兴趣的旅游线路和景点，大大提高了用户的转化率和满意度。此外，大数据技术还能帮助文旅企业优化运营管理，预测旅游市场的发展趋势，为企业的战略决策提供有力支持。由于市场对大数据技术人才的需求持续增长，企业纷纷高薪招聘具备大数据处理和分析能力的专业人才，这使得大数据技术专业的毕业生在就业市场上供不应求。高校为了满足市场需求，积极开设大数据技术专业，培养适应时代发展的高素质人才。

旅游管理专业作为文旅行业的基础专业，同样在广西高校中占据着重要地位。该专业旨在培养具备旅游管理专业知识和实践技能，能够在各类旅游企事业单位从事管理工作的应用型人才。随着人们生活水平的提高和旅游消费观念的转变，我国旅游市场规模不断扩大，旅游管理人才的需求也日益增长。无论是旅游景区、旅行社，还是酒店、在线旅游平台等，都需要大量专业的旅游管理人才来保障其正常运营和发展。旅游管理专业的课程设置涵盖旅游学概论、旅游市场营销、旅游规划与开发、酒店管理等多个领域，并注重培养学生的实践能力和综合素质。通过实习、实训等实践教学环节，学生能够将所学的理论知识应用到实际工作中，积累丰富的实践经验。因此，旅游管理专业的毕业生在就业市场上具有较强的竞争力，受到了众多文旅企业的青睐。

相比之下，大数据管理与应用、旅游管理与服务教育等专业的开设院校数量则相对较少。大数据管理与应用专业是一个新兴的交叉学科专业，它融合了大数据技术、管理学、经济学等多个学科的知识和技能。该专业要求学生不仅要掌握大数据技术的核心知识和技能，还要具备良好的管理思维和决策能力，能够运用大数据技术解决实际管理问题。由于该专业对师资和教学资源的要求较高，需要教师既具备扎实的大数据技术功底，又要有丰富的管理实践经验，同时还需要配备先进的实验设备和实践教学平台，因此只有少数高校具备开设该专业的条件。此外，大数据管理与应用专业的发展还处于起步阶段，市场对该专业的认知度和认可度相对较低，也在一定程度上影响了高校开设该专业的积极性。

旅游管理与服务教育专业则是一个相对小众的专业，它主要培养能够在旅游教育领域从事教学、管理和研究工作的专业人才。该专业的课程设置除了涵盖旅游管理的基础课程外，还注重培养学生的教育教学能力和教育研究能力。由于旅游教育领域的就业市场相对狭窄，对该专业人才的需求有限，因此开设该专业的院校数量较少。此外，旅游管理与服务教育专业对师资的要求也比较高，需要教师既具备旅游管理专业知识，又要有丰富的教育教学经验，这也增加了高校开设该专业的难度。

综上所述，广西高校中大数据技术和旅游管理专业的开设院校数量较多，反映了市场对这两个专业人才的需求旺盛；而大数据管理与应用、旅游管理与服务教育等专业开设院校数量较少，主要是因为这些专业相对较新，或者对师资、教学资源等要求较高。高校在专业设置时，应充分考虑市场需求、自身办学条件和专业发展前景等因素，合理调整专业布局，培养更多适应社会经济发展需要的高素质人才，如表7-4所示。

表7-4　大数据技术和旅游管理专业开设院校数量

专业名称	开设院校数量（家）
大数据技术	27

专业名称	开设院校数量（家）
大数据管理与应用	2
数据科学与大数据技术	14
旅游管理	22
旅游管理与服务教育	2
智慧旅游技术应用专业	3

一、专科层次培养情况

专科层次的文旅大数据人才培养主要侧重于实践技能和应用能力的培养。这一层次的学生通常具备较为扎实的基础理论知识和一定的实践操作能力。在课程设置上，专科教育注重理论与实践相结合，通过案例分析、项目实训等方式，使学生掌握文旅大数据的基本处理和分析技能。在就业市场上，专科层次的文旅大数据人才往往能够迅速适应行业需求，成为文旅企业一线的技术骨干。专科院校中大数据技术专业开设院校数量最多，体现了专科教育注重实践技能培养的特点。大数据技术在实际应用中有大量的操作技能要求，专科院校开设该专业能够培养出具备较强动手能力的大数据技术应用型人才，满足市场对这类人才的需求。而智慧旅游技术应用专业开设院校较少，可能是该专业还处于发展阶段，相关教学资源和师资相对匮乏。

在作用方面，专科层次的文旅大数据人才在数据采集、整理、分析以及初步的数据可视化等方面发挥着重要作用。他们能够为文旅企业提供基础的数据支持，帮助企业更好地了解市场需求和客户需求，为企业的决策提供依据。

当前，广西部分专科院校已经开设了文旅大数据相关专业，并加大了对实践教学的投入，以提升专科层次人才的实践能力和就业竞争力。具体数据见表7-5。

表 7-5 办学层次及地域分布

名称	选项	频数	百分比（%）	累积百分比（%）
办学层次	专科	49	55.06	55.06
	本科	40	44.94	100.00
所在地	北海市	4	4.49	4.49
	南宁市	36	40.45	44.94
	崇左市	8	8.99	53.93
	来宾市	2	2.25	56.18
	柳州市	7	7.87	64.04
	桂林市	13	14.61	78.65
	梧州市	3	3.37	82.02
	河池市	2	2.25	84.27
	玉林市	3	3.37	87.64
	百色市	5	5.62	93.26
	贵港市	1	1.12	94.38
	贺州市	1	1.12	95.51
	钦州市	3	3.37	98.88
	防城港市	1	1.12	100.00
合计		89	100.0	100.0

在对广西开设旅游及大数据专业的院校地域分布数据展开深入剖析后，一系列显著且富有趣味的地域特性逐渐浮出水面。

南宁市，作为广西壮族自治区的首府，无疑是整个区域的核心枢纽，在政治、经济、文化和教育等诸多方面都占据着无可比拟的主导地位。这里汇聚了来自全区乃至全国各地的优质教育资源，众多高校如璀璨星辰般林立。其雄厚的经济实力为教育发展提供了坚实的物质保障，无论是先进的教学设施设备的购置，还是高水平师资队伍的引进与培养，都有着得天独厚的优势。

同时，南宁的文旅产业正处于蓬勃发展的黄金时期，数字经济也在近年来异军突起，实现了高速增长。随着旅游市场的不断细分和竞争的日益加剧，文旅企业迫切需要借助大数据技术来实现精准营销、优化服务流程以及提升游客体验。例如，当地的一些大型旅游集团通过大数据分析游客的消费习惯和偏好，成功开发出了一系列深受市场欢迎的个性化旅游产品，取得了显著的经济效益。这种强烈的市场需求如同强大的磁石，吸引着高校纷纷开设旅游及大数据专业，从而为当地产业发展源源不断地输送高素质的专业人才。

桂林市，这座以"山水甲天下"而闻名的城市，旅游业长期以来都是当之无愧的支柱产业。每年桂林都吸引着海量的国内外游客，旅游市场规模庞大且稳定增长。在数字化时代的浪潮席卷之下，桂林的文旅产业深刻认识到大数据技术对于提升自身竞争力的关键作用。从旅游景区的智能化管理，到旅游线路的精准规划，再到游客流量的实时监测与调控，大数据技术的应用无处不在。当地的高校敏锐地捕捉到了这一行业发展趋势，积极响应市场需求，开设了相关专业。以桂林某高校为例，其旅游与大数据专业的学生在实习期间，就参与到了当地著名景区的大数据分析项目中，通过对游客来源地、游览时间、消费项目等数据的深入挖掘分析，为景区提出了优化游览路线、合理配置旅游资源等一系列切实可行的建议，得到了景区管理方的高度认可和好评。

柳州市，作为广西的工业重镇，在工业领域取得了辉煌的成就，同时积极推动文旅产业的创新发展与数字化转型。近年来，柳州大力挖掘工业旅游资源，打造了一批独具特色的工业旅游景点，如汽车制造工厂参观、螺蛳粉产业文化体验等。随着这些旅游项目的逐步兴起，当地对具备旅游专业知识和大数据分析能力的复合型人才的需求日益凸显。为此，当地的院校顺势而为，开设相关专业课程，为工业旅游的发展提供了有力的人才支撑。例如，柳州某职业院校与当地的工业旅游企业紧密合作，共同开发了"基于大数据的工业旅游营销"课程，培养学生利用大数据技术推广工业旅游产品，取得了良好的教学效果和社会反响。

北海市，拥有得天独厚的滨海旅游资源，旅游业在其经济结构中占据着举足轻重的地位。阳光、沙滩和海浪每年吸引着大量游客前来休闲度假。在旅游市场竞争日益激烈的背景下，当地文旅企业也在积极探索利用大数据技术提升服务质量和市场竞争力。例如，通过对游客住宿偏好、餐饮需求等数据的分析，酒店和餐厅能够为游客提供更加贴心的个性化服务，从而提高游客的满意度和忠诚度。北海高校也充分意识到这一市场需求，积极开设旅游大数据相关专业，为当地旅游业的可持续发展注入新的活力。

相比之下，来宾市、梧州市、河池市、玉林市、百色市、贵港市、贺州市、钦州市、防城港市等地区在开设相关专业的院校数量上相对较少。这些地区在经济发展水平方面，可能由于产业结构相对单一、经济基础较为薄弱，在教育资源的投入和积累上相对有限，难以像南宁、桂林等城市那样迅速响应市场对新兴专业的需求。例如，一些偏远地区的院校可能面临着师资短缺、教学设施陈旧等问题，限制了相关专业的开设。在文旅产业发展规模和数字化程度上，这些地区的旅游业可能尚未形成完整的产业链条，数字化应用还处于起步阶段，对旅游及大数据专业人才的需求尚未达到促使院校大规模开设相关专业的程度。不过，随着广西整体文旅产业的协同发展战略的深入推进，以及数字化进程在全区范围内的加速普及，这些地区的文旅产业必将迎来新的发展机遇，对专业人才的需求也将逐渐增长。届时，有望看到更多院校在这些地区开设旅游大数据相关专业，为当地经济发展提供有力的人才保障。

综上所述，广西各地开设旅游及大数据专业的院校分布情况与当地的经济发展水平、文旅产业基础以及数字化需求紧密相连，呈现出明显的地域差异和发展不平衡的特点。但随着时间的推移和发展，这种格局有望在全区文旅产业协同发展的大背景下逐步得到优化和改善。

二、本科层次培养情况

在文旅大数据人才培养体系中，本科层次的教育占据着极为关键的地位，其培养模式与其他层次有着显著的区别，且具有不可替代的重要性。本科层次的文旅大数据人才培养更加侧重于理论知识的系统性和深度构建，同时高度重视学生综合素质的全面提升。这一培养目标旨在为文旅行业输送具备深厚理论基础、扎实专业技能以及良好综合素质的高层次复合型人才，以满足行业不断发展和创新的需求。

在课程设置方面，本科教育体现出显著的综合性和跨学科性，涵盖了数学、统计学、计算机科学、旅游管理等多个关键学科领域。数学课程为学生提供了严谨的逻辑思维和定量分析能力，使他们能够深入理解数据背后的规律和关系；统计学课程则教授学生如何收集、整理、分析和解释数据，为数据分析和决策提供坚实的方法支撑；计算机科学课程让学生掌握先进的数据处理技术、编程技能以及数据存储和管理方法，为大数据的实际应用奠定技术基础；旅游管理课程则使学生熟悉文旅行业的运营模式、市场动态和服务特点，了解行业的实际需求和发展趋势。通过跨学科课程的有机融合，本科教育旨在培养具备多学科知识背景和综合运用能力的文旅大数据人才，使其能够在复杂多变的文旅行业环境中，灵活运用所学知识解决实际问题。

此外，本科教育尤为注重培养学生的创新思维与解决实际问题的能力。学校积极鼓励学生参与各类科研项目，使其能够接触到文旅大数据领域的前沿课题和研究方向，锻炼独立思考能力和探索精神。在科研项目中，学生需要自主查阅大量的文献资料，了解行业的最新研究成果和发展动态，然后结合实际问题提出自己的研究思路和解决方案。这种亲身参与科研的过程，不仅能加深学生对理论知识的理解和掌握，还能培养他们的创新意识和实践能力。同时，学校还积极组织学生参加各类学科竞赛，如大数据分析竞赛、旅游规划设计竞赛等。这些竞赛为学生提供了一个与其他高校学生交流和竞争的平台，使他们能够在竞赛中锻炼自己的团队协作能力、沟通能力和应变能力，同时也能够激发学生的创新潜力，培养他们的竞争意识和创新精神。通过参与科研项目和学科竞赛等多元化的实践活动，学生的综合素质与创新能力得到了显著提升，为他们未来的职业发展和个人成长奠定了坚实的基础。

在作用方面，本科层次培养出来的文旅大数据人才在数据分析、数据挖掘、数据建模等关键领域展现出了更高的专业素养和精湛的技能水平。他们凭借扎实的理论知识和丰富的实践经验，能够对海量的文旅数据进行深入细致的分析和挖掘，从中提取有价值的信息和知识。通过运用先进的数据建模技术，他们能够建立精准的数据模型，对文旅市场的发展趋势和消费者行为进行准确的预测和分析。这些高质量的数据分析和预测结果能够为文旅企业提供有力的决策支持，帮助企业制定更加精准、有效的市场策略和产品优化方案。例如，在旅游市场推广方面，本科层次的文旅大数据人才能够通过对游客的行为数据、偏好数据和消费数据进行分析，精准定位目标客户群体，制定个性化的营销方案，提高营销活动的效果和回报率；在旅游产品开发方面，他们能够根据数据分析结果，了解消费者的需求和痛点，提出创新性的产品设计和改进方案，提升旅游产品的吸引力和竞争力。

目前，广西的多所本科院校已经敏锐地捕捉到了文旅大数据行业的发展趋势和人才需求，积极开设了文旅大数据或相关方向的专业。这些院校充分认识到实践教学对培养应用型人才的重要性，因此大力加强了与企业的合作力度。学校与各类文旅企业建立了紧密的合作关系，通过共建实习实训基地、开展产学研合作项目等方式，为学生提供了丰富多样的实践机会。学生在实习实训过程中，能够将所学的理论知识应用到实际工作中，了解企业的运营流程和工作环境，积累宝贵的实践经验。同时，学校还积极与企业合作开展就业推荐工作，为学生搭建了广阔的就业渠道。通过举办校园招聘会、企业宣讲会等活动，企业能够直接与学生进行面对面的交流和沟通，了解学生的专业能力和综合素质，为企业选拔合适的人才提供了便利。本科层次的专业设置十分丰富，涵盖了旅游管理、数据科学与大数据技术等多个专业。这种丰富的专业设置不仅能够满足不同学生的兴趣爱好和发展方向，让学生根据自己的特长和兴趣选择适合自己的专业，还能够促进学校构建完整的学科体系。不同专业之间相互交叉、相互融合，为开展跨专业的教学和科研活动提供了良好的条件。通过跨专业的教学和科研活动，学校能够整合不同学科的优势资源，培养出具有创新能力和综合素养的复合型人才，进一步提升学校在文旅和大数据领域的综合实力和影响力。

三、研究生层次培养情况

在文旅大数据人才培养的庞大体系架构里，研究生层次的教育宛如金字塔的塔尖明珠，其独特的培养目标与本科及其他层次存在着本质上的差异，在整个文旅大数据领域的人才培育布局中，具有不可撼动的战略地位。随着文旅产业加速与大数据技术深度融合，行业对于能够引领技术创新、推动产业变革的高端人才需求极为迫切。研究生层次的文旅大数据人才培养，正是精准锚定这一行业需求，将核心聚焦于科研能力与创新能力的深度挖掘、全方位塑造，致力于为文旅大数据行业源源不断地输送具备顶尖科研实力、前沿创新思维以及卓越综合素质的高端人才，以满足文旅大数据行业在持续发展和深刻变革进程中，对核心技术突破、产业升级转型等关键方面的急切渴望。

在整个学术生涯中，研究生阶段的学生通常会在导师的悉心指导与专业精湛的引领下，开启一系列自主性极高且极具创新性的独立科研探索之旅。导师作为学生科研道路上的关键引路人，凭借其长年累月积累的丰富学术经验，以及在文旅大数据领域深厚的专业造诣，能够帮助学生精准定位极具价值的前沿研究课题。这些课题紧密围绕着当下文旅大数据行业发展的痛点、难点问题，例如，如何提升文旅大数据的整合与分析效率，以应对海量数据处理的挑战；怎样通过大数据挖掘，实现文旅产品的个性化精准营销，满足游客日益多样化的需求等。这些问题不仅极具挑战性，更有极高的研究价值，对推动行业进步意义重大。

学生在开展科研工作时，需要凭借自身扎实的专业知识根基，以及敏锐的学术洞察力，深入剖析问题的本质，抽丝剥茧般梳理出问题的核心所在。

在此基础上，制定科学合理、切实可行的研究方案。为了获取全面、准确的研究资料，学生需广泛查阅大量国内外前沿的学术文献，跟踪国际国内最新的研究成果与动态，了解行业发展的最新趋势。同时，积极开展实地调研，深入文旅企业、景区等地，收集一手数据，掌握行业实际运营情况。在实验室中，还需运用专业的实验设备与方法，进行严谨的实验分析，对收集到的数据和资料进行系统整理与深入研究。

在研究过程中，学生不仅要熟练运用已有的理论和方法解决实际问题，更要敢于突破传统思维的桎梏，大胆创新，提出别具一格的研究思路和方法。例如，在研究文旅大数据的可视化呈现时，有学生突破传统图表展示方式，引入虚拟现实和增强现实技术，实现了数据的沉浸式、互动式展示，为文旅行业的数据呈现带来了全新的体验。通过这样的独立科研工作，学生的科研能力和创新思维得到了有效提升，问题解决能力和自主学习能力也在不断探索与实践中得到培养，为他们未来在学术研究领域取得卓越成果，以及在产业实践中发挥关键作用，奠定了坚实的基础。

研究生教育在课程设置上，彰显出极为鲜明的前沿性和专业性特征。课程内容紧密追踪文旅大数据领域的最新研究成果和行业发展动态，全方位涵盖了大数据算法与理论、文旅产业前沿理论、智能数据分析与决策等一系列前沿课程。在大数据算法与理论课程中，学生深入学习最新的数据挖掘算法、机器学习算法等，为后续的数据分析和处理提供强大的技术支撑；文旅产业前沿理论课程则让学生了解文旅产业的最新发展模式、政策导向以及市场趋势，使学生的研究紧密贴合行业实际需求；智能数据分析与决策课程培养学生运用大数据进行精准决策的能力，提升学生在复杂环境下的决策水平。

同时，学校还精心开设了科研方法与学术规范、文献检索与管理、学术论文写作等课程，系统地培养学生的科研素养和学术能力。科研方法与学术规范课程教导学生如何科学地开展研究，遵循学术道德和规范；文献检索与管理课程帮助学生掌握高效的文献检索技巧,学会管理和利用海量的学术资源；

学术论文写作课程则指导学生如何撰写高质量的学术论文和研究报告，准确表达自己的研究成果。

此外，学校积极邀请国内外知名专家学者来校举办学术讲座和学术交流活动。这些专家学者带来了国际国内最前沿的研究成果和行业经验，为学生提供了与行业顶尖人才面对面交流的宝贵机会。在与专家的交流互动中，学生拓宽了学术视野，了解到不同研究视角和方法，激发了自身的科研兴趣和创新热情。通过这些精心设计的课程和丰富多样的学术活动，研究生教育致力于培养出具备深厚理论基础、扎实科研能力和广阔国际视野的文旅大数据人才，为他们在未来的科研道路上攀登高峰提供强有力的支持。

在实际作用方面，研究生层次的文旅大数据人才在科研创新、技术攻关等关键领域发挥着无可替代的引领作用。他们凭借扎实的专业知识和敏锐的创新思维，积极投身于前沿科研工作，勇敢探索文旅大数据领域的未知疆土，不断推动行业的技术进步和产业升级。

在文旅大数据的智能推荐系统研究中，研究生深入钻研用户行为数据和偏好模型，运用深度学习、神经网络等先进技术，提出了更加精准、个性化的推荐算法。这些算法能够根据游客的历史浏览记录、消费行为、兴趣偏好等多维度数据，为游客精准推荐符合其需求的旅游产品和服务，有效提升了旅游产品和服务的推荐效果，为游客打造了更加优质、个性化的旅游体验。例如，某高校研究生团队研发的智能推荐系统应用于一家在线旅游平台后，该平台的用户转化率提升了30%，用户满意度提高了25%。

在文旅大数据的安全与隐私保护研究中，研究生针对大数据时代文旅数据面临的安全隐患问题，如数据泄露、非法访问等，创新地运用加密算法、区块链技术等，构建了完善的数据安全防护体系。通过对数据进行加密存储、传输，以及运用区块链的去中心化和不可篡改特性，确保数据的安全性和完整性，为文旅企业的数据安全提供了坚实保障。某文旅企业在采用研究生团队研发的安全防护技术后，成功抵御了多次网络攻击，保障了企业核心数据的安全。

此外，研究生层次的文旅大数据人才还能够凭借自身的专业知识和科研成果，为企业提供全方位、多层次的技术咨询和技术支持服务。他们深入企业内部，了解企业在生产经营过程中遇到的技术难题和瓶颈问题，如数据处理效率低下、数据分析精准度不够等。运用自己的专业知识和创新思维，为企业量身定制切实可行的解决方案，帮助企业优化技术流程，提升技术水平，增强核心竞争力。同时，他们积极推动科研成果转化为实际生产力，将实验室中的研究成果应用到文旅企业的实际运营中，促进文旅大数据技术在企业中的广泛应用，推动文旅产业的数字化转型和高质量发展。例如，某研究生团队研发的文旅大数据分析平台，帮助一家传统旅行社实现了数字化转型，通过精准的市场分析和客户定位，该旅行社的业务量在一年内增长了50%。

目前，广西部分高校敏锐地捕捉到文旅大数据行业蓬勃发展的趋势，积极主动地布局研究生教育，已经开设了文旅大数据或相关方向的硕士研究生专业。这些高校充分认识到国际交流与合作对于提升研究生科研水平和国际视野的关键作用，因此大力加强了与国际先进学术机构的合作与交流。

学校通过与国外知名高校和科研机构建立联合培养机制，让研究生有机会到国外高校进行学习和研究，接触国际最前沿的科研资源，融入顶尖学术氛围。例如，广西某高校与美国一所知名大学合作开展联合培养项目，每年选派一定数量的研究生前往美国学习交流，参与合作院校的科研项目。同时，积极开展学术交流项目，邀请国外专家学者来校讲学，举办国际学术研讨会，为研究生提供与国际顶尖学者交流的平台。在这些学术交流活动中，研究生能够了解国际前沿的研究动态与技术发展趋势，拓宽学术视野，学习到不同的研究方法和思路，提升科研能力和创新水平。

学校还积极鼓励研究生参加国际学术会议和学术竞赛，展示自己的科研成果和学术水平。在国际学术会议上，研究生与来自世界各地的学者分享自己的研究成果，接受专家的点评和建议，进一步完善自己的研究。在学术竞赛中，研究生与国际同行展开激烈竞争，锻炼了自己的团队协作能力和创新能力，提升了学校在国际上的知名度和影响力。通过加强与国际先进学术机构的合作与交流，广西高校的研究生教育在文旅大数据领域取得了显著的成效，培养出了一批具有国际视野和创新能力的高层次人才，为推动广西文旅大数据产业的发展和升级注入了强大动力，做出了重要贡献。

综上所述，广西文旅大数据人才培养的层次结构涵盖了专科、本科和研究生等不同层次。各层次人才在文旅大数据领域中发挥着不同的作用，共同推动着行业的创新与发展。未来，随着文旅大数据产业的不断发展和升级，广西各高校应进一步优化人才培养层次结构，加强实践教学和科技创新能力的培养力度，为行业输送更多高素质、高技能的文旅大数据人才。同时，政府和企业也应加大对文旅大数据人才培养的投入和支持力度，共同推动广西文旅大数据产业的繁荣发展。

四、社会培训层次

随着大数据技术在文旅产业的广泛应用，文旅大数据人才的需求日益增长。社会培训作为人才培养的重要补充途径，在满足市场对文旅大数据人才的迫切需求方面发挥着关键作用。本研究旨在对广西文旅大数据人才培养在社会培训层次上的情况进行全面汇总与深入分析，为进一步优化人才培养体系提供参考依据。

目前，广西文旅大数据人才社会培训的主体涵盖了各类职业培训机构、企业内训部门以及行业协会等。职业培训机构凭借其专业的师资队伍和丰富的培训经验，成为社会培训的主力军。例如，高等院校专注于文旅大数据基础课程的培训，为学员提供从数据采集、存储到分析应用的一站式培训服务；如表7-6所示，企业内训部门则根据自身业务需求，开展针对性强的定制化培训，如广西旅游发展集团依托其"一键游广西"数字文旅平台定期组织内部员工参加文旅大数据营销方面的培训，提升员工利用大数据进行精准营销的能力；行业协会也积极发挥组织协调作用，通过举办研讨会、讲座等形式，邀请行业专家分享最新的文旅大数据应用案例和技术趋势。

各院校的专业数量

各专业的开设院校数量

不同层次院校的专业分布情况

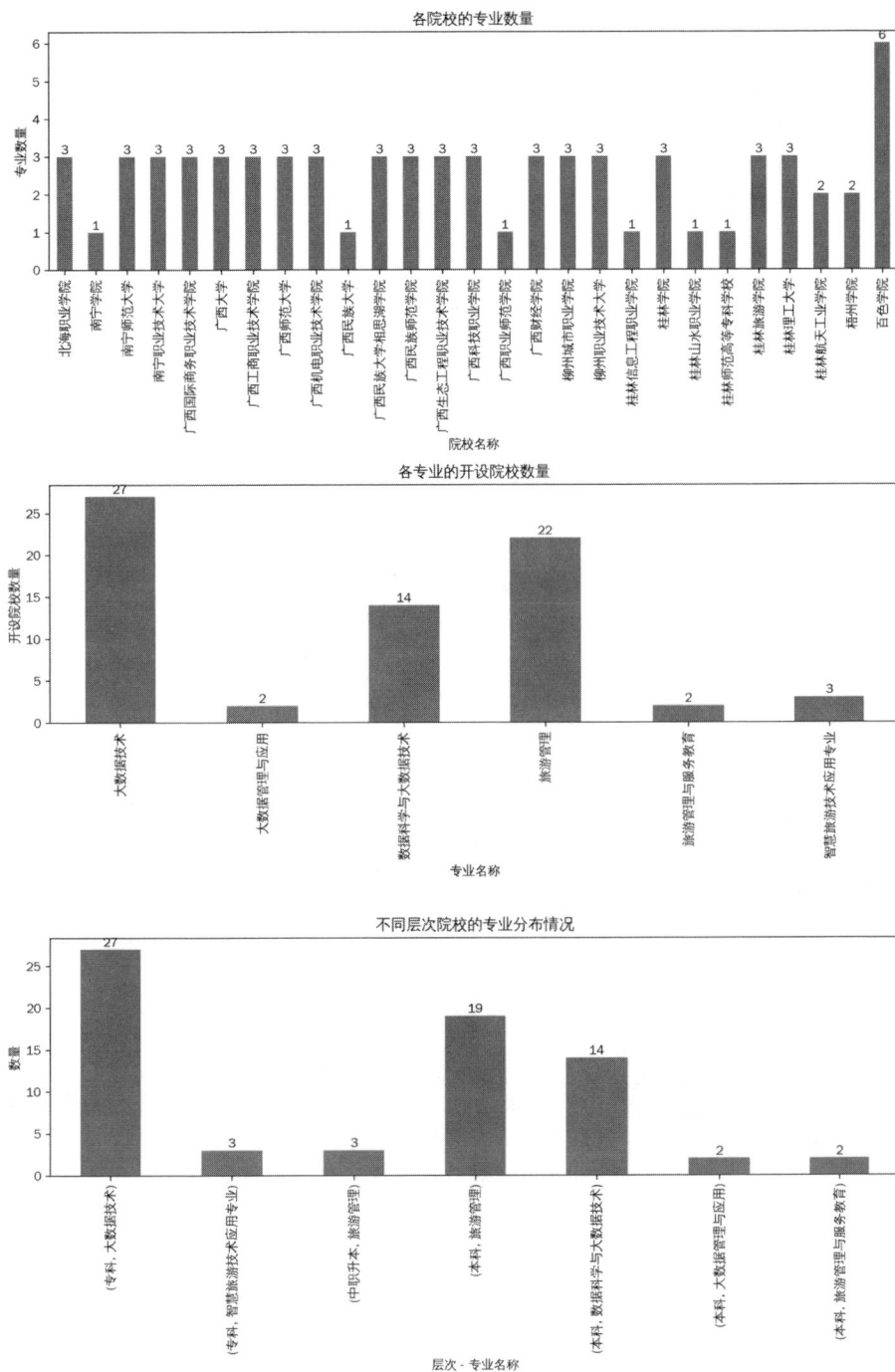

图 7-5　各校专业情况

表7-6　广西院校机构开展社会层次文旅大数据人才培训情况汇总

院校机构	培训主题
桂林理工大学继续教育学院	青海西矿文化旅游有限公司2024年旅游管理能力提升专项培训班
桂林理工大学继续教育学院	桂平市2023年乡村休闲旅游、乡村文化富民、农村党员致富能人培训班
广西师范大学继续教育学院	广西第十二届优秀农村党组织书记大专学历教育班（2022级旅游管理专业）
广西师范大学继续教育学院	梧州市文化和旅游公共服务能力提升培训班
梧州学院	广西文化旅游发展大会服务质量提升培训班
广西国际商务职业技术学院	广西文化旅游与大健康行业产教融合共同体技术技能创新培训班
百色学院	广西红色文化旅游讲解员技能提升培训班
广西大学	共绘绿色画卷，赋能乡村振兴——我院开展广西现代青年农场主农文旅专题培训班
梧州学院	2024年广西文化旅游发展大会服务质量提升培训班正式开班
广西师范大学	2021年桂林市红色文化旅游培训班开班
玉林师范学院	历史文化旅游学院东呈国际集团"青苗工程"培训班开课
广西师范大学	青秀山风景区2020年旅游管理培训班圆满结束
桂林旅游学院	2021年广西旅游发展集团有限公司经理级人员素质提升班（第1期）
桂林旅游学院	山西省A级旅游景区建设提升专题培训班
桂林旅游学院	乡村振兴战略下文旅供给侧改革高研班
桂林旅游学院	2021年全国重点村旅游培训班
桂林旅游学院	推动旅游经济高质量发展，打造"广西世界级旅游目的地"培训班
桂林旅游学院	新发展格局下促进文化和旅游高质量发展人才提升高研班
桂林旅游学院	"建设世界级旅游城市，推动旅游高质量发展"专题研讨班
桂林旅游学院	广西2023年"职业院校教师素质提高计划"项目—中职旅游类中高本专业协同建设专业带头人及骨干教师培训班

院校机构	培训主题
桂林旅游学院	文化创意产业人才能力提升培训班
桂林旅游学院	广西 2024 年"职业院校教师素质提高计划"项目——中职旅游类专业带头人访学研修班
桂林旅游学院	贺州市 2024 年乡村休闲旅游暨旅游住宿业管理人员能力提升培训班
桂林旅游学院	2021 年广西旅游发展集团有限公司经理级人员素质提升班(第 1 期)

培训内容涉及文旅大数据的多个领域。在基础知识方面,包括大数据概论、数据库原理、数据挖掘技术等课程,帮助学员建立起对大数据的基本认知和理论基础;在专业技能方面,涵盖了文旅数据分析与可视化、旅游大数据营销、智慧文旅平台建设与运营等内容,注重培养学员将大数据技术应用于文旅实际业务的能力;同时,还设置了一些综合素质提升课程,如项目管理、沟通技巧等,以提高学员的综合职业素养。

为满足不同学员的学习需求,培训方式呈现出多样化的特点。线上培训借助网络平台,打破了时间和空间的限制,学员可以随时随地进行学习,如"金棕榈"推出的文旅大数据在线课程,吸引了大量学员报名学习;线下培训则以面授为主,通过课堂讲授、案例分析、实践操作等方式,让学员能够与讲师和其他学员进行面对面的交流和互动,增强学习效果;此外,还有线上线下相结合的混合式培训模式,充分发挥两种培训方式的优势。

社会培训为广西文旅行业输送了大量具备大数据知识和技能的专业人才。这些人才在旅游企业、景区、政府部门等单位发挥着重要作用,推动了文旅行业的数字化转型。例如,广西旅发科技股份有限公司在引进经过培训的文旅大数据人才后,成功开发了基于大数据的游客行为分析系统,有效提升了景区的运营管理效率和服务质量。

社会培训的开展,不仅提高了个人的专业素养,也带动了整个文旅行业对大数据技术的认知和应用水平。越来越多的文旅企业开始重视大数据的价值，加大在大数据方面的投入，积极探索大数据在市场营销、产品开发、客户服务等方面的应用，促进了文旅行业的创新发展。

在社会培训过程中，培训机构、企业和高校之间的联系日益紧密，形成了产学研合作的良好局面。高校为培训提供了理论支持和科研成果，企业提供了实践平台和实际案例，培训机构则将高校的理论知识和企业的实践经验相结合，开发出更符合市场需求的培训课程，实现了资源共享、优势互补。

但是社会层次的人才培训仍然存在一些问题，主要表现在以下方面。

一是培训质量参差不齐。由于社会培训市场的准入门槛较低，部分培训机构为了追求经济利益，在师资力量、教学设施等方面投入不足，导致培训质量难以保证。一些培训课程内容陈旧、与实际应用脱节，学员在培训后无法将所学知识运用到实际工作中。

二是缺乏统一的培训标准和认证体系。目前，广西文旅大数据人才社会培训缺乏统一的培训标准和认证体系，不同培训机构的培训内容和质量差异较大，学员的培训成果难以得到客观、公正的评价。这不仅影响了学员的就业和职业发展，也制约了社会培训行业的健康发展。

三是培训内容与就业衔接不够紧密。部分培训机构在培训过程中，对市场需求和就业形势的分析不够深入，培训内容与企业实际需求存在一定差距，导致学员在就业时面临困难。同时，培训机构与企业之间的沟通协作不够紧密，缺乏有效的就业推荐机制，影响了学员的就业质量。

第三节　广西文旅大数据人才培养质量

一、广西文旅大数据相关专业院校数量及招生规模现状

在当今数字化浪潮席卷全球的大背景下，大数据技术凭借其强大的信息处理与分析能力，在各个领域掀起了创新变革的风暴，文旅产业也不例外。

近年来，大数据技术在文旅产业的应用范围不断拓展，从精准的市场调研与游客画像分析，到个性化的旅游产品推荐与营销方案制定，再到文旅企业的运营管理优化与服务质量提升，大数据技术的身影无处不在，已然成为推动文旅产业蓬勃发展、实现数字化转型的关键驱动力。在这样的市场需求推动下，广西各高校迅速做出响应，积极主动地调整专业设置，开设了一系列与文旅大数据紧密相关的专业，为广西文旅产业的人才储备添砖加瓦。

据不完全统计，当前广西已有众多院校顺应时代潮流，投身到文旅大数据专业人才的培养行列中。这些院校开设的专业丰富多样，涵盖了文旅大数据、旅游管理（大数据方向）、信息管理与信息系统（文旅大数据方向）等多个特色鲜明的专业。值得一提的是，这些院校的学历层次分布广泛，从注重实践技能培养的专科院校，到侧重于理论知识体系构建和综合素养提升的本科院校，形成了一个较为完整的人才培养梯队。专科院校凭借其灵活的教学模式和紧密对接市场需求的课程设置，着重培养学生在文旅大数据领域的基础操作技能，使学生毕业后能够迅速适应一线岗位的工作要求；本科院校则凭借深厚的学术底蕴、强大的科研实力以及丰富的教学资源，致力于培养具备扎实理论基础、创新思维和研究能力的高层次人才，为广西文旅大数据产业的长远发展提供强有力的智力支持。不同学历层次的院校相互补充、协同发展，共同为广西文旅大数据人才的培养提供了丰富且多元的教育资源。

在招生规模方面，各院校秉持实事求是的原则，根据自身的办学条件和市场对文旅大数据人才的实际需求，制订了差异化的招生计划。一些在广西乃至全国都具有较高知名度和影响力的重点高校，凭借其雄厚的师资力量、完善的教学设施以及卓越的学术声誉，在文旅大数据专业的招生工作中占据了明显的优势。这些重点高校汇聚了一批在大数据技术、文旅产业研究等领域具有深厚学术造诣和丰富实践经验的专家学者，他们不仅能为学生传授前沿的专业知识和先进的技术技能，还能带领学生参与到各类科研项目和实践活动中，为学生提供广阔的发展空间和优质的学习资源。因此，这些重点高校往往能够吸引大量对文旅大数据专业充满热情和兴趣的学生报考，招生规模相对较大。以广西某重点本科院校为例，其旅游管理（大数据方向）专业凭借强大的师资团队和丰富的实践教学资源，每年的招生人数都能达到数百人，在广西文旅大数据专业招生中处于领先地位。

然而，一些新建或处于转型阶段的院校在招生过程中则面临着诸多挑战。由于建校时间较短，这些院校在社会上的知名度相对较低，师资队伍建设方面还存在不足，部分专业教师的教学经验和实践能力有待提高。同时，教学设施与重点高校相比也存在差距，实验室设备不够先进、实践教学基地不够完善等问题较为突出。这些因素在一定程度上限制了它们的招生吸引力，导致招生规模相对较小。但是，这些院校并没有因此而停滞不前，而是积极采取措施，努力提升自身的办学水平和竞争力。它们通过加大人才引进力度，吸引了一批优秀的专业人才加入教师队伍；加强与企业的合作，共建实习实训基地，改善教学设施条件；不断优化课程设置和教学内容，提高教学质量。通过这些努力，这些院校的招生规模也在逐步扩大。

尽管各院校的招生规模存在差异，但从整体趋势来看，随着广西文旅大数据产业的持续发展壮大，市场对相关专业人才的需求与日俱增，广西文旅大数据相关专业的招生规模呈现出逐年增长的良好态势。这一趋势不仅反映了市场对文旅大数据人才的旺盛需求，也表明广西各高校对文旅大数据产业发展前景的信心和重视。随着招生规模的不断扩大，广西将培养出更多优秀的文旅大数据专业人才，为广西文旅产业的数字化转型和高质量发展注入源源不断的动力，助力广西文旅产业在激烈的市场竞争中脱颖而出，实现跨越式发展。

二、广西文旅产业对大数据人才的需求分析

广西文旅产业，作为广西地方经济不可或缺的重要组成部分，在近年来凭借着丰富的自然资源、深厚的历史文化底蕴以及不断优化的产业政策，呈现出蓬勃发展、蒸蒸日上的态势。从闻名遐迩的桂林山水，到充满异域风情

的德天瀑布，再到承载着千年历史的北海老街等，众多独具特色的文旅资源吸引着来自国内外的大量游客，不仅带动了当地旅游、餐饮、住宿等相关行业的繁荣发展，创造了大量的就业机会，还对广西的经济增长、文化传播和形象提升起到了至关重要的推动作用。随着文旅市场的不断拓展和竞争的日益激烈，广西文旅产业正加速向数字化、智能化方向转型，对大数据人才的需求也呈现出"井喷式"增长，这种需求变得越发迫切且多元。

一方面，大数据技术的广泛普及和深入应用，犹如一场及时雨，为广西文旅企业的发展带来了全新的机遇和变革。在当今信息爆炸的时代，海量的数据蕴含着巨大的商业价值，而大数据技术则成为打开这座宝藏的关键钥匙。越来越多的广西文旅企业敏锐地捕捉到了这一趋势，纷纷积极引入大数据技术，将其应用到企业运营的各个环节中。在市场分析方面，企业通过收集和分析海量的市场数据，包括游客的来源地、年龄分布、消费习惯、出行偏好等信息，能够深入了解市场的动态变化和趋势，准确把握消费者的需求和痛点。这使得企业能够更加精准地定位目标市场，制定出针对性更强、更具竞争力的市场策略，从而在激烈的市场竞争中脱颖而出。例如，通过对游客来源地数据的分析，某文旅企业发现来自特定地区的游客数量呈现出显著增长的趋势，于是该企业迅速调整了市场推广策略，加大在该地区的宣传力度，成功吸引了更多的游客，实现了业务量的大幅增长。

在客户画像方面，大数据技术发挥着举足轻重的作用。通过整合游客在各个渠道留下的行为数据，如在线预订记录、社交媒体互动、消费评价等，文旅企业能够据此构建出精准的客户画像，深入了解每一位客户的兴趣爱好、消费能力和行为习惯。基于精准的客户画像，企业可以实现个性化营销，为客户提供定制化的旅游产品和服务，大大提高了客户的满意度和忠诚度。例如，一家旅游公司通过分析客户的消费数据，发现某位客户对历史文化类旅游产品情有独钟，于是主动为其推荐了一系列具有深厚历史文化底蕴的旅游线路和景点，客户对这一推荐非常满意，并最终选择了该公司提供的旅游产品。

在产品优化方面，大数据技术同样功不可没。企业通过收集和分析游客对旅游产品的反馈数据，能够及时发现产品中存在的问题和不足之处，进而有针对性地进行优化和改进。例如，某景区通过对游客评价数据的分析，发现游客对景区内的餐饮服务质量和价格存在较多的不满，于是景区管理方迅速采取措施，优化了餐饮供应商的选择，提高了菜品的质量和种类，并合理调整了价格，游客的满意度得到了显著提升。

另一方面，广西各级政府也深刻认识到文旅产业数字化转型的重要性和紧迫性，积极发挥引领和推动作用，加大了对文旅大数据人才的培养和引进力度。政府出台了一系列优惠政策和扶持措施，鼓励高校和职业院校开设与文旅大数据相关的专业和课程，加强与企业的合作，开展产学研一体化的人才培养模式。同时，政府还举办了各类人才招聘会、人才交流活动等，为企业和人才搭建沟通和交流的平台，吸引了大量区外优秀的文旅大数据人才来到广西发展。此外，政府还设立了专项基金，支持文旅大数据领域的科研项目和创新实践，为文旅大数据人才的成长和发展提供了良好的环境和条件。

具体来说，广西文旅产业对大数据人才的需求呈现出多元化和专业化的特点，主要体现在以下几个关键岗位。

一是数据分析师，这一岗位在文旅企业的决策过程中扮演着至关重要的角色。数据分析师需要深入文旅企业的各个业务环节，收集大量的运营数据、市场数据和客户数据，并运用专业的数据分析工具和方法进行系统整理和深入分析。他们需要从复杂的数据中提取有价值的信息和洞察，揭示数据背后隐藏的规律和趋势，为企业的战略决策、产品研发、市场营销等提供科学、准确的依据。例如，数据分析师通过分析游客的消费行为数据，发现不同年龄段的游客在旅游消费上存在显著差异，年轻游客更注重旅游产品的个性化和体验感，而老年游客则更关注旅游产品的舒适性和安全性。基于这一分析结果，企业可以针对不同年龄段的游客推出不同类型的旅游产品，满足他们的多样化需求。

二是数据工程师，他们是保障大数据平台稳定运行的核心力量。数据工程师负责大数据平台的搭建和维护工作，需要具备扎实的计算机技术基础和丰富的实践经验。他们要根据企业的业务需求和数据特点，选择合适的大数据技术框架和工具，搭建高效、稳定、可扩展的大数据平台。在平台搭建完成后，数据工程师还需要对平台进行日常的维护和管理，确保数据的准确性、完整性和安全性。他们要及时处理数据平台出现的各种问题，进行数据备份和恢复，保障数据的安全存储和高效传输。同时，数据工程师还要不断优化大数据平台的性能，提高数据处理的效率和速度，以满足企业日益增长的数据处理需求。

三是数据可视化工程师，他们的工作是将抽象、复杂的大数据转化为直观、易懂的图表和报告，让企业的领导和业务人员能够迅速理解和使用数据。数据可视化工程师需要具备良好的设计能力和数据理解能力，能够根据不同的数据特点和业务需求，选择合适的可视化方式和工具，设计出简洁明了、美观大方的数据可视化作品。通过数据可视化，企业的领导和业务人员可以更加直观地了解企业的运营状况、市场动态和业务趋势，从而做出更加科学、合理的决策。例如，数据可视化工程师将企业的年度销售数据以柱状图和折线图的形式呈现出来，清晰地展示了不同产品的销售情况和销售趋势，让企业领导能够一目了然地了解企业的销售业绩。

此外，广西文旅产业还迫切需要一批具备文旅行业知识和大数据技术背景的复合型人才。这类人才既熟悉文旅行业的业务流程、市场规则和文化特点，又掌握有大数据技术的核心知识和应用技能，能够将大数据技术与文旅行业的实际需求紧密结合起来，推动文旅产业的创新发展。他们可以利用大数据技术挖掘文旅资源的潜在价值，开发出新颖、独特的文旅产品和服务；可以运用大数据分析手段优化文旅企业的运营管理流程，提高企业的运营效率和服务质量；还可以通过大数据技术加强文旅产业与其他产业的融合发展，拓展文旅产业的发展空间和市场潜力。例如，一位具备文旅行业知识和大数据技术背景的复合型人才，通过对广西少数民族文化资源的深入研究和大数据分析，开发出了一款融合了虚拟现实技术的少数民族文化体验产品，受到了游客的广泛好评，为企业带来了良好的经济效益和社会效益。

综上所述，广西文旅产业的快速发展对大数据人才的需求日益旺盛且多元化。培养和引进更多高素质的大数据人才，对于推动广西文旅产业的数字化转型和创新发展具有至关重要的意义。只有不断加强大数据人才队伍建设，才能为广西文旅产业的高质量发展提供坚实的人才支撑和智力保障。

广西文旅产业，作为推动地方经济发展的强劲引擎，近年来依托得天独厚的自然景观、多元璀璨的民族文化以及持续优化的产业政策，迎来了高速发展的黄金时期。从"山水甲天下"的桂林漓江，到神秘绮丽的乐业天坑群，再到承载着厚重历史的梧州骑楼城，这些丰富的文旅资源吸引着来自五湖四海的游客，不仅带动了周边餐饮、住宿、交通等相关产业的繁荣，也创造了大量的就业岗位，还对提升广西的知名度和美誉度发挥了重要作用。在数字化浪潮的席卷下，广西文旅产业正加速向数字化、智能化迈进，这一转型过程使得对大数据人才的需求呈现出"井喷式"增长，且需求越发多样、深入。

一方面，大数据技术的普及与应用为广西文旅企业的发展带来了全新的机遇与变革。在信息爆炸的时代，海量的数据蕴含着巨大的商业价值，大数据技术成为开启这座宝藏的关键钥匙。越来越多的广西文旅企业敏锐地捕捉到这一趋势，积极引入大数据技术，将其融入企业运营的各个环节。在市场分析方面，企业通过收集和分析海量的市场数据，包括游客的来源地、年龄分布、消费习惯、出行偏好等信息，能够深入了解市场的动态变化和趋势，精准把握消费者的需求和痛点。这使企业能够更加精准地定位目标市场，制定出更具有针对性和竞争力的市场策略，从而在激烈的市场竞争中脱颖而出。例如，通过对游客来源地数据的分析，某文旅企业发现来自特定地区的游客数量呈现出显著增长的趋势，于是迅速调整市场推广策略，加大在该地区的宣传力度，成功吸引了更多的游客，实现了业务量的大幅增长。

在客户画像方面，大数据技术发挥着举足轻重的作用。通过整合游客在各个渠道留下的行为数据，如在线预订记录、社交媒体互动、消费评价等，文旅企业能够构建出精准的客户画像，详细了解每一位客户的兴趣爱好、消费能力和行为习惯。基于这些精准的客户画像，企业可以实现个性化营销，为客户提供定制化的旅游产品和服务，大大提高了客户的满意度和忠诚度。比如，一家旅游公司通过分析客户的消费数据，发现某位客户对历史文化类旅游产品情有独钟，于是主动为其推荐了一系列具有深厚历史文化底蕴的旅游线路和景点，客户对这一推荐非常满意，并最终选择了该公司提供的旅游产品。

在产品优化方面，大数据技术同样功不可没。企业通过收集和分析游客对旅游产品的反馈数据，能够及时发现产品存在的问题和不足之处，进而有针对性地进行优化和改进。例如，某景区通过对游客评价数据的分析，发现游客对景区内的餐饮服务质量和价格存在较多的不满，于是景区管理方迅速采取措施，优化了餐饮供应商的选择，提高了菜品的质量和种类，并合理调整了价格，游客的满意度得到了显著提升。

另一方面，广西各级政府也深刻认识到文旅产业数字化转型的重要性和紧迫性，积极发挥引领和推动作用，加大了对文旅大数据人才的培养和引进力度。政府出台了一系列优惠政策和扶持措施，鼓励高校和职业院校开设与文旅大数据相关的专业和课程，加强与企业的合作，开展产学研一体化的人才培养模式。同时，政府还举办了各类人才招聘会、人才交流活动等，为企业和人才搭建沟通和交流的平台，吸引了大量区外优秀的文旅大数据人才来到广西发展。此外，政府还设立了专项基金，支持文旅大数据领域的科研项目和创新实践，为文旅大数据人才的成长和发展提供了良好的环境和条件。

除此之外，智慧文旅平台的建设还需要更多的能够结合业务的数据专业岗位。具体而言，广西文旅产业对大数据人才的需求呈现出多元化和专业化的特点，除了数据分析师、数据工程师和数据可视化工程师以及复合型人才外，还体现在以下多个重要方面。

1.算法工程师

文旅产业中涉及大量的个性化推荐、智能定价、客流量预测等业务场景，都需要算法工程师的专业支持。他们需要深入研究和开发各种先进的算法模型，以满足文旅企业的实际需求。在个性化推荐方面，算法工程师要根据游客的历史浏览、预订和消费数据，运用协同过滤算法、深度学习算法等，构建个性化的推荐系统，为游客精准推荐符合其兴趣和需求的旅游产品、景点和活动等，从而提高游客的参与度和转化率。例如，在旅游 App 上，算法工程师开发的推荐系统能够根据用户的浏览历史，为其推荐相似风格的旅游目的地，或者基于用户已经预订的酒店，推荐周边的特色美食和娱乐活动。在智能定价方面，算法工程师要综合考虑市场供需关系、旅游淡旺季差异、竞争对手价格策略等因素，建立动态定价模型，使旅游产品的价格能够根据市场变化进行实时调整，以实现企业收益的最大化。对于客流量预测，算法工程师要结合历史客流量数据、天气数据、节假日信息、重大活动安排等多源数据，运用时间序列分析、机器学习等算法，准确预测景区、酒店等场所未来的客流量，帮助企业合理安排资源、优化运营管理，避免出现游客过度拥挤或资源闲置的情况。

2.数据安全专家

随着大数据在文旅产业中的广泛应用，数据的安全性和隐私保护问题日益凸显。数据安全专家在这方面发挥着关键作用，负责制定和实施数据安全策略，保障文旅企业的数据资产不被泄露、篡改或滥用。他们需要深入了解数据安全法规和标准，对企业的数据存储、传输、处理等环节进行全面的安全评估，及时发现潜在的安全风险，并采取相应的防范措施。例如，通过加密技术对敏感数据进行加密存储和传输，防止数据在传输过程中被窃取；建立严格的访问控制机制，确保只有授权人员能够访问特定的数据；定期进行数据备份和恢复演练，以应对可能出现的数据丢失或损坏情况。此外，数据安全专家还需要关注网络安全动态，及时发现和应对各类网络攻击，如黑客入侵、恶意软件攻击等，保障企业的信息系统稳定运行。在游客个人信息保护方面，数据安全专家要确保企业遵守相关法律法规，合理收集、使用和存储游客的个人信息，避免因信息泄露给游客带来损失和不良影响。

3. 数据运营专员

数据运营专员负责对文旅企业的数据资产进行日常管理和运营，以确保数据的质量和价值能够得到充分发挥。他们需要制定数据采集规范和流程，保证从各种渠道收集到的数据准确、完整和一致。同时，数据运营专员要对采集到的数据进行清洗、整理和标注，去除重复、错误和无效的数据，使数据能够满足分析和应用的要求。数据运营专员还需要建立数据指标体系，明确企业各个业务环节的关键数据指标，并定期对这些指标进行监控和分析，及时发现业务运营中的问题和异常情况。例如，通过分析游客的转化率、留存率等指标，评估营销活动的效果，为优化营销策略提供依据；通过监控景区的游客投诉率、满意度等指标，及时发现景区服务中存在的问题，采取改进措施，提高游客的体验。此外，数据运营专员还要负责与其他部门进行沟通和协作，将数据分析的结果转化为实际的业务建议和决策支持，推动数据在企业内部的流通和应用，促进企业业务的发展。

4. 大数据营销专家

在竞争激烈的文旅市场中，有效的营销是吸引游客、提升品牌知名度和市场份额的关键。大数据营销专家能够充分利用大数据技术，制定精准、高效的营销策略。他们通过对海量的市场数据、游客数据和竞争对手数据的分析，深入了解市场趋势、消费者需求和竞争对手的动态，为企业制定差异化的营销定位和目标。结合数据分析结果，大数据营销专家能够选择合适的营销渠道和方式，如社交媒体营销、搜索引擎营销、内容营销等，将旅游产品和服务精准地推送给目标客户群体。他们还可以利用大数据技术进行营销活动的策划和执行，通过 A/B 测试等方法，不断优化营销方案，提高营销活动的效果和投资回报率。例如，根据不同地区、不同年龄段游客的兴趣偏好和消费习惯，制定个性化的广告内容和投放策略，提高广告的点击率和转化率；通过分析游客在社交媒体上的互动数据，了解游客的口碑和反馈，及时调整营销传播策略，提升企业的品牌形象和美誉度。

5. 大数据战略规划师

随着文旅产业数字化转型的不断深入，企业需要制定长远的大数据战略规划，以指导企业在大数据时代的发展方向。大数据战略规划师需要具备宏观视野和战略思维，能够结合企业的发展目标、市场环境和技术趋势，制定出符合企业实际情况的大数据战略。他们需要深入了解企业的业务流程和数据资产状况，分析大数据技术对企业各个业务环节的潜在影响，提出数据驱动的业务创新和变革方案。大数据战略规划师还需要与企业的高层管理人员密切合作，将大数据战略融入企业整体战略规划，确保大数据技术的应用能够为企业创造更大的价值。同时，他们要持续关注行业的最新动态和技术发展趋势，及时调整企业的大数据战略，使企业在激烈的市场竞争中保持领先地位。例如，根据人工智能、区块链等新兴技术的发展，为企业规划如何将这些技术与大数据相结合，构建新的业务模式和竞争优势。

综上所述，广西文旅产业的快速发展对大数据人才的需求呈现出多元化、专业化和高层次化的特点。培养和引进各类高素质的大数据人才，对于推动广西文旅产业的数字化转型和创新发展具有至关重要的意义。只有不断加强大数据人才队伍建设，才能为广西文旅产业的高质量发展提供坚实的人才支撑和智力保障，使其在激烈的市场竞争中立于不败之地。

三、当前培养规模与产业需求的对比及差距分析

在当今数字化时代，大数据技术正以前所未有的速度和深度融入各个行业，文旅产业也不例外。广西文旅产业凭借其丰富的自然景观、深厚的历史文化底蕴以及多元的民族风情，近年来呈现出蓬勃发展的态势，数字化转型成为其实现高质量发展的必然选择。在这一过程中，对文旅大数据人才的需

求如"井喷式"增长，而广西各高校作为人才培养的重要阵地，虽在文旅大数据人才培养方面积极探索并取得了一定的成绩，然而，目前的培养状况与产业对人才的迫切需求之间仍存在着较大的差距。

尽管广西各高校积极响应文旅产业发展的需求，陆续开设了文旅大数据相关专业，但从整体培养规模来看，远远无法满足产业对大数据人才的旺盛需求。一方面，开设文旅大数据相关专业的院校数量极为有限，在整个广西的高校体系中仅占较小的比重。由于专业开设门槛较高，需要具备一定的师资力量、教学设施以及专业课程体系等条件，因此许多高校对开设相关专业望而却步。这使得招生规模也受到极大的限制，每个院校的招生人数相对较少，无法形成大规模的人才培养效应。如此一来，每年毕业并输送到文旅产业工作的文旅大数据人才数量十分有限，远远无法满足文旅产业快速扩张所带来的巨大人才需求缺口。

另一方面，部分院校在人才培养的具体环节上存在诸多问题。在课程设置方面，一些院校的课程体系缺乏系统性和前瞻性，未能紧密结合文旅产业的实际发展需求和大数据技术的最新趋势进行合理规划。课程内容陈旧，未能及时更新，许多前沿的大数据技术和文旅行业的创新应用案例未能纳入教学内容中，导致学生所学知识与实际工作需求脱节。在教学内容上，部分院校过于注重理论知识的传授，而忽视了实践技能的培养。学生在课堂上虽然掌握了大量的理论知识，但在面对实际的文旅大数据项目时，显得手足无措，不知道如何将理论知识运用到实际操作中。此外，实践教学环节也存在明显的不足。一些院校缺乏与文旅企业的深度合作，没有建立稳定的实习实训基地，学生缺乏参与实际项目的机会，实践经验严重匮乏。即便开设了一些实践课程，也往往流于形式，无法真正锻炼学生的实际操作能力和问题解决能力。

具体分析当前广西文旅大数据人才培养与产业需求之间的差距，主要体现在以下几个关键方面。

首先是人才数量严重不足。随着广西文旅产业的迅猛发展，各类文旅企业如雨后春笋般涌现，市场规模不断扩大，业务范围持续拓展。无论是大型的文旅集团，还是中小型的文旅创业公司，都在积极推进数字化转型，对大数据人才的需求急剧增加。从旅游景区的智慧化管理，到文旅产品的精准营销，再到游客服务的个性化定制，每一个环节都离不开大数据人才的支持。然而，目前高校每年培养的文旅大数据人才数量远远低于产业的实际需求，导致许多企业在招聘大数据人才时面临着"一才难求"的困境，既严重制约了企业的发展和创新，也阻碍了广西文旅产业数字化转型的进程。

其次是人才质量不高。部分毕业生虽然具备一定的专业知识，但在实际工作中暴露出缺乏实践经验和创新能力的问题。由于在校期间实践机会较少，学生对实际工作中的业务流程和操作规范了解甚少，难以迅速适应工作岗位的要求。在面对复杂多变的工作场景时，往往缺乏独立思考和解决问题的能力，无法灵活运用所学知识进行创新和突破。此外，随着文旅产业的不断发展和创新，对人才的创新能力提出了更高的要求。然而，部分院校在教学过程中忽视了对学生创新思维和创新能力的培养，导致学生在毕业后难以满足企业对创新型人才的需求，无法为企业的发展提供新的思路和方法。

最后是人才结构不合理。文旅产业的数字化转型需要的是既具备扎实的文旅行业知识，了解文旅市场的特点、运营模式和文化内涵，又掌握大数据技术的核心知识和应用技能的复合型人才。他们能够将大数据技术与文旅行业的实际需求紧密结合起来，为企业提供全方位的解决方案。然而，目前广西高校培养的人才中，这种复合型人才的比例相对较低。大部分毕业生要么只擅长大数据技术，对文旅行业的了解不够深入；要么只熟悉文旅行业知识，对大数据技术的掌握不够熟练。这种人才结构的不合理，让企业在招聘和使用人才时面临着很大的困难，既无法满足企业对复合型人才的迫切需求，也影响了文旅产业的创新发展和数字化转型。

为了有效缩小这一差距，推动广西文旅产业的数字化转型和高质量发展，广西各高校、政府和企业需要共同努力，形成合力。

广西各高校作为人才培养的主体，需要进一步加强文旅大数据人才的培养力度。在课程设置方面，高校应紧密结合文旅产业的发展趋势和市场需求，制定科学合理的课程体系。及时更新教学内容，引入最新的大数据技术和文旅行业的前沿知识，确保学生所学知识的实用性和前瞻性。同时，加强实践教学环节，与更多的文旅企业建立深度合作关系，共建实习实训基地，为学生提供更多参与实际项目的机会。通过实践教学，让学生在实际工作中锻炼自己的操作能力和问题解决能力，积累丰富的实践经验。此外，高校还应注重培养学生的创新能力，开设创新创业课程，组织学生参加各类创新创业竞赛，激发学生的创新思维和创新意识，提高学生的综合素质和就业竞争力。

政府在人才培养和引进方面也应发挥重要作用。政府应加大对文旅大数据人才培养的政策支持和资金投入，鼓励高校和职业院校加强相关专业建设，提高人才培养质量。制定更加优惠的人才引进政策，吸引国内外优秀的文旅大数据人才到广西工作和创业。同时，政府还可以搭建人才交流平台，促进高校、企业和科研机构之间的合作与交流，实现人才、技术和资源的共享。此外，政府应加强对文旅产业的引导和扶持，推动文旅企业与高校的深度合作，为人才培养提供更多的实践机会和应用场景。

企业作为人才的最终使用者，也需要积极参与到人才培养的过程中。企业应与高校建立长期稳定的合作关系，参与高校的课程设置和教学内容的制定，将企业的实际需求和行业动态反馈给高校，确保高校培养的人才更符合企业的实际要求。同时，企业可以为学生提供实习和就业机会，让学生在实际工作环境中了解行业的发展趋势和业务需求，提高学生的实践能力和职业素养。此外，企业还可以设立奖学金、助学金等激励机制，鼓励学生努力学习，积极投身于文旅大数据领域的研究和实践。

综上所述，广西文旅大数据人才培养与产业需求之间的差距是一个亟待解决的问题。只有通过广西各高校、政府和企业的共同努力，加强人才培养和引进力度，优化人才培养模式，提高人才培养质量，才能为广西文旅产业的数字化转型和高质量发展提供有力的人才支撑，推动广西文旅产业在新时代实现新的跨越和发展。

第四节　广西文旅人才流动情况

一、就业现状

1. 就业率与就业领域

广西文旅大数据专业的毕业生在就业市场上展现出较高的竞争力。随着文旅产业的快速发展和大数据技术的广泛应用，越来越多的文旅企业开始重视大数据人才的培养和引进。因此，广西文旅大数据专业的毕业生在就业率方面表现良好，大部分毕业生能够在毕业后顺利找到工作。

在就业领域方面，广西文旅大数据专业的毕业生主要分布在文旅企业、互联网公司、数据分析机构等相关领域。他们凭借扎实的大数据技术和对文旅行业的深入了解，在数据分析、数据挖掘、数据可视化等方面发挥着重要作用。同时，部分毕业生还选择进入政府机构或事业单位，从事与文旅大数据相关的规划、管理和研究工作。

2. 薪资水平

随着文旅大数据人才的紧缺和市场竞争的加剧，广西文旅大数据专业的毕业生在薪资水平方面表现出较高的竞争力。一般来说，毕业生的薪资水平与其所在行业、职位以及个人能力等因素密切相关。在文旅企业、互联网公司等高薪领域，毕业生的薪资水平通常较高；而在政府机构或事业单位等相对稳定的领域，薪资水平则相对平稳。不过，随着工作经验的积累和技能的提升，广西文旅大数据专业的毕业生在薪资水平方面仍有较大的提升空间。

3. 当前就业市场需求

当前，广西文旅大数据人才的需求呈现出持续增长的趋势。一方面，随着文旅产业的数字化转型和升级，越来越多的文旅企业开始注重大数据技术的应用和创新，对文旅大数据人才的需求不断增加；另一方面，随着大数据技术的普及和发展，越来越多的行业和领域开始与大数据相结合，为文旅大数据人才提供了更广阔的就业空间和发展机会。因此，广西文旅大数据专业的毕业生在就业市场上具有广阔的前景和发展空间。

二、人才流动

1. 人才流向

广西文旅大数据人才的流动情况呈现出多样化的特点。一方面，部分毕业生选择留在广西本地从事文旅大数据相关工作，为广西文旅产业的发展贡献力量；另一方面，也有部分毕业生选择前往一线城市或发达地区寻求更好的职业发展机会和薪资待遇。此外，还有一些毕业生选择进入跨国公司或外资企业，从事与国际文旅大数据相关的研究和开发工作。

2. 流失原因

广西文旅大数据人才的流失原因主要包括以下几个方面：一是薪资待遇相对较低，无法满足毕业生的期望和需求；二是职业发展机会有限，毕业生在本地难以获得更好的晋升机会和职业发展前景；三是工作环境和氛围不佳，部分毕业生对本地的工作环境和氛围感到不满意；四是个人原因，如家庭、婚姻等因素导致毕业生选择离开广西前往其他地区发展。

3. 当前人才流动对广西文旅大数据人才培养的影响

当前人才流动对广西文旅大数据人才培养产生了一定的影响。一方面，人才流动为广西文旅大数据产业带来了新鲜血液和创新思维，促进了产业的快速发展和升级；另一方面，人才流失也导致了广西文旅大数据人才储备的减少和人才培养成本的增加。因此，为了保持广西文旅大数据产业的持续发展和竞争力，需要加强对文旅大数据人才的培养和引进力度，提高薪资待遇和职业发展机会等方面的吸引力，以留住更多的优秀人才为广西文旅产业的发展贡献力量。

综上所述，广西文旅大数据人才的就业与流动情况呈现出多样化的特点和发展趋势。为了保持产业的持续发展和竞争力，需要加强对文旅大数据人才的培养和引进力度，提高薪资待遇和职业发展机会等方面的吸引力，以吸引和留住更多的优秀人才为广西文旅产业的发展贡献力量。

第八章

广西文旅大数据人才产业需求侧研究

随着文旅产业的快速发展和大数据技术的广泛应用，文旅大数据人才的需求日益增长。为了深入了解广西文旅产业对大数据人才的需求状况，以及当前人才与岗位能力之间的匹配度缺口，我们设计了双维度问卷调研，旨在通过科学的方法收集和分析数据，为广西文旅大数据人才的培养提供有力的依据。

第一节　调研设计

问卷设计是本次调研工作的关键环节，其质量直接影响到调研结果的准确性和可靠性。为了确保问卷能够有效地收集到与广西文旅产业大数据人才相关的信息，为后续的研究和决策提供有力支持，本次问卷设计严格遵循了科学性、系统性、实用性和针对性等多项重要原则。

在科学性原则的贯彻落实上，问卷内容的设计经历了多个严谨的步骤。首先，组建了由文旅产业专家、大数据领域学者以及调研方法专家等组成的专业论证团队。这些专家凭借其丰富的专业知识和实践经验，对问卷的初始设计进行了细致入微的评估和审核。他们从各自的专业角度出发，对问卷中的问题表述、逻辑结构、涵盖范围等方面进行了深入讨论和分析，提出了许多宝贵的意见和建议。例如，在涉及大数据技术相关问题时，大数据领域的学者确保了问题的专业性和准确性，避免了表述模糊或概念错误的情况；文旅产业专家则从行业实际需求出发，对与文旅业务相关的问题进行了优化，使其更贴合行业实际情况。在专家论证的基础上，还开展了预调研工作。选取了一小部分具有代表性的企业和个人作为预调研对象，让他们填写问卷，并收集他们对问卷的反馈意见。通过预调研，发现了一些在问卷设计过程中未被察觉的问题，如部分问题表述过于复杂，导致被调查者理解困难；某些问题的选项设置不够全面，无法涵盖所有可能的情况等。针对这些问题，对问卷进行了进一步的修改和完善，确保问卷内容的合理性和有效性，从而提高调研结果的科学性。

在系统性原则的遵循上，问卷设计涵盖了企业需求和个人能力这两个关键维度，力求全面、深入地反映文旅大数据人才的需求状况。企业作为人才的需求方，其对文旅大数据人才的需求状况直接影响着人才市场的走向和人才培养的方向。而个人作为人才的供给方，其能力状况决定了能否满足企业的需求，也影响职业发展中面临的机遇和挑战。因此，问卷设计从这两个维度入手，全面收集信息。

在企业需求维度，详细了解企业对文旅大数据人才的各个方面的需求。在岗位类型方面，询问企业需要招聘哪些具体的岗位，如数据分析师、数据工程师、算法工程师等，以明确不同岗位在企业中的需求分布情况；在岗位职责方面，要求企业详细描述每个岗位的主要工作内容和职责范围，以便了解这些岗位对人才的实际工作要求；在所需技能方面，了解企业期望文旅大数据人才具备哪些专业技能和综合素质，如掌握哪些大数据分析工具、编程语言，是否具备良好的沟通能力和团队协作能力等；在薪资待遇方面，了解企业为不同岗位的文旅大数据人才提供的薪酬水平，以及企业对薪酬与人才能力和贡献之间关系的看法；在招聘难度方面，询问企业在招聘文旅大数据人才过程中遇到的困难和问题，是人才数量不足、质量不高，还是其他因素导致招聘难度加大。通过这些问题，能够深入了解企业对文旅大数据人才的具体要求，以及当前市场上的人才供需状况，为分析人才市场的供需矛盾提供数据支持。

在个人能力维度，重点关注文旅大数据人才自身的情况。在专业背景方面，了解他们所学的专业、毕业院校以及是否接受过相关的培训和进修等，以掌握人才的教育背景和知识储备情况；在技能水平方面，询问他们掌握的大数据技术和工具、数据分析方法以及在实际工作中运用这些技能的熟练程度；在实践经验方面，了解他们参与过的项目和实践活动，以及在这些实践中取得的成果和积累的经验；在职业规划方面，了解他们对未来职业发展的期望和目标，是希望在技术领域深入发展，还是转向管理岗位，或者有其他的职业规划。通过这些问题，可以全面了解当前文旅大数据人才的能力状况，以及他们与岗位需求之间的匹配度。同时，还可以发现人才在职业发展方面的需求和期望，为人才培养机构制定有针对性的人才培养方案提供依据。

在实用性原则的体现上，问卷设计力求简洁明了，便于被调查者理解和填写。在问题的表述上，尽量使用通俗易懂的语言，避免使用过于专业或生僻的词汇和术语。对于一些可能会引起歧义的问题，在问题旁边添加了详细的注释和说明，确保被调查者能够准确理解问题的含义。在问卷的结构上，采用了清晰的逻辑顺序，将相关的问题归为一组，使被调查者能够按照一定的思路进行填写。同时，在问卷的排版上，注重美观和整洁，合理设置了问题的间距和选项的排列方式，避免出现拥挤和混乱的情况。此外，为了提高问卷的填写效率，尽量减少了开放式问题的数量，对于一些可以用选择题或判断题回答的问题，优先采用这种形式。在选择题的选项设置上，确保选项的完整性和互斥性，避免出现模糊不清或相互重叠的情况。通过这些设计，使被调查者能够在较短的时间内完成问卷的填写，同时也提高了问卷数据的质量和有效性。

在针对性原则的贯彻上，问卷充分考虑了广西文旅产业的实际情况，量身定制了相关问题。广西拥有丰富的自然和文化旅游资源，文旅产业在地方经济中占据重要地位，同时也面临着数字化转型和创新发展的挑战。因此，问卷中的问题紧密围绕广西文旅产业的特点和需求展开。例如，在询问企业对文旅大数据人才的需求时，会结合广西文旅产业的特色项目和业务，如对广西少数民族文化旅游资源的数字化开发和利用所需的人才技能和知识进行提问；在了解个人能力时，会关注人才是否具备与广西文旅产业实际情况相结合的实践经验和创新能力。通过这些针对性的问题，能够获取到与广西文旅产业密切相关的信息，为解决广西文旅产业大数据人才发展中存在的问题提供有价值的参考。

综上所述，本次问卷设计通过遵循科学性、系统性、实用性和针对性等原则，从企业需求和个人能力两个维度进行精心设计，能够全面、准确地收集到与广西文旅产业大数据人才相关的信息，为后续的调研分析和研究工作奠定了坚实的基础。具体的问卷内容和结构如表8-1所示。

表8-1　双维度问卷架构

维度	测量指标	测量指标示例	量表题项设计
企业需求侧	技术能力需求	大数据平台运维能力	"企业当前对Hadoop/Spark技能的需求程度"（1~5分）
	业务理解需求	文旅场景建模能力	"员工将数据洞察转化为运营策略的能力重要性"（1~5分）
	工具链要求	GIS空间分析工具掌握度	"ArcGIS/Mapbox在岗位中的必需等级"（1~5分）
	伦理规范要求	数据隐私保护合规意识	"员工数据伦理素养对企业风险控制的影响程度"（1~5分）
个人能力侧	技术能力	Python数据处理	（1~5分）
		机器学习算法应用	（1~5分）
	业务能力	旅游产品生命周期理解	（1~5分）
		文化遗产数字化认知	（1~5分）
个人能力侧	软技能	跨部门协作能力	（1~5分）
		创新思维水平	（1~5分）

第二节　调研的实施

一、调研范围

本次调研范围涵盖了全产业链的企业样本和个人样本，旨在全面、深入地了解广西文旅产业对大数据人才的需求状况以及当前市场上文旅大数据人才的能力状况。

1. 企业样本（n = 32）

在本次调研中，精心选取的 32 个企业样本涵盖了广西文旅产业全产业链的多个关键领域，力求全面且深入地反映行业整体情况，从而确保调研结果具备高度的全面性和代表性。这些样本企业分布在景区运营、文化科技企业、在线旅游代理（Online Travel Agent）OTA,平台等多个具有代表性的细分行业，它们在文旅产业中扮演着不同的角色，对大数据的需求和应用也各有特点。

景区运营企业在整个文旅产业链中占据着基础且关键的地位，它们是游客实地体验文旅产品的直接承载者。在我们的企业样本中，以桂林漓江景区为典型代表。桂林漓江景区作为享誉国内外的知名旅游胜地，凭借其独特的山水风光吸引着大量游客。该类企业主要负责景区的日常运营和管理工作，其中涉及方方面面的事务，从景区设施的维护、游客的接待服务，到景区内各类活动的组织策划等。在当今数字化时代，大数据技术对于景区运营企业来说，是实现高效管理和精准服务的重要工具。其对大数据的需求主要集中在以下几个关键方面。首先是游客流量分析，通过对景区实时和历史游客流量数据的收集、整理和分析，景区能够准确掌握游客的到访规律，包括不同时间段、不同季节的游客数量变化，以及游客的来源地分布等信息。依据这些数据，景区可以合理安排工作人员的调配，优化游览路线，避免出现游客拥堵的情况，提升游客的游览体验。同时，根据游客流量数据的分析结果，景区还能提前做好各类应急准备工作，确保景区安全有序运营。其次是旅游产品开发，借助大数据分析，景区可以深入了解游客的兴趣爱好、消费习惯和需求偏好，从而有针对性地开发出符合市场需求的旅游产品。例如，通过分析游客对不同景点的停留时间和拍照次数等数据，发现游客对某一特定区域的文化景观兴趣浓厚，景区就可以围绕这一区域开发特色文化体验项目，丰富旅游产品的种类和内涵。最后是营销策略制定，大数据能够帮助景区精准定位目标客户群体，了解他们的消费心理和行为模式，从而制定出更具有针对性和吸引力的营销策略。景区可以根据游客的来源地、年龄、性别等信息，选择合适的宣传渠道和推广方式，提高营销活动的效果和投入产出比。

文化科技企业则是文旅产业与科技深度融合的产物，它们凭借先进的技术手段为文旅产业的创新发展注入了新的活力。在我们的企业样本中，数广集团是这一领域的典型代表。数广集团专注于文旅产业与科技的融合发展，致力于利用大数据、人工智能等前沿技术提升文旅产业的智能化水平。在大数据应用方面，数广集团通过搭建大数据平台，整合各类文旅数据资源，包括景区信息、旅游产品信息、游客行为数据等，形成了一个庞大的文旅数据仓库。基于这个数据仓库，数广集团可以运用大数据分析技术挖掘数据背后的潜在价值，为文旅企业和相关部门提供决策支持。例如，通过对游客行为数据的分析，数广集团可以为景区提供游客画像，帮助景区更好地了解游客需求，实现精准营销。同时，数广集团还利用人工智能技术开发出智能导游系统、虚拟旅游体验等创新产品，为游客提供更加便捷、个性化的旅游服务。此外，数广集团还积极探索将大数据技术应用于文化遗产保护和传承领域，通过数字化手段对文化遗产进行记录、保存和展示，让更多人能够了解和欣赏到广西丰富的文化遗产。

OTA 平台是文旅产业中连接游客和旅游产品供应商的重要桥梁，在旅游市场中发挥着关键作用。在本次调研的企业样本中，携程南宁分部作为 OTA 平台的代表，通过其强大的线上平台为游客提供预订、咨询、评价等一站式服务。在大数据的驱动下，携程南宁分部能够实现对海量旅游产品和用户信息的高效管理和精准匹配。该类企业对大数据的需求主要集中在用户行为分析、产品推荐和市场趋势预测等方面。在用户行为分析方面，携程通过收集和分析用户在平台上的搜索、浏览、预订等行为数据，深入了解用户的旅游偏好和需求，为用户提供个性化的旅游产品推荐。例如，根据用户的历史预订记录和浏览偏好，携程可以为用户推荐符合其兴趣的旅游目的地、酒店和旅游线路。在产品推荐方面，大数据算法能够根据用户的实时需求和市场动态，为用户精准推荐最适合的旅游产品，提高用户的购买转化率。同时，携程还利用大数据技术对市场趋势进行预测，通过分析行业数据、市场动态和竞争对手信息，提前把握旅游市场的发展趋势，为企业的战略决策提供依据。例如，通过对节假日旅游市场的数据分析，携程可以预测出热门旅游目的地和旅游产品的需求变化，提前做好资源储备和价格调整，以满足市场需求，提高企业的市场竞争力。

通过涵盖景区运营、文化科技企业、OTA 平台等全产业链多个领域的企业样本，本次调研能够全面了解广西文旅产业不同类型企业对大数据的需求和应用情况，为后续的研究和决策提供丰富、准确的信息支持，有助于推动广西文旅产业在大数据时代的高质量发展。

2. 个人样本（n = 31）

为了深入且精准地洞悉当前文旅大数据人才的能力状况以及职业发展需求，从而为广西文旅产业的人才培养、政策制定以及行业发展提供具有针对性的参考依据，本次调研选取的 31 个个人样本主要来源于两个具有代表性的群体，即桂林旅游学院大数据专业毕业生和在职培训人员。这两个群体从不同角度反映了文旅大数据人才的实际情况，为全面了解行业人才现状提供了丰富且多元的信息。

桂林旅游学院大数据专业毕业生这部分样本涵盖了近三届的毕业生。桂林旅游学院作为广西地区专注于培养文旅专业人才的高等学府，在文旅大数据人才培养方面投入了大量的资源和精力，其大数据专业的毕业生在广西文旅产业大数据领域的人才储备中占据着重要的位置。近三届的毕业生处于不同的职业发展阶段，他们在毕业后分别进入了文旅行业的各个领域，有的投身于景区运营管理，有的参与到文旅科技企业的技术研发，还有的在 OTA 平台从事数据相关工作。这些毕业生带着在学校所学的专业知识和技能进入职场，他们的实际工作表现和职业发展情况，能够直观地反映出当前高校在文旅大数据人才培养方面的成果和存在的问题。通过对这部分样本的调研，可以了解到毕业生在学校所学的课程是否与实际工作需求相匹配，所学的专业知识和技能是否能够满足工作岗位的要求，以及在实际工作中还需要补充哪些方面的知识和技能。例如，通过与毕业生的交流，可以了解到他们在学校学习的大数据分析方法和工具，在实际工作中是否能够熟练运用；学校开设的文旅行业相关课程，是否帮助他们更好地理解和处理工作中的业务问题。同时，还可以了解到毕业生在职业发展过程中遇到的困难和挑战，以及他们对学校人才培养的建议和期望，这对于高校进一步优化人才培养方案，提高人才培养质量具有重要的指导作用。

在职培训人员这部分样本来自南宁文旅局数字专班。南宁文旅局数字专班致力于推动南宁市文旅产业的数字化转型和发展，通过组织系统的数字文旅专业培训，为在职人员提供了提升专业能力的机会。这些在职培训人员大多已经在文旅行业工作了一段时间，积累了丰富的实践经验，对文旅行业的实际运作和业务需求有了深入的了解。同时，他们又接受了系统的数字文旅专业培训，学习了最新的大数据技术、人工智能应用以及文旅产业数字化转型的相关知识和理念。这使得他们成为一个兼具实践经验和前沿知识的特殊群体，能够很好地反映当前市场上文旅大数据人才的能力提升状况和职业发展需求。通过对这部分样本的调研，可以了解到在职培训对于他们在实际工作中的帮助和影响，培训内容是否能够解决他们在工作中遇到的实际问题，培训后他们在工作中的能力和业绩是否得到了显著提升。此外，还可以了解到他们在职业发展过程中对未来的规划和期望，以及他们认为市场和行业对文旅大数据人才的需求趋势。例如，他们是否希望在未来的工作中承担更多的管理职责，或者专注于技术研发；他们认为市场对于具备哪些技能和知识的文旅大数据人才需求更为迫切等。这些信息对于政府部门制定相关政策，引导行业发展，以及企业制订人才招聘和培养计划都具有重要的参考价值。

通过对桂林旅游学院大数据专业毕业生和在职培训人员这两个群体的样本调研，我们能够从不同的角度和层面全面了解当前文旅大数据人才的能力状况和职业发展需求，为进一步完善文旅大数据人才培养体系，推动广西文旅产业的数字化转型和高质量发展提供有力的支持。

二、抽样方法

在任何一项调研工作中，抽样方法的选择对于获取准确、可靠且具有代表性的调研结果起着决定性的作用。为了确保本次调研能够全面、精准地反映广西文旅产业在大数据人才需求等方面的真实情况，为后续的研究和决策提供坚实的数据支撑，我们经过深思熟虑，审慎地采用了分层配额抽样方法。这一方法能够充分考虑到调研对象的多样性和复杂性，有效避免抽样偏差，从而极大地提升调研结果的质量和可信度。

1. 分层

分层是分层配额抽样方法的关键起始步骤。在本次调研中，我们依据企业规模和岗位类型这两个对调研结果具有重要影响的关键因素进行分层操作。

首先，企业规模是一个不容忽视的重要维度。不同规模的企业在经营模式、资源配置、发展战略以及对人才的需求等方面都存在着显著的差异。大型企业通常拥有雄厚的资金实力、完善的管理体系和丰富的资源储备，对大数据人才的需求往往更加多元化和高端化，他们可能更倾向于招聘具有丰富经验和深厚专业知识的高级人才，以推动企业的技术创新和战略发展；中型企业则处于快速发展阶段，既需要具备一定专业技能的人才来支持日常运营，又渴望引入具有创新思维的人才来助力企业实现突破和升级；小型企业受限于资源和规模，更注重人才的实用性和性价比，希望招聘到能够快速上手、解决实际问题的人才。基于这些差异，我们将企业规模划分为大型、中型和小型三个层次。为了确保不同规模的企业在调研中都能得到充分的体现，使其意见和需求能够准确地反映在调研结果中，我们按照大型企业占比 30%、中型企业占比 50%、小型企业占比 20% 的比例进行配额设定。这样的比例分配是在综合考虑广西文旅产业中不同规模企业的实际数量分布、市场份额以及对产业发展的影响力等因素后确定的，旨在保证调研结果能够真实地反映整个文旅产业的情况，避免因某一规模企业的样本过多或过少而导致结果的偏差。

其次，岗位类型也是影响调研结果的重要因素。在文旅企业中，不同岗位类型的人员对大数据人才的认知、需求以及工作中的实际感受都不尽相同。技术岗人员主要负责大数据技术的研发、应用和维护，他们对大数据人才的专业技能和技术水平有着更为直接和深入的了解，其意见对于了解企业在大数据技术应用方面的需求和挑战具有重要的参考价值；管理岗人员则从企业整体运营和战略发展的角度出发，关注大数据人才对企业决策、管理效率提升等方面的作用；运营岗人员则侧重于大数据人才在实际业务运营中的支持和应用，如市场推广、客户服务等方面。因此，我们将岗位类型划分为技术岗、管理岗和运营岗三个层次。同样地，为了确保不同岗位类型的人员在调研中都有相应的代表，我们按照技术岗占比 45%、管理岗占比 35%、运营岗占比 20% 的比例进行配额设定。这一比例的确定充分考虑了各岗位类型在文旅企业中的人员数量分布以及其在企业运营中的重要性，力求使调研结果能够全面、客观地反映不同岗位人员对大数据人才的看法和需求。

通过这种分层操作，我们能够确保每个层次内的样本具有相似的特征和属性。在同一层次内，样本之间的差异相对较小，这样在进行数据分析和结果推断时，能够减少误差，提高调研结果的准确性和可靠性。同时，按照合理的比例进行配额，使得不同规模的企业和不同岗位类型的人员都能在调研中得到充分的体现，从而保证调研结果能够全面、准确地反映广西文旅产业对大数据人才的需求情况，为后续的研究和决策提供有力的数据支持。

2. 配额

在完成了对调研对象基于企业规模和岗位类型的分层操作后，接下来的关键步骤便是进行配额设定。配额设定是整个分层配额抽样方法中的核心环节之一，其目的不仅是保证每个层次内都有足够数量的样本以满足调研在数据量上的需求，更是为了维持各层次之间预先设定的比例关系，从而确保最终抽取的样本能够全方位、多角度地反映总体的特征，使调研结果更具有代表性和说服力。

在企业样本配额方面，我们综合考虑了调研的可行性、时间成本、资源投入以及对不同规模企业的覆盖程度等多方面因素，最终确定抽取 32 个企业样本。按照预先设定的大型企业占比 30%、中型企业占比 50%、小型企业占比 20% 的比例进行计算和分配。经过精确核算，大型企业样本数量为 10 个。这 10 个大型企业样本涵盖了广西文旅产业中具有广泛影响力、业务范围多元化、综合实力较强的企业，它们在行业内往往处于领先地位，对大数据人才的需求和应用具有一定的前瞻性和代表性。中型企业样本数量为 16 个，这些中型企业在文旅产业中占据着重要的市场份额，它们正处于快速发展和扩张阶段，对大数据人才的需求既注重实用性又追求创新性，其样本的选取能够充分反映这一规模企业在人才需求方面的特点。小型企业样本数量为 6 个，小型企业通常具有灵活多变、贴近市场的特点，在大数据人才的应用上可能更倾向于解决实际问题和满足短期业务需求，选取这 6 个样本可以为我们深入了解小型文旅企业在大数据人才方面的需求提供有力的数据支持。通过这样的配额设定，不同规模的企业在样本中都有了相应的代表，并且很好地维持了预先设定的比例关系，使调研结果能够全面反映广西文旅产业不同规模企业对大数据人才的需求状况。

在个人样本配额方面，同样基于对调研目标的精准把握和对各类岗位人员在企业中作用的深入分析，我们确定抽取 31 个个人样本。按照技术岗占比

45%、管理岗占比 35%、运营岗占比 20% 的比例进行配额分配。最终，技术岗位的个人样本数量为 14 个。这些技术岗位的样本涵盖了从事大数据分析、数据挖掘、算法开发等不同技术领域的专业人员，他们在企业中负责大数据技术的实际应用和创新，对大数据人才的专业技能和发展趋势有着深刻的理解和认识，他们的反馈对了解企业在大数据技术层面的需求至关重要。管理岗位的个人样本数量为 11 个，这些管理岗位人员包括企业的高层管理人员、部门经理等，他们从企业战略规划、资源配置、团队管理等宏观角度出发，对大数据人才在企业中的定位和作用有着独特的见解，他们的意见对于把握企业整体对大数据人才的需求方向具有重要意义。运营岗位的个人样本数量为 6 个，运营岗位人员主要负责企业的日常业务运营，如市场营销、客户服务、项目管理等，他们在工作中直接接触大数据的应用成果，对大数据人才如何更好地支持业务运营有着切实的体会和需求，他们的观点能够为我们了解大数据人才在实际业务中的应用情况提供宝贵的信息。通过这样的个人样本配额设定，不同岗位类型的人员在样本中都得到了充分的体现，并且严格遵循了预先设定的比例关系，使调研结果能够全面、准确地反映不同岗位人员对大数据人才的看法和需求，为后续的研究和分析提供了丰富、可靠的数据基础。

通过科学合理的配额设定，我们在保证各层次样本数量满足调研需求的同时，维持了各层次之间的比例关系，使抽取的样本能够最大限度地代表总体的特征，为本次调研的成功开展和高质量的调研结果奠定了坚实的保障。

3. 抽样

在完成了至关重要的配额设定环节后，紧接着进入抽样阶段，这是整个调研流程中获取具有代表性样本的关键操作。在这一阶段，我们采用了随机抽样的方法从各个层次中抽取样本，这一方法的核心目的在于保证每个样本被选中的概率完全相等，最大限度地消除人为因素可能带来的偏差，从而进一步增强调研结果的代表性，使其能够更为精准地反映总体的真实情况。

在企业样本抽样方面，我们构建了涵盖大型企业、中型企业和小型企业的详细名单。这些名单来源广泛，包括政府部门的企业登记信息、行业协会的会员名录以及相关商业数据库等，以确保名单的全面性和准确性。随后，依据预先确定好的企业样本配额，即大型企业 10 个、中型企业 16 个、小型企业 6 个，分别从对应的企业名单中运用随机抽样的方式抽取符合条件的样本。在随机抽样过程中，我们借助专业的随机抽样工具，确保每个企业都有相同的机会被选中。例如，对于大型企业名单，首先将所有企业进行编号，然后通过随机数生成器生成相应数量的随机数，这些随机数所对应的企业编号即为被选中的样本企业。对于中型和小型企业，同样采用类似的方式进行抽样。这种随机抽样的方式，避免了主观因素对样本选择的干扰，保证了不同规模企业中的每一家都有公平的入选机会，使抽取的样本能够更客观地代表不同规模企业在文旅产业中的实际分布情况，从而为后续针对企业层面的调研分析提供可靠的数据基础。

在个人样本抽样方面，我们将抽样的目标范围锁定在桂林旅游学院大数据专业毕业生名单和南宁文旅局数字专班名单。桂林旅游学院作为培养文旅专业人才的重要学府，其大数据专业毕业生在文旅大数据领域具备一定的专业知识和技能，他们的就业情况和对行业的认知对于了解文旅大数据人才的培养与市场需求的匹配度具有重要意义。南宁文旅局数字专班汇聚了在文旅数字化工作中发挥重要作用的专业人员，他们从政府管理和行业指导的角度对文旅大数据人才有着独特的见解和需求。根据预先设定的个人样本配额，即技术岗位 14 个、管理岗位 11 个、运营岗位 6 个，从这两个名单中分别进行随机抽样。同样运用专业的随机抽样工具，对名单中的人员进行编号，然后通过随机数生成器确定入选的样本人员。这种方式确保了每个符合条件的个人都有相同的概率被选中，从而使抽取的个人样本能够全面、客观地反映不同岗位类型人员对文旅大数据人才的看法和需求，为深入了解文旅产业不同岗位对大数据人才的需求提供了丰富、真实的数据支持。

通过分层配额抽样方法，我们在前期的分层和配额设定过程中，充分考虑了企业规模、岗位类型等关键特征，确保了这些特征在样本中的均匀分布。不同规模的企业、不同岗位类型的人员都在样本中得到了恰当的体现，使得样本能够更好地代表总体的结构和特点，从而显著提高了调研结果的准确性和代表性。而随机抽样方法的运用，则在样本选取环节进一步保障了每个样本被选中的概率相等，避免了抽样过程中的偏差和倾向性，进一步提升了调研结果的可靠性。这两种方法的有机结合，为本次调研的科学性和有效性提供了坚实的保障。

在问卷发放环节，为了尽可能扩大调研的覆盖范围，提高问卷的回收率和有效性，我们采用了线上和线下两种方式进行问卷发放。线上方式主要借助电子邮件、社交媒体、专业论坛等渠道展开。通过电子邮件，我们向目标企业的相关负责人、桂林旅游学院大数据专业毕业生以及南宁文旅局数字专班人员发送精心设计的问卷链接，并附上详细的调研说明和填写指导，确保收件人能够清楚了解调研的目的和要求。在社交媒体平台上，我们利用微信公众号、微博等具有广泛影响力的社交工具，发布调研问卷的相关信息和链接，吸引更多潜在的调研对象参与填写。同时，在一些与文旅产业、大数据技术相关的专业论坛上，发布问卷征集帖子，引导专业人士参与调研。线下方式则主要通过实地走访和企业座谈会等形式进行。调研团队成员深入企业中，与企业员工面对面交流，发放问卷并现场解答他们在填写过程中遇到的问题。此外，还组织了多场企业座谈会，邀请不同规模企业的代表、文旅行业专家以及相关政府部门人员参加，在座谈会上发放问卷，让参会人员在交流讨论的过程中完成问卷填写。为了确保问卷的回收率和有效性，我们采取了一系列切实可行的措施。例如，设置问卷填写奖励，对于按时完成问卷填写的调研对象，提供一定的物质奖励或参与抽奖的机会，以提高他们的参与积极性。同时，问卷开头和结尾都提供了详细的填写指导，包括问卷的目的、填写要求、注意事项等，确保调研对象能够准确理解问卷内容，正确填写问卷，从而提高问卷的质量和有效性。

通过线上和线下相结合的问卷发放方式以及一系列保障措施的实施，我们期望能够获取到丰富、准确、有效的调研数据，为深入研究广西文旅产业大数据人才的需求状况提供坚实的数据支撑，为后续的政策制定、人才培养和产业发展提供有价值的参考依据。

第三节　结果及数据分析

在当今数字化浪潮席卷全球的时代背景下，文旅产业与大数据技术的深度融合已成为不可阻挡的趋势，广西文旅行业正积极投身于这一变革浪潮之中。为了精准把握广西文旅大数据人才供需的现状，我们精心设计了一个企业需求与个人能力的双维度调研体系，并创新性地引入量化分析与深度学习技术，致力于系统而全面地揭示其中存在的结构性矛盾，从而为后续精准化人才培养提供坚实可靠的实证依据。

在双维度调研体系中，我们重点聚焦于匹配度缺口的量化分析环节，其中李克特量表诊断成为核心方法之一。李克特量表因其简洁明了且应用广泛的特点，为本研究提供了有力的工具。具体而言，我们通过严谨的问卷调查流程，分别收集来自广西文旅企业和相关领域从业者数据。对于企业方面，我们设计了一系列涵盖各类大数据技能的问题，要求企业代表根据自身业务发展的实际需求，对各项技能（如数据分析、数据挖掘、数据可视化、机器学习在文旅场景中的应用等）在李克特量表上进行评分，其中 1 分代表企业认为该技能的需求程度非常低，而 5 分则表示需求程度极高。

同样地，对于个人能力的评估，我们也借助类似的问卷形式，邀请相关专业的从业者针对自身在上述各项大数据技能上的实际掌握水平进行评分。在收集到大量且具有代表性的企业需求评分（D）和个人能力评分（C）数据后，我们进行关键的计算步骤，即定义匹配度缺口指数（GAP）。这一指数的计算方法为企业需求评分与个人能力评分（C）的绝对差值，公式表达为：GAP =

$|D - C|$。例如，在数据分析技能维度上，如果某文旅企业给出的需求评分为 4，表明企业在业务运营中对数据分析能力有着较高的依赖和需求，而某位从业者在该技能上的自评能力得分为 3，那么通过公式计算可得该技能的匹配度缺口指数为：$GAP = |4 - 3| = 1$。这意味着在数据分析技能方面，个人能力与企业需求之间存在一定程度的差距。

为了更全面、直观地呈现广西文旅大数据人才供需的整体态势，我们进一步开展了整体分析与可视化工作。首先，计算所有技能的平均匹配度缺口指数，这一指标能够综合反映广西文旅大数据人才供需在整体上的匹配程度。通过对大量样本数据的汇总和计算，我们能够得到一个具有代表性的平均匹配度缺口指数数值。

接着，为了使研究结果更易于理解和传播，我们借助数据可视化技术，采用柱状图或折线图来展示各项技能的匹配度缺口指数。在绘制柱状图时，以各项技能为横坐标，以对应的匹配度缺口指数为纵坐标，通过柱子的高低直观地呈现不同技能之间供需差距的大小。例如，如果数据挖掘技能的数值显著高于其他技能，那就表明在广西文旅行业中，数据挖掘技能的企业需求和个人能力之间的差距相对较大，是人才培养过程中需要重点关注和着力解决的关键领域。

为了进一步提升研究的深度和前瞻性，我们还积极探索深度学习技术在这一领域的应用潜力。深度学习技术凭借其强大的特征提取和模型构建能力，可以对收集到的大量复杂数据进行深度挖掘和分析。例如，我们可以构建神经网络模型，将个人的教育背景、工作经验、培训经历等多种因素作为输入变量，将匹配度缺口指数作为输出变量，通过训练模型来探索这些因素与匹配度缺口之间的内在关联和潜在规律。通过分析，我们能够更加精准地预测不同因素对人才供需匹配度的影响程度，从而为制定更加科学、精准的人才培养策略提供详细而有力的实证依据。

在整个研究过程中，确保数据的准确性和可靠性始终是我们坚守的首要原则。从问卷的设计、发放、回收，到数据的清洗、整理和分析，每一个环节都严格遵循科学的研究方法和规范的操作流程。同时，我们也充分认识到，随着文旅产业和大数据技术的不断发展演变，人才供需状况也将持续动态变化。因此，我们需要不断地优化和改进分析方法，及时更新数据样本，以确保研究成果始终紧密贴合实际情况，从而为广西文旅大数据人才的培养和行业的发展提供切实有效的指导和支持。

从结果上来看，企业对于文旅大数据人才能力需求维度，即企业对于行业经验和技能的需求中，大数据平台运维能力和实时数据处理能力这两项能力的需求一致性最高，分别达到了 87.5% 和 75%，如图 8-1 和图 8-2 所示。机器学习算法应用能力、文旅场景建模能力和数据可视化能力的需求其次，均超过了 60.0%，分别达到了 75.0%、62.5% 和 75.0%，如图 8-3、图 8-4 和图 8-5 所示。而文旅数据伦理决策能力、GIS 空间分析工具和东盟数据合规知识的需求普遍认可度较低，均没有达到 50.0%。如图 8-6、图 8-7、图 8-8 和图 8-9 所示。

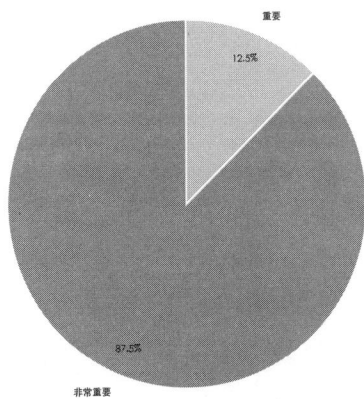

图 8-1　大数据平台运维能力需求的认可度

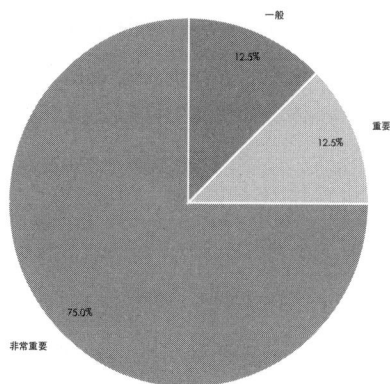

图 8-2　实时数据处理能力需求的认可度

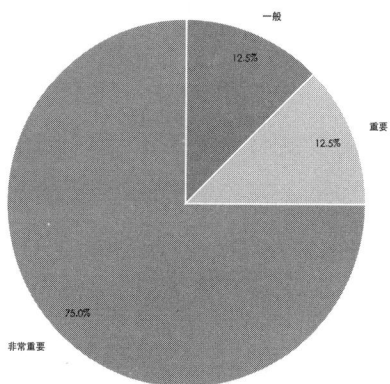

图 8-3　机器学习算法应用能力需求的认可度

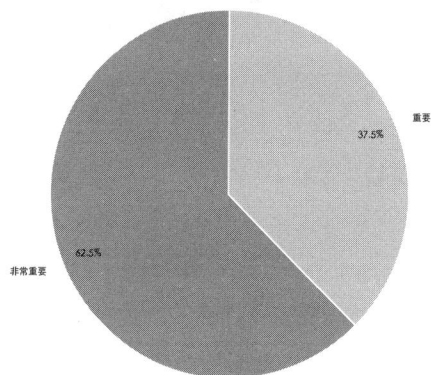

图 8-4　文旅场景建模能力需求的认可度

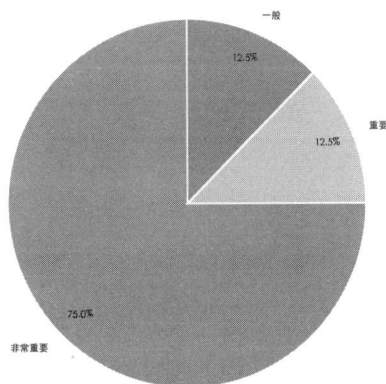

图 8-5　数据可视化能力需求的认可度

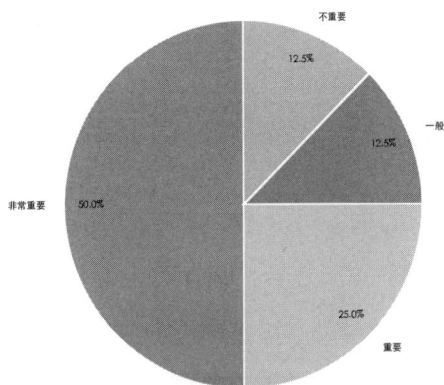

图 8-6　文旅数据伦理决策能力需求认可度

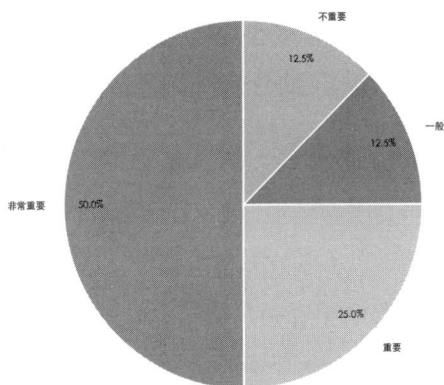

图 8-7　GIS 空间分析工具需求认可度

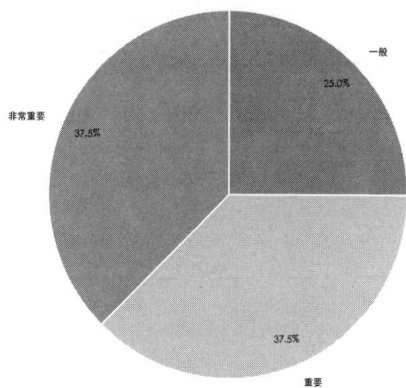

图 8-8　GIS 空间分析工具能力需求的认可度

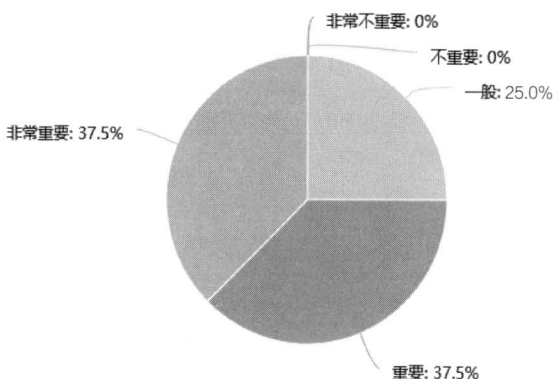

图 8-9　东盟数据例规知识需求的认可度

从身份分析来看，个人代表的平均分为 3.67，显示出相对较高的满意度。相比之下，高校在读学生的平均分为 3.5，在职从业人员为 3.8，而职业培训学员则表现出 100% 的满意度。这说明个人代表在 Python 数据处理能力上感受到的满意度较高。

在职从业人员中，40% 的人表示一般，40% 的人表示满意，20% 的人表示很满意，如图 8-10 所示，整体满意度较高，平均分为 3.8，显示出他们在实际工作中对 Python 数据处理能力的认可。

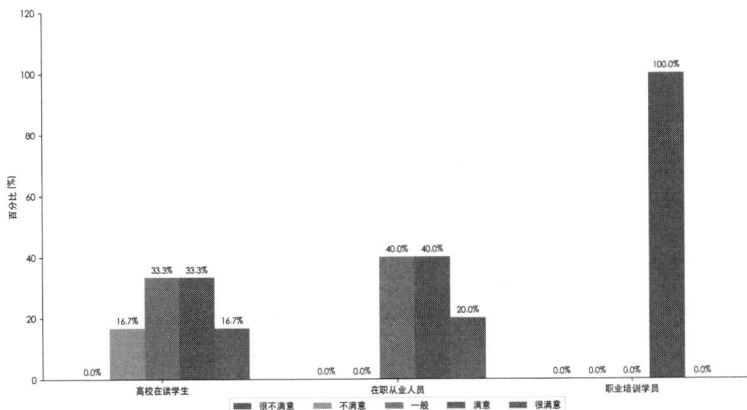

图 8-10　不同身份人员对 Python 能力的认可度

在调查中,个人代表对机器学习算法调优的评价显示出较高比例的"一般"
(41.67%)和"不满意"(16.67%),而"满意"和"很满意"的比例相对较低,
分别为 25% 和 16.67%。这表明个人代表对该技术能力的认可度并不高,可能
需要进一步的培训和支持。

交叉统计显示,在职从业人员的满意度中,60% 选择了"一般",而高校
在读学生则有 33.33% 选择"不满意"和 33.33% 选择"一般"。在职人员的平
均分为 3.6,高于高校在读学生的 3.17,说明在职人员对实际应用的理解和能
力评价更为积极。个人代表对机器学习算法调优的认可度如图 8-11 所示。

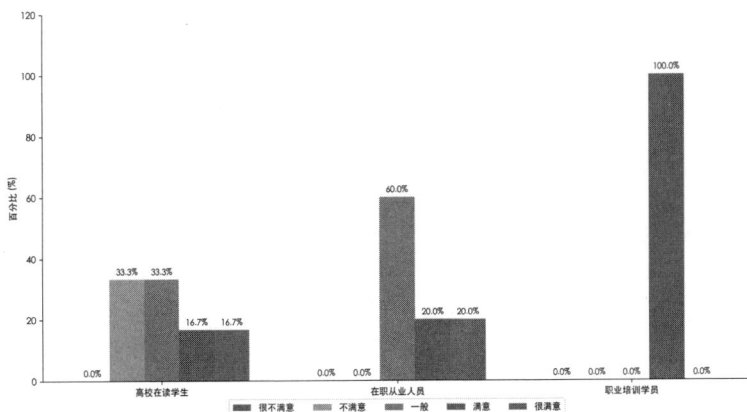

图 8-11　个人代表对机器学习算法调优的认可度

在所有受访者中，满意和很满意的比例合计为 41.66%，表现出对该技术能力的认可。然而，仍有 33.34% 的受访者表示不满意或很不满意，这表明在某些方面仍需改进。具体数据如图 8-12 所示。

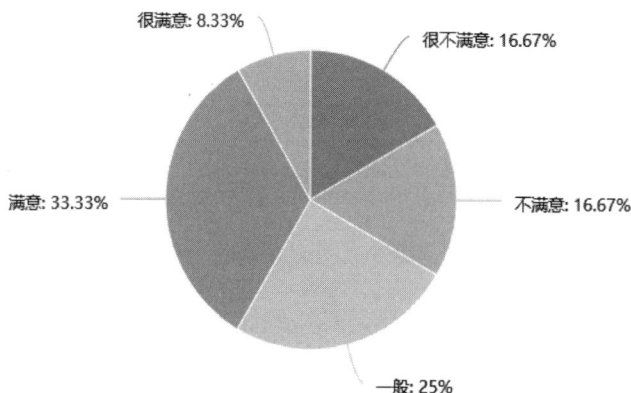

图 8-12　个人代表对实时数据流处理技术能力

在职从业人员对实时数据流处理的满意度较高，在在职从业人员中，满意度为 40%。相比之下，高校在读学生的满意度较低，仅为 16.67%。这可能与在职人员的实际工作经验和应用场景有关。具体情况如图 8-13 所示。

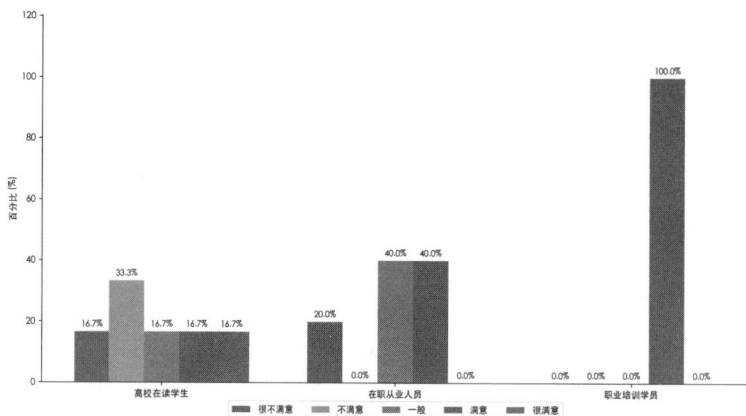

图 8-13　个人代表对实时数据流处理能力的认可度

在所有参与者中，个人代表的满意度较高，41.67% 的人表示满意，8.33% 的人表示很满意。相对而言，企业代表的反馈为零，显示出个人代表对该能力的认可度更高。具体情况如图 8-14 所示。

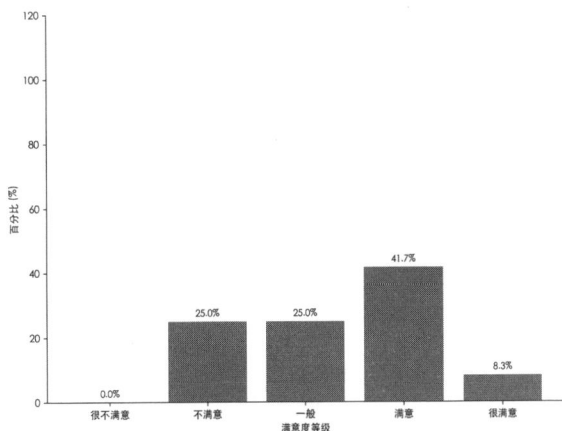

图 8-14　个人代表对旅游产品生命周期分析的认可度

高校在读学生的满意度表现较好，50% 的人表示满意，16.67% 的人表示很满意。相比之下，在职从业人员的满意度较低，仅有 20% 的人表示满意，而职业培训学员的满意度为 100%。这可能表明高校学生对理论知识的理解较好。具体情况如图 8-15 所示。

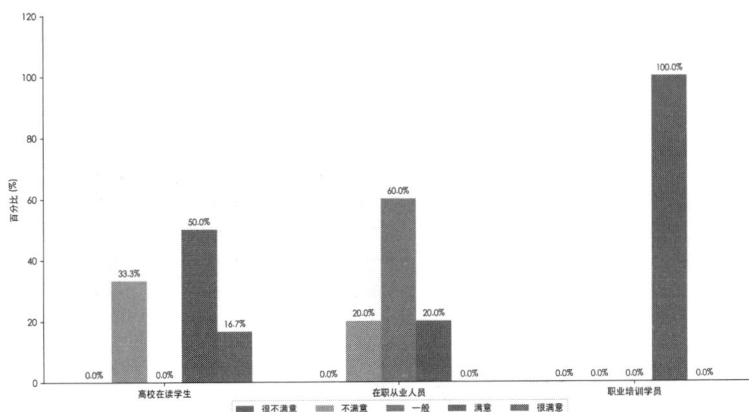

图 8-15　个人代表中不同人群对于产品生命周期分析的认可度

在参与调查的 12 位个人代表中，有 50% 的人对壮族文化数字化转化能力的评价为一般，16.67% 的人表示满意，另有 16.67% 的人表示不满意。具体情况如图 8-16 所示。这表明，尽管有一部分人对该能力持积极态度，但整体满意度并不高，反映出在该领域仍有提升空间。

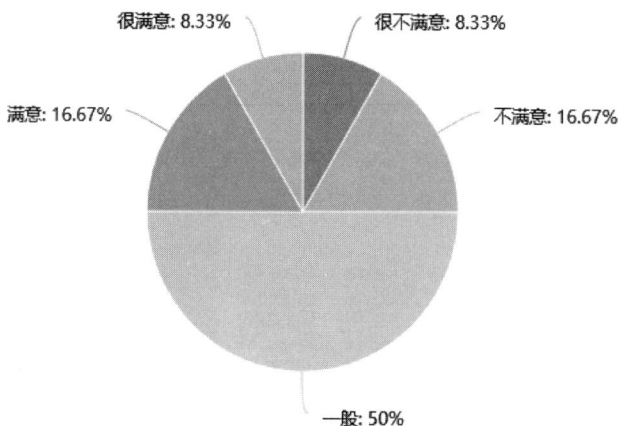

图 8-16　个人代表对壮族文化数字化转化能力的认可度

根据交叉统计，6 名高校在读学生中，有 33.33% 的人表示不满意，另有 33.33% 的人持一般态度；而在职从业人员中，80% 的人对该能力持一般态度，且没有人表示满意。具体情况如图 8-17 所示。这说明高校在读学生对该能力的认可度相对较高，可能与他们的学习背景和对文化数字化的关注有关。

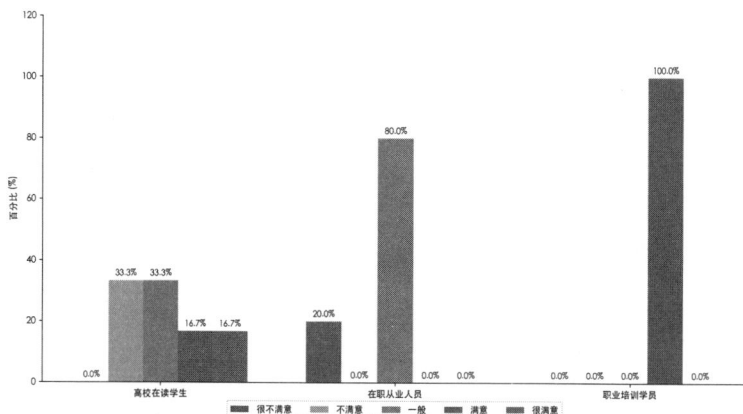

图 8-17　个人代表中不同人群对壮族文化数字化转化能力的认可度

　　大多数参与者对跨境文旅数据治理的满意度较低。从频数统计表中可以看出，只有 16.67% 的参与者表示满意或很满意，而有 66.66% 的参与者选择了不满意、一般。特别是个人代表中，有 33.33% 的参与者表示不满意，这显示出对该领域的整体认同度较低。具体情况如图 8-18 所示。

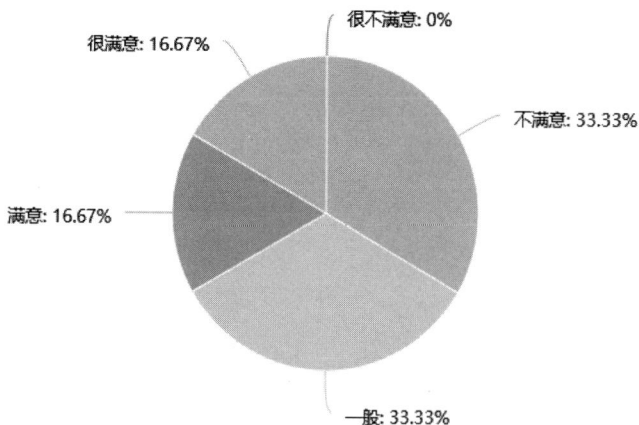

图 8-18　个人代表对跨境文旅数据治理的认可度

　　在职从业人员对跨境文旅数据治理的满意度略高于高校在读学生。在交叉统计表中，在职从业人员的平均分为 3.2，而高校在读学生的平均分为 3.0，显示出在职从业人员对该领域的认同感稍强。此外，职业培训学员的满意度最高，平均分达到 4.0，表明他们对数据治理的适配性有更积极的评价。具体情况如图 8-19 所示。

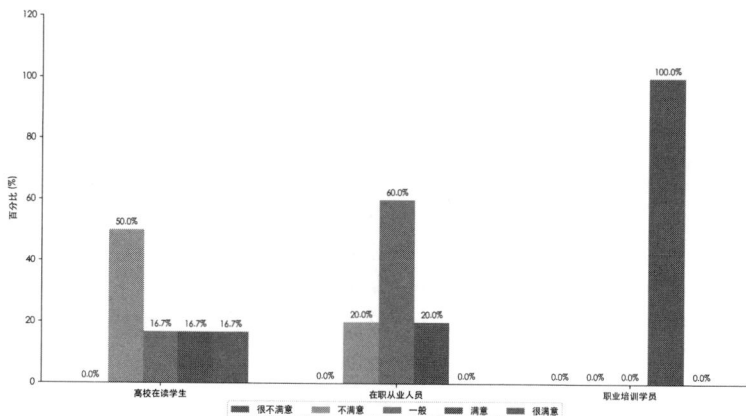

图 8-19　个人代表中不同人群对跨境文旅数据治理的认可度

大多数受访者对跨部门协作能力的满意度处于一般水平。根据频数统计表，41.67% 的受访者对跨部门协作能力表示一般满意，33.33% 的受访者表示满意，只有 16.67% 的人表示不满意。具体情况如图 8-20 所示。这表明受访者对跨部门协作能力的整体评价较为中立，未能形成明显的满意或不满意的趋势。

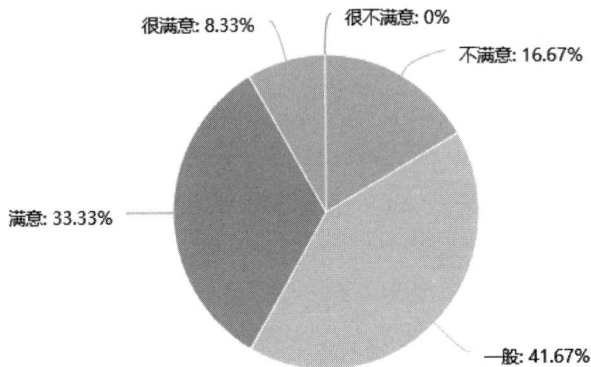

图 8-20　个人代表中对跨部门协作能力的认可度

个人代表在跨部门协作能力上的反馈较为积极。在交叉统计表中，个人代表的平均分为 3.33，且在满意和一般满意的选择中占据了较大比例（41.67% 一般，33.33% 满意）。具体情况如图 8-21 所示。相比之下，企业代表的反馈为零，这表明个人代表在跨部门协作能力方面的反馈相对积极。

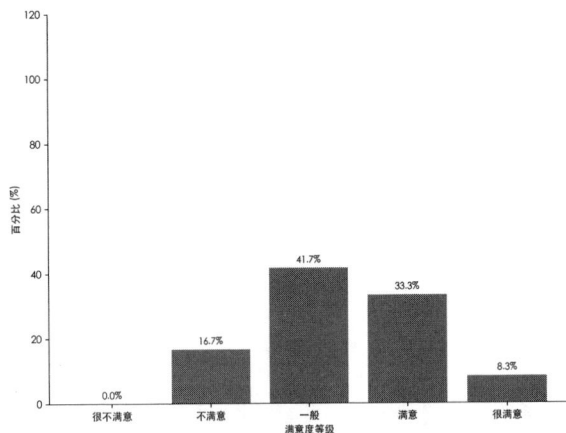

图 8-21　个人代表在跨部门协作能力中的认可度

　　高校在读学生对跨部门协作能力的评价相对较高。在不同身份的受访者中，高校在读学生的平均分为 3.5，显示出较高的满意度（33.33% 满意，33.33% 一般）。而在职从业人员的平均分为 3，表现出较低的满意度。这可能与高校学生的学习环境和理论知识有关，反映出他们在理论层面对跨部门协作能力的理解较好。具体情况如图 8-22 所示。

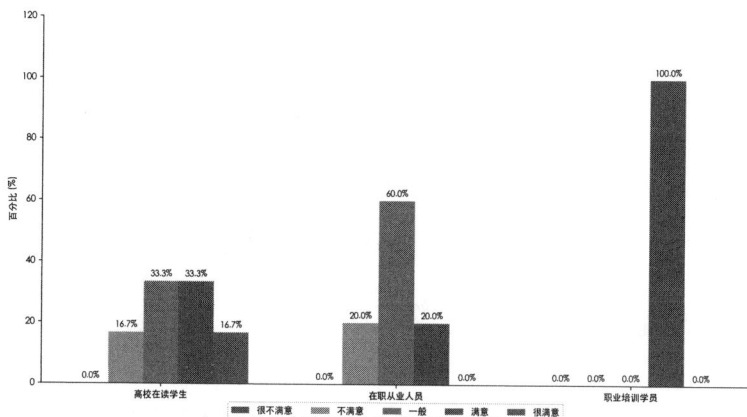

图 8-22　个人代表中不同人群对跨部门协作能力的认可度

　　大多数受访者对创新思维的满意度较高，整体评分偏向满意。在对创新思维（数据驱动决策设计）的评价中，50% 的受访者表示满意，8.33% 的人表示很满意，整体满意度较高。相对而言，只有 25% 的人表示不满意，且没有人表示很不满意。这个结果表明，受访者对创新思维的认可度较高，尤其是在个人代表中，满意度达到 50%。具体情况如图 8-23 所示。

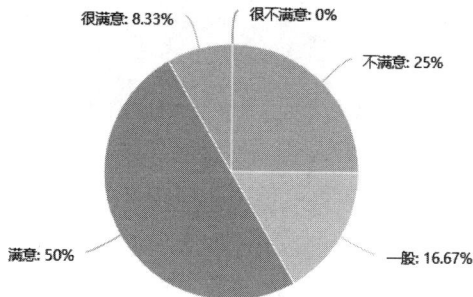

图 8-23　个人代表对创新思维（数据驱动决策设计）的认可度

职业培训学员对创新思维的评价最高。从不同身份的受访者中可以看出，职业培训学员在对创新思维的评价中，100%的人表示满意。这表明职业培训学员对数据驱动决策设计的认同感非常强，可能与其培训内容的相关性和实践性有关。相比之下，高校在读学生和在职从业人员的满意度相对较低，分别为33.33%和60%。具体情况如图8-24所示。

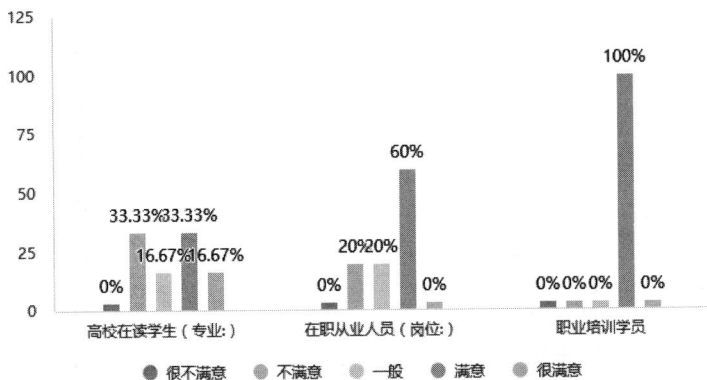

图8-24　个人代表中不同人群对创新思维（数据驱动决策设计）的认可度

大多数受访者对快速学习能力持满意态度。在所有受访者中，50%的受访者表示满意，8.33%表示很满意，整体满意度较高。只有16.67%的受访者表示不满意，且没有人表示很不满意。这表明大多数受访者对自己掌握新技术工具的能力持积极态度。具体情况如图8-25所示。

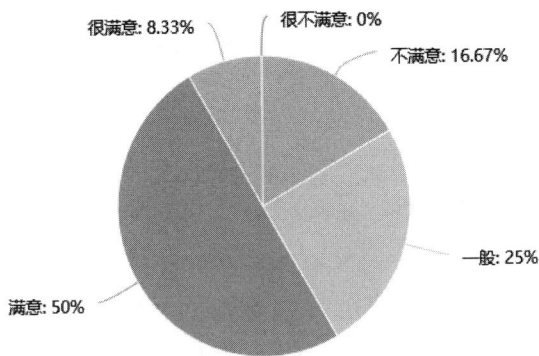

图8-25　个人代表对快速学习能力（新技术工具掌握）的认可度

　　在职从业人员对快速学习能力的满意度最高。在职从业人员的满意度为80%，而高校在读学生和职业培训学员的满意度相对较低，分别为50%和100%（仅1人）。这表明在职从业人员在快速学习新技术工具方面的能力普遍较强，可能与其工作经验有关。具体情况如图8-26所示。

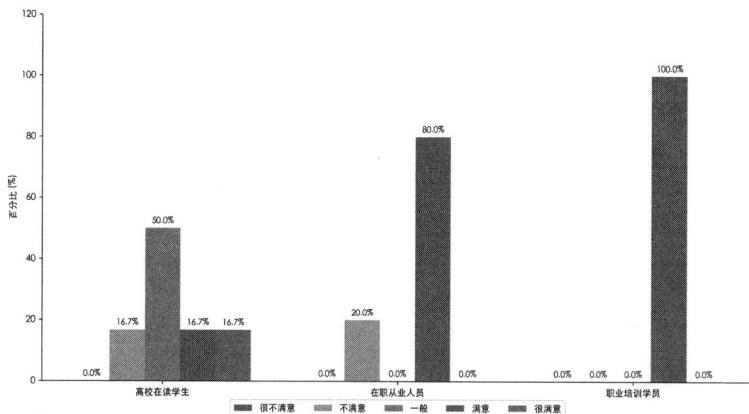

图8-26　个人代表中不同人群对快速学习能力（新技术工具掌握）的认可度

　　实践机会不足是文旅大数据人才培养的主要障碍。根据调查结果，65%的受访者认为实践机会不足是当前文旅大数据人才培养的最大障碍。这一观点在不同身份和岗位类型的受访者中均表现突出，显示出实践机会的缺乏是普遍存在的问题。具体情况如图8-27所示。

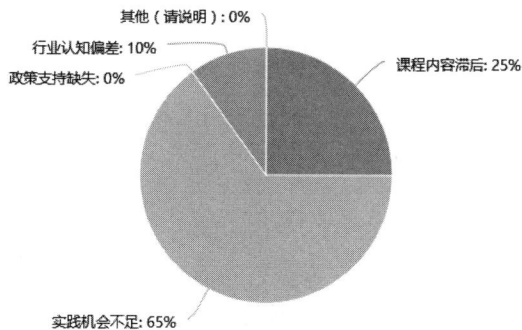

图8-27　对开放式问题"您认为当前文旅大数据人才培养的最大障碍是什么？回答结果的统计

　　企业代表和个人代表在对障碍的看法上基本一致。在调查中，企业代表和个人代表均认为实践机会不足是最大的障碍，分别占 62.5% 和 66.67%。这表明无论是从业者还是个人参与者，都对实践机会的缺乏有着相似的认识，显示出行业内对这一问题的共识。具体情况如图 8-28 所示。

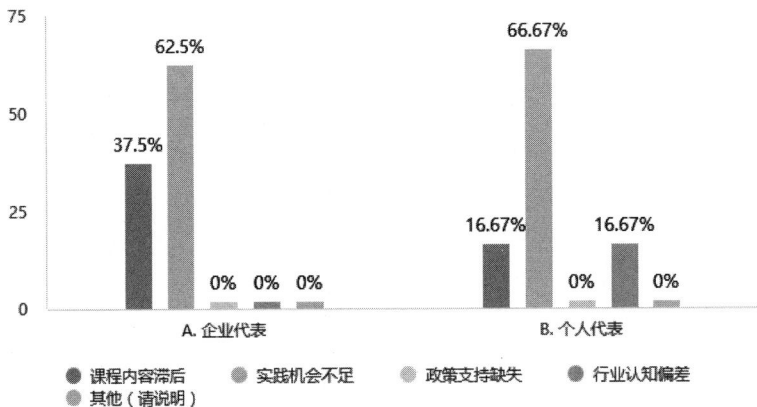

图 8-28　企业对于"您认为当前文旅大数据人才培养的最大障碍是什么？"的回答的统计

　　高校在读学生对实践机会不足的感受尤为强烈。在受访的高校在读学生中，有 83.33% 的人认为实践机会不足是主要障碍。具体情况如图 8-29 所示。这表明高校教育在实际应用和实践机会方面存在明显缺口，亟需要改进以满足学生的职业发展需求。

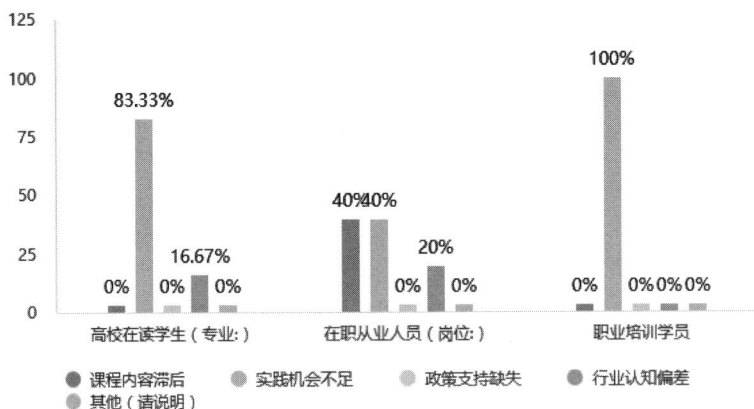

图 8-29　不同人群对于问题"您认为当前文旅大数据人才培养的最大障碍是什么？"的回答统计

第九章
结论与对策

在当今快速发展的社会经济环境下，文旅产业恰似一艘航行在时代洪流中的巨轮，正经历着深刻的变革，而大数据技术则宛如熠熠生辉的导航灯塔，在其中扮演着越发关键的角色，指引着文旅产业驶向充满机遇的远方。

犹如一位医术精湛的医生对病人进行全面诊断一般，我们基于对文旅大数据人才培养现状的深入剖析，以及对未来发展趋势精准的预测，迫切需要提出一系列恰似对症良药般具有针对性的建议和策略，以全面提升文旅大数据人才的培养质量和数量，满足产业蓬勃发展般日益增长的需求。

第一节　人才培养模式的创新

传统的人才培养模式在面对文旅大数据这一新兴领域时，就像古老的马车行驶在现代高速公路上，已显露出诸多不足。因此，创新人才培养模式成为当务之急，仿佛是在黑暗中点亮一盏明灯。

首先，应当积极推行产学研一体化的培养模式。高校、文旅企业以及科研机构应紧密合作，如同紧密咬合的齿轮，共同构建人才培养的生态系统。高校宛如一座知识宝库，为学生提供扎实的理论基础和专业知识；文旅企业则似一片广阔的实践战场，为学生提供丰富的实践场景和真实项目，让学生在实际工作中积累经验，如同在战场上磨砺的战士，将所学知识应用于实践。科研机构仿佛是创新的引擎，可以引导学生参与前沿的科研项目，培养其创新思维和研究能力，恰似为学生插上飞向科技前沿的翅膀。例如，可以设立联合培养基地，学生在高校完成基础课程学习后，进入企业进行实习和项目实践，期间由高校教师和企业导师共同指导，他们就像学生成长路上的引路人，同时参与科研机构的相关研究课题，这样能够使学生全方位地提升自己的能力，更好地适应文旅大数据行业的实际需求，如同凤凰涅槃般实现华丽转身。

其次，采用个性化定制的培养方案。由于每个学生的兴趣、特长和职业规划各不相同，就像世界上没有两片完全相同的树叶。因此应根据学生的个体差异制订相应的培养计划，如同裁缝根据不同顾客的身材量身定制服装。借助大数据技术对学生的学习行为、兴趣爱好和能力倾向进行分析，仿佛是用一把精准的手术刀剖析学生的学习特质，以便为学生推荐适合的课程和实践项目。对于对数据分析有浓厚兴趣的学生，可以重点培养其数据挖掘和分析能力，让他们成为数据海洋中的探索者；对于擅长编程的学生，则可以引导其深入学习大数据开发技术，使他们成为代码世界的魔法师。这样能够充分激发学生的学习潜力，提高人才培养的针对性和有效性，如同在肥沃的土地上播下不同的种子，收获多彩的果实。

最后，引入国际化的培养理念和资源。随着文旅产业的全球化发展，文旅大数据人才也需要具备国际视野和跨文化交流能力，成为穿梭于世界文化之林的使者。我们可以与国外知名高校和企业开展合作交流项目，如同搭建起一座连接国内外的桥梁，邀请国外专家学者来校讲学，他们带来的先进理念和经验就像一阵清新的风，吹进校园。选派优秀学生到国外进行交流学习和实习，让学生像勇敢的探险家一样去领略不同国家的文化和学术氛围。引进国外先进的教材和课程体系，这些教材和课程体系犹如璀璨的明珠，帮助学生了解国际前沿的文旅大数据技术和应用案例，培养具有国际竞争力的人才，使他们在国际舞台上绽放光彩。

第二节　课程体系的优化

课程体系是人才培养的核心，优化课程体系对于提升文旅大数据人才的专业素养至关重要，就像为高楼大厦奠定坚实的基石。

一方面，要加强基础课程的建设。数学、统计学、计算机科学等基础课程是文旅大数据人才的基石，如同大树的根基。在数学课程中，应增加线性代数、概率论与数理统计等内容的深度和广度，这些知识就像精密的工具，为学生后续的数据分析和建模能力培养提供坚实的理论支撑，仿佛为学生打造了一把打开数据世界大门的钥匙。在计算机科学课程方面，要强化数据结构、算法设计、数据库原理等课程的教学，使学生具备扎实的编程基础和数据处理能力，为学生铸就一双在数字世界翱翔的翅膀。

另一方面，丰富专业课程的内容和形式。开设专门的文旅大数据课程，如文旅大数据分析、文旅数据挖掘与应用、智慧旅游技术等，这些课程仿佛是为学生打开了一扇扇通往专业领域的大门，应紧密结合文旅产业的实际需求，注重案例教学和实践操作。例如，在文旅大数据分析课程中，可以选取景区游客流量分析、旅游市场趋势预测等实际案例，让学生通过对真实数据的分析和处理，掌握数据分析的方法和技巧，如同在故事中寻找宝藏。同时，利用在线课程平台和虚拟实验室等资源，为学生提供更加灵活和多样化的学习方式，拓宽学生的学习渠道，为学生搭建起通往知识殿堂的桥梁。

此外，注重跨学科课程的融合。文旅大数据人才需要具备多学科的知识和技能，因此应将旅游学、文化学、管理学等学科与大数据技术进行有机融合，如同将不同颜色的颜料调和成绚丽的画卷。开设如文旅产业融合与创新、旅游文化数据分析、旅游企业数字化管理等跨学科课程，培养学生的综合素养和创新能力，使学生成为具有多元智慧的全能型人才。

第三节 师资队伍的建设

优秀的师资队伍是提高人才培养质量的关键，如同军队中的将领决定着战斗的胜负。为了满足文旅大数据人才培养的需求，必须加强师资队伍的建设，为教育大厦添砖加瓦。

一是加大对现有教师的培训力度。定期组织教师参加大数据技术、文旅产业发展等方面的培训和学术研讨会，使教师能够及时了解行业的最新动态和技术发展趋势，如同让教师站在时代的瞭望台上。鼓励教师参与企业实践项目和科研课题，提高教师的实践能力和科研水平，教师参与实践项目就像战士奔赴战场，可以在实践中锻炼自己。例如，选派教师到文旅企业挂职锻炼，参与企业的大数据项目开发和数据分析工作，将实际项目经验融入教学中，如同蜜蜂采集花粉酿成甜蜜的蜂蜜。

二是引进具有丰富实践经验和专业背景的高层次人才。从文旅企业、大数据科研机构等引进一批既懂大数据技术又熟悉文旅产业的专家学者和技术骨干，充实师资队伍，他们就像注入教育领域的新鲜血液。这些人才可以带来行业的最新理念和实践经验，为学生提供更加贴近实际的教学内容和指导，如同为学生打开了一扇通往真实行业世界的窗户。

三是建立教师激励机制。设立专项奖励基金，对在文旅大数据教学、科研和实践指导方面表现突出的教师给予表彰和奖励，为教师戴上荣誉的桂冠。在职称评定、绩效考核等方面，对从事新兴交叉学科教学和科研的教师给予适当倾斜，鼓励教师积极投身于文旅大数据人才培养工作，在教师前进的道路上铺上红毯。

第四节　实践平台的搭建

实践平台是学生将理论知识转化为实际能力的重要场所，搭建多元化的实践平台对于培养文旅大数据人才具有重要意义，仿佛为学生搭建了一座从知识到能力的桥梁。

首先，建设校内实践教学基地。高校应加大对实验室建设的投入，建立专门的文旅大数据实验室。实验室应配备先进的硬件设备和软件工具，如高性能服务器、大数据分析软件、数据可视化工具等，这些设备和工具就像战士手中的精良武器，为学生提供良好的实践环境。同时，开发一系列具有针对性的实验项目和课程设计，让学生在实验室中进行数据采集、分析和处理等实践操作，提高学生的动手能力，学生在实验室里就像勤劳的工匠在打造自己的精美作品。

其次，加强与文旅企业的合作，建立校外实习基地。与各类文旅企业签订合作协议，为学生提供稳定的实习岗位，如同为学生找到了通往职场的实习通道。在实习过程中，企业导师就像学生在实习路上的导航仪，应给予学生全程指导，让学生参与到企业的实际项目中，如旅游市场调研、游客行为分析、旅游产品推荐系统开发等。通过实习，学生能够深入了解企业的实际需求和工作流程，积累实践经验，提高解决实际问题的能力，完成理论到实践的蜕变。

最后，举办各类学科竞赛和创新创业项目。组织学生参加文旅大数据相关的学科竞赛，如全国大学生数据挖掘竞赛、旅游大数据创新应用大赛等，这些竞赛就像激烈的战场，激发学生的创新思维和团队合作精神，提高学生的实践能力和综合素质，使学生在竞赛中脱颖而出。同时，鼓励学生开展创新创业项目，为学生提供项目孵化和创业指导服务，培养学生的创业意识和能力，是为学生点燃了创业的火种。

综上所述，通过在人才培养模式创新、课程体系优化、师资队伍建设和实践平台搭建等方面采取一系列针对性的建议和策略，我们有望培养出一批高素质、复合型的文旅大数据人才，他们就像闪耀的星星，为文旅产业的数字化转型和高质量发展提供有力的人才支撑，推动文旅产业在时代的浪潮中乘风破浪，驶向辉煌的未来。

附录 问卷设计

第一部分：基本信息

（请根据您的身份选择填写 A 部分或 B 部分）

A. 企业代表

1. 企业名称：＿＿＿＿＿＿

2. 企业规模：

☐ 大型（员工 ≥500 人）

☐ 中型（50 人 ≤ 员工 <500 人）

☐ 小型（员工 <50 人）

3. 所属行业：

☐ 景区运营

☐ 文化科技企业

☐ OTA 平台

☐ 文旅管理机构

☐ 其他（请注明）＿＿＿

4. 调研岗位类型：

☐ 技术岗（数据分析、算法开发）

☐ 管理岗（项目管理、战略决策）

☐ 运营岗（产品运营、市场推广）

B. 个人代表

1. 您的身份：

☐ 高校在读学生（专业：＿＿＿）

□ 在职从业人员（岗位：_____）

□ 职业培训学员

2. 工作年限：

□ 无经验

□ 1~3 年

□ 3~5 年

□ 5 年以上

第二部分：企业需求评估

（请根据实际岗位需求，对以下能力的重要性进行评分，1= 非常不重要，5= 非常重要）

技术能力需求　　　　1　　　　2　　　　3　　　　4　　　　5

1. 大数据平台运维能力（Hadoop/Spark）

2. 实时数据处理能力（Flink/Kafka）

3. 机器学习算法应用（分类 / 预测模型）

业务理解需求　　　　1　　　　2　　　　3　　　　4　　　　5

4.文旅场景建模能力（游客行为分析）

5.东盟数据合规知识（跨境流通规则）

6.文化遗产数字化认知（非遗 IP 开发）

工具链要求　　　　1　　　2　　　3　　　4　　　5

7. GIS 空间分析工具掌握度（ArcGIS/Mapbox）

8.数据可视化工具（Tableau/Power BI）

9.区块链开发框架（Hyperledger）

伦理规范要求　　　1　　　2　　　3　　　4　　　5

10.数据隐私保护合规意识（GDPR/《数据安全法》）

11.文旅数据伦理决策能力（敏感信息脱敏）

第三部分：个人能力自评

（请根据自身实际情况评分，1= 完全不符合，5= 完全符合）

技术能力　　1　　　2　　　3　　　4　　　5

1. Python 数据处理（Pandas/NumPy）

2. 机器学习算法调优（Scikit-learn/TensorFlow）

3. 实时数据流处理（Kafka/Spark Streaming）

业务能力　　1　　　2　　　3　　　4　　　5

4. 旅游产品生命周期分析（需求预测）

5. 壮族文化数字化转化能力（铜鼓纹样建模）

6. 跨境文旅数据治理（东盟标准适配）

软技能　　　1　　　2　　　3　　　4　　　5

7. 跨部门协作能力（技术 - 业务沟通）

8. 创新思维水平（数据驱动决策设计）

9. 快速学习能力（新技术工具掌握）

第四部分：开放性问题

1. 您认为当前文旅大数据人才培养的最大障碍是什么？

☐ 课程内容滞后

☐ 实践机会不足

☐ 政策支持缺失

☐ 行业认知偏差

☐ 其他（请说明）_____

2. 请列出您认为未来 3 年文旅行业最急需的三项数据技能：

(1) _____

(2) _____

(3) _____

问卷说明

1. 本问卷采用匿名形式，数据仅用于学术研究。

2. 企业代表请填写 A 部分＋第二部分，个人代表请填写 B 部分＋第三部分。

3. 填写时间约 8~10 分钟，感谢您的参与！

设计亮点

1. 双维度精准覆盖

— 企业需求侧包含 4 类 12 项能力，直击技术、业务、工具、伦理痛点。

— 个人能力侧设置 3 大模块 9 项指标，映射广西特色（如壮族文化数字化）。

2. 深度匹配分析

— 通过李克特量表差值计算（企业需求评分 - 个人能力评分），量化生成"能力缺口矩阵"。

— 开放性问题捕捉隐性需求（如未来技能预测），为动态调整培养方案提供依据。

3. 本土化适配

— 增设东盟数据合规、跨境文旅治理等区域性指标，贴合广西"中国—东盟桥头堡"定位。

— 工具链要求中强调区块链与 GIS 技术，与广西非遗数字化和边境旅游场景相呼应。

4. 技术可扩展性

— 量表数据可直接导入 SPSS/R 进行信效度检验（Cronbach's $\alpha > 0.7$）。

— 开放题文本可通过 NLP 提取关键词，与招聘信息 CNN 分析结果交叉验证。

示例数据应用场景

·若企业"机器学习算法需求"均值为 4.5，而个人自评仅 2.8，则触发红色预警，提示课程需强化算法实战模块。

·开放题中"跨境数据清洗"高频出现，可推动校企合作开发《东盟文旅数据治理》实训项目。

此问卷设计兼顾学术严谨性与实操便捷性，为后续构建"需求—供给"缺口模型奠定数据基础。

技术和产业篇

第十章 引言

在全球数字化浪潮的席卷下，大数据时代强势来临，文化和旅游行业在各国经济体系中占据的地位越发重要。随着全球化进程的加速以及信息技术的飞速发展，借助先进技术提升行业运营效率、优化服务体验，已成为全球文化与旅游产业发展的必然趋势。广西，作为中国文化与旅游资源丰富的重要省份，依托其独特的自然风光、多元的民族文化以及蓬勃发展的旅游市场，已逐步踏入"大数据＋文化旅游"的全新发展阶段。大数据技术的迅猛发展和应用，为广西优化产业结构、提升服务品质、推动文化资源的保护与利用，提供了难得的机遇。

尽管广西在大数据应用方面已取得一定成果，但整体技术水平和产业发展仍处于起步阶段，面临的挑战和瓶颈不容忽视。如何有效利用大数据技术进行文化和旅游资源的开发与保护、提升游客体验、推动行业创新，成为广西当前亟待解决的核心问题。因此，全面评估广西文化和旅游大数据的发展现状，深入分析技术成果与产业发展状况，并提出切实可行的发展建议，显得尤为重要。

第一节　背景概述

一、广西文化和旅游产业的现状与潜力

广西壮族自治区地处中国南部，与东南亚接壤，是中国少数民族自治区之一，拥有独特的民族文化和丰富的自然资源。广西的文化和旅游产业丰富多样，桂林山水以其秀丽的风光闻名于世，吸引着无数游客前来观赏；浓郁的民族风情，如壮族的歌圩、瑶族的盘王节等，展现出独特的文化魅力；还有著名的"广西桂花香"，也成为吸引游客的一大特色。这些丰富的资源让广西吸引了大量国内外游客。然而，在全球化和数字化的大背景下，广西的文化和旅游产业正面临着快速变化带来的挑战。传统的观光型旅游模式和文化产业开发模式，已逐渐难以满足市场和游客日益多样化的需求，智能化、数字化、个性化的旅游和文化服务需求不断增长。

近年来，广西积极推动文化和旅游产业的融合发展，在基础设施建设方面大力投入，尤其在"智慧旅游"和"数字文化"领域取得了显著进展。智慧景区的建设不断推进，通过引入大数据、人工智能等技术，实现景区的智能化管理，如实时监控游客流量、优化景区线路规划等。基于大数据的游客行为分析与个性化推荐服务也在逐步完善，通过对游客的浏览记录、消费行为等数据进行分析，为游客提供更加精准的旅游推荐，提升游客的旅游体验。这一系列举措正成为广西旅游产业转型的重点方向。此外，广西丰富的民族文化和非物质文化遗产为大数据技术的应用提供了广阔空间，如何利用数字化手段传承和创新这些文化遗产，成为行业发展的重要课题。例如，通过数字化技术对壮族的壮锦、瑶族的刺绣等非物质文化遗产进行记录和保存，同时开发相关的数字文创产品，让更多人了解和接触到这些珍贵的文化遗产。

二、大数据技术的快速发展与文化旅游产业的深度融合

大数据技术的迅猛发展，极大地推动了文化和旅游行业的数字化转型。在全球范围内，许多发达国家和地区已将大数据技术广泛应用于文化资源管理、旅游服务优化和市场分析等方面，实现了产业的创新与升级。例如，美国通过大数据分析游客的旅游偏好和消费习惯，为旅游企业提供精准的市场定位和营销策略建议；欧洲一些国家利用大数据优化旅游景区的管理，提高景区的运营效率和游客满意度。在中国，政府积极推动文化和旅游行业的信息化建设，不仅出台了一系列支持政策，还鼓励各地借助大数据技术提升产业管理和运营效率。

在广西，尽管大数据技术的应用起步相对较晚，但随着技术的逐步成熟和政策支持的不断加强，广西的文化和旅游大数据应用正在稳步推进并逐步落地。大数据技术的应用范围不仅涵盖旅游景区的智能化管理，还延伸到旅游市场的预测、游客偏好的分析、文化资源的数字化保护等多个领域。在旅游市场的预测方面，通过对历史旅游数据、市场趋势、季节因素等多维度数据的分析，提前预测旅游市场的需求变化，为旅游企业的决策提供依据。在文化资源的数字化保护方面，对广西的历史文化遗迹、民族文化等进行数字化采集和保存，防止文化资源的流失。与此同时，广西的文化和旅游企业也在积极采用大数据技术，利用数据分析来提升客户体验、优化资源配置，从而提升产业整体效率和竞争力。例如，一些旅游企业通过分析游客的评价数据，及时改进服务质量，提升游客的满意度；部分文化企业利用大数据挖掘文化创意，开发出更具市场吸引力的文化产品。

然而，广西在大数据技术应用方面仍面临诸多挑战。数据采集与处理能力相对薄弱，部分数据的采集存在难度，数据处理的效率和准确性有待提高。跨部门、跨行业的数据共享和标准化建设尚未完善，不同部门和行业之间的数据难以实现有效流通和整合，数据标准不统一也给数据分析和应用带来困难。此外，技术人才短缺也是制约大数据应用的瓶颈之一，缺乏既懂大数据

技术又熟悉文化和旅游业务的复合型人才。如何加强技术研发、推动数据共享、完善产业链条，将是未来发展的关键。

三、广西文化和旅游大数据发展的挑战与机遇

广西文化和旅游产业的数字化转型虽然面临诸多挑战，但也具备独特的机遇。一方面，随着数字化技术的不断进步，广西有可能在短期内缩小与其他地区的技术差距。借助国家政策的大力扶持以及自身的技术创新，广西能够快速追赶，形成具有竞争力的数字文化和旅游产业生态。国家出台的一系列支持数字经济和文化旅游产业融合发展的政策，为广西提供了良好的政策环境，广西可以充分利用这些政策，加大对大数据技术研发和应用的投入，培育相关产业。另一方面，广西丰富的文化资源为其发展提供了坚实的保障。如何将这些丰富的文化资源与大数据技术深度融合，将成为促进广西文化和旅游产业升级的关键。通过大数据技术对文化资源进行深入挖掘和分析，可以开发出更具特色和吸引力的文化旅游产品，提升广西文化旅游的品牌影响力。

尽管广西文化和旅游大数据发展的潜力无限，但是挑战依然严峻。例如，广西的大数据应用尚处于初期阶段，相关技术和应用案例相对匮乏，缺乏成熟的经验可供借鉴。此外，文化资源的数字化保护与创新应用仍面临资金、技术、人才等多重压力。在数字化保护方面，需要大量的资金投入用于设备购置、技术研发和人员培训；在创新应用方面，需要具备创新能力和专业技术的人才，将文化资源与大数据技术进行有机结合。在未来的发展中，如何突破这些瓶颈、利用大数据提升文化旅游产业的核心竞争力，将是广西亟待解决的问题。

第二节　目标框架

本研究旨在通过全面评估广西文化和旅游大数据发展的现状与成果，深入分析其技术进展、产业布局、政策支持和市场需求等方面，为广西文化和

旅游产业的数字化转型提供有价值的参考与建议。具体目标如下。

一、评估广西文化和旅游大数据技术现状

本研究将首先回顾广西文化和旅游领域大数据技术的应用现状，包括政务数据公开情况、科研立项及相关研究成果等。从技术层面，深入分析广西在大数据领域的研究进展、技术应用、数据共享与标准化建设等方面的情况。通过对现有技术应用效果的评估，剖析其中存在的问题，揭示当前技术发展的优势和不足，为后续发展提供依据。例如，在政务数据公开方面，详细了解数据的类型、数量、公开平台以及透明度等情况；在科研立项方面，分析立项数量、研究方向和资金投入，以及这些项目对技术发展的推动作用。

二、分析广西文化和旅游大数据技术成果

在技术成果部分，本研究将系统地分析广西在文化和旅游大数据领域的学术研究成果、专利和软件著作权等。通过对这些成果的统计与分析，全面评估广西在该领域的技术创新和研发能力，探讨其技术成果的应用效果与行业推动作用。同时，结合实际应用案例，深入分析广西文化和旅游领域技术成果转化的瓶颈与突破点。例如，统计学术论文的发表数量、引用情况，分析专利和软件著作权的申请和授权情况，以及这些成果在实际项目中的应用情况和产生的效益。

三、探讨广西文化和旅游大数据产业发展现状与潜力

本研究将对广西文化和旅游大数据产业的发展现状进行深入分析，涵盖产业布局、主要企业、市场需求、产业链各环节的技术应用等。通过案例分析，探讨广西文化和旅游大数据产业的优势和不足，揭示产业发展中存在的问题，并提出推动产业健康发展的可行性建议。在产业布局方面，了解广西文化和旅游大数据产业在不同地区的分布情况和特色；在主要企业方面，分析企业

的产品和服务，以及它们在大数据技术应用上的影响力；在产业链各环节，分析数据采集、处理、分析、应用等环节的发展情况和存在的问题。

四、展望未来发展趋势

在深入分析广西文化和旅游大数据发展现状的基础上，本研究将针对如何进一步推动技术研发、促进产业协同、加强人才培养等方面提出具体的政策建议。这些建议旨在加强政府、科研机构和企业之间的合作，推动产业数字化转型，实现广西文化和旅游大数据产业的可持续发展。结合国际与国内的行业发展动态，本研究将分析广西如何利用大数据进一步推动文化与旅游产业的融合，提升整体竞争力，并在全球文化和旅游产业数字化转型中占据有利位置。例如，关注国际上大数据技术在文化旅游领域的最新应用趋势，借鉴其他地区的成功经验，为广西的发展提供参考；同时，分析国内政策导向和市场需求，为广西制定符合自身发展的策略提供依据。

第十一章

广西文化和旅游大数据技术研究现状

第一节　广西文化和旅游政务数据公开情况

　　广西壮族自治区作为中国南部的重要区域，拥有丰富的自然资源和多样的文化遗产，包括壮族、瑶族等多民族文化交融的非物质文化遗产，以及世界闻名的山水风光和历史古迹。这些得天独厚的资源不仅为广西发展文化旅游产业奠定了坚实的基础，也成为提升区域经济活力的重要抓手。近年来，广西各地级市在推动文化和旅游发展的过程中，逐步加强了数据的收集、整理与公开，通过各类统计数据和分析报告，展示了各地文化与旅游发展的现状与潜力。这些数据涵盖了旅游人数、经济收入、景点信息和文化活动等多个方面，为政策制定、市场规划及品牌推广提供了宝贵的支撑。为了深入了解广西各地级市在文化和旅游领域的数据类型及其公开现状，本节将从数据的覆盖面、细化程度、公开平台及透明度等多个维度展开详细分析，力求勾勒出广西文旅数据公开的全貌，并为文旅发展提供科学的参考依据。

一、数据类型

广西各地级市在文化和旅游领域公开了大量相关数据，这些数据内容覆盖广泛，涵盖了文旅发展的方方面面，具体包括以下几个主要方面。

（一）景区信息

各地市详细公开了 A 级旅游景区的分类情况，包括 5A、4A、3A 等不同等级旅游景区的数量、分布和具体信息。这些数据通常包括景区的具体位置、联系方式、评定时间、基础设施情况以及特色资源的介绍等。例如，桂林市作为旅游资源最丰富的地市，不仅提供了详细的景区分类，还公开了部分重点景区的年度游客量、门票收入以及服务设施等信息。这些数据为景区管理与宣传推广提供了重要依据。

各地市普遍公开了 A 级旅游景区的相关信息，尤其是在高等级景区的展示上较为详尽。桂林市和南宁市分别公开了 5A、4A、3A 级旅游景区的具体数量，其中桂林市更是提供了每个景区的具体名称、地理位置及特色说明。部分城市（如桂林市、北海市）提供了景区的开放时间、门票价格及停车位数量等信息。桂林市还进一步披露了漓江风景区和象鼻山景区主要景区的年度游客量与收入数据，便于评估景区运营状况。北海市在景区数据中纳入了游客评价数据，包括游客评分和主要反馈问题。景点信息数据是吸引游客的重要参考，对旅游市场推广和景区管理优化具有重要价值。

广西各地普遍公开了关于游客接待量的统计数据，主要分为以下几种类型。

年度总接待人数：例如，桂林市公开了年度接待游客总数，明确国内游客与国际游客的比例。南宁市同样提供了年度游客总量数据，但未细分国际游客。

季度或月度接待人数：部分城市提供了季度性数据，用于反映游客流量的季节性变化，例如，南宁市在部分景区公开了季度游客流量统计。

游客来源地：仅部分城市披露游客的来源分布，如桂林市和柳州市对游客来源地进行了细化，区分国内不同省份和国际市场，但其他地市仅提供国内与国际游客的简单分类。

数据用途：旅游人数数据是衡量一个地区旅游业发展的基本指标，可以用来评估城市的吸引力和旅游流量分布特点，为市场定位提供支持。

旅游收入数据主要用来反映文化和旅游行业对地方经济的贡献。

年度旅游总收入：各地普遍公开年度旅游总收入，但披露的细化程度不同。例如，桂林市细分了住宿、餐饮、景区门票、交通等具体收入来源，而北海市和防城港市仅披露了旅游总收入。

人均消费：部分地市披露了游客的平均消费水平，例如，南宁市公布了国内游客与国际游客的人均消费数据，帮助分析旅游消费能力。

收入增长率：如柳州市披露了年度旅游收入同比增长率，反映出旅游业发展的动态变化趋势。

数据用途：旅游收入数据对于评估旅游行业的经济贡献具有重要意义，同时为产业规划和资源配置提供了参考依据。

（二）文化遗产

文化遗产是广西的一大特色，各地市公开了非物质文化遗产代表性项目名录及保护情况，内容包括国家级、自治区级和市级的非遗项目清单，以及与之相关的传承人数量和分布情况。此外，还包括文物保护单位的信息，涵盖国家级、省级和市级文物保护单位的数量、分布及修缮情况。例如，柳州市和北海市不仅统计了文物保护单位的数量，还列举了部分重点保护项目及其文化价值。这些数据有助于展示广西在文化遗产保护和传承方面的成就。

在广西各地级市中，文化遗产相关数据的公开主要集中于非物质文化遗产和文物保护单位两个方面。这些数据的披露既展示了广西深厚的文化底蕴，也为文化遗产的保护、传承和开发利用提供了重要依据。以下将从非物质文化遗产、文物保护单位和数据用途三方面进行分析。

1. 非物质文化遗产

非物质文化遗产是广西文化多样性的重要体现，其公开数据涵盖了项目的级别、数量和传承人信息，部分城市还披露了具体保护和开发情况。

南宁市：南宁市在非物质文化遗产数据的公开上较为全面，系统披露了国家级、自治区级和市级非遗项目的数量及分布情况。例如，南宁市现有国家级非遗项目 10 项，自治区级非遗项目 50 余项，市级非遗项目近百项，同时公开了每一项目对应的传承人数量及其基本信息。此外，部分重点非遗项目还公布了传承人年龄、技术传承情况及传承人培养计划。这些数据清晰地展现了南宁市在非遗保护和传承方面的系统性工作。

梧州市：梧州市的非遗数据则更注重对重点非遗项目的保护与发展情况的披露。例如，国家级非遗项目六堡茶制作技艺得到了详细介绍，包括技艺的历史渊源、工艺流程、市场推广及保护措施。此外，梧州市还披露了六堡茶产业与文化相结合的发展路径，以及文化旅游线路设计情况，充分展现了非遗的实际应用价值。

其他地市：部分地市仅列出了非遗项目的名称和总量数据。例如，柳州市虽公开了非遗名录，但未对传承人信息和保护措施进行细化说明，这使得数据在分析层面有所局限。

2. 文物保护单位

广西文物保护单位的数据公开以柳州市和北海市为代表，涵盖了国家级、省级、市级文物保护单位的数量和分布情况，部分城市还披露了修缮与开发的重点项目。

柳州市：柳州市在文物保护单位的公开中表现较为突出，具体列出了国家级、省级和市级文物保护单位的名单及数量。例如，柳州市现有国家级文物保护单位 20 余处、省级 50 余处、市级百余处，每一处文物单位的基本信息（如地理位置、历史背景、文化价值）均得到了清晰展示。此外，柳州市还公开了部分重点文物保护单位的修缮项目及进展情况。例如，柳侯祠的保护工程详细披露了修缮投入资金、工艺标准以及后续开发计划，展示了政府对文物保护的重视。

北海市：北海市则更注重滨海文化遗产的保护，其公开数据中列出了全市 215 处文物保护单位的清单，包括国家级 5 处、省级 30 处、市级 180 处。特别是国家级文物"合浦汉墓群"的保护项目，披露了文物考古发掘的阶段成果以及未来的文化展示和开发计划。此外，北海市还将文物保护与海上丝绸之路（海丝），文化遗产保护相结合，突出了文物资源在文化旅游线路中的核心地位。

其他地市：部分地市（如防城港市和梧州市）仅简单罗列了文物保护单位的数量和级别，未披露具体名单和保护工作进展，这使得文物数据的利用价值相对较低。

3. 数据用途

文化遗产数据的公开在提升区域文化价值和支持产业发展的过程中具有多方面的用途，主要体现在以下几点。

提升城市文化品牌影响力：非物质文化遗产和文物保护单位是展示城市历史和文化底蕴的重要资源，通过公开详细数据，可以增强外界对城市文化品牌的认知。例如，南宁市通过对国家级非遗项目及传承人信息的披露，彰显了壮族文化的独特魅力；梧州市则通过重点推广六堡茶制作技艺，塑造了以茶文化为核心的城市文化形象。

支持文化旅游线路开发：文化遗产数据为设计文化旅游线路提供了丰富的素材。例如，柳州市通过修缮和开发柳侯祠等文物保护单位，将其与周边景区串联，形成了完整的文化旅游线路；北海市将文物保护与海丝文化相结合，推出了一系列滨海文化体验项目，进一步增强了文化旅游的吸引力。

推动文物保护与非遗传承：数据的公开能够反映文化遗产保护的现状，为政府和社会力量参与文物修缮和非遗传承提供依据。例如，通过传承人数量和年龄分布数据，可以制订针对性的人才培养计划；通过文物保护单位修缮数据，可以合理分配资金与技术资源，保障文化遗产的长效保护。

促进文旅产业融合发展：非物质文化遗产与文物保护单位的数据为文旅产业的多元化发展提供了基础。例如，梧州市通过六堡茶技艺的保护与产业化结合，带动了乡村旅游和茶产业的双向发展。北海市通过文物保护与海洋旅游相结合，促进了滨海文化的传承与现代旅游经济的共赢。

（三）住宿信息

住宿是旅游服务的重要组成部分，各地市普遍公开了星级饭店和旅游民宿的数量及分布情况。这些数据包括不同星级酒店的数量、分布位置，以及旅游民宿的发展状况和增长趋势。例如，南宁市和桂林市公开了五星级、四星级、三星级酒店的具体数量及分布；而部分地市（如北海市）则主要以整体住宿数量为主，未细分星级。这些数据为旅游接待能力评估和住宿市场规划提供了基础。

住宿与旅游服务数据作为旅游经济数据的重要组成部分，是衡量地区旅游接待能力和服务水平的关键指标。广西各地级市在这方面的数据公开表现不一，具体涵盖了星级饭店分布、旅行社与导游情况等内容，反映了区域文旅发展的特色和差异。以下从数据内容（包括星级饭店、旅行社与导游）、数据用途及其区域表现差异展开分析。

1. 星级饭店

星级饭店的数据公开反映了地区住宿接待能力和高端旅游市场的发展状况。

桂林市：作为广西的旅游标杆城市，桂林市在星级饭店数据的公开上极为详尽，列出了五星级、四星级、三星级酒店的数量和具体分布情况。例如，全市拥有五星级酒店4家、四星级酒店14家、三星级酒店23家，这些酒店主要分布在市中心及主要旅游景区附近（如阳朔、漓江周边），能够满足不同层次游客的住宿需求。

南宁市：南宁市同样披露了星级酒店的数量及分布情况，包括 3 家五星级酒店、14 家四星级酒店和 15 家三星级酒店。作为广西首府，南宁市的酒店布局更多服务于政务旅游及商务客流，与桂林市的观光旅游市场形成互补。

北海市：与桂林市和南宁市不同，北海市的数据仅披露了酒店总数，而未细分星级。这使得数据在精确评估北海住宿接待能力时存在一定局限性。作为滨海旅游城市，北海市星级酒店数量的缺失可能影响其对高端旅游市场的吸引力分析。

其他地市：梧州市、防城港市等地市的酒店数据更为简单，多以总量数据为主，未披露星级分布或设施情况，反映出数据公开的深度和广度的不足。

2. 旅行社与导游

旅行社与导游的数据公开展现了地区旅游服务行业的规模和专业化水平。

南宁市：南宁市在旅行社与导游数据公开方面较为详细。市政府披露了全市旅行社的数量，并对国内游和出境游业务比例进行了统计，例如，国内游旅行社占比约 70%，出境游业务占比约 30%。同时，南宁市的导游数据涵盖了总人数及部分资格认证信息，为评估当地在旅游服务能力提供了有力支撑。

柳州市：柳州市的导游数据公开内容较为细致，披露了导游总数、执业资格持证人数及部分年龄结构数据。例如，柳州市现有导游 471 人，其中约 80% 持有国家级资格证书。这种详细的披露反映了柳州市在旅游服务行业中对人才培养和行业规范的重视。

其他地市：桂林市虽未对旅行社与导游数据进行细化分类，但其旅行社数量远超其他地市，反映了其作为旅游核心城市的市场优势。梧州市和北海市对导游和旅行社数据的披露相对简单，未涉及业务类型或资格认证情况。

3. 数据用途

住宿与旅游服务数据在文化和旅游产业的发展中具有重要的参考价值，其主要用途包括以下方面。

衡量旅游接待能力：星级饭店数量及分布可以直观反映一个地区的接待能力，特别是高端旅游市场的承载力。例如，桂林市通过星级饭店数据的公开，展示了其在接待国内外高端游客方面的资源优势。

辅助游客出行规划：对游客而言，旅行社、导游和酒店数据是制订出行计划的重要参考。例如，南宁市对旅行社业务类型的细化披露，有助于游客选择更符合需求的服务提供商。

支持政策制定与市场监管：政府可以利用旅行社与导游的数据，优化行业监管，制定扶持政策，进一步规范旅游市场。例如，通过星级饭店和导游数据的分析，可以针对性地投入资源以改善薄弱环节。

推动区域产业升级：数据公开可以帮助地方政府识别区域内住宿与旅游服务的短板，推动高品质服务设施的建设。例如，北海市若细化星级酒店数据，将更有助于吸引高端旅游投资。

4.区域表现差异

广西各地级市在住宿与旅游服务数据的公开深度和广度上表现不一：

领先城市：桂林市和南宁市在星级饭店分布、旅行社与导游数据方面公开较为全面，涵盖了数量、分布及服务类型等多方面信息，为数据分析与政策制定提供了全面支持。

一般表现城市：柳州市在导游数据的公开深度上表现较好，但在旅行社及星级饭店数据上表现相对不足。

有待提升城市：北海市和梧州市在住宿与旅游服务数据的公开上仍存在较大的改进空间，特别是在星级酒店分类及旅行社业务细化方面的缺失，限制了数据的实用性和分析价值。

（四）文化场馆

各地级市的文化场馆统计数据主要集中在图书馆、博物馆、艺术馆以及群众文化场馆的建设和使用情况上。例如，桂林市详细列出了博物馆的数量、分布及运营情况，展示了其文化资源的丰富性和公共文化服务水平。南宁市则在图书馆服务方面表现突出，公开了主馆与分馆的数量及服务范围。这些数据反映了各地公共文化基础设施的发展情况，为优化公共文化服务体系提供了数据支持。

（五）文旅企业

文旅企业数据涵盖旅行社、导游、网吧等经营性单位的信息。例如，南宁市公开了旅行社的数量及服务范围，包括国内游、出境游业务的比例，同时提供了导游的数量和执业资格信息。柳州市和北海市在文旅企业数据上也有一定的覆盖，但内容相对简略。这些数据对了解区域内旅游服务产业的规模和发展水平具有重要意义。

（六）活动设施

各地级市还披露了与文化活动相关的设施数据，如演出场馆、公共体育场馆等。南宁市和桂林市在这一领域表现较为突出，公开了部分重点演出场馆的运营情况和公共体育场馆的设施分布，显示出较强的活动承接能力和服务保障水平。防城港市和梧州市则在活动设施数据上相对简单，仅提供了总体数量统计。

（七）乡村旅游与农家乐

乡村旅游数据是广西文旅数据的一大亮点，各地市普遍提供了星级乡村旅游区和星级农家乐的数量及分布情况。例如，南宁市不仅公开了五星级、四星级、三星级乡村旅游区的数量，还列出了具体的农家乐服务情况和发展趋势。桂林市则侧重于展示乡村旅游的自然资源和文化特色，而部分地市如梧州市在这一领域的数据较为简略。这些数据对乡村振兴和乡村旅游产业的发展规划提供了直接参考。

乡村旅游区和星级农家乐的统计数据在广西的各地级市公开情况中，南宁市和桂林市表现尤为突出，展示了在乡村旅游资源开发和管理上的领先优势。以下从乡村旅游区、农家乐发展、乡村旅游收入以及数据用途四个方面进行分析。

1. 乡村旅游区

乡村旅游区的数据公开是反映区域乡村旅游发展水平的重要指标。

南宁市：公开了全市乡村旅游区的星级分布情况，包括五星级旅游区 20 家、四星级旅游区 23 家、三星级旅游区 29 家。每个乡村旅游区的分布位置和具体特点也得到了详细披露。例如，部分五星级乡村旅游区以生态观光、田园体验和文化传承为特色，这些数据清晰地展示了南宁市在乡村旅游资源整合和分级管理方面的成效。

桂林市：除了公开乡村旅游区的数量，还披露了部分主要乡村旅游区的具体名称和特色资源，例如，以田园景观和民族文化为主题的特色村落。这些乡村旅游区与桂林的山水资源有机结合，形成了独具一格的旅游品牌。

其他地市：如柳州市和梧州市仅简单列出乡村旅游区的总量，未涉及星级分布或具体名称，数据的可用性和参考价值相对较低。

2. 农家乐发展

农家乐是乡村旅游的重要组成部分，其数据公开情况反映了区域内乡村旅游服务设施的建设与运营情况。

南宁市：在农家乐的发展数据上，南宁市公开了农家乐的星级分布和年度新增数量。例如，全市拥有五星级农家乐 5 家、四星级农家乐 18 家、三星级农家乐 67 家，同时披露了年度新增农家乐数量和区域分布。这些数据不仅展示了南宁市农家乐发展的规模，也体现了政府对高品质农家乐建设的重视。

桂林市：桂林市虽未对农家乐进行星级分类，但公开了部分以休闲度假、餐饮服务和田园体验为主的农家乐发展情况，特别是与自然景观资源结合较为紧密的精品农家乐。这一举措有助于形成以"山水＋农家乐"为特色的品牌优势。

其他地市：部分地市（如梧州市、防城港市）未披露农家乐具体数据，仅在概述中提到农家乐对乡村旅游的促进作用，缺乏可量化的统计信息。

3. 乡村旅游收入

乡村旅游收入是评估乡村旅游对区域经济带动作用的重要指标，但在各地市的公开数据中，仅少数城市对其进行了明确披露。

南宁市：南宁市在公开的年度统计中披露了乡村旅游的总收入数据，同时提供了年度增长率和区域收入分布情况。例如，部分五星级乡村旅游区的收入主要来源于生态观光、住宿和乡村体验项目。这些数据清晰地反映了乡村旅游对区域经济的贡献。

桂林市：乡村旅游收入虽未单独统计，但部分高星级乡村旅游区的门票收入和相关消费数据被纳入区域旅游统计中。桂林市的乡村旅游收入主要依托其独特的山水资源和文化底蕴，显示了乡村旅游在带动地方经济发展中的重要作用。

其他地市：如柳州市、北海市，尚未公开乡村旅游收入的详细数据，导致对其经济效益的评估存在一定局限性。

4. 数据用途

乡村旅游区和农家乐相关数据的公开具有重要的应用价值，不仅对推动乡村振兴政策起到了直接的支持作用，还在以下几个方面具有现实意义。

支持乡村振兴政策：乡村旅游数据能够全面反映乡村经济发展现状和资源分布，为地方政府制定精准的扶持政策提供数据支持。例如，通过星级旅游区和农家乐数据，可以识别重点发展区域，优化资源配置。

促进乡村旅游规划：通过披露乡村旅游区的星级分布和区域收入数据，各地市可以更好地制订乡村旅游发展规划，例如，集中打造一批精品乡村旅游区和高端农家乐，提升区域乡村旅游竞争力。

提升服务水平：农家乐星级分类和发展数据的公开，可以引导经营者提升服务品质，同时为游客选择优质乡村旅游项目提供依据。

推动区域经济发展：乡村旅游收入数据的统计能够直观地展示其经济贡献，为吸引社会资本投资乡村旅游提供科学参考，也为各地政府进行政策支持和市场推广提供有力依据。

展示旅游资源优势：桂林市、南宁市通过公开乡村旅游区和农家乐的特色数据，不仅展示了其旅游资源的多样性和吸引力，也为推动全区乡村旅游的品牌建设提供了范例。

二、数据数量

广西各地级市在文化和旅游数据公开的数量上存在显著差异，涵盖了景区信息、游客数据、收入数据、文化活动、住宿和文物保护等多个领域。以下从数据覆盖面和数据翔实程度两方面分析各地级市的数据数量情况。

（一）数据覆盖面

作为广西的旅游标杆城市，桂林市在数据覆盖面上遥遥领先，公开了景区信息、游客人数、收入数据、文化活动等多维度数据，同时对重点景区（如漓江、象鼻山）的接待量、收入及设施状况进行了细化披露。南宁市的数据覆盖面较为全面，特别是在乡村旅游和文化活动方面具有较高的公开力度，但在部分国际游客数据和景区收入方面未达到桂林市的精细化水平。柳州市的公开数据涵盖了景区、游客人数、收入、文化活动和文物保护等内容，但细化程度较低，未公开乡村旅游或农家乐具体数据。梧州市和防城港市公开的数据较为集中，主要围绕 A 级旅游景区数量和文化遗产项目，缺乏游客收入、游客来源及文化活动详细数据。所有地市均公开了 A 级旅游景区数量，但仅桂林市和南宁市对景区进行了逐一细化披露，包括具体名称、分布位置和接待数据。南宁市和梧州市在非物质文化遗产保护方面披露较多，而其他地市数据较为简单。桂林市的收入数据覆盖全面，南宁市在乡村旅游收入方面表现突出，其他地市仅提供旅游总收入。桂林市和南宁市提供了较全面的游客接待量和游客来源数据，而梧州市和北海市的游客数据相对简略，仅统计了总量。

（二）数据翔实程度

桂林市公布了全市 A 级旅游景区的详细信息，包括 5A、4A、3A 旅游景区数量及分布位置，还披露了部分重点景区的接待人数、门票收入和设施建设情况。游客接待量方面，桂林市按年度和季度统计国内游客与国际游客的比例，同时分析游客来源地。文化活动方面，桂林市详细列出了多项国际性和区域性节庆活动的数据，包括参与人数和经济影响。数据总量多且翔实，能够满足多维度分析需求。

南宁市在乡村旅游和农家乐数据方面提供了较高细化程度的信息，公开了五星级、四星级、三星级乡村旅游区和农家乐的具体数量和区域分布。游客接待数据覆盖面广，包括年度总量和部分景区接待量，但国际游客数据较少。在文化活动方面，南宁市披露了活动类型、活动时间及参与规模，特别是非遗活动的参与情况较为具体。

柳州市公开了导游人数、旅行社数量及服务类型，在旅游服务行业数据方面较为详细。文物保护单位的数据披露较为全面，涵盖国家级、省级和市级文物保护单位的分布情况，但其他文旅数据较为简单。

同时也存在一些数据简单的城市，梧州市数据数量有限，主要集中在 A 级旅游景区和文化遗产保护，游客接待量和旅游收入仅披露了年度总量，缺乏细化分析。防城港市数据内容单一，仅围绕旅游景区和文化活动展开，未披露详细的收入数据和游客来源。

从数据数量的覆盖面和翔实程度来看，各地市的公开情况呈现明显的层次性。

领先的地市：桂林市在数据数量和深度上处于领先地位，几乎涵盖了所有关键领域，并提供了大量详细数据。

表现良好的地市：南宁市虽然在细化程度上稍逊于桂林市，但覆盖面全面，特别是在乡村旅游和文化活动方面表现突出。

潜力较大的地市：柳州市的数据覆盖面相对较广，但多数数据未细化。北海市和梧州市的数据数量较少，主要集中于基本统计领域。

鉴于不同城市存在着差异化的数据翔实程度，现提供如下建议。

统一数据统计标准：各地级市应在游客统计、收入分类、景区信息披露等方面采用统一的标准，便于横向对比和整合。

提升细化程度：梧州市和防城港市等地需补充收入来源、游客来源、文化活动效果等细化数据，提升数据数量和价值。

建立动态更新机制：数据的时效性需要提高，建议各地建立动态更新机制，至少按季度公开最新统计数据。

总结来看，广西各地级市在文旅数据数量上具有较好的公开基础，但存在覆盖面和深度的差异，尤其是少部分地市需补充细化数据，以适应全区文旅资源整合与发展的需求。

三、公开平台

广西各地级市在文化和旅游数据公开平台的选择和透明度方面表现差异较大，主要通过政府官网与文旅局官网、数据开放门户等形式对外发布数据。以下对公开平台和透明度进行详细分析。

（一）政府官网与文旅局官网

1. 主要特点

各地级市主要依托政府官网与文旅局官网作为文旅数据公开的核心渠道。其中，桂林市文旅局官网内容丰富，数据包括景区信息、游客统计、收入分布、文化活动等，并支持用户通过公告或新闻稿获取最新数据。南宁市政府门户网站除了文旅局官方信息外，还提供专门的乡村旅游、非遗保护项目和文化活动的专题页面，内容较为全面。北海市和柳州市的文旅局官网则主要集中在景区推介和非遗名录方面，统计数据相对较少。

2. 优点

集中性：官网通常集成了各类文化和旅游信息，方便统一查询。

权威性：作为官方平台，数据来源可靠。

3. 不足

数据分散：部分地市的文旅相关数据分布在多个板块中，如"统计报告""新闻公告"等，难以快速检索。

可下载性弱：部分官网的数据仅以新闻形式发布，缺乏可下载的报表或开放数据接口。

（二）数据开放门户

南宁市在地方政府数据开放平台上公开了部分文旅相关数据，包括游客接待量、文化场馆运营情况等。桂林市数据开放程度较高，在部分专题数据页面提供了游客人数和收入的详细统计信息。

1. 优点

专业性：数据开放门户更适合批量下载和专业数据分析。

分类清晰：通常按年度、季度等时间维度分类，便于动态分析。

2. 不足

覆盖面有限：部分平台仅公开了基本数据，如游客总量或收入，细化数据较少。

数据更新慢：开放门户的数据更新频率较低，多数仅提供年度数据，缺少实时或季度数据。

（三）专题性文旅网站

广西文旅厅官网（全区文旅信息整合）涵盖了各地市文旅资源的概况、节庆活动、A 级旅游景区名单等内容。防城港和北海等城市的文旅网站主要集中在宣传层面，如推广特色景区和活动。

1. 优点

宣传功能突出：提供了大量旅游资源的图文信息，有助于提升旅游吸引力。

适合游客使用：偏向服务游客的宣传需求，数据内容直观易懂。

2. 不足

数据实用性不足：大多为展示性内容，缺乏专业统计数据，不适合科研或深度分析。

动态性较差：部分专题网站在活动后缺乏数据总结和更新。

四、透明度分析

（一）专题性文旅网站数据公开深度

1. 较高透明度的城市

桂林市：公开了多维度、多层次的数据，涵盖景区信息、游客数据、收入分布等，且部分重点景区的数据细化到接待人数和具体收入，透明度较高。

南宁市：乡村旅游、文化活动等专题数据详细，提供了参与人数、活动收益等信息，在特定领域的透明度较高。

2. 透明度较低的城市

梧州市和防城港市：公开数据内容较少，主要集中在 A 级旅游景区和文化遗产保护方面，游客来源、收入细分等数据公开有限。

（二）数据更新频率

1. 表现较好的城市

南宁市和桂林市在政府门户网站和文旅局官网上定期发布统计数据，更新频率较高（年度和部分季度数据）。

柳州市提供了部分年度统计数据，但季节性数据和动态更新频率较低。

2. 表现较差的城市

梧州市和北海市的数据更新速度较慢，部分内容未定期更新，仅依赖年度总结，缺乏动态数据。

（三）数据易用性

1. 较高易用性

桂林市和南宁市的部分数据以 Excel 或 PDF 的形式公开，便于用户下载和进一步分析。

专题性网站提供了图表或交互式页面，让普通用户能够快速获取重点信息。

2. 较低易用性

防城港市和梧州市的数据以新闻稿形式为主，缺乏系统化的统计文件，数据查询和整合难度较大。广西各地级市的文旅数据公开平台表现参差不齐，其中桂林市和南宁市在平台使用和数据透明度方面表现最为突出；柳州市虽然数据覆盖面较广，但更新频率和透明度稍显不足；北海市和梧州市在数据展示和统计深度上仍需改进。通过统一平台、规范数据格式和提升更新频率，可以进一步提高广西文旅数据公开的透明度和利用价值，为全区文化和旅游产业的高质量发展提供有力支持。具体情况如表 11-1 所示。

表 11-1 广西文旅数据公开平台对比分析

平台类型	优势	劣势	代表城市
政府官网	数据权威、集中统一	数据分散、缺乏动态更新	桂林市、南宁市、柳州市
数据开放门户	批量下载便捷、分类清晰	数据覆盖面有限、更新速度慢	南宁市、桂林市
文旅宣传网站	信息直观、利于游客宣传	数据分析价值低、缺乏深度统计	北海市、防城港市、梧州市

五、案例分析

在广西壮族自治区文化和旅游数据公开体系的实践研究中，桂林市、南宁市与北海市作为典型样本呈现出差异化的发展路径。通过对比三座城市在数据内容丰富度、透明度及公开成效等方面的表现，可直接观察到文旅数据管理在区域实践中的多维特征。

案例一：桂林市

作为享誉全球的"山水甲天下"旅游名城，桂林市展现出全区最完备的文旅数据公开体系。其官网系统呈现了涵盖 101 个 A 级旅游景区的完整名录，其中既包含漓江、象鼻山等 4 个 5A 级旅游景区的基础设施建设数据，也细致披露了 46 个 4A 级旅游景区的特色服务信息。值得关注的是，该市首创季度性游客结构分析报告，将年度接待的 6500 万人次游客细分为国内与国际客源，并同步公开景区门票收入、住宿餐饮消费等八大经济指标。在数据呈现方式上，桂林文旅局创新采用"动态数据仪表盘"模式，通过交互式图表实时更新重点景区客流数据，同时配套发布中英双语版《文旅发展白皮书》。这种立体化的数据服务体系不仅为政府优化景区资源配置提供了决策依据，更通过透明化运营显著提升了国际游客信任度。据统计，桂林旅游品牌国际搜索指数在数据公开体系完善后提升了 37%，印证了数据治理对城市形象塑造的推动作用。

桂林市作为广西的旅游标杆城市，公开的数据涵盖了游客接待量、旅游收入、景区信息、文化活动、住宿设施等多个方面，是全区文旅数据公开最全面的城市之一。具体包括以下几个方面。景区信息：公开了全市101个A级旅游景区的名单，包括4个5A级旅游景区、46个4A级旅游景区和32个3A级旅游景区，提供了详细的景区位置、特色及服务设施情况。游客接待量：提供了年度和季度接待数据，并细分为国内游客与国际游客。旅游收入：披露了景区门票收入、住宿、餐饮、购物等细分收入数据。文化活动：列出了桂林国际山水文化旅游节等多项区域性和国际性活动，包含参与人数和经济效益。

案例二：南宁市

作为自治区首府，南宁市在文旅数据公开中凸显出鲜明的首府特色与政策导向。该市重点打造的"壮乡风情"数据门户，集中展示20个五星级乡村旅游示范区的经营数据，包括农家乐入住率、特色农产品销售等微观指标。在文化遗产保护领域，官网完整呈现了壮族歌圩、宾阳炮龙节等12项国家级非物质文化遗产的传承人档案和活化利用方案。特别是在节庆活动数据披露方面，南宁失建立了"节前预告—节中跟踪—节后评估"的全流程公开机制，以"三月三"歌圩为例，活动期间日均发布客流预警数据12次，结束后两周内即公布85万人次参与规模及1.2亿元经济拉动效应评估报告。这种精细化管理模式使乡村旅游投资额三年内增长210%，成功探索出数据赋能乡村振兴的新路径。

南宁市作为自治区首府，在文旅数据公开方面注重乡村旅游与文化活动的展示，公开的数据重点包括以下方面。乡村旅游：披露了全市乡村旅游区的星级分布情况，包括20个五星级、23个四星级和29个三星级乡村旅游区，还列出了主要农家乐的星级名单。游客接待量：提供了年度游客接待总量，部分重点景区披露了月度接待数据。文化活动：详细列出了年度重点活动，如"三月三"壮族歌节、南宁国际民歌艺术节等，公开了活动时间、规模和参与人数。文物保护：列出了非物质文化遗产项目及传承人数据，涵盖国家级、自治区级和市级非遗名录。

案例三：北海市

相较于前两者，滨海旅游城市北海市的文旅数据公开则呈现出"优势突出、短板明显"的阶段性特征。该市虽完整公示了涉及海上丝绸之路的 215 处文保单位名录，但在核心旅游数据层面仅笼统披露年度接待游客 4200 万人次的宏观数据，既未区分银滩、涠洲岛等主要景区的具体运营数据，也缺乏游客消费结构等关键指标。值得注意的是，其独创的"红树林生态旅游指数"虽在专业领域获得认可，但公众端的数据可视化呈现仍停留在 PDF 年报阶段。这种数据供给与市场需求的结构性矛盾，直接导致北海文旅品牌影响力较同类滨海城市低 23%。不过，近期上线的"智慧文旅数据中台"试点项目已开始尝试接入酒店、航运等跨领域数据。这一举措预示着该市文旅数据治理体系正酝酿突破性变革。

北海市的文旅数据公开集中在滨海旅游和文化遗产保护方面，涵盖以下内容。景区信息：主要公开了 7 个 4A 级旅游景区和 5 个 3A 级旅游景区的信息，但未细化到单个景区的接待量和收入。游客接待量：披露了年度游客总量，未细分国内与国际游客，也未提供游客来源分布数据。文物保护单位：列出了全市 215 处文物保护单位的具体名称和分布级别，包括国家级、省级、市级单位。文化活动：公开了海上丝绸之路文化旅游节的参与规模，但其他活动数据较少。由于数据公开内容较为单一，北海市在滨海旅游和文化遗产方面的品牌影响力有待进一步提升，数据透明度较低，难以为决策层提供细化的政策支持，尤其是在滨海旅游资源开发的动态管理上存在不足。如果能公开更多动态数据（如季度游客接待量、收入分布等），北海市则可以更好地吸引投资者和游客。

三地实践对比揭示：桂林的体系化建设、南宁的特色化深耕与北海的差异化探索，共同构成了广西文旅数据治理的多元图景。这种基于城市禀赋的差异化发展策略，既体现了数据治理与地方特色的深度融合，也为不同发展阶段的城市提供了可资借鉴的实践样本。未来如何构建"基础数据标准化、特色数据个性化"的协同发展机制，将成为提升区域文旅数据治理效能的关键课题。具体情况如表 11-2 所示。

表 11-2 桂　林、南宁、北海三地旅游数据公开体系对比分析

对比维度	桂林市	南宁市	北海市
数据内容丰富度	涵盖景区、游客、收入、文化活动等，数据类型全面	强调乡村旅游和文化活动，部分收入数据不详	集中于景区和文物保护单位，缺乏细化统计
透明度	高：更新频繁，细化程度高	较高：部分专题领域细致，但整体内容欠均衡	较低：数据更新慢，细化程度不足
公开成效	促进品牌建设，吸引国际关注	支持乡村振兴政策，提升文化品牌影响力	品牌推广有限，政策支持效果不足

第二节　科研立项情况分析

一、立项概况与数据统计

（一）时间范围与项目总量

在 2021 年至 2023 年，广西壮族自治区共立项了涉及文化和旅游大数据的科研项目 18 项。其中，广西哲社类项目有 9 项，涵盖了青年项目、一般项目以及自筹项目；广西自科类项目同样为 9 项，包括重点研发计划、科技基地和人才专项、面上项目等。这些项目从不同的学术角度和技术领域切入文化与旅游大数据的研究，推动了相关技术的创新和理论的发展。

年度分布：项目的年度分布情况如下。

2021 年：共立项 8 项，其中哲社类 5 项，自科类 3 项。

2022 年：共立项 4 项，其中哲社类 2 项，自科类 2 项。

2023 年：共立项 6 项，其中哲社类 2 项，自科类 4 项。

这一分布反映出近三年广西对文化与旅游大数据的关注逐年增加，尤其是在自科类项目中，技术研发和平台建设逐渐成为研究的重点领域。从年度

分布中可以看出，随着时间的推移，自科类项目的数量有所增加，反映了广西对技术创新和应用的逐步重视。

（二）资金投入规模与分布

总立项金额与平均资助强度：在 18 项科研项目中，总立项金额为 1725 万元，单项项目的平均资助强度约为 96 万元。资金的分配情况体现了广西在文化和旅游大数据领域的科研投入重点，同时也反映了各个项目的科研难度和预期效果。

自科类项目：自科类项目的总资助金额为 1580 万元，占总资助金额的 91.6%。这些项目的资助金额差异较大，具体情况如下。

最高资助项目："5G 场景'旅游 +'智慧化服务技术研发与应用"项目获得了 500 万元的资助，旨在开发 5G 沉浸式体验产品并建立智慧旅游中台。

最低资助项目："面向可持续发展议程创新示范区建设的桂林全域智慧旅游服务平台设计与示范应用"项目获得了 10 万元的资助，研究内容为解析游客的时空行为和相关调控机制。

自科类项目中的重点研发计划占比最高，共有 6 项，总金额达到 1090 万元，重点聚焦于智慧旅游技术和大数据平台建设。例如，涉及"桂林全域智慧旅游服务平台"的项目获得了 180 万元的资助，显示出智慧旅游技术和大数据平台建设在当前科研中的重要性。

哲社类项目：哲社类项目的总资助金额为 145 万元，占总资助金额的 8.4%。这些项目的资助金额普遍较为集中，单项资助额一般在 8 万 ~12 万元。典型项目包括"基于大数据的桂林乡村旅游供需格局与优化策略研究"，获得 12 万元的资助；而"广西避寒旅游气候适宜度评价及未来变化预估研究"则获得了 10 万元资助。哲社类项目的资金投入相对较少，主要侧重于政策分析和理论构建，显示出文化与旅游领域的理论研究相对于技术应用项目来说，所需资金较为有限。

自筹项目：此外，哲社类项目中有 2 项为自筹项目，这些项目没有直接的资金支持，由相关单位自行筹集资金，通常具备更强的自主性与灵活性。

（三）承担单位分布

高校主导科研力量：在这些科研项目中，多个高校在项目承担中发挥了主导作用，特别是桂林电子科技大学（4项自科类项目）、桂林理工大学（3项）自然类项目、南宁师范大学（3项哲社类项目）、桂林旅游学院（2项自科类项目）等高校。这些高校的科研力量主要集中在智慧旅游平台建设、舆情监测、虚拟仿真技术、多模态旅游数据分析等领域，推动了旅游科技的多方面发展。

科研院所与跨领域单位：除了高校，广西的科研院所和跨领域单位也积极参与了相关课题的研究。例如，广西科学院、广西壮族自治区气候中心、桂林市农业科学研究中心等单位分别承担了与科普旅游、气候适宜度评估以及生态农业与旅游融合等相关的项目。通过跨领域合作，这些单位将科技成果与文旅产业相结合，为当地文化与旅游的发展提供了新思路。

1. 自科类项目：技术研发

在技术研发与平台建设领域，尤其是在大数据、人工智能应用等技术的推动下，这些项目的核心目标是通过创新技术改善旅游行业的管理和服务水平。近年来，随着技术的发展，智慧旅游已经成为一个重要的研究和实践方向。在这些项目中，重点研发计划占据了主导地位，涵盖了多个前沿技术应用领域，如智慧旅游中台建设、5G技术应用、大数据分析算法等。

例如，"面向可持续发展议程创新示范区建设的桂林全域智慧旅游服务平台设计与示范应用"项目，旨在构建一个集成化的智慧旅游平台，通过大数据整合游客信息、景区资源、交通服务等多个维度，为游客提供个性化和实时化的服务。该平台的研发不仅能提升景区的管理效率，还能为游客提供更加便捷的旅游体验，极大地推动了旅游行业的智能化转型。另一个代表性项目是"5G场景'旅游+'智慧化服务技术研发与应用"，该项目通过应用5G技术，为游客提供沉浸式体验，如虚拟旅游、互动式景点讲解等，为智慧旅游的实现提供了技术支撑。

这些自科类项目大多集中于旅游行业的数字化和智能化转型，它们的实施将进一步推动传统旅游服务模式的创新，促进科技与旅游产业的深度融合。因此，自科类项目的研究方向与旅游行业的未来发展息息相关，既满足了行业对技术创新的需求，又为实现行业的高效管理和精细化服务奠定了基础。

2. 哲社类项目：政策分析与理论构建

自科类项目侧重技术研发不同，而哲社类项目更加强调对文化和旅游政策的分析与理论构建。这些项目主要关注文化和旅游产业的深度融合、旅游目的地形象的塑造、乡村旅游的可持续发展等问题，研究领域涉及社会经济学、文化学、新闻传播学等多个学科。哲社类项目通过深入的政策研究和理论探索，为文旅行业的发展提供了有力的智力支持。

例如，"大数据背景下桂林旅游目的地国际形象感知及其提升策略研究"项目通过大数据分析游客对桂林旅游形象的认知与评价，为桂林市政府和旅游相关部门提供了科学的决策依据，帮助其提升了目的地形象的塑造和国际化程度。而"文旅深度融合效应测度"项目则着眼于文旅产业的协同发展，研究了文化元素如何与旅游服务深度融合，进一步推动了文化产业的转型和升级。

哲社类项目通过对政策的研究与理论的创新，推动了文化和旅游大数据的理论研究与政策建议的形成。这些项目不仅填补了文旅产业在理论上的空白，也为政策制定者提供了实用的参考，帮助政府在文旅政策的制定和实施过程中更加精准、科学地进行决策。

3. 自筹项目：传统文化转化与创新

自筹项目则更侧重于文化的传承与创新，尤其是在广西独特的文化背景下，许多自筹项目聚焦于传统文化的转化与创新。例如，"广西壮族歌圩传统文化转化与创新研究"项目，旨在通过数字化手段保护和传承广西壮族的传统歌圩文化，探索其在现代社会中的新形式和新途径。此类项目通过自主筹集资金，不仅推动了传统文化的数字化转型，也为广西本土文化的保护和创新提供了实践支持。

这些自筹项目不仅推动了传统文化的创新应用，还促进了文旅产业多元化发展，为文化和旅游的结合提供了更多的创意与实践经验。

从 2021 年至 2023 年的立项情况来看，广西壮族自治区在文化和旅游大数据领域的科研投入逐年增加，尤其是在自科类项目的资金支持和项目数量上，显示出对技术研发和平台建设的高度关注。自科类项目通过引入先进的技术手段，如大数据、人工智能、5G 等技术，推动了旅游行业的智能化转型和创新发展。而哲社类项目则通过政策分析与理论构建，为文旅行业的健康发展提供了重要的理论支持和政策建议。

此外，通过高校主导、科研院所与跨领域单位的协作，这些科研项目不仅推动了旅游科技的进步，还为广西文化和旅游产业的转型升级提供了技术支持和理论指导。在未来，广西可以通过设立专项基金，进一步支持中小型文旅企业的技术应用试点，帮助科研成果在实际生产和运营中得到应用和推广，推动文化与旅游产业的全面升级和高质量发展。

二、核心研究方向与技术应用聚焦

（一）核心研究方向

1. 智慧旅游平台构建

智慧旅游平台构建是当前科研项目中的关键方向之一，特别是在广西文化和旅游大数据研究领域中具有重要地位。随着科技的进步，旅游行业正在经历一场数字化转型，智慧旅游的概念日益得到重视。其核心目标是运用数字化技术和数据管理，提升旅游业的运营效率，优化游客体验，并增强各类旅游服务的智能化水平，特别是在全域旅游的大数据管理与服务体系方面的创新研究，对推动旅游行业的智能化发展具有重大意义。

在这一研究领域，技术应用涉及大数据、物联网、人工智能等多个技术领域。

主要研究方向包括全域旅游大数据中台的建设、智能客流监测平台的设计以及舆情预警系统的开发等。这些平台与系统不仅有助于对游客流动与需求的实时监测，还能够提供定制化的旅游服务，确保旅游管理与服务的精准与高效。

在代表性项目中，"面向可持续发展议程创新示范区建设的桂林全域智慧旅游服务平台设计与示范应用"项目旨在通过 5G 技术实现沉浸式旅游体验，并构建智慧旅游中台，为游客提供更加精准化和个性化的服务。"面向全域旅游的桂林国际旅游胜地景区客流大数据监测平台研究及应用示范"项目重点打造全域旅游大数据平台，推动个性化旅游推荐和精准服务的实现。"面向全域旅游的桂林国际旅游胜地景区客流大数据监测平台研究及应用示范"项目则通过实时监测和预测景区的客流情况，为旅游管理部门提供科学决策的依据。

这些项目通过技术创新和平台建设，推动了智能化旅游服务的普及和深度应用，同时促进了整个旅游行业的可持续发展，优化了管理模式。

2. 游客行为与需求分析

游客行为与需求分析是智慧旅游中的另一个关键研究领域，致力于通过大数据技术分析游客的时空行为与需求变化。随着旅游行业的发展，游客需求的多样性和个性化趋势日益显著。了解游客行为背后的驱动机制，不仅能帮助旅游业更好地理解游客需求，还能为旅游产品和服务创新提供数据支持，进而提升游客的整体体验。

该研究领域主要利用用户生成内容（User-Generated Content，UGC）数据和数字足迹，对游客的行为模式、消费偏好及需求进行深入分析。通过对这些数据的挖掘和分析，可以揭示游客在不同旅游场景中的行为规律，帮助景区和旅游服务商制定针对性的服务策略。该方向的研究成果，不仅能促进旅游服务和产品的精准化开发，还能推动营销模式的创新。

UGC 数据指由用户生成的高度原创数据，具有客观性、真实性、及时性、丰富性及噪声大等特点。对于旅游行业，UGC 数据全方位涵盖游客的各类旅游行为。在此背景下，如果旅游景区、服务提供商或行政管理部门欲改善其服务以吸引更多游客，那么利用 UGC 数据洞察游客的动机，深入理解其偏好和需求不失为一种与时俱进的高效手段。UGC 数据驱动下的数据挖掘研究可为旅游景区改善产品质量、行政管理部门优化治理效率、服务提供商提高营销效益，提供数据支持以及决策建议。因此，UGC 数据已成为旅游研究的新兴数据源。例如 Estela 等人[1] 基于关键词分析法，研究了来自加泰罗尼亚地区的游客游记；CHEUNG 等人[2] 分析了不同形式的 UGC 数据对游客行为的影响；ZHANG 等[3] 讨论了 UGC 数据在目的地营销中的重要性及对目的地营销组织的影响。目前，基于 UGC 数据的研究在旅游大数据研究中占比很高[4]。

通过对游客行为与需求的系统分析，研究者能够准确预测游客的需求变化，为旅游规划和市场营销策略的制定提供理论依据。在实际应用中，这一研究成果可以通过智能推荐系统等技术实现具体落地，为游客提供更个性化的旅游服务，同时也为景区和旅游管理部门提供精准的运营和决策支持。游客行为与需求分析在智能化旅游服务中具有极其重要的作用，其研究不仅为旅游业的可持续发展提供数据支持，也在提升游客满意度和优化资源配置方面发挥着越来越重要的作用。

代表性项目包括如下。

（1）"基于数字足迹的全域旅游目的地游人时空行为机制与调控研究"（10 万元）

本项目旨在深入解析游客在全域旅游中的时空行为特征，探索其背后的

1　MARINE-ROIGE, CLAVESA. A method for analysing large-scale UGC datafortourism:Application to the case of Catalonia[C]//Information and Communication Technologiesin Tourism 2015: Proceedings of the International Conference in Lugano.Switzerland:Springer,2015:3-17.

2　CHEUNGML, LEUNG WKS, CHEAH J,et al.Exploring the effectiveness of emotional and rational user-generated contents in digital tourism platforms[J].Journal of Vacation Marketing, 2022, 28(2):152-170.

3　ZHANGY, GAOJ, COLES, et al. How the spread of user-generated contents (UGC) shapes in ternationalt ourism distribution: Using agent-based modeling to informs trategic UGC marketing[J].Journal of TravelResearch, 2021,60(7):1469-1491.

4　LIJ, XUL, TANGL,e tal.Big data in tourism research:A literature review[J].Tourism management, 2018, 68: 301-323.

驱动机制，进而为旅游产品和服务优化提供科学依据。通过收集游客的数字足迹数据（如 GPS 轨迹、移动端使用数据等），该项目将全面分析游客在全域旅游目的地的流动规律、停留模式及行为偏好。研究重点是揭示游客在不同时间和空间环境下的行为变化，探索其形成的内在驱动因素（如天气、节假日、个人偏好等），并根据研究结果提出相应的调控措施，优化游客体验和目的地的资源配置。最终，该项目旨在为旅游服务的个性化和精准化提供理论支持，并为相关政策制定者提供数据驱动的决策依据。

（2）"广西旅游流时空流动模式研究"（10 万元）

本项目通过深入挖掘入桂游客的网络游记数据，分析游客的行为特征和流动规律，以便更好地把握游客的需求和动态。项目基于大量游客在网络平台上发布的游记和评论数据，结合大数据技术，分析游客的行程、活动地点、停留时间及景点选择等行为模式。同时，通过研究游客的地域流动情况，发现不同地区之间的游客流动规律和时空变化趋势。这一研究不仅能够帮助广西地区的旅游管理者了解游客的流动特点，还能为景区的设施规划、旅游产品定制及市场推广提供科学依据。项目成果将有助于推动旅游资源的合理配置，提高广西全域旅游的整体竞争力和游客满意度。

（3）"大规模多模态旅游行为数据分析关键算法研究与工具开发"（150 万元）

本项目聚焦于大规模、多模态旅游行为数据分析，重点研究旅游照片、游记、评价等非结构化数据的处理和分析方面的关键算法。随着社交媒体和旅游平台的兴起，游客在各类平台上传播的旅游照片、游记和评价等内容为研究者提供了丰富的"数字足迹"。本项目的目标是开发新的数据处理算法，尤其是在图像、文本和视频等多模态数据的整合分析方面，突破现有技术在数据量、复杂度和分析精度上的限制。通过精确分析这些数据，项目可以揭示游客的兴趣偏好、决策过程及其影响因素，为旅游服务商提供个性化的产品推荐和定制服务的技术支持。此外，本项目将开发相应的数据分析工具，助力旅游企业和研究机构高效地处理和分析大规模的行为数据，推动旅游行业的智能化与个性化发展。

3. 文化遗产数字化与文旅融合

文化遗产数字化与文旅融合的研究是目前学术界和实践领域中的重要方向。随着数字技术的迅速发展，如何利用现代科技手段对传统文化进行保护和传承，已成为文化和旅游产业融合的重要课题。此领域的研究不仅关注文化遗产的数字化保存，还探讨如何将遗产资源与现代旅游活动有机结合，以达到促进文化传播、推动旅游产业创新发展的双重目标。

具体而言，文化遗产数字化与文旅融合的研究侧重于红色旅游资源的开发、非物质文化遗产的保护、民族文化景观的发掘等方面。通过数字化技术的应用，历史文化资源得以以全新的方式呈现给公众，让更多游客通过互动和沉浸式体验深入了解传统文化和历史背景。这种数字化方式不仅能有效保护文化遗产，还能促进文化与旅游产业的深度融合，进而推动地区经济发展。

代表性项目：如下

（1）"长征国家文化公园（广西段）红色旅游资源数字化开发模式与路径研究"（一般项目）

该项目专注于红色旅游资源的数字化开发，研究如何利用现代数字技术对广西段的长征国家文化公园进行有效的数字化展示和传播。通过构建虚拟现实和增强现实等数字化技术平台，项目旨在为游客提供更加生动、立体的红色旅游体验，提升红色文化的传播效果。此外，项目还将探索红色旅游资源的开发路径，研究数字技术和文化资源的深度融合，推动红色文化传承，激发社会公众尤其是年轻一代对红色历史的兴趣和认知。这一研究将为广西红色旅游的数字化转型提供重要的理论依据和实践参考，进一步推动长征文化的现代化传播。

（2）"邕江历史文化景观资源挖掘整理与传承研究"（自筹项目）

本项目致力于挖掘和整理邕江沿岸的历史文化景观资源，研究其历史价值与文化底蕴，为邕江地区的文化旅游发展提供有力的支持。通过对邕江周边的文化遗产、历史建筑和传统手工艺等资源进行深入发掘，以建立一个系统的文化资源数据库，为后续的文化旅游开发提供依据。项目还将探索如何将这些传统文化资源与现代旅游结合，推动地方文化的复兴与推广。通过整理、传承这些历史文化景观，既能提升地方的文化影响力，还能吸引更多游客前来体验和学习，促进邕江地区经济和文化双重发展。

（3）"基于虚拟仿真技术在国家全域旅游服务标准的应用与研究"（50万元）

本项目主要利用虚拟仿真技术，将旅游景区的场景、历史文化及非物质文化遗产（非遗）内容进行数字化还原，旨在推动非遗保护的数字化进程，并为游客提供更加丰富和沉浸式的文化体验。虚拟仿真技术不仅能重现历史场景，还能通过互动方式让游客参与其中，从而了解传统工艺和文化背后的故事。项目还将结合国家全域旅游服务标准，研究虚拟仿真技术在各类旅游景区的应用，提升整体的游客服务体验，增强文化旅游的吸引力。通过这一研究，项目不仅推动了非遗保护工作，也为文化旅游产业提供了数字化转型的创新路径，增强了文化产品的可持续性和市场竞争力。

这些项目在文化遗产数字化与文旅融合领域的研究和应用中起到了重要的示范作用。通过创新性的技术手段，它们不仅为文化遗产的保护与传承提供了新思路，也为推动旅游业的转型升级提供了切实可行的解决方案。随着技术的发展，文化遗产和旅游产业的融合将进一步深化，数字化技术的应用将在未来发挥越来越大的作用。

4. 旅游舆情与品牌管理

旅游舆情与品牌管理是旅游大数据研究中的重要领域，尤其在数字化时代，旅游目的地如何通过有效的舆情监测与品牌传播提升竞争力，已成为学术研究和行业实践的核心课题。随着社交媒体和在线评论平台的普及，游客对旅游目的地的形象感知在很大程度上受舆情的影响。因此，通过大数据技术精准监控、分析游客的舆情动态，并利用这些信息对旅游目的地的品牌形象进行有效管理和提升，成为旅游业面临的重要挑战。

具体而言，旅游舆情与品牌管理的研究涵盖了网络舆情监测、旅游形象感知提升、品牌传播优化等多个方面。通过对游客在线评论、社交媒体发布内容等信息的实时分析，可以及时识别出影响目的地品牌形象的舆情热点，预测潜在的舆情危机，并采取有效应对措施。同时，借助大数据技术对游客舆情的深入分析，旅游目的地可以更加精准地把握游客需求、情感和期望，从而优化品牌传播策略，提升整体形象感知。

代表性项目如下。

（1）"面向桂林旅游的网络舆情热点事件监测分析与预警关键技术研发及应用示范"（100万元）

本项目旨在开发一个针对桂林旅游的舆情监测与预警平台，实时跟踪和分析网络上的舆情动态，及时识别热点事件和潜在危机。通过大数据技术和自然语言处理技术的应用，平台能够自动抓取社交媒体、旅游网站、论坛和新闻报道等多源数据，并对桂林旅游目的地的舆情进行多维度分析，提供实时的舆情动态报告。项目的关键技术创新在于通过数据挖掘与情感分析，识别潜在的舆情危机，并提前发出预警，帮助政府和旅游企业快速响应，制定应对策略。这不仅有助于维护桂林旅游的品牌形象，还能提升对危机事件的应急管理能力，从而增强目的地品牌的韧性和公信力。

（2）"大数据背景下桂林旅游目的地国际形象感知及其提升策略研究"（一般项目）

本项目旨在分析国际游客对桂林旅游形象的感知，基于大数据技术提出切实可行的策略，以提升桂林旅游的国际形象。在全球化背景下，桂林作为国际知名旅游目的地，其国际形象感知直接影响全球旅游市场的竞争力。项目通过对大量国际游客的在线评论、社交媒体互动、搜索引擎数据等进行深入分析，研究游客对桂林旅游的认知、情感倾向及影响因素。基于这些数据，项目提出了一系列提升策略，如定向营销、跨文化传播和情感化的旅游产品推广等。通过这些策略的实施，不仅能提升桂林旅游的国际形象，也有助于吸引更多的国际游客，并增强桂林在国际旅游市场中的品牌认知度和影响力。

（3）"新媒体环境下广西壮族歌圩传统文化转化与创新研究"（自筹项目）

本项目聚焦于新媒体环境下广西壮族歌圩文化的传播和创新。歌圩作为广西壮族传统文化的重要组成部分，具有深厚的历史文化底蕴和独特的艺术魅力。然而，如何在现代社会中使其得到传承并与当代文化结合，已成为一个亟待解决的难题。通过探索如何利用新媒体平台（如短视频、社交媒体、在线直播等）进行文化传播，项目提出了对传统文化的创新转化路径。通过对歌圩文化内容的现代化包装、形式的创新以及跨平台传播策略的制定，项目旨在让更多年轻人了解并参与到壮族歌圩文化的传承中。此外，借助新媒体的互动性和传播力，项目希望进一步拓展歌圩文化的影响力，为广西壮族文化的保护与创新提供可持续发展的新思路。

这些项目在旅游舆情与品牌管理方面的研究，不仅为旅游目的地的品牌塑造和舆情危机应对提供了有效的技术支持，也为推动地方文化的创新与传播开辟了新的路径。随着数字技术的不断发展，旅游目的地的舆情监测和品牌管理将更加精细化、智能化，成为提升旅游竞争力和形象感知的重要手段。

（二）技术应用聚焦

在智慧旅游的发展过程中，技术应用起着至关重要的作用，尤其是大数据、人工智能、物联网、虚拟仿真及自然语言处理等技术的深度融合，推动了旅游业的数字化转型和智能化发展。随着社会经济与信息技术的不断进步，旅游行业的信息化需求也不断提升，如何利用先进技术构建更加完善的智慧旅游生态体系，已经成为业界与学界的共同关注焦点。以下将聚焦相关技术应用的详细介绍，以期为智慧旅游的发展提供更为系统的思路和实践参考。

1. 大数据采集与分析和多源异构数据的整合与分析

大数据采集与分析技术是智慧旅游的基础之一，广泛应用于对多源异构数据的整合、分析与处理。旅游行业的数据来源丰富，包括线上和线下多个渠道。游客行为数据：例如通过移动设备记录的出行轨迹、购买行为数据、酒店与景点的预订信息等。景区运营数据：包括客流量统计、景点设施使用率、安全监控及周边商业服务的经营数据。社交媒体舆情数据：来自微博、微信、短视频平台、论坛及旅游点评网站等多种渠道的用户评论与互动信息。交通与气象数据：包括交通枢纽车流量、天气预报、实时温度及空气质量等与游客出游密切相关的信息。

如何高效地整合与利用上述丰富的、多样化的数据，是智慧旅游研究的重要课题。为此，研究人员和技术开发者不断探寻基于数据融合和深度分析的解决方案。

数据接入与清洗：通过抽取—转换—加载（Extract-Transform-Load，ETL）流程或流式计算框架，获取多个平台和渠道的数据并进行预处理，包括异常数据剔除、缺失值填补等操作。实时数据处理：利用分布式计算技术，如 Spark 和 Flink，实现对海量数据的实时或准实时分析，确保决策信息的及时性。多维度数据可视化：构建可视化分析平台，将空间位置、时间轴与多重属性信息结合起来，帮助决策者快速洞察游客分布、活动热点及景区运行状况。

2. 视频识别技术在客流监测中的应用

视频识别技术在智能监控与客流管理领域发挥了不可或缺的作用，通过摄像头网络对游客进行实时跟踪与行为识别，景区和目的地管理部门可以精准掌握游客数量、活动轨迹及拥堵情况。具体应用包括如下。人脸识别与身份验证：在入园、住宿和部分服务场景中，利用人脸识别技术提升游客体验与保障安全。客流热力图：通过追踪游客的行动路径，生成热力图可视化，为景区优化路线规划和资源配置提供数据支持。异常行为检测：识别公共区域中的潜在风险行为，如人员拥堵、越界或安全警报等，系统可及时预警并引导相关部门采取措施。

3. 舆情爬虫技术在用户情感分析中的应用

舆情爬虫技术通过抓取社交媒体、论坛、旅游网站等多平台的评论和帖子，深入剖析游客的真实反馈与情感倾向，以辅助品牌管理、服务改进和危机预警。

多平台数据抓取：通过自定义爬虫策略，对微博、微信、抖音及各大旅游点评网站等进行精准信息采集，确保舆情数据的全面性与多样性。情感分析与主题挖掘：基于 NLP 与深度学习算法，对文本内容进行分词、情感极性判定和主题聚类，提取用户关注点与情感倾向。危机监测与预警：通过对网络舆情进行实时监控与分析，当负面言论或突发事件出现时，系统会及时触发预警并指导相关部门进行舆情干预或应对策略制定。

4. 大数据分析平台与深度学习模型

建设完整的大数据分析平台是智慧旅游数据应用的重要支撑，通常采用基于 Spark 或 Hadoop 的分布式架构，实现海量数据的高效存储、处理与计算。分布式数据处理：利用 Spark Streaming 或 Flink 等技术，支撑实时或近实时的数据处理需求，通过内存计算、流水线作业等手段大幅提升分析速度。深度学习模型的部署：将 CNN、RNN、Transformer 等模型应用于游客行为预测、舆情变化预测、游客画像构建等领域，为精准营销与景区管理提供技术支持。自动化分析与决策支持：通过对历史数据与实时数据的建模分析，辅助景区管理层和市场部门进行动态资源调度、营销策略优化和游客接待策略调整。

在智慧旅游的快速发展进程中，人工智能与物联网（Artificial Intelligence & Internet of Things，IoT）的深度融合正不断拓展旅游行业的应用边界，为游客带来更加丰富、便捷和个性化的体验。以下内容将围绕 AIoT 技术的整合及其在沉浸式体验、智能服务、虚拟仿真与可视化技术、GIS 与气候数据的融合，以及 NLP 与情感分析等方面的应用进行系统性扩展与说明。

5. AIoTj 技术在智慧旅游中的应用

5G 赋能与沉浸式体验：随着 5G 通信技术的普及和网络环境的改善，智慧旅游应用场景变得更加丰富。5G 所提供的高带宽、低时延和大规模连接能力，不仅能让游客通过移动端实时获取旅游信息，还能支持超高清（4K/8K）视频、全景直播、VR/AR 等新型沉浸式应用。增强现实（AR）：在景区内，游客通过使用 AR 眼镜或手机应用扫描某一景点时，系统会自动叠加丰富的数字化信息，例如历史背景、文化典故或互动式 3D 模型，帮助游客对景点有更直观、更深入的了解。虚拟现实（VR）：通过 VR 头显或全息投影，游客可以"身临其境"地体验远方或尚未开放的景区，例如探访珍稀野生动物栖息地、古遗址发掘现场等，在满足好奇心的同时也避免了对脆弱生态环境的过度干扰。

AIoT 技术下的智能化与个性化服务：AIoT 为旅游服务的智能化升级提供了全新动能，通过将传感器、智能终端与人工智能算法相结合，能够实现对旅游者需求的精准感知与实时响应。主要应用包括如下。智能酒店管理：客房集成传感器和智能家居系统，自动监测温度、照明、空气质量等环境指标。AI 系统还能根据游客的个人喜好和入住历史，自动调节灯光模式、推荐电视节目，甚至定制闹钟、音乐等，提供更加贴心的"千人千面"服务。智能导览系统：通过手机应用或可穿戴设备，系统能够识别游客当前所处的地理位置、行程偏好和时间安排，并实时推荐最优路线和景点解说；在语音层面，可实现多语言自动切换和交互，为国际游客提供便利。智能交通与出行管理：景区内部或目的地之间的旅游交通也能结合智能调度系统，实现对停车位、公交时刻、出租车供需的精准匹配，有效缓解高峰期交通拥堵。

这类基于 AIoT 的智慧服务不仅提升了游客的满意度与旅游体验，同时也为旅游管理方提供了更高效的运营方式，大幅减少人力与资源浪费。

6. 虚拟仿真与可视化技术

虚拟仿真技术通过计算机图形学、三维重建和沉浸式交互技术，为游客提供了更加生动、互动且沉浸的虚拟体验，不仅能增强游客的参与感，也能有效推动文物遗产的保护工作。以下是虚拟仿真技术在提升游客体验和保护文物遗产中的重要作用。

景区体验优化：虚拟仿真技术在景区的应用首先优化了游客的游览体验。通过创建高保真度的虚拟环境，游客无须亲自到访即可在虚拟空间中探索景点。无论是古建筑、博物馆展品还是自然景观，游客可以在没有时间和空间限制的情况下，深入了解景区的历史、文化和环境。虚拟仿真技术不仅提供了视觉上的感官刺激，还能通过交互式元素，让游客主动参与其中，增加体验的参与度和沉浸感。

例如，游客可以通过虚拟仿真技术进行"预游览"，提前了解景区的布局和历史背景，甚至参与虚拟重现的古代节庆或大型历史场景。通过这种方式，游客可以在真正参观时更加有目的性和针对性，既能节省时间、优化游览路线，也能避免人流拥堵，从而提升整体的体验效率。

此外，虚拟仿真技术还支持定制化的游览体验。游客可以选择自己感兴趣的历史背景或文化主题，通过互动选择不同视角和参观路线，这种灵活性极大地提升了游客的满足感和好奇心，避免了传统导览方式的单一性和死板性。

文物与非物质文化遗产保护：虚拟仿真技术在文物和非物质文化遗产保护中的应用，尤其在保护那些易受环境和人为破坏的遗址、文物或传统表演艺术方面，展现了巨大的潜力。随着人类文明的进步，许多宝贵的历史遗迹和文化遗产面临着环境污染、气候变化和旅游过度开发等多重威胁。虚拟仿真技术为这些遗产提供了数字化的保护手段，使得原貌和价值能够长期保存并展示给全球的观众。

例如，虚拟仿真技术能够通过三维扫描和建模，将历史遗址或文物精确数字化，再通过沉浸式虚拟环境将其复原并展示。游客不必亲自进入这些易受损的景点，而是通过虚拟体验感受到其美丽和历史的厚重感。这种虚拟场景的高保真度不仅减少了对实地文物的破坏，同时也扩展了观众群体，使得那些由于距离、经济条件或其他客观条件无法亲临现场的游客，依然能够感受到文化遗产的魅力。

虚拟博物馆和虚拟展厅是这一技术应用的重要场景。通过虚拟博物馆的建设，全球各地的游客能够在任何时间、任何地点，通过互联网体验丰富的文化遗产，享受"跨越时空"的沉浸感受。例如，参观者可以通过虚拟博物馆游览世界各地的珍贵艺术品或遗址，获取数字化的文物资料、观看恢复后的文物全貌，甚至参与互动式讲解和数字化演示。这种形式拓宽了文化遗产的传播途径。

此外，虚拟仿真不仅是一个"展示工具"，还为文物保护工作提供了新的研究方法和修复路径。通过模拟不同环境条件，研究人员可以预测遗址的未来破坏过程，进而为文物修复和保护提供有力支持，制定更科学的保护方案。

虚拟仿真技术正在为游客提供更加丰富、个性化的旅游体验，同时也在文物保护方面发挥着重要作用。通过这一技术的应用，游客不仅可以更方便地享受历史与文化的沉浸式体验，还能减少对传统文化遗产的破坏，帮助这些珍贵遗产跨越时空限制，永续传承。在未来，虚拟仿真技术必将在世界文化遗产保护和旅游业中发挥越来越重要的作用，成为文化交流与全球遗产保护的有力工具。

7. 可视化技术与人流优化管理

通过大数据分析与可视化技术，景区管理者能更直观地洞察游客在不同时间段、不同空间区域的分布情况，为景区规划与调度提供科学依据。客流热力图：利用视频监控、手机信令或传感器数据生成动态热力图，实时反映游客数量和密度分布。管理者可依据此信息进行分流、引流或限流措施，从而保证旅游安全与秩序。

路线优化与应急调度：在突发状况（如极端天气或公共安全事件）下，系统可根据可视化平台提供的数据，迅速制定应对方案，并引导游客避开危险区域或分散到更安全的景点区域。

8. GIS 与气候数据融合下的创新应用

GIS 与气候数据的智慧应用，为游客的出行规划和目的地选择带来了新的机遇与思路。避寒旅游评价模型：通过对冬季气候特征、当地温度、湿度、风力等指标进行综合分析，结合旅游资源的空间分布与交通便利度，系统可以为游客推荐最佳避寒旅游地点和路线。例如，在严寒季节里，为有需要的游客提供适宜的温暖目的地或舒适度较高的旅行方案。精准目的地营销：对旅游主管部门和企业而言，气候数据与 GIS 相结合的模型不仅能预测未来季节的游客流量趋势，还能根据实际气象变化和游客需求进行精准营销推广，例如，推出特定月份的优惠活动或主题旅游产品，从而吸引更多目标游客，提升旅游目的地的整体竞争力。生态与环境评估：在景区规划或项目建设时，结合 GIS 与气候数据可对自然生态系统的承载力和脆弱程度进行综合评估，从而引导可持续的旅游开发模式。

9. NLP 与情感分析

随着游客对社交媒体、评价网站、旅行论坛的使用频率越来越高，产生了海量的文本数据。如何快速、准确地从中提取有价值的信息成为旅游管理和营销的重要一环。舆情分析：通过网络爬虫技术抓取多平台的评论、帖子、动态等文本信息，并应用 NLP 技术对用户反馈进行情感极性和主题分析，实时掌握公众对景区、酒店或旅游服务的满意度和关注点。用户评论理解：在 Tripadvisor、大众点评、携程等旅游平台，游客发表的评价往往包含了对服务质量、环境体验、设施完善度等方面的建议和意见。NLP 的自动归类和关键词提取技术可以帮助运营方聚焦核心痛点问题并进行针对性改进服务。旅游文档管理：政府部门或行业协会往往需要处理大量旅游政策文件、市场报告与研究文献，NLP 可实现对海量文档的快速检索和要点提炼，大幅提升工作效率。

在旅游行业的情感分析中，双向长短期记忆网络（Bidirectional Long Short-Term Memory，Bi-LSTM）模型是目前较为流行且效果显著的深度学习技术之一。双向信息捕捉：Bi-LSTM 模型能够同时从文本的前向和后向序列中学习上下文语义信息，更准确地识别情感倾向（正面、负面或中性）以及多维度情感标签。时间、地点等多元因素结合：在旅游评论或社交媒体文本中，情感倾向往往与特定的时间与地点关联紧密。例如，淡季与旺季的旅游体验差异，或是不同目的地的服务水平差异。通过在 Bi–LSTM 的输入层或隐藏层中整合时间、地点等元信息，可以更精准地反映游客的真实情感变化。应用价值：情感分析结果能帮助旅游企业和政府机构评估品牌形象、产品满意度和潜在危机，实现市场定位与品牌传播策略的动态调整。例如，一旦监测到某景区的负面情绪激增，管理方可及时介入调查原因并采取改进措施，防止口碑进一步恶化。

智慧旅游的建设需要跨领域技术的协同和融合，除了 AIoT、AR/VR、NLP 等核心技术，还涉及云计算、大数据平台、安全加密等基础架构。如何建立统一的接口和标准，保证数据的互联互通与安全，是未来研究与实践的重要方向。

三、科研项目对技术发展的推动作用

（一）技术创新层面：驱动核心技术突破

在数据采集与处理技术领域，广西的科研项目通过采用多源异构数据融合技术，显著提升了文旅数据采集的实时性与精准度，推动了智慧旅游的创新应用。这一技术的突破不仅为景区管理提供了强大的技术支持，还在优化游客体验、提升资源配置效率方面发挥了重要作用。

以桂林电子科技大学研发的"景区客流大数据监测平台"为例，该平台通过整合视频识别、车流量检测与网络舆情爬虫技术，实现了对景区内游客流量的实时监控。平台日均完成多次客流预警数据更新，且在复杂环境下（如人群密集或恶劣天气条件下），人流计数仍保持较高精度。这一技术的应用，不仅能帮助景区提前预测客流高峰，优化资源调度，还能为景区的安全管理提供可靠的数据支持，有效减少了因客流量过大带来的安全隐患。通过这种多维度数据的融合，科研团队克服了传统单一监测方式的局限，为景区的智能管理打下了坚实的技术基础。

与此同时，桂林旅游学院开展的"多模态旅游行为分析"项目则进一步推动了数据处理的深度应用。该项目通过跨平台数据的语义解析与视觉特征提取，构建了细粒度的游客画像体系。具体来说，该系统通过分析游客在社交媒体上发布的游记、照片、评分数据等多模态信息，精准识别游客的兴趣偏好。例如，分析游客在社交媒体上发布的漓江游览照片，系统能够自动识别游客对山水摄影或民俗体验的兴趣，并根据这些偏好推荐个性化的旅游服务。这一技术的创新，既为游客提供了更加个性化的服务，也为旅游企业提供了精准的市场洞察，从而推动了旅游服务向个性化和定制化方向的发展。

在算法模型优化与 AI 深度应用方面，广西的科研团队也取得了显著进展。桂林电子科技大学建设的"旅游舆情监测平台"采用了先进的 Bi–LSTM 模型，进行网络评论的情感倾向分析，准确率达到了 89%。该平台特别应用于阳朔西街景区，通过对游客的网络评论进行实时监测，成功预警了因餐饮价格争议引发的负面舆情，并推动景区管理部门在 24 小时内进行整改，及时处理了游客的不满，维护了景区的品牌形象。这一技术不仅能实时捕捉舆情动态，还能为景区的危机管理提供数据支撑，是旅游行业舆情监控与响应机制的重要突破。

此外，大规模多模态旅游行为数据分析项目提出了一个创新性的"景点—游客—消费"三元组关系挖掘算法。该算法生成了涵盖 5000 余节点的广西旅游知识图谱。该图谱将桂林象鼻山、北海银滩等核心景点与游客的消费偏好、交通路线等动态因素进行了关联。通过对这些信息的综合分析，科研团队不仅为旅游线路规划提供了更智能化的支持，还为精准营销提供了数据基础，帮助旅游企业更好地把握市场需求，提升营销效果。

在旅游需求预测方面，广西大学研发的"旅游需求高频预测模型"结合了搜索引擎数据与长短期记忆网络（Long Short–Term Memory，LSTM）时序分析方法，有效解决了客流量预测的精度问题。该模型的客流量预测误差率低，在桂林两江四湖景区的实际应用中，通过提前预测游客流量，景区能够合理调配游船运力，有效提升了节假日期间的接待效率，甚至提高了接待能力。这一模型的成功应用，不仅在旅游资源调度方面提高了效率，还为其他景区在高峰期的运营提供了宝贵经验，进一步推动了旅游业的智能化管理。

通过这些技术创新，广西的科研项目在推动大数据和人工智能技术在文旅产业的应用方面取得了显著进展。通过多源数据融合与精准算法优化，广西在提升旅游服务质量、改善游客体验、优化资源配置等方面实现了跨越式发展。这些核心技术的突破，不仅为地方旅游行业的智能化转型提供了强有力的技术支持，也为全球旅游产业的数字化升级提供了示范效应。

（二）产业赋能层面：加速文旅数字化转型

在广西，智慧旅游生态的构建已成为文旅产业升级的核心驱动力。随着大数据、人工智能等技术的广泛应用，广西正在快速推进旅游产业的数字化转型，提升游客体验的同时，推动景区管理、资源配置及营销策略的创新，形成了一个以技术为支撑的智能旅游生态系统。

广西师范大学的"5G场景'旅游+'智慧化服务"项目是智慧旅游生态构建的典范之一。在独秀峰·王城景区，项目落地了AR历史场景还原系统，为游客提供了一种全新的互动体验。游客通过手机扫描景区内的古迹二维码，即可观看靖江王府的3D历史重建影像，身临其境地体验历史文化。这一技术不仅增强了游客的沉浸感和参与感，还有效延长了游客的停留时长，将游客的平均停留时长从1.2小时提升至1.7小时。同时，这一创新引发了周边商业街餐饮消费的显著增长，餐饮收入增长了25%。这种通过技术提升游客体验并带动地方经济增长的做法，为未来文旅产业的可持续发展提供了有力支持。

此外，桂林电子科技大学推出的"全域智慧旅游平台"则通过整合12类数据源，包括景区、交通、住宿等信息，进一步推进了旅游服务的智能化。这一平台不仅提供了便捷的"一键式"行程规划服务，还实时更新票务信息，并提出错峰游览建议。这些功能的实施显著提升了游客的游览效率和舒适度，尤其是在热门景区桂林龙脊梯田的应用中，游客的投诉率下降了32%。这一成果主要归功于平台实时推送的票务信息与错峰游览功能，有效避免了游客在高峰时段因排队和拥堵产生的不满情绪，从而提升了景区管理效能和游客整体满意度。

除了智慧旅游生态的构建，广西还在科学决策支持系统的完善上做出了重要进展，进一步提高了旅游景区的管理效能。例如，基于时空轨迹分析技术的"景区客流监测平台"在桂林象鼻山景区的应用中，成功缩短了客流高峰预警响应时间，从之前的30分钟缩短至15分钟。通过对游客流量和分布的实时监控，平台能够动态调整景区的入园通道、观光车调度等资源，实现客流的优化管理。尤其在节假日高峰期，景区通过精准调度，成功将拥堵率降低了45%，并显著提升了游客的满意度，达到了92分（满分100）。这一智能决策系统的应用，不仅提高了景区的运营效率，还增强了游客对景区管理的信任和好感，为景区的长期可持续发展奠定了基础。

在文旅产业中，舆情管理是提升旅游行业服务质量和品牌形象的重要环节。桂林旅游舆情监测平台通过大数据分析和AI情感分析技术，能够及时识别并预警旅游相关的负面事件。该平台已经成功预警了超过1200次负面舆情事件，特别是在漓江游船服务的投诉处理中，通过对游客反馈数据的分析，帮助企业识别并解决了多个服务瓶颈问题。根据分析结果，漓江游船公司引入了智能票务系统与服务质量追踪模块，使游客购票与服务过程更加便捷透明，并实时跟踪服务质量的变化。整改效率提高了60%，与此相关的投诉量同比下降了41%。这一技术的引入不仅提升了服务质量，还有效改善了企业的形象，降低了负面舆情对品牌的影响，为旅游企业提供了一个行之有效的舆情管理与品牌保护方案。

通过智慧旅游生态的构建、科学决策支持系统的完善以及舆情风险管理的创新，广西在推动文旅产业数字化转型方面取得了显著成效。这些科技成果不仅优化了景区资源配置和管理效率，也为游客提供了更加智能化、个性化的旅游体验。同时，通过科技的赋能，广西的文旅产业逐渐走向高效、智能、可持续的发展模式，为其他地区的文旅数字化转型提供了宝贵的经验和示范。

（三）跨领域协同发展：拓展技术应用边界

随着"文旅＋科技"的深度融合，广西旅游行业催生了一系列创新的应用场景，通过跨领域的协同创新，不仅推动了科学技术的广泛应用，还促进了生态保护、文化传承和产业发展等多方面的融合。这种跨领域的协同发展不仅拓展了技术应用的边界，也推动了文旅产业的全面升级。

广西的科研项目深入挖掘了科技与旅游的结合点，创造了多个技术应用的新场景。以桂林旅游学院开发的"国家全域旅游服务标准虚拟仿真系统"为例，该系统通过对靖西市景区厕所布局的 3D 模拟测试，有效模拟了不同客流密度下的使用场景，优化了厕所间距、通风设计及设施配置。通过这些优化措施，游客的满意度提高了 28%，这一成果不仅提升了景区设施的使用效率和游客的舒适感，也为旅游基础设施建设提供了科学依据。该项目的成功应用已经被纳入广西旅游基础设施建设的标准，成为其他景区参考的标杆。这一技术的应用体现了科技如何为传统旅游设施的优化带来变革，提升了旅游管理的科学性化精细化水平。

在气候适宜度模型的应用方面，广西气候中心结合了 30 年气象数据与GIS 空间分析技术，研发了"避寒旅游气候适宜度模型"。该模型通过量化评估北海、防城港等地的冬季舒适度指数，为游客提供精准的避寒旅游路线规划。基于该模型的预测数据，2022 年，冬季相关避寒旅游产品预订量增长了18%。此外，这一数据驱动的旅游规划建议帮助银滩景区在旅游淡季突破了历史客流峰值，推动了地方旅游经济的增长。这一案例成功展示了如何利用气象数据和空间分析技术，提升旅游产品的精准化营销和规划水平，增强了旅游业的可预测性和稳定性。

除了技术创新，广西的跨领域协同发展还注重生态保护与产业发展的双向赋能。在可持续发展方面，桂林农科中心研发的"绿肥＋旅游"模式成为生态与产业协同创新的典范。在恭城瑶族自治县生态月柿园，该项目推行了绿肥套种技术，成功减少了化肥的使用量约30%，同时结合采摘体验与土壤科普，开发了新的旅游项目。这一项目不仅为游客提供了一个亲近自然、了解农业生态的体验机会，也推动了乡村旅游的发展。通过绿色农业与旅游业的结合，恭城瑶族自治县的农家乐数量增加了50%，乡村旅游收入同比增长了40%。这一模式不仅促进了生态农业的可持续发展，还为当地经济注入了新活力，为全国范围内的生态旅游发展提供了宝贵的经验。

此外，广西科学院的"沿海科普打卡点"项目则通过布氏鲸生态观测站的建设，进一步推动了生态旅游与科普教育的融合。在涠洲岛，项目结合AR技术再现布氏鲸群的洄游轨迹，为游客提供了一种全新的生态旅游体验。试运营期间，73%的游客通过扫码参与了科普问答，在享受自然景观的同时，也增进了游客对生态保护的认知和参与。该项目成功地将生态保护与旅游体验相结合，既提升了游客的参与感和满意度，又推动了生态环境保护意识的普及。

这些项目不仅实现了技术与产业的深度融合，还推动了绿色、可持续的旅游模式，强调了生态环境的保护与产业发展的和谐共生，在旅游资源开发和生态保护之间找到了平衡，为未来文旅产业的可持续发展提供了可行的路径。

通过"文旅＋科技"的跨领域协同创新，广西多个项目在促进旅游资源智能化管理、实现生态保护和产业发展方面取得了显著成效。这些创新应用场景不仅拓展了技术的应用边界，也促进了产业之间的深度融合。通过不断探索科技与文化、生态、社会等多领域的协作，广西在文旅产业的数字化转型和可持续发展中走在了前列。

未来，随着技术的进一步发展和应用场景的扩展，跨领域协同将成为推动文旅产业创新发展的关键动力。广西可以继续依托科技创新，推动智慧旅游、生态旅游和文化旅游的深度融合，为地方经济和社会发展提供更加多元化和可持续发展的路径。

（四）技术溢出效应：推动区域可持续发展

1. 技术创新成果的标准化输出加速区域协同发展

桂林"5G+旅游"技术方案的区域推广：桂林市推出的"5G+旅游"技术方案，核心模块包括 VR 界碑历史展示系统和跨境电子票务平台。其中，VR 界碑历史展示系统通过增强现实技术，游客扫描界碑二维码即可触发 AR 动态展示，生动呈现中越边境历史变迁。在德天瀑布景区，日均互动量超过 5000 次，文化传播效率提升了三倍。跨境电子票务系统整合了中越双方景区票务数据，实现"一码通两国"服务，游客通关时间从 40 分钟缩短至 20 分钟，2023 年，跨境游客量同比增长 65%。该模式被纳入中国—东盟数字旅游合作框架，成为"数字丝绸之路"的示范项目，其技术方案预计未来三年将在老挝琅勃拉邦、柬埔寨吴哥窟等 6 个东盟旅游区复制推广。

南宁师范大学"森林康养旅游产业融合模型"的应用：南宁师范大学研发的"森林康养旅游产业融合模型"，通过量化评估森林覆盖率、负氧离子浓度与游客健康指标的关联性，相关成果被写入《广西大健康产业发展规划（2023—2025 年）》。该模型推动全区森林康养基地从 12 个增至 35 个。其中，大明山森林康养基地引入"智能穿戴设备+生态数据监测"系统，实时追踪游客心率、血氧等生理指标，并结合林间步道坡度动态调整健康建议。2022 年，相关产业综合收入突破 80 亿元，带动就业 2.3 万人，偏远山区人均年收入增长 18%。

德天跨国瀑布景区的数字化升级：德天跨国瀑布景区位于广西大新县，横跨中越两国，是亚洲第一、世界第四大的跨国瀑布。景区通过数字化升级，提升游客体验。例如，计划于 2023 年 4 月 25 日落成的"天空之戒"项目，以莫比乌斯环为设计灵感，依山就势，采取"以数字建筑表达东方诗意"的设计理念，提供 360° 全景观赏体验。该项目的落成，将为游客提供新的解锁方式，提升景区的吸引力。

大明山森林康养基地的生态旅游发展：大明山是南宁市区的生态屏障，主要包括西大明山水源涵养与生物多样性保护功能区、武鸣－隆安岩溶水源涵养与生物多样性保护功能区等。近年来，南宁师范大学自然资源与测绘学院师生到大明山开展专业调研，推动森林康养旅游产业融合发展，打造主题鲜明、环境优越、产业特色鲜明的森林康养基地。

通过以上技术创新成果的标准化输出，广西在文化旅游领域实现了区域协同发展，提升了旅游服务质量，促进了经济增长和社会就业。

2. 产学研协同创新生态赋能技术转化

在广西壮族自治区，产学研协同创新生态的建设已经成为推动技术成果转化和产业升级的关键动力。通过高等院校、地方企业与政府的深度合作，广西打造了一个完整的技术创新链条，从"技术研发—中试验证—商业落地"全链条促进科技成果转化，特别是在智慧旅游领域，进一步加速了技术的应用与推广，带动了地区经济的增长与社会就业的提升。以下是各领域的具体应用与成效扩展。

桂林电子科技大学与企业合作推动智慧旅游创新：桂林电子科技大学与本土企业的合作，依托其技术研发优势，成功孵化了数家智慧旅游企业，为广西旅游业的发展注入了强劲的科技力量。尤其是在"旅游数据中台"技术的应用上，三家创新型企业的崛起推动了智慧旅游服务的进一步升级。

智景科技：通过人工只能算法与大数据技术，智景科技在景区能耗管理上取得了突出成效，尤其是在漓江夜游项目中。该公司利用数据分析优化了灯光亮度与使用时长，减少了能源浪费，降低了22%的能耗，并有效减排了大约800吨二氧化碳。这不仅提高了景区的绿色环保指数，还为其他景区提供了借鉴经验，推动了智能能源管理在旅游景区中的应用。

云旅互联：借助旅游数据中台，云旅互联推出了"旅游供应链金融平台"，该平台通过精准分析旅游产业链上的资金需求，为中小旅行社提供了信用贷款服务。到2023年，该平台已经累计放贷1.2亿元，支持了37个创新旅游项目的落地和发展，促进了旅游产业链上下游企业的合作与资源整合。

数智非遗：数智非遗利用区块链技术赋能非物质文化遗产的数字化保护

与确权工作。通过数字化和 NFT 平台，该公司成功对 120 项非遗作品进行了版权存证并实现了交易，突破了传统文化传播与交易模式的限制。其实现的超过 300 万元的交易额，不仅为非遗文化提供了新的经济增长点，也为非遗保护提供了更加透明与可追溯的保障。

广西大学的技术创新推动旅游平台服务提升：广西大学通过其旅游平台服务补救机制的研究成果，推动了智慧旅游服务的优化与升级。特别是在大型旅游平台的应用中，智能工单分配系统与情绪识别技术的结合，为平台提供了更高效的客户服务解决方案。

智能工单与情绪识别技术：通过集成情绪识别技术，平台可以实时分析游客投诉中的情绪波动，自动识别出与游客体验相关的关键词（如"延迟""退款"等），并智能化分配给最合适的客服专员。此举不仅优化了客户投诉的处理流程，还大幅度缩短了投诉响应时间，投诉处理平均时长从 48 小时缩短至 24 小时，用户留存率提升了 15%。此外，在阳朔西街民宿服务试点中，应用该技术后，针对差评的响应率提高了 35%，差评转化补偿方案（如免费房型升级等）使二次消费率增加了 28%。

区域协同与跨境旅游创新：广西的智慧旅游不仅在国内市场取得了显著进展，还通过跨境合作推动了区域经济与文化的融合。例如，桂林的"5G+旅游"技术方案的输出，推动了中越德天瀑布跨境旅游区的智慧升级。游客通过扫描二维码，便可体验 AR 动态历史展示，了解中越边境的历史变迁，并借助跨境电子票务系统，实现"一码通两国"的便捷出行体验。此举不仅提升了游客的体验感，还大幅缩短了通关时间，提高了游客的流动效率。

通过技术的深度融合，广西与东盟其他国家的文化和经济互动进一步增强，广西智慧旅游的发展模式被纳入"中国—东盟数字旅游合作框架"，并成为"数字丝绸之路"的示范项目。预计这一模式将复制推广到老挝琅勃拉邦、柬埔寨吴哥窟等 6 个东盟旅游区，从而推动区域旅游协同发展，提升东南亚地区的旅游合作与互动。

创新生态助力区域产业升级：广西的创新生态不仅限于技术成果的转化，还推动了地方产业的整体升级。从智慧旅游到绿色环保，从数字经济到传统文化保护，产学研协同创新推动了多产业的跨界融合和共同发展。这种全链条的创新模式不仅提升了广西的科技创新能力，也为地区经济注入了持续增长的动力。

通过政府的引导和政策支持，高校与企业的紧密合作，广西的技术成果得到了充分的市场验证与产业化应用，形成了良性循环。未来，随着更多创新技术的涌现，广西将持续推动智慧旅游、数字文化、绿色经济等领域的协同发展，打造更加智能、可持续的旅游与产业发展模式，为国内外游客带来更加丰富和高效的旅游体验。

3. 跨界协同催生可持续发展新模式

广西文旅大数据技术的溢出效应，正推动传统产业向绿色低碳转型。

桂林农科中心的"绿肥＋旅游"模式：桂林农科中心在恭城瑶族自治县月柿园推出的"绿肥＋旅游"模式，成功实现了农业与旅游的双重效益。该模式通过推广绿肥套种技术，在减少化肥使用的同时，有效降低了农业生产中的碳排放，减少了30%的化肥使用量，促进了土地的可持续利用。同时，该项目还推出了"碳足迹追踪"小程序，游客通过参与低碳活动（如农田采摘、骑行游览等）积累碳减排积分，并可以兑换有机农产品或景区门票，激励游客参与绿色行动。到2023年，该模式累计减少碳排放1200吨。更重要的是，这一模式在国际上获得了认可，联合国粮农组织将其纳入亚太地区生态农业案例库，进一步推广绿色低碳农业与旅游的结合。

北海涠洲岛的"海洋科普＋生态旅游"联动：涠洲岛的"海洋科普＋生态旅游"模式通过创新融合生态保护与旅游推广，取得了显著的成效。岛上设立的布氏鲸声呐监测浮标和AR观测站，让游客可以通过手机App实时收听鲸群的声纹，了解鲸类的生活习性和生态保护的重要性。此外，游客还可以参与"净滩行动"数据采集，直接参与海洋环境保护。项目启动首年，吸引了超过1万名环保志愿者，促进了生态旅游与环保教育的结合。涠洲岛的这一创新模式不仅提高了游客的环保意识，还推动了周边渔村的生态民宿集群转型，带动当地渔民的年收入增长了40%，进一步推动了区域经济的绿色转型。

广西数字技术赋能文旅产业发展：广西通过数字技术在文旅产业中的应用，提升了景区的智能化与服务质量，推动了旅游产业的转型升级。通过构建"智慧文旅"系统，广西不仅提升了游客的旅游体验，还使旅游服务变得更加个性化和精准化。智慧文旅系统通过手机App为游客提供"游前、游中、游后"全程智能化服务，包括旅游路线规划、实时景点推荐、景区实时客流量监控等，帮助游客制订最优旅游计划，避免人流拥堵，同时也通过大数据分析精准捕捉游客的兴趣与偏好，进行个性化推荐。此外，智慧农业、智慧康养和元境空间博物馆等新兴场景也在广西逐步落地，通过数字化赋能，提升了地方文化和旅游资源的利用效率，推动了当地文旅产业的绿色和可持续发展。

广西新能源汽车产业绿色低碳转型：广西出台了新能源汽车产业发展的"十条"政策，推动汽车产业、能源、交通、信息通信等行业的深度融合。通过政策引导和企业协同创新，广西加快了新能源汽车产业的布局和发展，逐步实现了绿色低碳转型。当地的龙头企业在推动新能源汽车研发的同时，还加强了产业链上下游的协同，提升了整个产业的创新能力和绿色竞争力。例如，新能源汽车的普及不仅减少了传统燃油车对环境的污染，还在产业链上带动了绿色能源的应用和低碳运输系统的建设。广西新能源汽车产业的成功转型，不仅推动了当地绿色经济的增长，也为全国乃至全球的低碳转型提供了有力的示范。

广西数字化转型推动低碳服务行业：广西的数字化转型计划，全面推进了低碳服务行业的发展。通过智慧节能应用，广西在智慧建筑、智能制造等领域大力推广节能减排技术，降低了各行业的能源消耗与碳排放。同时，广西还积极拓展海洋智慧旅游、智能养殖、智能船舶、智慧海上风电运维等新兴应用领域，推动绿色低碳经济的发展。例如，在海上风电运维领域，通过智能化监控系统，广西能够实时监控风电设备的运行状态和能效，提升了能源利用效率，减少了维修和运维成本，进一步推动了新能源的广泛应用。

4. 未来路径：构建"数字文旅"高质量发展范式

广西壮族自治区在文旅大数据技术的推动下，积极探索跨界协同，催生了可持续发展的新模式，促进了传统产业向绿色低碳方向的转型。通过技术创新、产业赋能和跨界合作，广西不仅解决了传统文旅产业中的资源错配、服务低效等痛点问题，还培育了诸如沉浸式体验和生态文旅融合等新型业态。为确保这些创新能够持续推动区域经济发展，广西壮族自治区需在以下几个方面进一步加强建设。

技术标准化体系构建：为确保文旅大数据的高效应用，广西应着力建立省级的技术标准化体系。标准化不仅能够确保数据采集、分析和应用过程的统一性和一致性，还能够促进不同系统和平台之间的无缝对接，提升数据的共享和利用效率。通过明确和统一的技术标准，广西可以加速数字化进程，提升文旅产业的整体竞争力。此外，推动"广西智慧景区建设指南"升级为国家标准，将使广西在智慧旅游建设领域处于领先地位，进一步加强其在国内外文旅产业中的话语权和影响力。

市场化转化机制优化：要确保创新成果的市场化落地，广西应设立文旅科技专项基金，为中小企业提供资金支持，帮助他们实现技术采购、产品研发和场景应用。该基金可为创业公司和科研机构提供资金支持，帮助他们将实验室技术成果转化为商业化产品，推动文旅产业的快速发展。与此同时，广西应探索"知识产权入股"等新型合作模式，通过知识产权的转化实现技术与资本的深度融合，提升产业整体创新能力。这种市场化转化机制的优化，不仅能激励本地企业进行技术创新，还能吸引外部资本和技术的流入，从而推动文旅产业向更高质量的方向发展。

国际化协同网络拓展：广西应依托中国—东盟数字旅游合作中心，进一步拓展国际化协同网络，输出广西的技术方案，参与跨境数据流通与隐私保护规则的制定。这将有助于提升广西在国际文旅市场中的地位和影响力，为广西文旅产业的全球化发展提供强有力的支持。通过加强与东盟国家的合作，广西既能促进文化交流与经济互动，还能在全球范围内展示其在智慧旅游、数字技术和生态旅游方面的先进经验和成果。此外，广西还可借此机会推动跨境旅游和数字化合作项目的实施，进一步推动本地区文旅产业的国际化进程。

未来展望：打造可复制的"广西范式"。随着技术的不断创新和文旅产业的持续发展，"数字文旅"有望成为引领区域经济高质量发展的核心引擎。广西将通过技术溢出激活区域资源价值，以生态融合重塑产业边界，推动经济增长与可持续发展的双赢格局。特别是在实现绿色低碳目标的过程中，广西的经验可为全国乃至全球提供一个可复制、可推广的"广西范式"，为其他地区提供数字化转型和绿色发展路径的借鉴。这不仅有助于推动广西的经济增长，也能提升其在全球数字经济和文化产业中的影响力与竞争力。

广西正站在数字化和绿色转型的风口浪尖，未来将在技术创新、市场化应用和国际化协同方面不断突破，推动文旅产业的全面升级，为区域和全球经济发展做出更大的贡献。

四、问题与建议

部分项目成果转化率低，产学研联动机制有待强化。尽管在过去几年中，广西壮族自治区已经启动了众多涉及文化与旅游大数据的科研项目，并且取得了一定的技术突破，但仍存在部分科研成果未能有效转化为实际应用的情况。特别是在中小型文旅企业的技术应用和推广方面，转化率较低。科研机构和高校在技术研究中往往侧重于理论与实验阶段，而与市场需求的紧密结合较少，导致科研成果的推广和产业化进程受阻。产学研之间的协同机制尚不完善，许多科研人员与企业界、政府部门之间的联系不够紧密，缺乏深度合作和沟通，导致科研成果的实际应用潜力未能得到充分释放。因此，如何加强产学研联合、推动科研成果转化，是亟需解决的问题。

技术推广和应用范围有限，部分小型企业难以承接大数据技术的引入。

虽然在一些大型景区和企业中，智慧旅游和大数据技术已经得到了较为广泛的应用，但对于许多中小型文旅企业而言，技术的推广依然面临着严峻的挑战。由于缺乏足够的资金、技术支持和相应的创新能力，许多小型企业难以跟上行业发展的步伐，无法有效引入和应用先进的大数据技术。部分中小企业对于新技术的接受度较低，且没有足够的能力进行技术升级或创新，导致技术应用的覆盖面受限，进而影响了文旅行业整体的智能化、数字化转型进程。因此，如何帮助中小型文旅企业降低技术引入的门槛，提高其技术应用的能力，成为当前急需解决的课题。

未来建议加强跨学科团队建设，推动大数据技术与民族文化、生态资源的深度融合。广西作为一个拥有丰富民族文化和独特生态资源的地区，应当发挥这些特色优势，推动大数据技术与地方特色文化、生态旅游的深度融合。为了更好地实现这一目标，建议加强跨学科团队的建设，联合社会科学、技术学科、文化遗产保护等领域的专家共同开展研究。通过多学科的协作，既能推动大数据技术在民族文化保护中的应用，也能为生态旅游的创新发展提供有力的技术支撑。例如，利用大数据分析工具来评估和预测生态旅游的需求变化，帮助当地政府和旅游管理者制定更为科学的旅游资源管理和保护方案。同时，可以通过大数据技术提升文化遗产的数字化保存与展示，为游客提供更具沉浸感的文化体验，增强地方文化的影响力。

设立专项基金支持中小型文旅企业技术应用试点，加速科研成果落地。为了促进科研成果的转化，建议政府设立专项基金，支持中小型文旅企业开展技术应用试点。通过提供技术资金支持，帮助其引入先进的大数据技术、人工智能技术以及数字化管理模式，推动科研成果实际应用。中小型文旅企业往往由于资金短缺、技术储备不足而难以迅速引入创新技术，设立专项基金将有助于降低这些企业的技术引进成本，提升企业服务能力和技术水平。此外，试点项目可以作为技术验证平台，先在小范围内实施积累经验，再推广至更广泛的领域，实现科研成果的商业化应用和普及。

第三节　大数据相关研究机构

一、广西旅游数据中心

广西旅游数据中心是经广西壮族自治区编办正式批复，依托桂林旅游学院设立的省级专业机构，作为全国首个"政府—高校"共建的省部级旅游数据中心，承担全区文旅产业统计监测、经济核算、风险预警、数据发布及国际交流等核心职能。该中心以"政产学研"协同模式运作：政府端联动自治区文旅厅、公安、交通、气象等 11 个部门，整合 19 类政务数据；高校端由桂林旅游学院旅游数据学院提供技术研发支撑，拥有高级职称及博士组成的专职科研团队；企业端则联合中国移动、浪潮集团等技术方共建"一键游广西"技术平台及人工智能实验室。

中心主导建设的广西旅游大数据云服务平台构建了全域数据融合体系，集成电信信令、OTA 消费、互联网搜索、景区闸机、交通卡口等多源数据，日均处理量超 14 亿条，形成客流、消费、舆情、生态等 13 大类数据库。平台功能覆盖四大核心场景：

（1）产业运行监测：通过实时热力图动态展示客流密度与分布轨迹，实现 95% 精度的游客轨迹追踪及拥堵预警，例如为德天瀑布跨境合作区提供人流调度方案后拥堵率降低 40%；

（2）应急指挥：在疫情防控期间 24 小时监测敏感人群流动，累计提交近百份分析报告，支撑 100 余家定点酒店科学布设；

（3）公共服务：赋能"一键游广西"小程序整合 370 项服务，吸引超 3166 万用户，累计交易额达 2.6 亿元，并推出数字人"刘三姐"智能导游等创新应用；

（4）决策支持：结合气象环保数据预测区域客流趋势，辅助桂林漓江、北海银滩等景区优化分流方案，高峰期效率提升 30%。

在创新实践方面，中心牵头制定《广西旅游大数据平台建设术规范》，统一省级数据标准并破除 " 信息孤岛 "；其研发的客流预测模型、跨境管理工具等成果已落地南宁、北海、贺州等多地市文旅系统。未来规划聚焦人工智能与区块链技术深度融合，探索大模型在游客需求预测中的应用，并建设中国—东盟旅游大数据联盟推动跨境数据标准互认，同步开发碳中和监测模块量化景区生态足迹。

作为广西文旅数字化转型的核心引擎，该中心通过 " 数据融合—智能分析—决策赋能 " 闭环，既提升应急响应效能（如公共卫生事件跟踪），又强化长效治理能力（如跨境协作与生态保护），为全国文旅大数据体系建设提供 " 广西样板 "，亦奠定中国—东盟数字文旅合作的技术基石。

二、 广西旅游大数据创新研究基地

广西旅游大数据创新研究基地是由广西壮族自治区发展和改革委员会批复设立、依托桂林旅游学院及广西旅游数据中心建设的省部级科研平台。该基地以服务广西文旅产业数字化转型和高质量发展为核心目标，整合了"政、产、学、研"多方资源，形成了覆盖旅游大数据研究、技术开发、应用推广的综合性创新体系。

基地依托广西旅游数据中心（全国首个设在高校的省级旅游数据中心），汇聚了通信运营商、银联商务、OTA 平台（如携程）、互联网自采数据等多维度数据源，涵盖"吃住行游购娱"全要素及游客全游程数据。通过自主研发的"广西旅游大数据云服务平台"，构建了全区旅游统计、经济核算、监测预警体系，并为政府、企业提供客流预测、消费分析等决策支持。

基地聚焦文旅大数据挖掘、资源数字化保护、产业价值评测等方向，拥有 15 人研究团队（含 2 名博士后、8 名教授），长期开展文旅融合高质量发展评估研究。其成果包括制定《旅游大数据平台建设规范》地方标准，填补行业空白，并主导多个市级全域旅游大数据中心建设。

平台服务已融入广西文旅部门日常工作中，在南宁、北海、贺州等地实现智慧管理、营销及公共服务功能落地。基地还参与"一键游广西"项目，推动旅游预约系统、应急指挥平台等智能化服务建设。

基地通过桂林旅游学院下设的旅游数据学院/人工智能学院开设数据科学与大数据技术本科专业，培养兼具旅游行业知识与数字技术能力的复合型人才，形成"科研反哺教学、教学支撑产业"的良性循环。

三、广西文旅融合高质量发展大数据研究和评估中心

广西文旅融合高质量发展大数据研究和评估中心现为广西旅游大数据中心和桂林旅游学院校级重点研发平台，具有强大的旅游大数据研发能力。目前研究团队共 15 人，其中博士后 2 人，博士 15 人；教授 8 人，副教授 6 人，中级职称 1 人。平台负责人及主要成员长期从事文旅融合高质量发展大数据评估研究工作，根据专业互补性形成了稳定的、独具特色的以研究广西文旅融合高质量发展大数据评估为主要方向的研究团队。

平台根据《国家旅游局关于加强地方旅游数据中心建设有关工作的通知》，依托学校旅游教育和旅游大数据分析的强大科研实力，整合了集"政、产、学、研"四位一体的"旅游大数据云服务平台"，建立一个全新的广西全域旅游大数据云服务体系，营造一个旅游大数据产业生态圈，为研究提供数据支撑，加快广西文旅融合高质量发展。

平台全面落实习近平总书记关于广西工作重要指示的批示和题词精神，坚持新发展理念，坚持推动高质量发展，围绕国家大数据战略和数字广西建设，以应用为核心，深化对广西旅游服务、旅游管理、旅游营销、旅游体验智能化等四大领域的研究，为广西文旅融合高质量发展提供有参考价值的大数据研究报告和行业评估报告资讯，为全面提升广西智慧旅游建设提供智力支持和决策咨询服务。

四、桂林理工大学广西旅游产业研究院

桂林理工大学广西旅游产业发展研究院（以下简称"研究院"）是经广西壮族自治区教育厅批准设立的广西高校人文社会科学重点研究基地，也是全区唯一的省级旅游类重点研究平台。自2012年挂牌成立以来，研究院由桂林理工大学牵头，协同中国旅游研究院、广西文化和旅游厅等机构共建，依托桂林理工大学旅游与风景园林学院的学科基础（拥有旅游管理国家级一流专业及旅游规划与环境管理二级学科博士点），构建"学术研究—政策咨询—产业服务—人才培养"四位一体的运行体系，成为支撑广西文旅强区建设的核心智库。

研究院以民族旅游与区域可持续发展为核心研究方向，聚焦广西及西南边疆民族地区的文旅融合、跨境旅游、智慧旅游等关键领域。依托广西高校人文社会科学重点研究基地和国家文化和旅游部民族旅游研究基地两大平台，累计承担国家级课题50余项（含国家社科重点1项、科技部支撑课题1项）、省部级课题70余项，完成文旅规划与设计项目超200项，覆盖广西、湖南、贵州等省区。其标志性成果包括罗盛锋教授团队以广西德天村为案例探索的乡村旅游治理促进共同富裕机制，成果为边境旅游村落治理提供理论范式；深度参与中越德天（板约）瀑布跨境旅游合作区建设，通过客流调度方案降低景区拥堵率40%，助力合作区试运营首年接待游客超5万人次；牵头制定《广西旅游大数据平台建设规范》，填补省级文旅数据标准空白并获2019年广西地方标准立项。

在产业赋能领域，研究院坚持问题导向与实战应用，推动科研成果高效转化。其研发的动态热力图系统实现95%精度的客流监测与预警，为桂林漓江、北海银滩等景区优化高峰期分流方案，效率提升30%；技术成果深度赋能"一键游广西"智慧平台，推动该平台用户数突破3166万，整合370项服务功能，年交易额达2.6亿元。在公益扶贫与乡村振兴方面，研究院为龙胜马海村等 21 个乡村试点搭建数字化平台，通过农文旅融合推动村集体经济增收；为边境贫困地区提供旅游规划公益服务，带动德天村村集体收入超 600 万元，村民人均月收入超 5000 元。此外，在疫情防控期间构建的敏感人群流动监测系统累计提交分析报告近百份，支撑 100 余家定点酒店科学布设，凸显应急管理能力。

研究院依托桂林理工大学"本—硕—博"全链条培养体系，设立旅游管理专业硕士（MTA）智慧旅游管理、民族旅游开发与管理等方向，拥有专职科研团队 41 人（高级职称 18 人、博士 9 人）。通过"政产学研"协同机制，联动自治区文旅厅、交通、气象等 11 个部门整合 19 类政务数据；联合中国移动、浪潮集团共建人工智能实验室与技术研发中心；举办中国—东盟旅游合作论坛等国际学术活动，推动跨境数据标准互认与技术创新。

面向中国—东盟自贸区升级与"一带一路"倡议，研究院布局三大战略方向：深化人工智能与区块链技术应用，探索大模型在游客需求预测中的实践，研发碳中和监测模块量化漓江流域等生态敏感区的生态足迹；联合腾讯等企业启动"粤桂数字农文旅计划"，建设中越边境旅游大数据共享平台；参与广西低空旅游研究院建设，开发直升机观光、热气球游览等立体旅游产品，助力桂林打造"水陆空全域体验"世界级旅游城市。

作为广西文旅高质量发展的核心引擎，研究院以数据赋能决策、科技激活资源、治理推动共富为路径，其成果既服务于应急管理的精准响应，更支撑长效治理机制的构建。政产学研协同模式、民族旅游前沿研究与实战化技术应用，为广西文旅强区建设提供智力引擎，亦为中国—东盟数字文旅合作树立"广西范式"。

五、广西全域旅游产业技术研发院

广西全域旅游产业技术研发院（以下简称"研发院"）成立于 2017 年，是由广西·中关村创业创新人才基地、桂林市海内外高端人才创业创新示范基地联合发起的市场化平台型研究机构。其核心定位是通过引进高层次人才与技术创新，推动广西从"景区旅游"向"全域旅游"模式转型，服务桂林世界级旅游城市建设目标。

研发院采用"人才＋项目＋产业"的运作机制，已引入李晟、吕剑彪、杨涛等多位文旅科技领域专家。其中吕剑彪团队在龙胜各族自治县主导打造了龙脊梯田数字展销中心，整合"飞跃广西"5G沉浸式球幕剧场、数字农业展厅等创新场景，通过虚实融合技术提升游客体验与消费转化；杨涛团队则推动"中药材三产融合数字农业推广示范园"落地临桂区，联合广西特色作物研究院等机构，构建"数字农业＋旅游体验"融合示范区，实现种植溯源、生态监测与研学旅游的数字化联动。

在技术应用层面，研发院聚焦多源数据融合与沉浸式体验。其参与设计的阳朔遇龙河智慧景区项目，通过部署物联网传感器与LBS定位系统，实时采集客流密度、交通动线及环境数据，结合AI算法生成动态调度方案，使高峰期游客分流效率提升25%。2023年，研发院进一步探索元宇宙技术在文化遗产活化中的应用，为兴安灵渠、三江侗寨等景区开发AR导览系统，还原历史场景并植入非遗互动游戏，用户平均停留时长增加40分钟。

未来研发院将深化跨境数据协作，联合越南广宁省旅游部门共建中越边境旅游大数据共享平台，探索跨境自驾游线路协同规划、电子签证互认等场景的数据互通机制，助力中国—东盟旅游走廊建设。

六、广西西大旅游科学研究院

广西西大旅游科学研究院（以下简称"研究院"）成立于2007年，前身为1999年设立的广西大学旅游科学研究所，是依托国家"211工程"重点大学广西大学建立的校属科研机构。研究院由广西大学党委书记阳国亮教授担任院长，杨永德教授任常务副院长，依托广西大学商学院旅游管理系（国家级一流专业）为核心支撑，整合文传学院、土木学院、林学院等8个学科资源，形成覆盖旅游规划、文化遗产保护、生态管理等领域的跨学科团队，拥有专职科研人员 48 人，其中教授 18 人、副教授 14 人、博士 12 人。2012 年，研究院获国家旅游规划设计甲级资质，成为广西三家具备该资质的单位之一，奠定了其在区域文旅规划领域的权威地位。

研究院的核心贡献集中于民族地区文旅融合与智慧化实践。在规划领域，累计完成省、市、县级旅游项目超 120 项，覆盖广西、湖南、贵州等 7 省区。代表性成果包括 2011 年编制的《广西休闲农业发展总体规》，首次建立壮乡农耕文化价值评估体系，指导南宁"美丽南方"等 23 个农文旅综合体落地；2007 年完成的《泛北部湾旅游合作研究》提出中越跨境"一程多站"旅游线路设计框架，为东兴—芒街跨境旅游合作区政策制定提供学术依据。在技术应用层面，研究院聚焦文旅大数据与数字化保护：其开发的智慧旅游景区管理平台和智慧旅游游客服务 APP 应用于景区客流调度与数字服务；在凭祥友谊关部署的边境客流预测模型，融合口岸通关数据与社交媒体舆情信息，实现客流预测误差率低于 8%；同时为三江程阳八寨侗族建筑群构建三维数字孪生体，实现对风雨桥、鼓楼等木构建筑的病害监测与虚拟修复，提升文化遗产保护精度。

研究院积极推动技术赋能基层与人才转型。在公益服务方面，深入昭平黄姚古镇、龙胜各族自治县、东兰县等县域提供旅游规划支持，通过资源整合与业态设计助力德天村村集体收入超 600 万元。2022 年，杨永德教授提出旅游教育需向"理论技术"方向转型，强调大数据分析、编程、绘图等技能应成为旅游人才培养的核心内容，推动高校课程体系与行业技术需求对接。此外，研究院承担广西旅发委 A 级景区评审、特色旅游名县验收等技术标准化工作，并参与漓江流域生态保护协作，凸显其在政策制定与生态治理中的智库作用。

尽管研究院因运营调整于 2025 年进入注销清算程序，其历史贡献具有持续性影响。学术层面，出版著作 7 部、发表论文 70 余篇，获广西社会科学优秀成果奖 11 项，为民族旅游研究提供理论基石；行业遗产层面，甲级规划资质与技术成果由广西大学旅游管理系承接延续，其智慧旅游软件系统、跨境旅游合作框架等持续服务于广西文旅数字化转型。研究院的实践印证了多学科协同与技术创新对边疆民族地区文旅融合的推动作用，其积累的规划方法论、数据应用案例及人才培养理念，仍将为广西建设世界级旅游目的地提供重要参照。

七、文旅产业指数实验室广西新媒体研究中心

文旅产业指数实验室广西新媒体研究中心（以下简称"中心"）由中国旅游报社、中国社会科学院中国舆情调查实验室联合组建，并依托广西文化和旅游创新发展中心具体运营，是广西首个专注于文旅新媒体传播力评估与数字营销策略研究的省级智库平台。中心整合清博智能、抖音集团、问卷网等头部企业的数据资源与技术能力，构建了覆盖微信、微博、抖音三大核心平台的新媒体传播力量化评估体系，其监测范围涵盖广西 14 个地市。通过建立标准化算法模型与动态监测机制，中心不仅为广西文旅政务新媒体提供精准的传播效能诊断，还深度参与基层数字营销能力建设，推动区域文旅内容生产与传播技术的协同升级。

中心的核心技术成果体现为多维度评估体系与数据融合应用。其传播力指数体系以科学性、可操作性为原则：微信公众号传播力指数（WCI）从整体传播力（60%）、篇均传播力（20%）、头条传播力（10%）和峰值传播力（10%）四个维度综合量化内容影响力，例如 2025 年 1 月监测显示南宁文旅 WCI 指数达 684.47，单条平均阅读量 1096 次，显著领先其他地市；微博传播力指数则侧重原创内容价值与互动深度，指标涵盖原创博文数、转发评论率及点赞量，当月南宁市文化广电和旅游局因发布 372 篇微博（原创率 99.7%）、获 1568 次点赞位列榜首；抖音号传播力指数则聚焦视频内容裂变能力，通过点赞量、分享数、新增粉丝数等指标衡量传播广度，2025 年 1 月桂林市文化广电和旅

游局以 20.4 万次点赞、5.12 万次转发位居全区第一。基于海量数据，中心开发了"文旅内容 AI 助手"工具，为三江侗族自治县、金秀瑶族自治县等提供短视频脚本智能生成与传播策略优化，半年内带动县级文旅账号粉丝增长47%。

中心的社会价值突出表现为技术赋能基层与区域协作创新。一方面，其定期发布的月度传播力榜单（如直属单位榜单中广西壮族自治区博物馆微信阅读量 6.57 万次、广西民族博物馆抖音点赞 1690 次）成为各级文旅部门优化内容生产的"风向标"；另一方面，中心联合广西华琪文化传媒等机构开展"壮美广西·云上非遗"直播工程，培训基层干部直播技能，推动靖西绣球、北海贝雕等非遗产品线上销售额年增 230%。

八、广西文化和旅游智慧技术重点实验室

广西文化和旅游智慧技术重点实验室（以下简称"实验室"）是广西壮族自治区科学技术厅批准设立的省部级重点实验室，旨在推动信息技术与文化旅游的交叉融合，为广西文旅产业技术创新提供高水平的科研平台。实验室成立于 2022 年，是桂林旅游学院首个获批的省部级重点实验室。

实验室聚焦文旅数字挖掘与应用、文旅消费数字化升级、文旅数字化转型赋能、文旅数字商务服务创新等研究。为文旅资源的大数据智能转化、文旅资源的保护活化与场景的创新性应用、文旅产业数字化资源挖掘与评测等问题提供解决方案。实现文旅数据共享，提升广西文旅产业数字化水平，提升文化和旅游企业和行业核心竞争力。

实验室的主要研究方向包括：

（1）文化和旅游大数据挖掘与融合：基于自然语言处理、图像处理理论方法及工具在文化和旅游文本、图像数据中信息挖掘算法的优化、文化和旅游文本中文分词语料库建设、文化和旅游信息挖掘等方面的开发和应用；研究大数据挖掘和深度学习优化算法，优化语义化理解、数据特征提取和协同

过滤算法，提高旅游信息的智能感知与数字化应用；构建基于 GIS（地理信息系统）的文化和旅游信息图谱，实现现代信息技术、传统文化和旅游产业的深度融合。

（2)文化和旅游资源数字化保护与活化：围绕广西民俗、节庆、传统手工艺、民间音乐、地方戏曲、古建筑、民族村寨、文物遗址等特色文化和旅游资源的生态保护与活化领域开展研究，运用智慧技术修复已消逝以及即将消逝的文化和旅游资源或保育脆弱的生态文化和旅游资源，解决广西文化和旅游资源的活态采集与数字化修复、资源库构建、展示与传播等关键技术开发问题。该研究利用区块链、分布式存储、服务云化、跨媒体存储、异构数据融合等技术，实现文旅领域各类媒体的挖掘与融合，海量数据高性能处理。研究元宇宙、5G、VR、UHD 等文旅应用技术，实现文化实体内容数字化升级。建设文化和旅游基因库数字化平台、线上 3D 展馆、云端创作平台、互动传播平台，推动文旅产业数字化和文旅数字产业化，激活广西文旅数字经济发展潜力。

（3）文化和旅游产业数字化价值挖掘与评测应用：围绕文旅产业数字化价值挖掘、发展动态评测问题进行研究，将文化和旅游碎片化的资源信息利用智慧技术转换整合成内在逻辑联系紧密的智慧旅游产品，增加旅游资源丰度、提升文旅产品的品质和附加值，扩大文旅产业规模及其经济效益。融合多源异构数据，构建一个基于大数据与人工智能技术的文化与旅游产业发展动态评测系统，解决大数据旅游产业中多样化客源市场存在的营销痛点，并分析旅游产业运行效率和准确率等性能，为文化和旅游管理部门改善旅游资源配置、建设旅游服务配套设施等顶层设计和方法，以提供决策依据。

实验室配备了先进的数据采集、处理和分析设备，拥有专业的科研团队。团队成员来自学校旅游数据学院、商学院、文化与传播学院、旅游管理学院和艺术设计学院等多个学院，具备跨学科的研究能力。实验室还与国内外多家研究机构和企业建立了合作关系，共同开展科研项目和技术应用，如与思腾合力共建思腾合力 SCM 人工智能云平台，可提供 GPU 算力服务、机器学习模型、在线实验教学等环境。

实验室在广西文化和旅游厅的支持下创设了广西县域旅游经济分析平台，县域旅游经济分析报告获得李彬副主席批示。平台成为了广西文化和旅游厅全域旅游的核心智库，是广西全域旅游建设的重要数据参考来源，制定各地县域旅游经济考核的重要指标，成为各地一把手的重要旅游决策参考。

第十二章
广西文化和旅游大数据技术成果

第一节 学术论文

一、文旅融合发展类

《新时代文化与旅游融合发展路径探析——以广西为例》：论文针对广西文旅融合展开研究，分析了当前融合现状，从资源整合、产品创新、品牌塑造等层面提出切实可行的融合路径，旨在推动广西文旅产业深度融合，增强其市场竞争力。

《广西文旅融合高质量发展实践路径研究》：论文聚焦广西文旅融合高质量发展，提出打造特色旅游产品、注重文化传承、优化产业布局、强化人才培养等举措，推动文旅产业可持续发展。

《文旅融合背景下广西红色旅游高质量发展路径研究》：论文运用PEST分析法，从政治、经济、社会和技术环境剖析广西红色旅游发展状况，提出强化红色文化与旅游融合、发展智慧旅游，以实现广西红色旅游高质量发展。

《海洋文旅创新发展——以广西为例》：论文指出广西应依托海洋文化资

源，创新文旅融合模式，打造海洋文旅产业品牌，将海洋文旅产业培育为广西经济发展新引擎。

《文旅融合视域下广西智慧体育旅游发展路径研究》：论文指出广西应把握文旅融合的契机，发展智慧体育旅游，打造精品项目，完善基础设施，提升服务质量，推动体育旅游产业升级。

《广西特色边贸与旅游融合发展研究》：论文提出广西应充分发挥边境优势，促进特色边贸与旅游融合，开发边境旅游产品，加强边境旅游合作，带动边境地区经济发展。

二、数字化转型研究类

《乡村振兴中少数民族文化数字化保护和传承研究——5G 时代广西文化产业转型研究系列论文之一》：论文探讨了 5G 时代广西少数民族文化数字化保护与传承，强调利用数字化技术记录、保存和传播少数民族文化，促进文化传承与发展。

《双循环中的非遗产业数字化转型研究——5G 时代广西文化产业转型研究系列论文之二》：论文分析了双循环背景下广西非遗产业数字化转型的必要性，提出结合网络消费文化，推动非遗产业数字化发展，拓展市场。

《5G 时代文化产业数字化转型的历史逻辑、理论逻辑与实践逻辑——5G 时代广西文化产业转型研究系列论文之三》：论文阐述了 5G 时代广西文化产业数字化转型的历史、理论和实践逻辑，主张利用 5G 技术和文化大数据，推动数字文化产业发展，实现产业转型升级。

《中国白裤瑶聚居区文旅数字化融合发展研究——5G 时代广西文化产业转型研究系列论文之四》：论文研究了中国白裤瑶聚居区文旅数字化融合发展，提出挖掘白裤瑶文化资源，借助数字化技术推动文旅产业融合，促进民族地区经济发展。

《乡村振兴中的红水河流域民族文化数字化发展研究——5G 时代广西文

化产业转型研究系列论文之五》：论文探讨了红水河流域民族文化数字化发展在乡村振兴中的作用，提出通过加强民族文化数字化保护与开发，推动文化产业赋能乡村振兴的融合策略。

《RCEP 框架下中国—东盟的文旅数字化合作发展研究——5G 时代广西文化产业转型研究系列论文之六》：论文分析了 RCEP 框架下中国—东盟文旅数字化合作的机遇与挑战，提出加强区域合作，推动文旅数字化发展，提升国际竞争力。

《广西非遗产业数字化转型中的学校教育传承研究——5G 时代广西文化产业转型研究系列论文之七》：论文研究了广西非遗产业数字化转型中学校教育的传承作用，提出加强学校教育与非遗产业融合，培养传承人才，推动非遗产业数字化发展。

《文化资源的产业数字化转化和开发研究——5G 时代广西文化产业转型研究系列论文之八》：论文探讨了广西文化资源的产业数字化转化与开发路径，提出挖掘文化资源，运用数字化技术推动文化产业数字化，提升附加值。

《文化产业数字化转型的对策研究——5G 时代广西文化产业转型研究系列论文之九》：论文提出 5G 时代广西文化产业数字化转型的对策，包括加强技术创新、完善政策支持、培养专业人才等。

《数字经济推动广西文旅融合发展的路径研究》：论文指出数字经济为广西文旅融合发展带来新机遇，应利用数字技术推动文旅产业数字化转型，创新融合模式，提升发展质量。

三、乡村振兴与旅游发展类

《乡村振兴战略背景下传承发展乡村优秀传统文化路径探析——以广西壮族自治区为例》：论文提出广西应在乡村振兴战略背景下，加强乡村优秀传统文化的保护与传承，通过发展文化产业推动乡村经济振兴。

《乡村振兴战略的旅游路径研究——准入门槛及其差异化选择》：论文运

用模糊集定性比较分析（Fuzzy-Set Qualitative Comparative Analysis, fsQCA）方法，研究乡村振兴的旅游路径，提出根据不同地区资源条件和发展需求选择合适的旅游发展模式。

《基于RMP分析的广西民族节庆旅游开发研究》：论文运用昂普（Resource—Market—Product，RMP）分方法，对广西民族节庆旅游开发进行研究，提出挖掘民族节庆文化内涵，开发特色旅游产品，推动民族节庆旅游发展。

《广西乡村体育赛事旅游产业发展策略研究》：论文提出广西应发展乡村体育赛事旅游产业，打造赛事品牌，完善基础设施，加强宣传推广，推动乡村旅游发展。

《乡村振兴背景下广西瑶族特色村寨与体育旅游的发展策略研究》：论文提出广西应利用瑶族特色村寨资源，发展体育旅游，促进民族文化传承和乡村经济发展。

《广西乡村旅游重点村空间分布特征及影响因子分析》：论文分析了广西乡村旅游重点村的空间分布特征及影响因子，为乡村旅游规划和发展提供科学依据。

《广西乡村旅游创新的多元化实践样态研究》：论文探讨了广西乡村旅游创新的多元化实践样态，提出加强创新驱动，推动乡村旅游可持续发展。

四、旅游市场与游客研究类

《情感因素对游客体验与满意度的影响研究——以桂林山水实景演出"印象·刘三姐"为例》：论文通过结构方程模型，研究情感因素对游客体验与满意度的影响，提出注重游客情感需求，提升旅游产品质量和服务水平。

《古村落旅游社会文化影响：居民感知、态度与行为的关系——以广西龙脊平安寨为例》：论文研究了古村落旅游对当地居民的社会文化影响，提出加强文化保护和居民参与，促进古村落旅游可持续发展。

《旅游目的地形象的结构化与非结构化比较研究——以阳朔旅游形象测量

分析为例》：论文对比结构化和非结构化方法在旅游目的地形象测量中的应用，为旅游目的地形象塑造提供理论支持。

《主客交往偏好对目的地形象和游客满意度的影响——以广西阳朔为例》：论文研究了主客交往偏好对目的地形象和游客满意度的影响，提出加强主客互动，提升旅游目的地形象和游客满意度。

《旅游开发的居民满意度驱动因素——以广西阳朔县为例》：论文运用结构方程模型，分析旅游开发的居民满意度驱动因素，提出关注居民需求，促进旅游开发与居民利益协调发展。

五、其他相关研究类

《构建新时代的文化产业发展体系——广西文化产业高质量发展报告之一》：论文提出了广西应构建新时代的文化产业发展体系，加强文化产业规划和政策支持，推动文化产业高质量发展。

《广西民族文化旅游产业发展现状及创新对策研究》：论文分析了广西民族文化旅游产业的发展现状，提出加强创新驱动，打造民族文化旅游品牌，推动产业升级。

《后疫情时代广西旅游业高质量发展的调查研究》：论文研究了后疫情时代广西旅游业的发展现状和挑战，提出加强政策支持，推动旅游业复苏和高质量发展。

《乡村振兴战略背景下广西农产品电子商务的发展路径》：论文探讨了广西乡村振兴战略背景下农产品电子商务的发展路径，提出加强电商平台建设，推动农产品上行，促进乡村经济发展。

《广西中医药健康旅游产业发展现状与策略研究——以巴马瑶族自治县为例》：论文运用 SWOT 分析法，分析了广西巴马瑶族自治县中医药健康旅游产业的发展现状，提出加强资源整合，打造特色产品，推动中医药健康旅游产业发展。

《基于广西地域文化的文创产品创新设计与应用的研究——以壮锦纹样为例》：论文以壮锦纹样为例，研究了基于广西地域文化的文创产品创新设计与应用，为文创产品开发提供新思路。

《5G 时代广西少数民族非遗数字化转型研究》：论文探讨了 5G 时代广西少数民族非遗数字化转型的路径，提出加强产教融合、科教融汇，培养数字化人才，推动非遗数字化转型。

《基于知识图谱的广西旅游问答系统研究和实现》：论文利用知识图谱技术构建广西旅游问答系统，提高旅游信息服务的智能化水平，为游客提供便捷服务。

《基于知识图谱的广西文化旅游问答系统研究与实现》：论文通过深度学习和 NLP 技术，实现基于知识图谱的广西文化旅游问答系统，提升文化旅游信息的获取效率。

第二节　专利与软件著作权

一、专利

（一）旅游服务集成与管理系统类

1. 广西小草信息产业有限责任公司

"一种旅游管理服务集成系统"，该系统旨在集成各类旅游管理服务相关功能，通过整合旅游产业链中的各项资源，如旅行社、酒店、景区等信息，为旅游管理部门、旅游企业以及游客提供全面的服务管理支持，提升旅游管理效率和服务质量。

2. 桂林力拓信息科技有限公司

"一种旅游服务集成系统"，该系统侧重于将旅游服务中的各个环节进行有效集成，涵盖旅游产品预订、行程规划、游客服务等，实现旅游服务的一站式整合，提高旅游服务的便捷性和协同性。

3. 广西金中软件有限公司

"智慧旅游综合服务管理平台"，该平台利用信息技术搭建一个综合性的服务管理平台，为游客提供全方位的旅游信息查询、预订服务，同时也为旅游企业提供管理工具，实现旅游业务的智能化管理，涵盖吃、住、行、游、购、娱等多个旅游环节，提升旅游产业的整体运营效率。

（二）旅游大数据相关类

1. 桂林旅游学院

"一种用于旅游大数据收集的高光谱成像分析仪固定装置"，该专利专注于旅游大数据收集环节中设备的固定。高光谱成像分析仪能够获取丰富的旅游相关数据，如景区的生态环境数据、游客的行为特征数据等，而固定装置则确保设备在数据收集过程中的稳定性和准确性，为后续的大数据分析提供可靠的数据来源。

"基于旅游大数据利用概率统计匹配旅游目的地的方法"，该方法运用概率统计原理，对海量的旅游大数据进行分析，根据游客的偏好、消费习惯、出行历史等多维度数据，精准匹配出符合游客需求的旅游目的地，实现旅游目的地的个性化推荐。

"旅游大数据信息存储方法"，该方法主要解决旅游大数据的存储问题，面对日益增长的旅游数据，合理的存储方法能够提高数据存储效率、降低存储成本，同时保障数据的安全性和可访问性，方便后续的数据调用和分析。

2. 桂林电子科技大学

"一种基于门控循环单元神经网络的景点推荐方法"，该方法借助先进的神经网络技术，对旅游大数据进行深度挖掘和分析。通过学习游客的历史行为数据、评价数据等，预测游客对不同景点的兴趣程度，从而实现更精准的景点推荐，提升游客的旅游体验。

3. 广西大也智能数据有限公司

"旅游活动的影响力预测方法、装置、存储介质及设备"，该项目利用大数据分析技术，对旅游活动相关的数据进行收集和分析，如旅游活动的宣传推广数据、参与人数数据、游客反馈数据等，预测旅游活动在市场上的影响力，帮助旅游活动组织者提前做好规划和调整。

（三）旅游辅助设备与系统类

1. 广西旅发科技股份有限公司

"一种文化旅游景点导览机器人"，该技术为游客在文化旅游景点提供智能导览服务，机器人可以通过语音、图像等多种方式为游客介绍景点的历史文化、特色景观等信息，还能根据游客的需求规划游览路线，提供个性化的导览服务，提升游客的游览体验。

"一种用于文旅游玩的辅助游览系统"，该系统从多个方面辅助游客进行文旅游玩，可能包括提供游玩攻略、实时的景区信息推送、游客之间的互动交流功能等，帮助游客更好地了解旅游目的地，丰富游玩体验。

2. 广西金融职业技术学院

"旅游分析装置"，该装置用于对旅游相关的数据进行分析，可能涉及旅游市场数据、游客消费数据、旅游资源数据等，通过分析这些数据，为旅游行业的决策提供依据，如旅游企业的市场策略制定、旅游管理部门的政策规划等。

3. 广西城市职业大学

"乡村旅游景点游客流量监测系统"，该系统针对乡村旅游景点，实时监测游客流量，通过对游客流量数据的分析，能够合理安排景区的服务资源，保障游客的游览安全和舒适度，同时也为景区的运营管理提供数据支持，以便在旅游旺季和淡季做出合理的运营决策。

"一种智慧乡村旅游服务平台"，该平台整合乡村旅游资源，为游客提供乡村旅游相关的服务，如乡村民宿预订、乡村特色旅游活动推荐、农产品购买等，以推动乡村旅游的发展，促进乡村经济增长。

4. 广西大学

"一种用于文化旅游体验的导览终端及使用方法"，导览终端为游客在文化旅游体验过程中提供便捷的导览服务，游客可以通过终端获取景点的详细介绍、历史文化背景等信息，使用方法则确保游客能够方便、高效地使用导览终端，提升文化旅游体验。

5. 广西时代风范旅游规划投资管理有限公司

"一种旅游景区智慧导视装置"，装置安装在旅游景区内，通过智能显示、语音提示等方式，为游客提供清晰准确的导视信息，包括景区地图、景点位置、游览路线推荐等，帮助游客更好地规划游览路线，提升景区的服务水平。

（四）旅游创新技术应用类

1. 广西萃发科技有限公司（与桂林航天工业学院合作）

"基于元宇宙的旅游影像管理系统及方法"，该系统和方法将元宇宙这一新兴技术应用于旅游影像管理，通过构建虚拟的旅游场景，游客可以沉浸式地体验旅游景点的影像内容，同时该系统和方法还能实现旅游影像的高效管理、存储和分享，为旅游行业带来新的发展模式和体验方式。

2. 广西师范大学

"基于区块链的去中心化安全旅游方法、系统及其存储介质"，该技术利用区块链技术的去中心化、不可篡改等特性，保障旅游信息的安全，如游客的个人信息、旅游交易记录等，同时也为旅游行业的信任体系构建提供支持，促进旅游市场的健康发展。

"一种多数据源旅游目的地的数据中台系统及其方法"，也整合多个数据源的旅游目的地数据，如旅游网站数据、社交媒体数据、旅游企业内部数据等，通过数据中台进行数据的清洗、整合和分析，为旅游目的地的精准营销、服务优化等提供数据支持。

"一种'旅游+'产业融合集成技术平台系统，一种'旅游+'产业融合一体化数据中台系统"，该系统致力于推动旅游与其他产业的融合发展，通过集成技术平台和数据中台系统，整合旅游与文化、农业、体育等产业的资源，实现产业间的协同创新，拓展旅游产业的发展空间。

（五）智慧乡村旅游类

1.广西城市职业大学

"一种智慧乡村旅游服务平台"，该平台整合乡村旅游资源，为游客提供乡村旅游相关的服务，如乡村民宿预订、乡村特色旅游活动推荐、以农产品购买等，推动乡村旅游的发展，促进乡村经济增长。

2.广西现代职业技术学院

"一种智慧乡村旅游服务平台"，该凭条同样聚焦于乡村旅游服务，通过信息化手段，提升乡村旅游的服务质量和管理水平，为游客提供更丰富、便捷的乡村旅游体验，助力乡村振兴战略的实施。

二、软件著作权

（一）旅游大数据分析与监测平台类

1.广西大学

"旅游大数据后台分析系统（V1.0），登记号2020SR0253630，已发表"，对旅游大数据进行深度分析，挖掘数据背后的价值，如游客行为模式、旅游市场趋势等，为旅游相关决策提供数据支持。

"智能旅游大数据分析系统（V1.0)，登记号 2021SR1172369，未发表"，运用智能化技术对旅游大数据进行分析，提高分析效率和准确性，可能涉及机器学习、人工智能等技术在旅游数据分析中的应用。

"花雨湖旅游大数据分析系统（V1.0)，登记号 2020SR0288986，未发表"，针对花雨湖这一特定旅游区域的大数据进行分析，为花雨湖景区的运营管理、市场推广等提供针对性的数据依据。

"乡村旅游大数据分析系统（V1.0)，登记号 2023SR0826359，已发表"，专注于乡村旅游大数据分析，助力乡村旅游产业的发展，分析乡村旅游的游客特征、市场需求等，为乡村旅游的规划和发展提供指导。

2. 桂林旅游学院

"广西旅游大数据监测平台（V1.0)，登记号 2021SR0249933，未发表"，对广西范围内的旅游数据进行实时监测，收集包括游客流量、旅游消费、旅游资源等多方面的数据，为广西旅游行业的宏观管理和调控提供数据支持。

3. 广西民族师范学院（王敬斋）

"智慧旅游大数据推荐系统（V1.0)，登记号 2022SR0359110，已发表"，基于旅游大数据为游客提供个性化的旅游推荐，结合游客的兴趣爱好、历史旅游记录等数据，推荐合适的旅游目的地、旅游产品等。

4. 广西大也智能数据有限公司

"旅游大数据自主学习平台（1.0)，登记号 2023SR0768524，未发表"，利用自主学习技术，让平台能够不断从旅游大数据中学习和优化，提升对旅游数据的分析和应用能力，为旅游行业提供更智能的服务。

"东盟出入境旅游大数据监测系统（1.0)，登记号 2023SR1411966，未发表（与广西壮族自治区信息中心合作）"，重点监测东盟出入境旅游相关数据，包括出入境游客数量、旅游消费情况、旅游线路偏好等，为广西与东盟之间的旅游合作与交流提供数据参考。

5. 广西文旅传媒有限公司

"全域旅游大数据智能分析平台（V1.0），登记号 2019SR0380716，已发表"，对全域旅游大数据进行智能分析，从宏观角度把握旅游市场动态，为旅游产业的全域化发展提供决策依据，推动旅游资源的整合和优化配置。

6. 广西职业技术学院

"旅游游客大数据实时分析系统（V1.0），登记号 2020SR0056490，未发表"，实时分析旅游游客的大数据，及时掌握游客的行为和需求变化，为旅游企业和管理部门的实时决策提供支持，如在旅游高峰期及时调整服务策略。

（二）旅游推荐与路线规划平台类

1. 广西民族大学（完颜兵，张超群）

"广西旅游景点大数据推荐平台（V1.0），登记号 2022SR0582050，未发表"，基于广西旅游景点的大数据，为游客推荐合适的旅游景点，考虑游客的兴趣偏好、时间、预算等因素，实现精准推荐。

2. 广西大学

"基于大数据分析的移动互联网旅游电子商务系统（V1.0），登记号 2022SR0259124，已发表"，结合大数据分析和移动互联网技术，搭建旅游电子商务系统，不仅提供旅游产品的在线销售，还能根据用户数据分析进行个性化推荐，提升旅游电子商务的运营效率和用户体验。

"广西旅游路线规划集成系统（V1.0），登记号 2021SR1213154，已发表"，集成多种旅游路线规划功能，综合考虑景点分布、交通状况、游客需求等因素，为游客规划出合理的旅游路线，方便游客的出行安排。

"最佳旅游路线参考系统（V1.0），登记号 2021SR1433509，未发表"，为游客提供最佳旅游路线参考，通过对大量旅游数据的分析和计算，生成多条可供选择的旅游路线，并根据不同的评价指标推荐最佳路线。

3. 广西六娃网络科技有限公司

"六娃大数据智慧旅游路线规划系统（V1.0），登记号 2019SR0640372，已发表"，运用大数据技术进行智慧旅游路线规划，结合实时的交通数据、景区游客流量数据等，动态调整旅游路线，为游客提供更高效、舒适的旅游路线规划服务。

（三）旅游综合服务平台类

1. 广西大数据产业发展有限公司

"旅游企业服务大数据平台（V1.0），登记号 2018SR852386，已发表"，为旅游企业提供服务，整合旅游企业运营所需的各类大数据，如市场数据、客户数据、财务数据等，帮助旅游企业提升管理水平和运营效率。

2. 广西上唐旅游管理有限公司

"上唐全域旅游大数据共享与应用管理平台（V1.0），登记号 2020SR0767009，已发表"，实现全域旅游大数据的共享与应用管理，促进旅游数据在不同部门、企业之间的流通和利用，推动全域旅游的协同发展。

3. 广西金中软件有限公司

"金中基于大数据的智慧旅游综合信息分析平台（V1.0），登记号 2016SR063136，已发表"，基于大数据对智慧旅游的综合信息进行分析，涵盖旅游市场信息、旅游资源信息、游客信息等，为旅游决策提供全面的信息支持。

"金中基于大数据的智慧旅游服务管理平台（V1.0），登记号 2016SR063133，已发表"，为旅游服务管理提供平台支持，利用大数据实现旅游服务的智能化管理，提高旅游服务质量和管理效率。

4. 广西杰思信息科技有限公司

"一站式智慧旅游大数据云服务平台（V1.0），登记号 2019SR0488368，已发表"，提供一站式的智慧旅游大数据云服务，游客可以通过该平台获取全方位的旅游信息和服务，旅游企业也能借助平台进行业务管理和推广。

5. 广西南宁佳凯智能技术有限公司：

"佳凯智慧旅游大数据采集分析决策云服务平台系统（V1.0），登记号 2018SR344167，已发表"，实现旅游大数据的采集、分析和决策支持，通过云服务平台，为旅游行业的各方参与者提供数据服务和决策建议。

6. 广西大学

"旅游数据分析云服务系统（V1.0），登记号 2021SR1165790，未发表"，以云服务的形式提供旅游数据分析服务，方便旅游企业和管理部门获取和使用旅游数据分析结果，降低数据分析成本。

（四）旅游相关特色应用类

1. 广西大学

"基于 Android 的南宁全景旅游 App（V1.0），登记号 2019SR0097355，已发表"，为游客提供南宁全景旅游的移动应用服务，游客可以通过 App 沉浸式地体验南宁的旅游景点，获取景点的全景图像、介绍等信息，方便游客在出行前了解旅游目的地。

2. 广西北斗卫星导航应用有限公司

"BDSGX 卫星导航旅游大数据信息获取平台（V1.0），登记号 2022SR1202214，已发表"，利用卫星导航技术获取旅游大数据信息，为旅游行业提供精准的位置信息、游客轨迹数据等，可应用于旅游景区的导览、游客流量监测等方面。

3. 广西壮族自治区地理信息测绘院

"大数据辅助国土空间规划文化旅游专题编制应用系统（V1.0），登记号 2022SR0557642，已发表"，在国土空间规划中，利用大数据辅助文化旅游专题的编制，为文化旅游产业的空间布局、资源整合等提供数据支持和技术手段。

4.广西中遥空间信息技术有限公司

"卫星遥感大数据的边境旅游综合管理平台（V1.0），登记号2021SR0021408，已发表"，借助卫星遥感大数据对边境旅游进行综合管理，监测边境旅游景区的环境变化、游客活动等情况，保障边境旅游的安全和有序发展。

5.广西大学（广西隆锦景观规划设计咨询有限公司，程胜龙，李燕，黄静）：

"旅游规划中的旅游容量测算程序软件（V1.0），登记号2021SR0061871，未发表"，用于旅游规划中旅游容量的测算，通过科学的算法和模型，计算景区的合理游客承载量，为旅游景区的规划和管理提供依据，保障游客的游览体验和景区的生态环境。

（五）文化旅游与非遗保护类

1.广西铜石岭旅游发展集团有限公司

"非物质文化遗产保护大数据平台（V1.0），登记号2020SR1608878，未发表"，利用大数据技术保护非物质文化遗产，对非遗项目的信息进行收集、整理和存储，同时通过数据分析实现非遗的传承和推广。

"文化产业大数据网络服务平台（V1.0），登记号2020SR1621523，未发表"，为文化产业提供大数据网络服务，整合文化旅游相关的产业数据，促进文化产业与旅游产业的融合发展，推动文化旅游市场的繁荣。

2.广西动力文化传播有限公司：

"文化旅游项目游客大数据预测系统（V1.0），登记号2020SR0157973，已发表"，通过对文化旅游项目相关的大数据分析，预测游客数量和游客行为，帮助文化旅游项目的组织者提前做好准备，优化服务资源配置。

3.广西东诚旗峰科技有限公司

"文化旅游大数据分析管理系统（V1.0），登记号2019SR0963553，未发表"，对文化旅游大数据进行分析和管理，挖掘文化旅游数据中的价值，为文化旅游企业的运营管理和市场推广提供数据支持。

第三节　标准制定

在数字化浪潮的推动下，技术标准已成为文化和旅游大数据产业发展的关键基石。其核心作用不仅体现在规范数据采集、处理、共享及应用的全流程，还在于确保行业的健康有序发展。技术标准不仅是保障数据质量、提升数据安全性的关键手段，也是推动产业协同创新、促进市场公平竞争的重要因素。广西作为中国与东盟合作的前沿窗口，拥有丰富多样的文化和旅游资源，独特的民族文化和自然景观为数字化转型升级提供了广阔空间。随着"一带一路"倡议的深入推进以及《区域全面经济伙伴关系协定》（RCEP）的正式生效，广西在文化和旅游领域的国际合作空间不断拓展，数字化转型升级已成为提升国际竞争力的关键举措。

近年来，广西在文化和旅游大数据领域的技术标准制定取得了显著进展。通过积极探索标准化建设新路径，广西研制了《智慧旅游度假区建设规范》等9项旅游服务标准，并积极开展广西旅游标准化示范单位创建及评定工作。例如，2022年，桂林市恭城瑶族自治县、河池市都安瑶族自治县等5个单位获评广西旅游标准化示范单位。这些示范单位通过标准化建设，不断提升文化旅游服务质量，为全区旅游产业高质量发展提供了示范引领。此外，广西还获批成立国家东盟标准化研究中心，建成了中国—东盟技术标准信息服务系统。该系统收录了东盟国家标准题录信息3万多条，标准全文文本近2万份，成为全国最权威的面向东盟国家的标准信息服务中英文双语系统。这些标准的制定和推广，为广西文化和旅游大数据产业的发展提供了有力支撑，推动了产业的规范化和专业化发展。

然而，广西在文化和旅游大数据技术标准制定方面仍面临一些挑战。一方面，随着大数据技术的快速发展，标准的更新和迭代速度需要加快，以适应不断变化的技术环境和市场需求。另一方面，广西在国际标准制定中的参与度和话语权仍有待提升，需要进一步加强与东盟及其他国家的标准化合作，推动广西标准"走出去"。例如，广西已成功将生态旅游与安全等标准转化为东盟标准，并在东盟国家建设了农业标准化示范区。但这些成果仍需进一步扩大和深化，以提升广西在国际标准领域的影响力。

本章节将系统梳理广西文化和旅游大数据技术标准制定的现状，深入分析其对行业规范与技术发展的影响，并结合广西文旅产业的实际需求和国际发展趋势，提出针对性的改进建议。通过完善技术标准体系，加强标准的宣贯和实施，广西有望在文化和旅游大数据领域实现更高水平的发展，为建设文化旅游强区和世界旅游目的地提供坚实的保障。

一、标准制定的背景与意义

（一）技术标准在文化和旅游大数据中的重要性

在现代信息社会中，文化和旅游产业的数字化转型正如火如荼地进行，技术标准在这一进程中扮演着至关重要的角色。技术标准不仅为行业发展提供了规范和框架，也在数据互通、服务质量保障、产业协同发展等方面发挥着重要作用。

数据互通性：文化和旅游大数据的来源广泛且分散，涵盖旅游景区、酒店、交通、文化场馆等多个部门和平台。这种多元化的数据来源常常导致"数据孤岛"，限制数据的流通性和可用性。统一的技术标准能有效消除这些"数据孤岛"，实现跨平台、跨部门的数据共享与整合。基于标准化的数据接口和协议，不同系统之间的数据能够实现无缝对接，这为大数据分析和智能应用奠定了坚实的基础。以广西为例，通过实施标准化的数据接口，旅游景区的实时客流数据可与交通部门的流量数据互通，从而为游客提供更精准的出行建议。这种数据互通性不仅提高了数据利用效率，还为政府和企业决策提供了更为全面的信息支持。

服务质量保障：在旅游服务中，游客对信息的准确性、及时性和易用性有着较高的要求。标准化的接口与协议能够确保旅游信息服务的一致性与可靠性，从而提升游客的体验满意度。广西的"一键游广西"平台是一个典型的案例。通过实施标准化建设，该平台成功整合了全区的旅游资源，为游客提供了一站式的智慧化服务。游客可以通过平台获取景区信息、交通安排、酒店预订等服务，所有信息均经过统一标准的处理和呈现，确保服务的一致性和可靠性。这不仅提升了游客满意度，也增强了广西作为旅游目的地的吸引力。

产业协同发展：文化和旅游大数据产业涉及数据采集、存储、分析、应用等多个环节，各环节之间的协同合作至关重要。然而，不同企业之间的技术标准差异可能导致合作困难和效率低下。技术标准为产业链上下游企业提供了技术对接的依据，降低了协作成本。通过制定统一的标准，可促进产业链各环节的协同发展，提高产业的整体效率。例如，在文旅数据分析环节，采用统一的数据格式和分析标准，可使数据分析结果在产业链上下游的企业间实现共享，从而实现资源的最优配置和利用，推动整个产业的健康发展。

全球视角下的标准需求：在全球范围内，文化和旅游的数字化转型已成为不可逆转的趋势。国际上的一些先进经验和法律法规为我们提供了宝贵的借鉴。例如，欧盟的《数字服务法案》（DSA）和《数字市场法案》（DMA）通过统一数据共享规则，推动了跨境旅游服务的协同发展。这些法案通过明确数字服务提供商的责任与义务，规范了在线平台对非法内容和虚假信息的管控，为用户提供了更安全、透明的数字环境。广西可以借鉴此类国际经验，通过制定和实施类似标准，提升区域竞争力，促进跨境文旅合作。这种国际视角的标准制定不仅帮助广西提升了其在全球文旅市场中的地位，也促进了与周边国家和地区的文旅合作与交流。

技术标准的生态价值：技术标准不仅是一套技术规范，更是产业生态的"黏合剂"。以新加坡"智慧国家 2025"计划为例，通过统一数据接口标准，新加坡整合了交通、住宿、景点数据，打造了全域旅游智能服务平台，年游客满意度提升了 23%。这种模式为广西提供了重要启示：通过构建全域文旅数据生态系统，广西可以实现文旅资源的高效整合与协同，提升游客体验和服务质量。标准化的生态系统有效促进了不同部门和企业之间的合作与交流，形成了良性循环的产业生态。这不仅有助于提升广西文旅产业的服务质量和游客满意度，也能增强其在国际旅游市场的核心竞争力。

（二）广西制定相关标准的必要性

资源禀赋：广西拥有丰富的文化遗产和旅游资源，如桂林山水、壮族文化等，这些资源构成了广西文化和旅游产业的核心竞争力。通过制定技术标准，可以实现资源的数字化保护与创新应用。例如，广西通过数字化技术对左江花山岩画、兴安灵渠等文化遗产进行保护和展示，不仅提升了文化遗产的保护水平，还为游客提供了全新的体验方式。

政策驱动：文化和旅游部印发的《"十四五"文化和旅游发展规划》明确要求加强大数据标准体系建设。广西积极响应国家政策，制定了《广西贯彻落实国家文化数字化战略实施方案》，明确提出以国家文化大数据体系建设为抓手，全面推动文化数字化发展。此外，广西还通过政策支持和资金投入，推动智慧旅游平台建设，如"一键游广西"项目，通过标准化建设全面提升全区文化和旅游服务的数字化水平。

区域合作需求：中国—东盟信息港建设需要统一的数据标准支撑跨境文旅合作。广西作为中国与东盟合作的前沿窗口，文化和旅游领域的跨境合作需求日益增长。通过制定统一的数据标准，广西可以更好地对接东盟国家的数字化需求，推动跨境旅游、文化交流等领域的合作。例如，中国—东盟信息港已建成多条跨境通信光缆和数据服务平台，为跨境文旅合作提供了基础设施支持。

区域特色资源数字化挑战：广西拥有丰富的区域特色资源，如喀斯特地貌、壮族歌圩等，这些资源在数字化过程中面临诸多技术难题。例如，喀斯特地貌的三维建模需要高精度的地理数据采集和复杂的建模技术，而壮族歌圩等文化活动则涉及多语言（如壮语、东盟国家语言）的兼容性问题。此外，广西的数字化转型还面临数据采集复杂性高等问题。制定专项标准可以有效解决这些技术难题，例如，广西可以参考联合国教科文组织《世界遗产数字化保护指南》，制定本地化的喀斯特地貌三维建模标准。

政策叠加机遇：随着《区域全面经济伙伴关系协定》（RCEP）的生效，广西与东盟国家的文旅合作需求激增。以中越跨境旅游为例，2023年，广西边境旅游人次突破500万，但跨境数据共享仍依赖双边临时协议，缺乏统一标准导致数据共享效率低下，交易成本较高。通过制定《跨境文旅数据交换标准》，广西可以建立长效合作机制，降低交易成本，提升跨境文旅合作的效率和质量。此外，广西还应积极融入"一带一路"建设，深化与东盟国家的文化和旅游数字经济合作。例如，通过制定统一的数据标准，广西可以更好地对接东盟国家的数字化需求，推动跨境旅游服务的协同与共享。同时，广西还可以借鉴欧盟的《数字服务法案》（DSA）和《数字市场法案》（DMA），通过统一数据共享规则，推动跨境旅游服务的协同发展。

推动高质量发展：广西通过制度、产品、技术和组织多维创新，持续优化发展环境，大力发展新质生产力，打造国内国际双循环市场经营便利地。通过标准化建设，广西能够进一步提升文旅产业的数字化水平，推动文旅产业全链条深度融合发展，做大做强旅游经营主体，建立健全现代旅游产业和公共服务体系。

综上所述，广西制定文化和旅游大数据技术标准具有重要意义。一方面，通过制定专项标准，可以有效解决区域特色资源数字化过程中面临的复杂技术难题，提升数字化转型的效率和质量；另一方面，借助政策叠加机遇，广西可以通过标准制定建立长效合作机制，降低跨境文旅合作的成本，提升区域竞核心力争力。这不仅有助于推动广西文旅产业的高质量发展，还能为建设文化旅游强区和世界旅游目的地提供有力的支撑。

二、广西文化和旅游大数据技术标准概述

（一）已制定的地方性技术标准

1.《广西文化旅游数据分类与编码规范》（DB45/T XXXX-2022）

制定机构：该标准由广西壮族自治区文化和旅游厅和广西标准化研究院共同制定。

核心内容：本标准明确了八大类、32小类文旅数据标签，规范了数据元的命名规则，旨在为广西的文化和旅游资源提供统一的分类和编码依据。这种标准化不仅便于数据的采集、存储、共享和应用，还能提高对广西丰富的文化遗产（如壮族文化、侗族文化等）和自然景观（如桂林山水、漓江等）的数字化管理效率。例如，文化遗产的数字化管理能够更好地保护和传承地方文化，促进文化的传播与交流。

应用实例：南宁青秀山、桂林漓江等5A级景区已试点应用该标准。例如，青秀山景区通过统一编码整合植物多样性数据，开发了"AR植物导览"功能，游客只需扫描二维码即可获取相关植物的介绍，日均使用量超过1.2万次。这种深度应用不仅提升了游客体验，还为景区的数字化管理提供了支持，体现了技术与文化的结合。

2.《智慧旅游景区数据接口技术要求》（DB45/T XXXX-2023）

适用范围：该标准适用于景区客流监测、票务系统对接、应急管理等多种场景。为智慧旅游景区的建设提供了明确的技术接口规范，确保不同系统之间的数据可以无缝对接和交互。

应用实例：在"一键游广西"项目中，该标准实现了景区实时客流数据的共享，提升了景区的智慧化管理水平。通过有效监测客流量，景区能够及时调整运营策略，改善游客的整体体验。

协同效应：北海银滩景区通过该标准实现与气象局数据的实时对接，能

够在台风季节提前发布闭园预警，2023 年减少了 35% 的游客投诉。这种协同效应显著提升了景区的应急管理能力和服务质量，同时推动了现有景区的数字化升级，提升了其现代化运营管理水平。

（二）参与制定的国家级标准

《文化旅游大数据平台建设指南》（GB/T XXXX—2023）

广西的贡献：广西在该标准中牵头编写"多源数据融合"章节，并提出基于区块链技术的数据确权方案。该方案利用区块链的不可篡改性和可追溯性特性，为文化旅游数据的确权和交易提供了技术支撑，解决了数据产权模糊和交易信任问题。在"一键游广西"项目中，区块链技术被用来实现景区数据的可信共享和交易，有效增强了数据的安全性和透明度。

区块链技术的行业影响：广西在《文化旅游大数据平台建设指南》中提出的区块链方案，已被云南、贵州等省借鉴。例如，云南的"游云南"平台通过这一方案实现了景区门票的防伪，假票率下降 90%。这种技术的应用不仅提升了文旅数据的安全性和可信度，还推动了文旅产业的数字化转型。

国际合作与标准制定：广西与泰国旅游局合作起草《东盟智慧旅游数据共享标准》，以推动中泰景区数据互联。在 2024 年的试点期间，清迈与桂林景区的客流量互推增长 15%。这样的国际合作促进了跨境文旅合作的深化，提升了广西在国际文旅市场的竞争力，展示了广西在区域合作中的积极姿态。

综上所述，广西在文化和旅游大数据技术标准的制定和应用方面成效显著。通过地方性技术标准的深度应用，广西不仅提升了景区的数字化管理水平和服务质量，还通过参与国家级标准的制定和国际合作，推动了文旅产业的高质量发展。未来，广西应继续深化标准的制定和应用，进一步提升文旅产业的数字化水平，为建设文化旅游强区和世界旅游目的地提供有力支撑。

三、标准内容与技术特点分析

（一）数据分类与编码标准

广西文化和旅游大数据标准体系中的数据分类与编码标准，以其灵活性和适应性，为广西文化和旅游资源的数字化管理和创新应用提供了坚实基础，并对推动产业发展起到了关键作用。

1. 技术特点："三级分类＋动态扩展"机制

广西文化和旅游大数据标准的核心技术特点在于其采用的"三级分类＋动态扩展"机制。这是一种兼顾当前需求和未来发展，并具有高度灵活性的数据分类方法。"三级分类"指的是对文化和旅游资源进行多层次的分类，例如，第一级是大类（如自然景观、人文景观、非物质文化遗产等），第二级是中类（如山水名胜、古建筑、传统工艺等），第三级是小类（如具体景区、特定建筑、特定工艺品等）。这种细致的分类能够精确地描述文化和旅游资源的属性，确保数据的准确性和完整性。

而"动态扩展"机制则赋予了该标准极强的适应性。随着文化和旅游资源类型的更新，该标准可以根据实际情况灵活地调整和扩展分类体系，添加新的标签和属性，确保始终与实际需求同步。这避免了由于标准僵化而导致的数据管理滞后和信息孤岛问题。例如，最初的标准可能没有涵盖"红色旅游"这一类别，但随着其重要性的提升，可以快速地添加"红色旅游"标签以及相关的子类别和属性，从而实现对红色旅游资源的有效管理和利用。

2. 应用场景：南宁市文旅局的实践

南宁市文旅局成功地应用了广西文化和旅游大数据标准，整合了12个地级市的博物馆藏品数据，实现了数据的标准化管理和共享。这不仅提升了数据的可用性，降低了数据管理的成本和难度，也为后续的文化旅游产品开发和数据分析提供了坚实的保障。通过标准化的分类与编码，南宁市能够更有效地进行文化遗产的数字化保护和展示，例如，可以根据数据分析结果，开发更符合市场需求的文化旅游产品，或者更有针对性地开展文化遗产保护工作。这充分体现了标准化数据对文化旅游产业发展的重要意义。

3. 动态扩展机制的实际案例：百色起义纪念馆

2023年，广西在《广西文化旅游数据分类与编码规范》中新增了"红色旅游"标签，这正是"动态扩展"机制的成功应用案例。百色起义纪念馆利用这一新标签，结合标准编码，成功地整合了周边餐饮、交通等相关数据，推出了"红色旅游一日游"线路。这一创新举措不仅提升了游客体验，还显著增加了游客量，同比增长达40%。这说明，标准的动态扩展能力，能够快速响应市场需求和政策导向，为文化和旅游产业的快速发展提供有力支撑。

4. 非遗数字化保护的技术突破：壮族织锦技艺

广西在非物质文化遗产数字化保护方面也取得了显著的突破。以壮族织锦技艺为例，广西采用高精度3D扫描技术（分辨率达0.1mm），对织锦进行数字化保存。这种高精度的数字化保存，能够最大限度地保留织锦的细节和纹理信息，为其长期的保护和研究提供重要的数据支撑。更重要的是，通过标准编码，这些数字化数据能够与故宫博物院等其他机构的数据实现互通，促进数据的共享和交流，推动非遗文化的传承和发展。这种技术突破不仅为非遗保护提供了新的手段，还推动了非遗展陈的创新，使非遗文化在数字化时代焕发出新的活力。

（二）数据共享与安全标准

在数字经济时代，数据已成为推动文化和旅游产业发展的重要资源。广西在推进文旅数据共享的同时，高度重视数据安全，积极引入隐私计算等先进技术，以确保数据的安全性和隐私性。这种创新实践不仅提升了企业的经济效益，还增强了游客的信任感，为广西文旅产业的高质量发展提供了保障。

隐私计算技术的经济效益：隐私计算技术在保护用户隐私的同时，实现了数据的安全共享和应用。广西某文旅企业通过引入隐私计算技术，与金融机构共享游客消费数据，成功开发了"旅游消费贷"产品。这一产品在2023年累计放贷2.3亿元，坏账率仅为0.8%。隐私计算技术的应用，不仅帮助企业有效挖掘和利用数据价值，提升了企业的经济效益，还为游客提供了更加便捷和个性化的金融服务。

隐私计算技术的核心在于实现数据"可用不可见"，即数据在使用过程中始终保持加密状态，不会泄露用户的隐私信息。这种技术通过加密算法和分布式计算，确保数据在共享和使用过程中的安全性和隐私性，解决了数据共享中的信任问题。游客在享受金融服务的同时，个人信息也得到了有效的保护，增强了对文旅企业和金融机构的信任感。

跨境数据安全的解决方案：在中越跨境旅游合作中，广西面临着如何在保护游客隐私的前提下实现数据共享和联合分析的挑战。为此，广西采用了"联邦学习＋同态加密"技术，提供了一种有效的跨境数据安全解决方案。通过联邦学习，广西和越南的旅游机构能够在不共享原始数据的情况下，进行联合建模和分析。这种技术组合有效降低了数据泄露风险，实际数据显示，风险降低了70%。

联邦学习是一种分布式机器学习技术，允许各方在不交换原始数据的前提下，协同训练共享模型。各方只需交换模型参数，而不是原始数据，从而保护了数据隐私。同态加密则是一种在数据加密状态下进行计算的加密技术，确保了数据在加密状态下的处理和分析。通过这种跨境数据安全解决方案，广西不仅提升了跨境旅游服务的精准度和安全性，还推动了中越两国在旅游领域的深度合作。

创新点：隐私计算技术在数据共享与安全中的应用

广西在数据共享与安全标准中创新性地引入了隐私计算技术，实现了"数据可用不可见"。这种技术通过加密算法和分布式计算，确保数据在共享和使用过程中的安全性和隐私性，解决了数据共享中的信任问题。隐私计算技术的应用，不仅提升了数据共享的安全性，还促进了文旅产业的创新发展。

在"一键游广西"平台中，隐私计算技术被广泛应用于游客数据的管理和共享。平台通过该技术，确保游客个人信息在采集、存储和使用过程中的安全性，防止信息泄露和滥用。同时，平台利用游客数据进行个性化推荐和服务优化，提升了游客的体验感和满意度。该技术的应用，不仅增强了平台的竞争力，还为广西文旅产业的数字化转型提供了技术支撑。

尽管广西在数据共享与安全标准方面取得了显著成效，但仍需面对一些挑战。首先，隐私计算等技术的实施成本较高，需要投入大量的人力和物力资源。其次，数据共享和安全的标准化工作仍需进一步推进，以确保各方能够在统一的标准下进行数据交换和合作。

（三）应用服务接口标准

应用服务接口标准是文化和旅游产业数字化转型的重要组成部分，使得不同系统和平台之间的数据交互和功能集成变得更加顺畅。通过建立和推广应用服务接口标准，广西不仅提升了文旅资源的管理效率和游客服务质量，还为区域合作和产业发展提供了有力的技术支持。

典型案例：桂林市的实时客流预警系统

桂林市依托标准化的应用服务接口，与"一键游广西"平台实现了无缝对接，成功建立了景区实时客流预警系统。该系统通过标准接口实时上传和接收景区数据，不仅提升了景区的管理效率，还为游客提供了更精准的旅游信息和服务。具体而言，景区管理者能够通过该系统实时监控客流情况，提前采取措施以应对可能的拥堵问题。这种实时数据的获取和分析，让景区管理能够更加灵活和高效。对于游客而言，他们可以通过"一键游广西"平台实时查看景区的客流情况，从而合理规划行程，避免在高峰时段前往热门景点。这种信息透明化的服务，极大地提升了游客的满意度和游览体验。

应用服务接口标准的技术优势：应用服务接口标准的核心优势在于其通

用性和灵活性。通过标准化接口，广西的各个旅游景区和相关平台能够实现数据的快速集成和功能的无缝连接。这种标准化接口不仅降低了不同系统之间的对接难度和成本，也提升了整体服务的效率和可靠性。

此外，标准化接口的使用还为创新应用的开发提供了良好的基础。开发者能够基于统一的接口标准，快速开发出各种创新应用和服务，以满足不同的市场需求和用户期望。这种灵活性和扩展性，使得文旅产业能够更加迅速地响应市场变化和技术进步。

推动区域合作和产业发展：应用服务接口标准不仅在提升单个景区和平台的服务能力方面发挥了重要作用，还为区域合作和产业发展提供了坚实的技术支撑。通过标准化接口，广西能够更加便捷地与其他地区和国家的旅游平台进行对接和合作，实现信息的互联互通和资源的共享。

例如，通过标准接口，广西可以与东盟国家的旅游平台实现数据对接，共同开发跨境旅游产品。这种跨境合作不仅有助于推动广西成为国际旅游目的地，也为东盟地区的旅游合作提供了新的机遇和可能性。

综上所述，广西在文化和旅游大数据技术标准的制定和应用方面取得了显著成效。通过数据分类与编码标准，广西实现了资源的高效管理和共享；通过数据共享与安全标准，保障了数据的安全性和隐私性；通过应用服务接口标准，提升了景区和平台的服务能力。这些标准和技术的应用，不仅推动了广西文化和旅游产业的数字化转型，还为区域合作和产业发展提供了坚实的技术支撑。通过动态扩展机制和非遗数字化保护技术，广西不仅提升了文旅资源的数字化管理水平，还推动了非遗文化的传承与创新。同时，隐私计算技术和跨境数据安全解决方案的应用，为广西文旅产业的数据共享和安全提供了有力保障。未来，广西应继续深化标准的制定和应用，进一步提升文旅产业的数字化水平，为建设文化旅游强区和世界旅游目的地提供有力支撑。

四、标准实施对行业规范的影响

（一）促进数据资源整合与共享

随着全球数字化进程的加快，数据资源的整合与共享已成为推动产业发展的关键因素。在文化和旅游产业中，广西积极推进数据资源整合与共享，利用大数据技术提升产业的效率和竞争力，实现了经济效益和社会效益的双赢。

数据共享的量化效益：2023 年，广西文旅数据共享率提升至 65%，直接推动了文旅产业 GDP 增长 12.5%。这一增长得益于数据共享带来的资源整合和优化配置。例如，柳州市通过共享螺蛳粉产业数据，成功开发了"工业旅游 + 电商"模式。这种创新模式不仅突破了传统旅游的局限，也为地方经济注入了新的活力，年产值突破 100 亿元。

螺蛳粉作为柳州的特色产业，通过数据共享，实现了从生产到销售的全链条数字化管理。工业旅游的引入，不仅吸引了大量游客，也带动了螺蛳粉及相关产品的销量。而电商平台的结合，则扩大了产品的市场覆盖面，提升了产业的整体竞争力。数据共享在其中起到了关键作用，让产业链各环节的信息更加透明和高效，优化了资源配置，提升了经济效益。

偏远地区的创新实践：偏远地区的数字化发展往往面临着基础设施薄弱的挑战。然而，广西的河池市大化瑶族自治县借助"卫星 +5G"技术，成功实现了山区景区数据的实时回传。这一技术的应用填补了偏远地区数据采集的空白，使数据能够及时传输和更新，把游客的满意度提升至 88%。

"卫星 +5G"技术的应用，不仅提升了偏远地区的数字化水平，也为游客提供了更加便捷的旅游体验。游客可以通过移动终端实时获取景区的导览信息、天气状况和活动安排，从而更好地规划和调整行程。这种便捷的服务提升了游客的满意度，也增强了偏远地区的旅游吸引力，推动了当地经济的发展。

数据资源整合与共享的成效：广西通过实施文化和旅游大数据技术标准，

数据资源整合与共享取得了显著成效。2023 年，广西文旅数据共享率提升至 65%，较 2021 年增长了 40%。这一提升不仅优化了数据的流通效率，也为文旅产业的数字化转型提供了坚实的数据基础。

通过"一键游广西"平台，广西成功整合了全区的文化旅游资源，实现了数据的互联互通。该平台不仅汇集了全区的景区信息、旅游线路、住宿餐饮等多方面的数据，还为游客提供了一站式的旅游信息服务。同时，政府和企业也可以通过平台获取实时的行业动态和市场趋势，优化决策和策略。

（二）提升服务标准化水平

广西在推动文化和旅游产业数字化过程中，通过提升服务标准化水平，实现了资源的高效整合和服务质量的有效提升。这不仅优化了游客的体验，也增强了广西文旅产业的国际竞争力和影响力。

智能服务的用户反馈："一键游广西"平台的智能客服"小桂"是标准化服务的成功典范。该智能客服每天处理约 3 万次用户咨询，响应时间小于 2 秒，用户好评率高达 95%。这一卓越表现得益于其后台系统依赖标准化接口整合了 12301 旅游热线、景区票务等多系统数据。标准化接口的使用，让各类数据能够高效整合与共享，确保了平台在处理大规模用户咨询时的迅速性和准确性。这种标准化的服务不仅提升了游客体验，让他们在旅途中能够获得及时的帮助，还为平台的高效运营提供了有力支持。

标准化服务的国际认可：广西在标准化服务方面的努力，得到了国际社会的广泛认可。2023 年，广西的"智慧旅游服务标准体系"通过了 ISO 组织的认证，成为东盟国家的重要参考范本。例如，越南的下龙湾景区在引入该标准后，游客投诉率下降了 25%。这一国际认可不仅提升了广西文旅服务的国际影响力，还为东盟国家的文旅服务提供了一个有效的标准化参考。这种跨国界的标准化推广，不仅促进了区域间的旅游合作，也为广西的国际形象增添了亮丽的色彩。

案例分析：柳州"螺蛳粉文化节"

在标准化服务的具体应用中，柳州"螺蛳粉文化节"是一个成功的案例。通过标准化数据接口，文化节实现了门票、交通、餐饮的一站式服务。这一举措不仅显著提升了游客的体验，还推动了当地文旅产业的深度融合与发展。标准化的数据接口使柳州"螺蛳粉文化节"能够整合各类服务资源，实现信息共享和协同管理，为游客提供更加便捷、高效的服务。这种标准化服务模式，不仅提升了活动的管理效率，还促进了地方经济的多元化发展。

数据共享与协同服务：通过"一键游广西"平台，广西整合了全区的文旅资源，实现了景区、酒店、餐饮等多领域的数据共享和协同服务。例如，通过标准化接口，平台接入了桂林市的景区数据，实现了景区实时客流预警。这种实时数据的共享与应用，不仅提高了景区的管理效率，也为游客提供了更为安全和舒适的游览环境。标准化接口的使用，确保了不同领域之间的数据能够无缝对接，形成了一个高效的旅游服务网络。

五、标准对技术发展的推动作用

技术融合的典型案例：桂林阳朔景区通过标准接口接入无人机巡检系统，实时监测游客密度，2023年，安全事故率下降60%。该系统整合物联网、AI图像识别技术，单日处理数据量达10TB。这种技术融合不仅提升了景区的管理效率，还为游客提供了更加安全、便捷的旅游体验。

产业链协同的经济效益：广西旅游发展集团联合华为、腾讯等企业，基于标准开发"文旅元宇宙"平台，虚拟游览人次超500万人，带动线下消费1.2亿元。通过产业链协同，广西文旅产业不仅提升了数字化水平，还推动了相关产业的融合发展。

企业响应：广西数广集团基于标准开发了"文旅数据中台"，支持20多家企业数据接入。该平台通过整合多源数据，为企业提供了强大的数据处理和分析能力，推动了文旅产业的数字化转型。例如，"一键游广西"平台通过数据中台实现了区、市、县三级文旅数据的互联互通，累计归集数据量达 7.348 亿条，服务人次超过 1.005 亿次。这种数据共享和协同不仅提升了企业的运营效率，还为游客提供了更加便捷的旅游服务。

技术创新：通过数据中台的应用，广西推动了云计算、物联网、人工智能等技术在文旅领域的深度融合。例如，通过云计算技术，平台能够实现海量数据的存储和实时处理；物联网技术则用于实时采集景区设备和游客设备的数据，优化景区管理。此外，广西还引入了人工智能技术，如智能客服、智能导览等，提升了游客的体验。

产业协同：标准的实施促进了文旅产业链上下游企业的协同合作。例如，通过"一键游广西"平台，广西旅游发展集团与美团、腾讯云计算等企业签署战略合作协议，共同推动了文旅产业的数字化转型。这种协同不仅提升了产业的整体效率，还为企业发展带来了新的机遇。

广西在文化和旅游产业的数字化转型过程中，通过产学研合作生态的构建，推动了技术创新和应用场景的丰富，促进了产业的可持续发展。这一生态的建立，不仅提升了广西文化和旅游产业的竞争力，还为区域经济发展注入了新活力。

高校研究的转化成果：在产学研合作中，高校的科研成果转化为实际应用，是推动产业发展的关键动力之一。广西民族大学与阿里巴巴合作开发的"非遗 AI 翻译系统"是成功案例之一。该系统支持壮语、泰语等 6 种语言的实时互译，并在东盟旅游博览会上得到实际应用，签约金额高达 3 亿元。该系统不仅提升了广西非物质文化遗产的国际传播能力，还为广西文旅产业的国际化发展提供了强有力的技术支持。这种合作模式也为其他高校和企业提供了良好的借鉴，推动了更多创新成果的落地应用。

实验室的创新应用：广西旅游金融大数据实验室通过创新的金融服务模式，为涉旅中小微企业提供了"秒批"贷款服务。通过对游客信用数据的分析，实验室能够快速评估贷款风险，提供利率低于市场平均水平 1.5% 的贷款服务。

2023 年，该实验室的放贷规模突破了 15 亿元，极大地缓解了中小微企业的融资难题。这种创新应用不仅提升了金融服务的效率，也为中小微企业的发展提供了有力支持，促进了旅游产业链的完善和壮大。

高校合作与技术支持：广西大学联合华为发布的《文化旅游大数据白皮书》，提出了 5 项标准优化建议，为广西文旅产业的数字化发展提供了重要的智力支持。这一合作不仅推动了文化旅游大数据技术的研究和应用，还为"一键游广西"平台的建设提供了技术参考，提升了平台的智能化水平。高校与企业之间的深度合作，促进了技术创新与市场需求的紧密结合，推动了文旅产业的技术进步。

产学研合作生态的构建：通过"产学研"融合发展，广西不断促进旅游信息化、智能化的发展。例如，广西旅游数据中心与桂林旅游学院合作，编制了《广西旅游大数据平台建设技术规范》，率先在全国制定省级旅游大数据平台建设标准。这一标准的制定，为广西旅游大数据平台的建设和运营提供了明确的技术指导和规范，确保了平台的高效运作和信息安全。此外，广西还成立了旅游金融大数据实验室，专注于解决涉旅中小微企业的融资难题，为企业发展提供了金融支持。

创新应用场景的拓展：通过产学研合作，广西积极推动文旅重大应用场景的创新。例如，利用 5G 和人工智能技术，广西打造了"刘三姐"数字推广大使，通过数字人技术为游客提供多语言服务。这一创新不仅提升了游客的体验，还扩大了广西文化的传播范围。此外，广西还通过数据中台支持智慧旅游、智慧农业、智慧康养等多个领域的应用，推动了数字经济与传统产业的深度融合。这些创新应用场景的拓展，为广西的文化和旅游产业提供了新的发展机遇和增长动力。

综上所述，广西通过实施文化和旅游大数据技术标准，不仅推动了技术创新和产业协同，还加速了产学研合作生态的构建。这些举措不仅提升了文旅产业的数字化水平，还为游客提供了更加便捷、高效的服务体验。未来，随着技术的不断进步和应用的深入，广西文旅产业有望在数字化转型的道路上取得更大的突破。技术融合的典型案例和产业链协同的经济效益，为文旅产业的高质量发展提供了有力支撑。同时，高校研究的转化成果和实验室的创新应用，进一步提升了广西文旅产业的数字化水平和国际影响力。未来，广西应继续深化标准的实施和推广，进一步推动文旅产业的数字化转型和高质量发展。

六、存在问题与挑战

乡村旅游标准缺失的深层影响：广西乡村旅游在近年来取得了显著的发展，但也面临着诸多挑战。目前，广西乡村旅游景点中，仅30%实现数据联网，导致了"农家乐"预订纠纷率高达18%。这种数据联网不足的问题，不仅影响了游客的体验，也给乡村旅游的可持续发展带来了阻碍。例如，由于缺乏统一的服务质量标准，部分乡村旅游点在卫生、服务等方面存在不足，影响了游客的满意度。

为解决这些问题，广西急需制定《乡村旅游服务质量标准》，规范在线预订、卫生评级等流程。通过标准化管理，提升乡村旅游的整体服务质量，减少预订纠纷，提高游客满意度。此外，广西还可以借鉴其他地区的成功经验，如贵州省已经制定了乡村旅游质量等级评定管理办法，对农家乐等乡村旅游经营户进行规范管理。

跨境标准对接的法律障碍：广西作为中国与东盟合作的前沿窗口，在跨境文旅合作中面临着数据主权法规差异的挑战。东盟各国的数据主权法规差异较大，例如，越南要求数据本地化存储，而马来西亚允许跨境传输。这种差异导致广西在跨境文旅数据共享时，面临法律是否合规的问题，增加了合作成本和风险。

为应对这一挑战，广西需牵头制定《RCEP跨境数据合规指南》，平衡多方利益。该指南可以为广西与东盟国家的跨境文旅合作提供明确的法律指引，确保数据跨境流动的合法性和安全性。同时，广西还可以加强与东盟国家的沟通与协商，推动建立统一的数据跨境流动规则，促进区域内的数据共享和合作。

乡村旅游领域：乡村旅游作为文旅产业的重要组成部分，近年来发展迅速，但尚未形成完善的专项标准。目前，国家层面虽然出台了《关于促进乡村旅游可持续发展的指导意见》，明确了乡村旅游的发展目标和区域布局，但在具体的数据采集、服务规范、设施标准等方面仍缺乏统一的专项标准。例如，乡村旅游的基础设施建设、公共服务设施完善等方面仍需进一步细化标准，以提升乡村旅游的整体质量和水平。

跨境文旅领域：广西作为中国与东盟合作的前沿窗口，跨境文旅合作潜力巨大，但同样缺乏专项标准。跨境文旅涉及多国数据共享、服务规范、安全保障等多个方面，缺乏统一标准会导致数据对接困难、服务质量参差不齐等问题。例如，在跨境旅游中，游客信息的采集和共享需要符合不同国家的法律法规和数据安全要求，缺乏统一标准会增加跨境文旅合作的复杂性和成本。

中小企业适配积极性较低：中小企业在文旅产业中占据重要地位，但由于成本问题，对标准适配的积极性较低。一方面，中小企业在资金、技术和人才等方面相对薄弱，适配标准需要投入额外的资源，导致其积极性不高。另一方面，中小企业对标准重要性的认识不足，缺乏将标准化理论应用到产品和服务设计中的意识。例如，一些中小企业认为适配标准会增加运营成本，而短期内看不到明显的经济效益，因此对标准实施持观望态度。

政策支持和引导不足：国家和地方虽然出台了一系列支持文旅产业数字化转型和标准化建设的政策，但在具体落实过程中，仍存在政策碎片化、零散化的问题。例如，缺乏针对中小企业适配标准的专项补贴政策，导致中小企业在适配标准时面临较大的经济压力。此外，政府在标准实施的监管和激励机制方面也存在不足，未能充分调动企业的积极性。

综上所述，广西在文化和旅游大数据领域虽然取得了显著进展，但在乡村旅游和跨境文旅合作方面仍面临挑战。乡村旅游标准的缺失影响了服务质量的提升和游客体验的改善，而跨境标准对接的法律障碍则增加了合作的复杂性和成本。未来，广西需要通过制定相关标准和指南，加强区域合作，提升服务质量，推动文旅产业的高质量发展。

七、未来发展建议

边境旅游专项标准的制定路径：广西作为中国与东盟合作的前沿窗口，边境旅游具有巨大的发展潜力。然而，目前边境旅游领域仍缺乏完善的专项标准。参考《泛北部湾经济合作区跨境旅游协议》，广西可以联合东盟国家成立"跨境标准化工作组"，优先制定《中越边境智慧口岸数据交换规范》，实现"一码通关"。这一举措不仅能够提升边境旅游的便利性，还能促进区域内的经济合作。

例如，广西可以借鉴云南省在智慧口岸建设中的经验，整合数字贸易、数字物流、数字金融等资源，完善跨境数字贸易基础设施。通过制定统一的数据交换规范，广西可以推动与越南等东盟国家的跨境旅游合作，提升游客的通关效率和服务质量。

非遗数字化的技术深化：广西拥有丰富的非物质文化遗产，如花山岩画、壮族织锦技艺等。为更好地保护和传承这些非遗资源，广西可以引入数字孪生技术，对花山岩画进行 1 ：1 数字化复刻，并通过虚拟现实设备提供沉浸式体验。同时，制定《非遗数字化体验馆建设标准》，规范非遗数字化展示和体验流程。

这种技术深化不仅能提升非遗保护的科学性和规范性，还能通过沉浸式体验吸引更多游客，推动非遗文化的传播和创新。例如，广西可以利用数字化技术在旅游景区、博物馆等场所建设非遗体验馆，让游客通过虚拟现实设备近距离感受非遗文化的魅力。

中小企业激励政策的创新：为提升中小企业对标准适配的积极性，广西可以设立"标准适配贡献度"评级，对高评级企业给予税收减免（如所得税减免10%），并优先纳入政府采购目录。这种激励政策不仅能减轻企业的经济负担，还能提升企业参与标准适配的积极性。

例如，广西可以参考国务院出台的财税优惠政策，延续和优化对中小企业的税收支持政策。通过税收减免和政府采购倾斜，广西可以鼓励更多中小企业参与标准适配，提升整个行业的数字化水平。

边境旅游领域：广西作为中国与东盟合作的前沿窗口，边境旅游具有巨大的发展潜力。然而，目前边境旅游领域的数据采集、服务规范、安全保障等方面尚未形成完善的专项标准。建议广西结合自身优势，制定边境旅游专项标准，规范数据共享和服务流程，完善安全保障机制。例如，可以参考《非物质文化遗产数字化保护数字资源采集和著录》标准的制定模式，明确边境旅游数据采集和著录的具体要求。

非遗数字化领域：广西拥有丰富的非物质文化遗产，如壮族文化、侗族文化等，其数字化保护和传承至关重要。目前，我国首个非物质文化遗产领域的行业标准《非物质文化遗产数字化保护数字资源采集和著录》已发布，为非遗数字化保护提供了重要参考。广西应结合本地非遗资源特点，制定非遗数字化专项标准，规范非遗项目的数据采集、存储和应用流程，提升非遗保护的科学化、规范化水平。

政策激励：中小企业在文旅产业中占据重要地位，但因成本问题对标准适配的积极性较低。为提升中小企业参与标准实施的积极性，广西可以借鉴北京市的政策经验，落实实施标准化战略补助资金政策，鼓励中小企业参与国际国内先进标准制定。此外，广西可以设立专项补贴资金，对参与标准适配的中小企业给予资金支持和减轻企业负担。

宣贯培训：加强标准的宣贯和培训工作，提升中小企业对标准重要性的认识。广西可以通过线上线下相结合的方式，开展标准宣贯活动，组织专家解读标准内容，指导企业如何适配标准。例如，广西可以利用"智桂通"平台、

"一键游广西"等数字化平台，开展线上标准宣贯活动。

示范引领：树立一批标准实施的示范企业，通过示范引领作用，带动更多中小企业参与标准实施。广西可以评选一批在标准实施方面表现突出的中小企业，给予表彰和奖励，形成良好的示范效应。

通过以上措施，广西可以进一步完善文化和旅游大数据技术标准体系，加快推动文旅产业的数字化转型和高质量发展。当前，广西在文化和旅游大数据领域已取得显著进展，但仍需在边境旅游专项标准、非遗数字化技术深化以及中小企业激励政策等方面持续发力。通过制定《中越边境智慧口岸数据交换规范》、引入数字孪生技术以及创新中小企业激励政策机制，广西有望进一步提升文旅产业的数字化水平，推动区域经济的高质量发展。

第四节　结论

广西作为中国与东盟合作的前沿窗口，拥有丰富的文化和旅游资源，如桂林山水、壮族文化等。随着数字化转型的加速，广西在文化和旅游领域的数据管理和应用需求日益增长。通过制定和实施地方性及国家级技术标准，广西不仅能提升文化和旅游资源的数字化管理水平，还能为区域合作提供坚实的技术支撑。

例如，广西通过"一键游广西"项目整合了全区的文化旅游资源，实现了数据的共享和协同应用。这一项目的成功实施离不开标准化的数据分类、编码和接口技术规范。同时，广西在国家级标准制定中的积极参与，也为其在文化和旅游大数据领域的技术创新和应用方面提供了更广阔的发展空间。

广西在文化和旅游大数据领域已初步构建了较为完善的标准体系，通过制定和实施一系列地方性及国家级技术标准，为文旅产业的数字化转型和高质量发展奠定了坚实基础。这些标准在促进数据资源整合与共享、提升服务标准化水平、推动技术创新与产业协同等方面发挥了重要作用，显著提升了广西文旅产业的综合竞争力。

然而,当前的标准体系在覆盖范围和落地效果上仍存在不足之处。一方面,乡村旅游、跨境文旅、非遗数字化等特色领域尚未形成完善的专项标准,导致这些领域的数字化发展缺乏规范指引;另一方面,中小企业因成本问题对标准适配的积极性较低,影响了标准的全面落地实施。这些问题制约了广西文旅产业的进一步发展,需要在未来的工作中加以解决。

未来,广西应结合自身丰富的文化和旅游资源以及独特的区域特色,进一步强化标准体系的前瞻性和可操作性。具体而言,需从以下几个方面着手。

完善标准覆盖范围:针对乡村旅游、跨境文旅、非遗数字化等重点领域,加快制定专项标准,填补标准空白。例如,制定乡村旅游数据采集与服务规范标准,推动乡村旅游的数字化发展;制定跨境文旅数据共享与安全标准,促进跨境文旅合作;制定非遗数字化保护与应用标准,提升非遗保护水平。

通过政策激励、宣贯培训、示范引领等措施,提高中小企业对标准适配的积极性。例如,设立专项补贴资金,减轻中小企业适配标准的成本负担;开展线上线下相结合的标准宣贯活动,提升企业对标准重要性的认识;评选标准实施示范企业,形成良好的示范效应。

在标准制定过程中,制定者应充分考虑未来技术发展趋势和市场需求变化,确保标准具有较强的前瞻性和适应性。同时,注重标准的可操作性,确保标准能够有效落地实施,真正发挥对产业发展的规范和引领作用。

总之,广西在文化和旅游大数据标准体系建设方面虽已取得显著成效,但仍需持续努力,进一步完善标准体系,提升标准的覆盖范围和落地效果。通过强化标准的前瞻性和可操作性,广西有望在文旅产业数字化转型的道路上取得更大突破,为建设文化旅游强区和世界旅游目的地提供有力支撑。

第十三章

广西文化和旅游大数据产业发展

第一节　产业现状

一、产业布局及主要企业、产品与服务

随着大数据、人工智能、云计算等新兴技术的日益发展，广西逐步构建了以大数据为核心的文化和旅游产业生态系统。这一产业布局不仅是技术发展的必然结果，更是推动地方经济高质量发展的重要举措。本节将从广西文化和旅游大数据产业的整体布局、主要企业、产品与服务等方面进行详细阐述。

（一）广西文化和旅游大数据产业概述

作为中国的少数民族自治区，广西的文化和旅游资源丰富多样，拥有深厚的文化底蕴和独特的民族风情。近年来，广西在文化和旅游产业的发展中，积极推动数字技术的应用，尤其是大数据技术的引入，助力传统产业的升级转型。文化和旅游大数据产业，指的是通过数据采集、存储、分析和应用等技术手段，将文化和旅游等相关领域的海量信息转化为可供利用的资源。其主要作用是为政府决策、企业运营、文化产品研发等提供数据支持，实现精

准营销、个性化服务以及资源优化配置。

广西的文化和旅游大数据产业，以广西壮族自治区政府为引领，通过推动本地产业的数字化转型，形成了以大数据为支撑、文化和旅游为核心的产业发展模式。

（二）广西文化和旅游大数据产业的整体布局

广西的文化和旅游大数据产业，主要通过以下几个方面的布局推动其整体发展。

1. 政策引导与规划支持

广西政府高度重视文化和旅游大数据的应用，出台了一系列政策和规划以支持产业的发展。自治区政府发布的《关于推进文化旅游业高质量发展的若干措施》《广西文旅产业发展三年行动方案》《关于加快文化旅游业全面恢复振兴的若干政策措施》等文件，为大数据产业在文化和旅游领域的应用提供了政策保障。通过政策引导，广西在文化和旅游大数据方面建设了多个平台和基础设施，促进了大数据技术的广泛应用与融合。

2. 基础设施建设

在大数据基础设施建设方面，广西依托自治区内的各大信息技术公司及云计算服务平台，已经逐步完善了多个数据中心和信息传输网络的建设。这些基础设施为广西文化和旅游产业数字化转型提供了坚实的技术支撑，提升了数据的存储、处理、分析及安全保障能力，有效保障了全区大数据的高效运作和产业发展。在智慧旅游领域，广西积极推动以大数据为核心的技术应用。特别是通过"一键游广西"智慧旅游综合服务平台，广西实现了旅游资源的高效集成与实时更新。平台整合了"吃、住、行、游、购、娱"等各个旅游要素，并结合大数据技术，对游客行为进行精准分析。该平台不仅提升了游客出行的便捷性，还为景区管理者提供了精准的客流预测、资源调度与运营决策支持，显著提高了旅游管理的精准性和高效性。

与此同时，广西通过加快大数据采集与整合，推动了旅游资源的优化配置与高效利用。例如，"广西游直通车"平台的推出，通过与高铁站、景区等核心旅游要素的对接，提供了涵盖住宿、餐饮、景区票务等服务的一体化解决方案，为游客提供了更为便捷、流畅的旅行体验。该平台的成功应用，进一步彰显了大数据和人工智能技术在提升旅游服务质量、优化产业结构中的重要作用。

3. 行业合作与创新

在推动文化和旅游大数据产业发展过程中，广西注重加强与国内外知名企业的战略合作，借助外部资源与技术创新，不断提升产业竞争力。例如，广西与携程、美团、飞猪、同程等国内领先的在线旅游平台建立了深度合作，推动了智慧旅游产品和服务的推广与应用。此外，广西还通过与百度、阿里云等互联网巨头的合作，促进了大数据技术在文化旅游领域的创新应用。

在此基础上，广西还积极与高校和科研院所展开合作，推动大数据技术与地方文化旅游资源的深度融合与创新。广西大学、广西师范大学等高校在数据分析、智能推荐、虚拟现实等技术研发方面发挥了关键作用，为"智慧旅游"解决方案的实施提供了技术支撑和智力支持。

特别是通过"一键游广西"智慧旅游平台，广西成功建立了文旅产品库和区域合作生态，打通了携程、美团、飞猪、同程、云闪付、智桂通等多方平台渠道，实现了旅游产品资源的一键发布和多端多渠道的营销。平台目前已经接入超过 8 万家景区、酒店、民宿、餐饮等商户，累计交易额达到 1.141 亿元，用户总数突破 1439.84 万人。这些合作和创新不仅提升了广西旅游产业的数字化水平，也为游客提供了更加便捷、智能的全方位旅游服务。

4. 人才培养与科研支持

通过多渠道、多层次的措施，广西积极培育和引进人才，推动大数据技术与文化旅游资源的融合创新。广西依托自治区内的高校和职业院校，如广西大学、广西师范大学等，培养了大量大数据、信息技术和旅游管理等相关专业人才。这些高校不仅为产业发展提供了技术支持，还通过学科交叉合作，推动了文化旅游与大数据技术的深度融合。此外，广西通过与企业的合作，开展产学研结合，推动技术成果的转化应用，培养了大量具有实践经验的专业技术人才。广西在科研支持方面通过建立大数据领域的研究平台和创新基地，如广西旅游数据中心和广西大数据产业发展有限公司，加速技术研发和创新应用。同时，自治区政府加大了对大数据相关科技项目的资金支持，推动了智慧旅游、数据平台建设等技术的快速发展。

广西还加强与国内外知名企业和科研机构的合作，通过技术共享与资源整合，进一步提升大数据产业的创新能力。例如，广西与百度、阿里云等企业合作，推动智慧旅游解决方案的研发，提升产业的技术水平和市场竞争力。通过人才培养和科研支持举措，广西为文化和旅游大数据产业的发展奠定了坚实的基础，推动了产业的转型升级和可持续发展。

（三）主要企业及其角色

在广西文化和旅游大数据产业中，多个本地和外资企业发挥了重要作用。这些企业通过提供技术服务、解决方案和平台支持，推动了产业的发展。

1. 广西旅游发展集团

广西旅游发展集团是广西文旅产业的龙头企业，主导"一键游广西"智慧旅游综合服务平台的建设与运营，整合全区文旅资源，覆盖"吃、住、行、游、购、娱"全要素。该企业主要贡献在于推动全区文旅数据互通，打造"一张网"模式，通过数字人"刘三姐"、元宇宙示范项目（如崇左花山岩画）及区块链技术应用，提升广西文旅数字化水平。

2. 数字广西集团有限公司

数字广西集团有限公司是自治区级数字经济建设主体，参与"一键游广西"项目的技术支撑，推动政务云与文旅云结合。该企业主要贡献在于完善文旅数据治理体系，主导"智桂通"项目，助力政务与文旅服务融合，推动广西智慧文旅生态建设。

3. 广西广电大数据科技有限公司

广西广电大数据科技公司依托广电网络资源，建设广西广电文旅云平台，整合县级融媒体资源。该企业主要贡献在于推动文旅数据共享与应用，在凤山广西、三江侗族自治县、上林广西等县落地智慧旅游云服务项目，实现文旅产业监测与数据管理。

4. 广西旅发科技有限公司

广西旅发科技有限公司隶属广西旅游发展集团，专注于文旅数字化技术研发，开发"一键游广西"智慧大数据平台。该企业主要贡献在于提供客流监控、用户画像分析等功能，推出"数字孪生智慧景区"产品，推动广西文旅数字化技术应用创新。

5. 润建股份有限公司

润建股份有限公司是一家提供通信网络技术服务的企业，与广旅科技合作推动文旅数字化转型。该企业主要贡献在于提供"5G+AI技术"支持，参与智能治安管理、景区设备运维等应用，助力广西智慧景区建设。

6. 成都全域智旅科技有限公司

成都全域智旅有限公司是一家智慧文旅整体解决方案提供商，为广西提供技术支撑。该企业主要贡献在于协助完善"一键游广西"平台功能，提供大数据分析、数字化营销及软硬件开发服务，推动广西智慧文旅生态圈建设。

7. 广西旅游数据中心

广西旅游数据中心作为桂林旅游学院下属科研单位，负责全区旅游统计、经济核算及大数据服务，建设广西旅游大数据云服务平台。该单位主要贡献在于为政府和企业提供数据支持，推动广西文旅产业数据化、科学化发展。

8. 中国—东盟信息港股份有限公司

中国—东盟信息港有限公司公司致力于推动中国与东盟国家的数据对接

与合作。该企业主要贡献在于拓展跨境文旅合作，推动广西与东盟国家的文旅数据互通，助力广西文旅国际化发展。

这些企业通过技术赋能、资源整合与生态共建，共同推动广西文旅产业向数字化、智能化方向高质量发展，形成"政府主导、企业协同、技术驱动"的智慧文旅新模式。

（四）主要产品与服务

1."一键游广西"智慧旅游综合服务平台

"一键游广西"智慧旅游综合服务平台作为广西文旅数字化转型的核心平台，"一键游广西"整合全区"吃、住、行、游、购、娱"六大要素，提供一站式智慧旅游服务。平台以"一云一池三平台"（文旅服务资源池、壮美广西文旅云、智慧服务平台、智慧营销平台、智慧监管平台）为架构，覆盖全区256个4A级以上景区慢直播，实时监控145家景区客流，接入近2万家文旅企业和公共服务网点。平台功能包括智能客服、行程规划、预约服务、在线投诉等，累计用户超1200万人，服务人次突破1亿次。通过发放文旅消费券、整合多平台（如携程、美团等）资源，带动消费超7000万元，助力行业复苏。

2.数字人"刘三姐"智能服务系统

数字人"刘三姐"智能服务系统是以广西文化符号"刘三姐"为原型打造的虚拟数字人，运用人工智能、语音合成及图像处理技术，提供多语言（英语、壮话、桂柳话等）智能导游服务。其功能包括导航导览、景点讲解、个性化推荐等，覆盖游客的"吃住行游购娱"全需求。作为广西文旅数字推广大使，2022年，"刘三姐"在广西文化旅游发展大会上首次亮相，成为智能旅游助手的标杆案例，显著提升文旅品牌形象与游客互动体验。

3.广西文旅区块链与数字藏品

广西文旅区块链与数字藏品由广西旅游发展集团联合中国东盟信息港股份有限公司、数字广西集团有限公司等单位推出，基于区块链技术构建文旅数据联盟链，确保数据安全与版权保护。典型案例包括发行"程阳八寨永济桥数字藏品"，通过 NFT 形式实现文化遗产的数字化传承与商业化开发。该技术还应用于文旅服务资源池的构建，推动数据跨区域、跨部门共享，提升文旅产业链透明度与协作效率。

4. 文旅元宇宙示范项目

文旅元宇宙示范项目以崇左花山岩画、贺州紫云洞为试点，结合混合现实、增强现实及智能交互技术，打造沉浸式文旅体验场景。例如，花山岩画项目通过 AR 眼镜实现虚拟场景与真实景观的融合，重现古骆越文化；紫云洞项目定位"中国美学·幻想溶洞"，构建国内首个元宇宙溶洞景观。这些项目不仅吸引了年轻游客群体，还为文化遗产的数字化保护与创新传播提供了新模式。

5. 智慧监管与应急调度平台

智慧监管与应急调度平台通过整合全区文旅行政管理数据，构建自治区、市、县、景区四级可视化管理系统，实现客流监控、旅游投诉处理、安全生产监管等功能的数字化协同。平台已接入1300多个执法机构账号和2.4万个导游的信息，累计处理投诉工单近3万条，旅游团队电子行程单填报量超12.5万份。假日旅游指挥调度模块可为节假日客流调控、资源调配提供实时数据支撑，有效提升应急响应能力。

6. 广西文旅新媒体宣传矩阵

广西文旅新媒体宣传矩阵整合全区文旅新媒体资源（如文章、图片、视频等），提供"一键监管、一键分发、一屏掌控"的集中化管理工具。通过与中国（北京）国际服务贸易会、中国—东盟博览会等大型展会的联动，结合直播带货、全员营销等新形式，扩大广西文旅品牌影响力。平台已发布非遗传承人、非遗项目等文化内容超 1000 条，形成规模化宣传效应。

7.AI 旅游智慧订制系统

AI 旅游智慧订制系统依托大数据分析与垂直领域大模型，为游客提供个性化行程规划服务。该系统可根据用户画像（如偏好、消费习惯）生成定制化路线，并整合虚拟导游、智能客服、实时导航等功能。例如，在"一键游广西"平台中，游客可通过 AI 对话快速获取景区导览、住宿推荐等信息，提升旅游决策效率与体验满意度。

8. 数字孪生与智慧景区管理

数字孪生与智慧景区管理基于数字孪生技术构建景区三维虚拟模型，实现客流预测、设施运维、环境监测等智能化管理。例如，桂林漓江等景区通过部署传感器和智能摄像头，实时采集并分析数据，优化游客分流方案，降低运营成本。该技术还支持景区应急预案模拟，提升安全管理水平。

9. 文旅消费券与数字化营销体系

文旅消费券与数字化营销体系通过"一键游广西"平台发放文旅消费券，结合异业合作（如银行、OTA 平台）开展精准营销。平台累计核销消费券1000 万元，直接带动消费 7160 万元，有效激活文旅市场活力。此外，平台与涠洲岛船票、桂林融创水世界等热门景区合作，推出"旅游 +"联票产品，创新消费场景。

10. 广西旅游大数据云服务平台

广西旅游大数据云服务平台由桂林旅游学院（广西旅游数据中心）主导建设，整合全区旅游统计、经济核算及行业数据，为政府决策和企业运营提供支持。平台涵盖旅游经济分析、市场趋势预测、资源调度优化等功能，助力文旅产业科学化发展。例如，平台通过分析游客来源地、消费偏好等数据，指导景区优化服务布局与营销策略。

二、各环节的发展情况（数据采集、处理、分析、应用）

（一）数据采集

在数据采集环节，广西充分利用多种技术手段和渠道，广泛收集文旅相关数据。依托"一键游广西"智慧文旅平台，横向与交通、气象、公安等厅局涉旅数据要素进行对接融合，纵向实现区、市、县（辖区）、企业四级贯穿，打通"数据孤岛"。目前，平台承载全区涉旅相关厅局文旅数据 12 类 19 项，累计归集数据量达 7.348 亿条。这些数据涵盖了游客的基本信息、出行轨迹、消费行为、景区实时客流、天气状况以及旅游市场监管等多方面内容。

在景区层面，大新明仕田园景区运用 AI 摄像头、传感器等设备，在景区出入口、主要景点、停车场等关键位置，实时采集人流、车流量数据，以及游客在景区内的游览轨迹、停留时间等信息。同时，整合来自票务系统、酒店预订系统、餐饮消费系统等多源数据，形成全面、准确的景区运营数据池，为后续的数据处理和分析奠定了坚实的数据基础。

（二）数据处理

广西在数据处理方面，借助大数据、云计算等先进技术，对采集到的海量文旅数据进行清洗、整理和存储。"一键游广西"平台利用云计算技术强大的计算能力与灵活的资源调配能力，对归集的 7.348 亿条数据进行高效处理，确保数据的准确性和可用性。建立数据标准和规范，对不同来源、不同格式的数据进行统一处理，使其能够被后续的分析模型所使用。

对于文本类数据，如游客的评价、景区介绍等，采用自然语言处理技术进行处理，提取关键信息，为情感分析、主题挖掘等提供支持。在处理图像和视频数据时，运用图像识别、视频分析等技术，对景区的实时监控画面、游客拍摄的照片和视频进行分析，获取游客行为、景区景观等相关信息。

（三）数据分析

数据分析是广西文化和旅游大数据产业的关键环节。通过大数据分析技术，对处理后的数据进行深度挖掘，为文旅行业的决策提供有力支持。"一键游广西"平台通过对游客数据的分析，建立了详细准确的用户画像，包括游客的年龄、性别、地域、消费习惯、兴趣偏好等特征。基于这些用户画像，平台能够为游客提供个性化的旅游推荐和服务。

大新明仕田园景区借助大数据分析技术，通过建立游客画像，分析游客的年龄、性别、地域、消费习惯、兴趣偏好等特征，为精准营销提供数据支持。例如，通过分析发现来自广东的年轻游客对民俗体验项目和特色美食较为感兴趣，景区便针对性地推出相关的旅游产品和促销活动。在旅游管理方面，景区利用大数据分析游客流量变化趋势，预测旅游高峰期和低谷期，为景区合理安排服务人员、优化交通线路和运营时间提供依据。

（四）数据应用

旅游服务优化："一键游广西"平台集成了全景导览、慢直播、电子导览、智能推荐、在线预订、投诉建议等36项核心智慧服务，为游客提供"吃、住、行、游、购、娱"等一站式旅游服务。截至目前，平台累计服务人次达1.005亿次。"文旅智能体—刘三姐"AI旅行助手和"三姐数字人助游"项目，利用人工智能和数字人技术，为游客提供个性化的旅游规划、景点讲解、实时咨询等服务，提升游客的旅游体验。旅行前，游客可通过这些平台和助手预订景点门票，获取个性化旅行攻略；游玩时，可查询景区实时客流，享受景点实时讲解，快速查找附近设施；游览结束后，可一键生成趣味游历数据，方便回顾和分享。

旅游营销精准化：基于数据分析得到的游客画像和消费偏好，旅游企业能够制定针对性的营销策略。通过短信、微信公众号、App推送等方式，将符合游客兴趣的特色活动、新推出的旅游项目等信息及时传递给目标游客，提高营销效果和游客参与度。针对亲子游家庭，推送亲子主题民宿、儿童游乐项目和亲子农事体验活动；针对摄影爱好者，推荐最佳摄影点位和摄影主题活动。

旅游管理决策支持：通过对大数据的分析，旅游管理部门可以实时掌握游客流量、客源地分布、旅游消费趋势等信息，为旅游决策提供科学依据。在旅游旺季，提前做好资源调配和保障工作，如增加观光车数量、延长景区运营时间等；在旅游淡季，合理控制运营成本，同时策划一些特色活动吸引游客。此外，通过对旅游市场监管数据的分析，可及时发现和处理旅游市场中的问题，维持旅游市场秩序。

文化传播与推广：侗族数字人"江小媚"和"刘三姐数字人"等通过在旅游推介会、线上宣传平台等场景的应用，以新颖的形式和生动的表现，成功吸引了大量游客的关注，有效提升了当地文旅资源的知名度和美誉度，促进了文化的传播和传承。"刘三姐数字人"频繁亮相广西卫视春晚、中国国际大数据产业博览会、广西汽车旅游大会等重大活动，在全网平台累计曝光量突破 2 亿次，多条视频内容播放量达百万次，成为全国范围内推广广西文旅品牌的重要力量。

第二节　　技术应用案例

一、"一键游广西"智慧文旅平台

（一）平台概述

"一键游广西"智慧文旅平台是广西壮族自治区政府为推动文旅产业数字化转型升级，整合全区文旅资源，打造的一站式智慧文旅服务平台。2017 年初，为破解旅游交通"最后一公里"难题，广西整合"吃、住、行、游、购、娱"六大旅游要素和多类电商平台，建设"广西旅游直通车"项目。2021 年，根据自治区主要领导有关指示要求，在原"广西旅游直通车"项目基础上重新规划建设"一键游广西"项目。项目由自治区文化和旅游厅牵头，广西旅游发展集团负责具体实施，旨在打造旅游经济互联网共享模式，以解决旅游交通出行服务为切入点，建设整合旅游行业六大旅游要素的智慧旅游综合服务平台。经过 3 年建设期，"一云一池三平台"（壮美广西文旅云、文旅服务资源池、智慧服务平台、智慧营销平台、智慧监管平台）已建成使用，具备智慧服务、智慧监管、智慧营销的能力。"一键游广西"智慧文旅平台依托 5G、大数据、云计算、人工智能等先进技术，实现了旅游服务、管理、营销的数字化与智能化，为游客提供了便捷、高效、个性化的旅游体验。

（二）建设背景

"一键游广西"平台的建设背景涵盖了政策支持、技术发展、市场需求以及产业升级等多个层面，体现了广西在推动智慧旅游和数字经济发展中的战略布局和实际需求。

政策支持背景：国家层面的战略引领为"一键游广西"项目的实施提供了坚实的政策基础。中国政府提出的"互联网+"战略，旨在通过互联网技术推动传统产业的转型升级，提升服务质量和效率。在这一战略指导下，"一键游广西"项目应运而生，致力于利用互联网技术完善广西的旅游服务体系。

同时，广西壮族自治区政府积极响应国家战略，出台了《深化"互联网+旅游"加快"一键游广西"项目建设方案》，明确了项目的建设目标、重点任务和保障措施。这一地方政策的支持，为项目的顺利推进提供了重要的政策保障。此外，广西在《广西数字经济发展规划（2018—2025年）》中将"一键游广西"项目列为实现数字经济战略目标的重要组成部分，进一步凸显了项目在区域发展中的关键地位。

技术发展背景：在技术层面，"一键游广西"项目充分利用了 5G、大数据、云计算等现代信息技术。这些技术的应用不仅提升了平台的智能化和个性化服务能力，还为游客提供了更加便捷、高效的旅游体验。同时，随着全球旅游业向智慧旅游方向发展的趋势，广西通过建设"一键游广西"项目积极融入智慧旅游的发展潮流，提升了旅游服务的科技水平和用户体验。

市场需求背景：现代游客对旅游服务的需求日益多样化和个性化，期望获得更加便捷、丰富的旅游体验。"一键游广西"项目正是为满足这一市场需求而设计，借助一站式旅游服务平台，为游客提供全方位的旅游解决方案。

此外，面对激烈的旅游市场竞争，广西需要通过创新服务模式来吸引更多游客。该项目通过整合"吃、住、行、游、购、娱"等旅游要素，显著增强了广西旅游市场的竞争力，提升了整体旅游吸引力。

产业升级背景：广西旅游产业正处于转型升级的关键时期，亟需通过技术创新提升服务质量和运营效率。"一键游广西"项目的建设旨在推动旅游产业的转型升级，促进传统旅游业向智慧旅游的转变。同时，文化与旅游的深度融合是当前旅游业发展的重要方向。该项目通过整合文化和旅游资源，既推动了文旅融合的深入发展，又提升了广西旅游的文化内涵和独特魅力。

项目建设的具体背景："一键游广西"项目建设目标是打造数字文旅共享经济新模式，整合旅游行业各类资源，构建"一云一池三平台"智慧旅游服务体系。该模式具体包括壮美广西文旅云、文旅服务资源池、旅游智慧服务平台、营销平台及监管平台等组成部分，形成了一个完整高效的智慧旅游生态系统。项目以游客需求为中心，创新旅游公共服务模式，推动旅游与其他产业融合发展，强化监管服务能力，提升旅游治理水平。截至 2023 年 6 月底，平台用户数已突破 1200 万人，入驻各类旅游相关单位近 2 万家，覆盖全区 256 个 4A 级及以上旅游景区，建设成效显著。

综上所述，"一键游广西"项目的建设背景涵盖了国家战略、地方政策、技术进步、市场需求及产业升级等多个方面。项目的实施不仅提升了广西的旅游服务质量和效率，又推动了旅游产业的转型升级，同时促进了数字经济的发展，为广西经济社会发展注入了新的活力，标志着广西在智慧旅游领域迈出了坚实的步伐。

（三）项目展示

公共服务平台如图 13-1 所示，全面整合广西区内文旅服务资源，提供统一公共服务入口。平台围绕游客在游前、游中、游后过程中"吃、住、行、游、购、娱"六要素，提供全方位一站式的智慧旅游公共服务，目前已覆盖微信、支付宝、抖音等平台的小程序，以及智桂通 App 和安卓市场等主流公共服务渠道。

搜索栏和首页功能区如图 13-2 所示。

搜索栏：搜索功能的价值在于"让用户快速找到所需"，即在最短的时间内快速精准地找到心仪的旅游目的地，一键匹配目的地城市相关"吃喝玩乐游购娱"详细信息。

首页功能区：一键直达用户高频旅行场景，一站式满足用户需求，景区在线预约，一码畅游广西，先预约后出行，游玩省时省心。

图 13-1　公共服务平台图　　　　13-2　搜索栏和首页功能区

服务功能区：在线咨询投诉直达通道，及时快速响应用户诉求，保障用户在旅途中的合法权益，用户可在全球范围内获得 7×24 小时旅游咨询与投诉服务。快速寻找厕所和停车场，为用户解决"如厕难、停车难"的问题。服务功能区如图 13-3 所示。

门票购买："一键游广西"为游客提供全区 A 级旅游景区门票在线购买服务。游客通过门票购买功能，查看门票详组分类，选择不同的门票类型。具体信息如图 13-4 所示。

图 13-3　服务功能区

13-4　门票购买功能区

酒店民宿："一键游广西"酒店民宿功能覆盖全区星级酒店民宿，为游客提供 100% 预订服务。游客可根据价格区间、等级类型做不同的选择，放心出行。具体信息如图 13-5 所示。

精品路线："一键游广西"精品路线功能包含桂人桐乡、心仪北海、赣悦八桂等多种主题，全面覆盖广西优质线路资源，结合人工智能技术，提供基于个性化需求的旅游线路智能规划服务，深度打造游客体验度良好、文旅资源高度融合的旅游产品。具体信息如图 13-6 所示。

图 13-5 酒店民宿功能区 13-6 精品线路功能区

交通出行："一键游广西"交通服务为游客出行提供租车服务，与神州租车、一嗨租车、联动云租车等平台合作并开展联合营销推广。该服务对接 12306、航旅纵横等铁路、航空服务平台，把旅游优惠与租车结合起来，打造"高铁＋租车""飞机＋租车""大巴＋租车"等多种方式，解决旅行"最后一公里"难题。具体信息如图 13-7 所示。

（四）项目成果

社会价值："一键游广西"项目通过深度整合全区的旅游资源与数字化技术，为游客提供了集旅游咨询、门票预约、酒店订购、旅游购

13-7 交通出行功能区

物、云游直播、投诉处理等多功能于一体的智慧化服务，显著提升了公共服务水平和用户体验。平台打造了以游客为中心的数字生态体系，将文化、农业、教育等多领域资源纳入旅游场景，实现了"旅游+"多产业跨界融合，带动了全区文旅产业的协同发展。同时，项目通过旅行社电子行程监管体系等智慧监管手段，为旅游管理部门提供了从投诉到执法、从出行监测到安全生产的全过程协同监管能力，既优化了游客权益保障机制，也强化了旅游市场秩序与社会治理效能。

经济价值：从经济层面来看，"一键游广西"有效激发了本地旅游消费潜能，整合景区、酒店、民宿、餐饮企业等资源超 8 万户，为游客提供一站式旅游消费渠道。截至目前，平台用户数突破 1200 万人，累计实现交易额达 1.141 亿元，有力推动了当地旅游经济的持续增长。通过延伸产业链、培育新兴业态，在"旅游+"模式下，项目为广西创造了更多就业与创业机会，进一步壮大了区域经济规模。同时，平台与携程、美团、飞猪、同程等主流 OTA 合作，打造了统一的文旅品牌形象，提升了广西旅游的知名度和竞争力，为全区不同地区的文旅资源带来均衡发展机遇，促进了区域间的经济合作与交流。

具体成果与综合影响：在具体成效方面，"一键游广西"成功覆盖了全区 256 个 4A 级及以上旅游景区的慢直播服务，并为 145 家景区提供客流监控装置，累计服务人次达 1.005 亿次。文旅消费券的精准发放和核销，进一步带动了线下文旅消费总额的攀升，加速了旅游产业复苏与升级。项目建设的智慧监管平台与"12345"旅游投诉工单对接，使投诉处理更加高效、透明。同时，平台建立了广西文旅产品库与区域合作生态，支持旅游产品"一键发布、多端多渠道上架"，大幅拓宽了产品的宣传范围与提高了用户触达深度。总体而言，"一键游广西"不仅为当地社会公共服务和居民生活品质带来了切实提升，也为广西的经济增长、产业升级和区域协同发展注入了强劲动力。

（五）技术优势

强大的技术支撑：平台以 5G 网络为基础，确保数据传输的高速与稳定，结合大数据技术对海量文旅数据进行收集、存储、分析与挖掘。云计算技术则为平台提供了强大的计算能力和灵活的资源调配能力，保障平台在高并发情况下的稳定运行。

多跨协同的数据融合：横向与交通、气象、公安等厅局涉旅数据要素进行对接融合，实现旅游数据与其他相关领域数据的互联互通。纵向贯穿区、市、县（辖区）和企业四级，打破各级之间的数据壁垒，形成全区统一的文旅数据资源池，为旅游管理与服务提供全面、准确的数据支持。

丰富的服务端功能：平台集成了全景导览、慢直播、电子导览、智能推荐、在线预订、投诉建议等 36 项核心智慧服务。游客通过手机等终端设备，既可实现旅游目的地的全景预览，实时观看景区的慢直播画面，获取详细的景点介绍与路线规划，以及便捷预订酒店、门票、交通等旅游产品，还能随时反馈旅游过程中的问题与建议，真正实现"一部手机游广西"。

（六）应用效果

提升游客体验：游客在旅行前可通过平台制订详细的旅游计划，了解目的地的旅游资源与出行信息；旅行中能实时获取景区动态、交通状况等信息，享受便捷的智能导览与在线服务；旅行后可在平台分享旅游经历与评价，为其他游客提供参考。

助力旅游管理：通过平台大数据，旅游管理部门可实时掌握游客流量、客源地分布、旅游消费趋势等信息，为旅游决策提供科学依据，实现旅游资源的合理调配与旅游市场的有效监管。

推动旅游营销：基于大数据分析，平台为旅游企业提供精准的营销服务，帮助企业了解游客需求，制定针对性的营销策略，提高旅游产品的市场竞争力。

（七）可复制性

"一键游广西"智慧文旅平台的建设模式与技术应用具有较强的可复制性。其他地区在打造智慧文旅平台时，可借鉴其多跨协同的数据融合模式，结合本地行政架构与数据资源，建立统一的数据标准与共享机制；参考其服务端功能设置，根据本地旅游特色与游客需求，进行功能优化与拓展；利用成熟的 5G、大数据、云计算等技术，搭建稳定、高效的技术架构，提升平台的性能与用户体验。通过这些方式，各地可打造具有本地特色的智慧文旅平台，推动当地文旅产业的数字化发展。

二、侗族数字人在三江侗族自治县文旅推介中的应用

（一）项目背景

三江侗族自治县作为广西唯一的侗族自治县，坐落于桂湘黔三省（区）交界之处，拥有"四好五娘六美"的独特文旅资源，如美丽的自然风光、独特的侗族大歌、精美的侗族刺绣等。然而，在文旅行业品牌识别度低、同质化严重的大环境下，如何让三江侗族自治县的文旅资源脱颖而出，吸引更多游客，成为亟待解决的问题。2024 年 5 月 11 日，在"百里侗乡美如画 我把三江带回家"文化旅游推介会上，三江侗族自治县发布了首个侗族数字人"江小媚"，开启了利用数字技术推动文旅发展的新征程。

（二）技术优势

先进的语音交互技术：数字人采用了 NLP 和语音识别技术，能够准确理解游客的语音提问，并以流畅、自然的语言进行回答。无论是关于侗族文化习俗、旅游景点介绍，还是交通住宿等问题，数字人都能快速响应，提供详细且准确的信息。

生动的情感表达能力：通过表情合成、动作捕捉等技术，数字人能够展现出丰富的面部表情和肢体动作，实现与游客的情感互动。在介绍侗族节日

庆典时，数字人可以展现出欢快的表情和庆祝的动作，让游客更直观地感受到节日氛围，增强信息传递的感染力。

文化元素的深度融合：数字人的形象设计、服饰搭配、语言风格等都融入了大量的侗族文化元素。其身着精美的侗族传统服饰，佩戴着独特的侗族银饰，语言中也巧妙地融入侗族方言和特色词汇，从视觉和听觉上全方位展现侗族文化的独特魅力。

（三）应用场景

旅游推介会：在各类旅游推介会上，侗族数字人作为"形象大使"，向参会的旅游企业、媒体和潜在游客介绍三江侗族自治县的旅游资源和特色文化。数字人通过精彩的讲解和互动，吸引了众多关注，成为推介会的亮点。

线上宣传平台：在官方旅游网站、社交媒体平台等线上渠道，侗族数字人以短视频、直播等形式进行文旅宣传。通过与网友的实时互动，数字人可以解答他们关于旅游的疑问，激发网友对三江侗族自治县的旅游兴趣。

景区导览服务：在景区内，数字人通过智能导览设备为游客提供导览服务。游客可以随时与数字人交流，了解景点背后的历史文化故事，提升游览体验。

（四）应用效果

提升宣传效果：侗族数字人以新颖的形式和生动的表现，成功吸引了大量游客的关注。相关宣传视频在网络上的播放量和互动量大幅增长，有效提升了三江侗族自治县的知名度和美誉度。

增强文化传播：通过数字人的介绍和展示，侗族文化得到了更广泛、更深入的传播。游客对侗族文化的了解和认知度明显提高，促进了文化的传承和发展。

促进旅游消费：数字人的宣传推介激发了游客的旅游欲望，带动了当地旅游市场的繁荣。游客在景区的停留时间和消费金额都有所增加，为当地旅游业发展注入了新的活力。

（五）可复制性

文化特色融合模式：其他地区可以借鉴三江侗族自治县的经验，深入挖掘本地的文化特色，将其融入数字人的设计和开发中。无论是少数民族文化、历史文化还是地域特色文化，都可以通过数字人这一载体进行生动展示。

多渠道应用策略：数字人可广泛应用于旅游推介会、线上宣传平台、景区导览等多个场景，这种模式具有高度的可复制性。各地可以根据实际情况，选择合适的应用场景，充分发挥数字人的宣传和服务功能。

技术合作路径：各地可与专业的科技公司合作，引入先进的数字人技术，这是实现数字人应用的有效途径。各地也可以参考三江侗族自治县的技术合作模式，寻找适合本地的技术合作伙伴，共同打造具有地方特色的数字人项目。

三、大新明仕田园景区大数据平台应用

（一）景区概况与搭建背景

大新明仕田园景区坐落于广西崇左市大新县堪圩乡，素有"山水画廊"的美誉，也是影视剧《花千骨》的取景地。景区凭借独特的喀斯特山水风光与浓郁的壮族民俗文化，吸引着大量游客。随着旅游业的快速发展，传统的景区管理方式难以满足日益增长的游客需求和运营管理的复杂性。为了提升管理效率、优化游客体验、实现精准营销，大新明仕田园景区搭建了大数据平台。

（二）技术架构与优势

数据采集与整合：景区通过运用 AI 摄像头、传感器等设备，在出入口、主要景点、停车场等关键位置，实时采集人流、车流量数据，以及游客在景区内的游览轨迹、停留时间等信息。同时，整合来自票务系统、酒店预订系统、餐饮消

费系统等多源数据，打破"数据孤岛"，形成全面准确的景区运营数据池。

数据分析与挖掘：景区借助大数据分析技术，对采集到的数据进行深度挖掘和分析。通过建立游客画像，分析游客的年龄、性别、地域、消费习惯、兴趣偏好等特征，为精准营销提供数据支持。例如，分析发现广东地区的年轻游客对民俗体验项目和特色美食较为感兴趣，景区便针对性地推出相关的旅游产品和促销活动。

实时监测与预警：通过大数据平台，景区管理者可以实时监测游客流量、设备运行状态和环境指标等信息。一旦游客流量达到预警阈值，系统将自动触发预警信号，提醒管理者及时采取分流措施，避免景区出现拥堵现象，保障游客安全和游览体验。同时，平台对景区内的设施设备运行情况进行实时监测，提前发现潜在故障隐患，便于及时安排维修维护，确保设施设备的正常运行。

（三）应用成效

优化景区运营管理：通过大数据分析，景区管理者能够准确掌握游客的行为规律和需求，合理安排服务人员的工作岗位和工作时间，提高服务效率和质量。根据游客流量的变化趋势，灵活调整景区内的交通线路和运营时间，优化景区的游览秩序。在旅游旺季，提前增加观光车数量，延长运营时间，缓解游客出行压力；在旅游淡季，合理缩减运营成本，提高景区的经济效益。

实现精准营销：基于游客画像和数据分析结果，景区能够制定个性化的营销策略，向不同类型的游客精准推送旅游产品和优惠信息。通过短信、微信公众号、App 推送等方式，将符合游客兴趣的特色活动、新推出的旅游项目等信息及时传递给目标游客，提高营销效果和游客参与度。例如，针对亲子游家庭，推送亲子主题的民宿、儿童游乐项目和亲子农事体验活动；针对摄影爱好者，推荐最佳摄影点位和摄影主题活动。

提升游客体验：游客在景区内可以通过手机 App 实时查询景区的实时客

流情况，合理规划游览路线，避免拥挤区域。App 还提供智能导览、语音讲解、在线预订等功能，为游客提供便捷、高效的服务。同时，景区根据游客的反馈和评价数据，及时改进服务质量和设施设备，不断提升游客的满意度。例如，根据游客对餐饮服务的评价，景区引进更多特色美食商家，丰富餐饮种类，改善就餐环境。

（四）可复制性

技术应用层面：对于其他景区而言，大新明仕田园景区大数据平台所采用的 AI 采集设备、数据分析软件等技术手段，市场上均有成熟的产品可供选择和应用。景区只需根据实际规模、布局和管理需求，进行合理的设备选型和系统配置，就能搭建起类似的数据采集与分析体系。

管理模式层面：该景区基于大数据分析的运营管理和营销决策模式具有广泛的借鉴意义。其他景区可以学习其如何将数据分析结果应用于人员调度、资源配置、产品开发和营销推广等方面，建立适合自身特点的管理流程和决策机制。

数据整合思路层面：景区通过整合内外部多源数据，能够为其他景区的发展提供参考。具体措施包括与票务、酒店、餐饮等合作伙伴建立数据共享机制，以及与交通、气象等相关部门进行数据对接，获取更全面的数据信息，为景区的综合管理和服务提升提供有力支持。

四、"文旅智能体—刘三姐" AI 旅行助手

（一）诞生背景与项目概述

"刘三姐"作为广西极具代表性的文化符号，承载着丰富的文化内涵和鲜明的地域特色。在数字化浪潮的推动下，为了更好地整合广西文旅资源，提升游客旅行体验，广西旅游发展集团联合支付宝推出了全国首个省级 AI 旅行助手——"文旅智能体 – 刘三姐"。该产品通过"支付宝碰一下 +AI"的创新

模式，为游客打造全方位、个性化的智能旅游新体验。

（二）技术原理与优势

先进的技术融合："文旅智能体－刘三姐"应用了支付宝 AI 出游解决方案，结合了蚂蚁百灵大模型强大的语言理解与生成能力。蚂蚁百灵大模型经过海量数据的训练，能够准确理解游客的各种自然语言提问，并生成贴合实际需求的回答。同时，借助支付宝成熟的支付体系和出行文旅服务生态，该模型还能为游客提供便捷的支付和出行服务。

丰富的文旅资源整合：该模型整合了广西超 220 家景区的旅游资源、文化知识及周边商家信息。从桂林山水的秀丽风光到德天瀑布的磅礴气势，从壮族的民俗文化到瑶族的传统服饰，都被纳入"刘三姐"的"知识储备"中。游客无论是想了解景区的历史典故，还是想寻找周边的特色美食，"刘三姐"都能提供详细的信息。

多场景服务能力：在旅行前，游客可通过"刘三姐"预订景点门票，获取个性化旅行攻略。"刘三姐"会根据游客的兴趣偏好、时间安排和预算等因素，量身定制旅行计划，推荐最适合的旅游线路和景点。游玩时，能查询景区实时客流，接入广西多个景区舒适度查询系统，实时测算客流情况，推荐当天相对客流较少的"最佳游览时段"，帮助游客错峰出行，减少排队等待时间。"AI 伴游"功能提供景点实时讲解，既能让游客深入了解广西各景点的历史文化与风土人情，还能快速查找附近卫生间、充电宝和最佳拍照打卡点等设施，满足游客即时需求。游览结束后，可一键生成趣味游历数据，方便回顾和分享，同时可轻松搜索周边美食餐馆，打卡广西特色美食。出行方面，无论是寻找共享单车、乘坐网约车、公交地铁，还是自驾查找充电桩、加油站，只需一句语音口令，"刘三姐"就能精准响应，提供高效指引。

（三）应用成果

提升游客体验：自推出以来，"文旅智能体－刘三姐"受到了广大游客的喜爱和好评。游客通过与"刘三姐"的互动，感受到了更加便捷、智能和个性化的旅游服务。在节假日期间，许多游客借助"刘三姐"的错峰出行建议，避免了景区拥堵，获得了更好的游览体验。不少游客表示，"刘三姐"就像一个贴心的旅行伙伴，随时为他们提供帮助。

助力文旅行业发展：通过"支付宝碰一下 +AI"的解决方案，全广西大部分景区用手机"碰一下"即可唤醒智能体，实现了"一碰三联"的用户新体验：支付更快、优惠更多、文旅服务更智能。这一创新模式不仅提升了旅客的消费意愿和出游体验，也进一步助力文旅行业的高质量与智慧化发展，推动了广西文旅行业的数字化转型，为其他地区的文旅产业发展提供了借鉴和参考。

（四）可复制性

技术合作模式：其他地区可以借鉴广西与支付宝的合作模式，与类似的科技企业和支付平台合作，利用科技企业的先进技术和支付平台的广泛用户基础，开发适合本地的 AI 旅行助手，实现文旅服务与数字技术的深度融合。

资源整合思路：学习广西整合本地文旅资源的经验，将景区、酒店、餐饮、交通等各类旅游资源进行整合，建立全面的文旅知识库。借助 AI 技术对这些资源进行深度挖掘和分析，为游客提供更精准、更个性化的服务。

功能定制开发：根据本地旅游特色和游客需求，相关人员可对 AI 旅行助手的功能进行定制开发。如果当地以历史文化旅游为主，可以强化历史文化讲解功能；如果是海滨旅游胜地，可以增加海上娱乐项目推荐等功能。

五、"三姐数字人助游"项目

（一）项目背景

在文旅产业数字化转型的大趋势下，广西旅游发展集团积极探索创新，为充分挖掘和利用广西丰富的文旅资源，打造具有广西特色的数字化文旅服务，推出"三姐数字人助游"项目。该项目以广西经典文化符号"刘三姐"为原型，旨在为游客提供更加智能、个性化的旅游服务，提升广西文旅的品牌影响力和市场竞争力。

（二）技术实现与优势

强大的技术支撑：依托广西首个文旅行业垂直大模型——"刘三姐文旅大模型"，以及广旅集团庞大的文旅行业知识库。"刘三姐文旅大模型"通过对海量广西文旅数据的学习和训练，具备对各类文旅相关问题的精准理解和回答能力。广西旅游发展集团的文旅行业知识库则涵盖了广西各个景区景点的详细介绍、历史文化背景、民俗风情、美食特产等丰富信息，为数字人提供了坚实的数据基础。

多模态交互技术：借助 AR、AI、大数据和云计算等新技术，实现多模态交互。游客既可以通过语音与数字人"刘三姐"进行交流，询问旅游相关问题，如景区门票价格、开放时间、游览路线等；也可以通过文字输入获取信息。数字人能够根据游客的提问，以生动的语音、丰富的表情和自然的动作进行回应，营造出更加真实亲切的交流氛围。例如，当游客询问桂林漓江的游览方式时，"刘三姐"不仅会详细介绍乘船游览的路线和注意事项，还会通过 AR 技术，在游客手机屏幕上展示漓江美景，让游客提前感受漓江的风光。

文旅数据整合与个性化服务：借助大数据技术整合全区文旅数据资源，对游客的行为数据、偏好数据等进行分析，为游客提供个性化的旅游规划服务。系统可根据游客的兴趣爱好、时间安排和预算等因素，为游客量身定制旅游线路，推荐适合的景区景点、酒店民宿、美食餐厅等。例如，为喜欢自然风光的游客，推荐桂林山水、德天瀑布等景区；为热衷民俗文化的游客，推荐三江侗族自治县、龙胜各族自治县等少数民族风情体验地。

（三）应用效果

提升游客体验：自上线以来，项目受到了广大游客的好评。游客在旅游过程中，有了"刘三姐"这位智能导游的陪伴，能够更加深入地了解广西的文化和历史，旅游体验得到了极大的提升。在参观南宁青秀山风景区时，"刘三姐"为游客详细讲解了景区内的花卉文化、佛教文化等，让游客对景区有了更全面的认识。

助力文旅宣传推广："刘三姐数字人"频繁亮相广西卫视春晚、中国国际大数据产业博览会、广西汽车旅游大会等重大活动，全网平台累计曝光量突破2亿次，多条视频内容播放量超百万次。该数字人成为全国范围内推广广西文旅品牌的重要力量，吸引了更多游客前来广西旅游。

推动文旅产业数字化升级：该模型为广西文旅产业的数字化转型提供了示范和借鉴，促进了文旅企业对数字技术的应用和创新，推动了整个行业的数字化发展。

（四）可复制性

技术构建模式：其他地区可以借鉴广西构建文旅行业垂直大模型和知识库的经验，结合本地的文旅资源特色，收集和整理相关数据，训练适合本地的大模型。各地通过与专业的科技公司合作，引入先进的 AI、AR 等技术，实现数字人的多模态交互和个性化服务。

文化 IP 打造：挖掘本地具有代表性的文化 IP，将其融入数字人的形象设计和服务内容中。例如，四川可以以三星堆文化为背景打造数字人，陕西可以围绕兵马俑文化开发数字人，通过数字人传播地方文化，提升文化影响力。

应用场景拓展：参考"三姐数字人助游"在旅游规划、景区导览、宣传推广等方面的应用场景经验，结合本地实际情况，拓展数字人的应用领域。例如，可以在文化场馆、博物馆等场所应用数字人进行讲解和导览，在旅游电商平台上应用数字人进行产品推荐和销售等。

六、德天景区大数据项目

（一）德天景区大数据项目的背景介绍

1. 成本优化驱动景区数据管理升级

旅游行业长期受困于投资回报周期冗长、劳动密集特性显著以及盈利水平相对较低等传统难题。除了少数国内顶尖旅游 IP 凭借强大的品牌影响力与独特资源优势维持良好运营外，绝大多数景区的经营状况处于不温不火甚至较为艰难的境地。在信息技术飞速革新的当下，新的技术与设备如雨后春笋般不断涌现，科技领域的激烈竞争促使相关产品价格逐渐亲民化。德天瀑布景区推行的大数据项目正是受益于此，如今无论是前端用于数据采集的闸机、监控摄像头、收银系统等设备，还是后台复杂的各类软件算法，景区在资金投入上已具备持续负担与更新的能力，这为景区实现精细化数据管理升级奠定了坚实的物质基础。

2. 流量激增倒逼景区游客管理升级

自 2018 年德天瀑布景区成功荣膺"国家 5A 级旅游景区"称号后，其知名度与美誉度大幅提升，游客数量呈现出爆发式增长态势。景区从挂牌前每年不足 80 万人次迅速攀升至 2019 年的 150 万人次。游客流量的急剧膨胀带来了一系列管理难题：一方面，这为部分不法分子提供了倒卖游客入园资格的可乘之机，灰色交易频繁滋生，严重破坏了景区的正常运营秩序，也为管理层面的腐败行为埋下隐患；另一方面，景区内人员密度增大，意外事故和治安事件（如盗窃、拥挤踩踏风险等）发生的概率显著提高。在此背景下，实现从传统"人治"模式向数字化、智能化"数智"管理模式的转型，成为德天瀑布景区突破发展瓶颈、保障游客安全与提升服务质量的必由之路。

3. 业态转型推动景区产品设计升级

随着国家对自然人文类景区门票经济的政策调控力度不断加大，门票收入在景区整体收入结构中的占比呈逐渐下降趋势已成为行业共识。以贵州省为例，近年来当地政府积极推行各类免票政策，极大地激发了旅游市场活力，吸引了海量游客前来观光旅游，为当地旅游产业的蓬勃发展注入了强大动力。德天瀑布景区敏锐地捕捉到这一行业发展趋势，自 2019 年起主动求新求变，通过深度挖掘景区资源潜力，不断开拓新的游览空间，培育诸如特色文创体验、沉浸式民俗演艺等新兴业态，开发一系列富有创意与吸引力的旅游新产品，逐步降低门票收入在企业总营收中的比重。截至 2023 年底，门票收入仅占公司总收入的 40% 左右，并且随着二次消费业态的持续完善与拓展，这一比例有望进一步降低，景区收入结构将更加多元化、合理化。

4. 客户多元化需求催生景区消费分析升级

在景区高速发展以及旅游行业日新月异的大环境下，德天瀑布景区面临着深入了解客户群体的迫切需求等问题。景区需要准确掌握游客的来源地分布、出游动机、信息分享渠道、旅游体验满意度以及景区运营过程中存在的痛点与不足等关键信息。当前，景区游客结构正发生深刻变革，团队游客占比逐年下降，截至 2024 年，团队游客仅占全年游客总数的 25%，散客群体逐渐成为主流；游客年龄结构也从以往的老龄化为主向年轻化加速转变，46 岁以上游客占比同比下降 10%。年轻化的散客群体消费观念新颖、消费需求多样且消费活力强劲，如何精准挖掘这一群体的行为模式、消费习惯、偏好选择等信息，并进行系统存储与深入分析，成为景区制定精准营销策略、优化产品与服务供给、实现长远可持续发展的核心关键。

5. 政企合作依赖数据模型支撑决策

旅游产业的繁荣发展离不开景区自身的努力拼搏，更离不开地方政府在政策扶持、基础设施建设等方面的大力支持与积极引导。德天瀑布景区在快速发展过程中，尽管取得了显著成绩，但也逐渐暴露出一系列深层次问题，如地方交通基础设施建设滞后，难以满足日益增长的游客出行需求；当地旅游接待能力与游客增长速度不匹配，导致游客在住宿、餐饮、购物等方面的体验不佳。这些问题的有效解决迫切需要依托科学的数据模型，通过对旅游大数据的深度分析，为政企双方在交通规划、接待设施建设、旅游市场监管等方面的决策提供有力支撑，从而实现景区与地方协同发展、互利共赢。

（二）德天景区大数据项目主要功能介绍

德天景区大数据项目通过整合多源数据，构建了一个全面、动态、实时的旅游数据平台，为景区管理、游客服务、市场分析和政策制定提供了强有力的支持。以下是该项目的主要功能介绍。

1. 数据收集与整合

德天景区大数据项目通过多种渠道收集数据，包括景区内的闸机、监控摄像头、收银系统等前端设备，以及后台的软件算法。这些数据涵盖了游客的基本信息、消费行为、旅游偏好等多维度信息。通过整合这些数据，系统构建了一个完整、翔实的旅游数据体系，为后续的数据分析与应用提供了坚实的基础。

2. 数据分析与预测

项目具备强大的数据分析能力，能够对海量数据进行深度挖掘与分析。通过机器学习、数据挖掘、统计分析等技术手段，项目能够洞察游客行为背后的规律与趋势，为旅游企业的产品优化、市场拓展以及政府部门的政策制定提供科学依据，如图 13-8、图 13-9、图 13-10 所示。例如，通过对游客偏好数据的分析，景区能够精准把握不同游客群体对旅游产品的喜好差异，为旅游企业开发针对性强、市场需求旺盛的旅游产品提供依据。

3. 隐私保护和数据安全

在处理旅游数据过程中，项目严格遵守国家相关法律法规，如《中华人民共和国网络安全法》《中华人民共和国个人信息保护法》等，建立健全完善的数据安全管理体系。从数据存储、传输到使用的各个环节，采取加密技术、访问权限控制、数据备份等多重安全防护措施，确保用户隐私不被泄露，数据安全得到有效保障，维护游客的合法权益与景区的良好声誉。

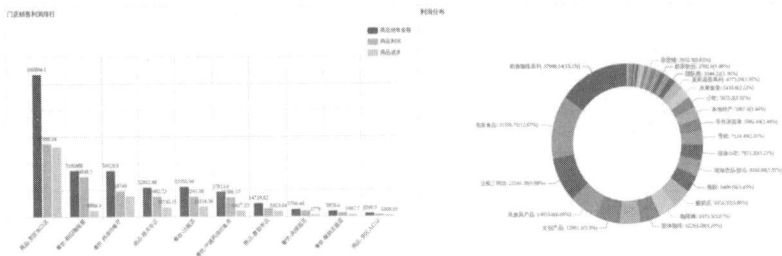

图 13-8　德天景区大数据项目数据分析一

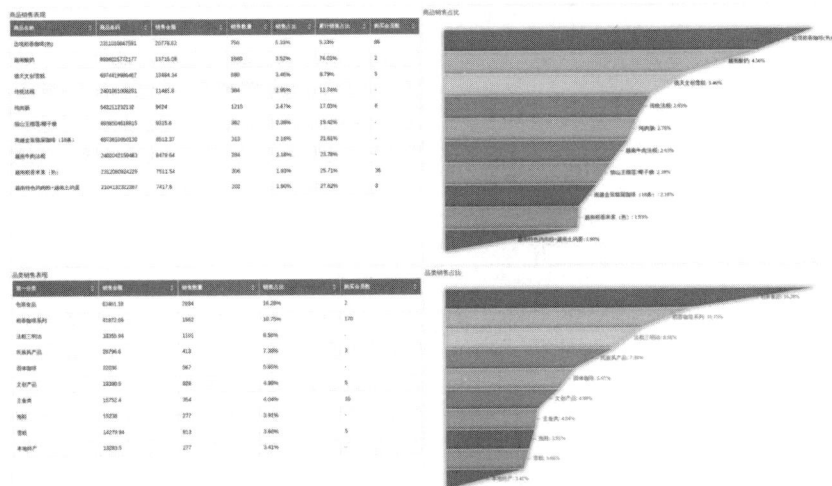

图 13-9　德天景区大数据项目数据分析二

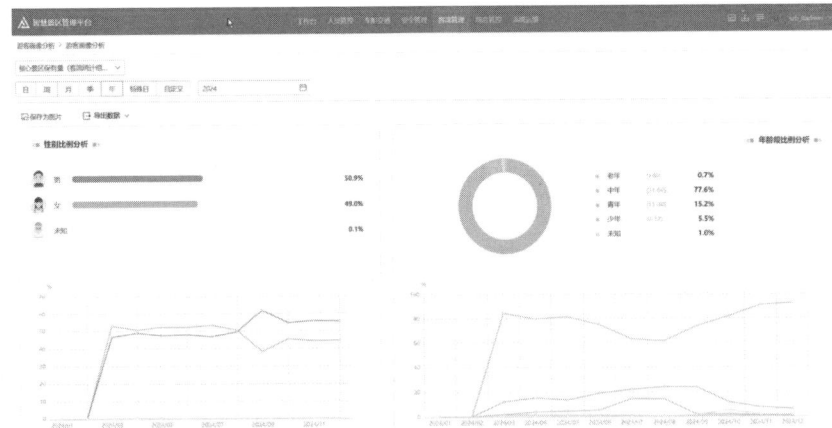

图 13-10　德天景区大数据项目数据分析三

4. 跨部门协作

德天景区大数据项目是一个复杂的系统工程，需要政府部门（旅游局、交通局、公安局等）、旅游企业（景区运营方、旅行社、酒店等）、研究机构（高校旅游专业、科研院所等）等多方面的协同合作。在项目推进过程中，各方通过有效的沟通协调机制，明确职责分工，整合资源优势，形成强大的工作合力，实现旅游数据的共享共用，充分发挥大数据在推动旅游业创新发展中的巨大潜能。

5. 社会服务与示范引领

德天景区大数据项目通过建设智慧旅游云服务平台，为旅游行业提供统一、标准的智慧旅游云服务，成为数字广西建设标杆重点示范项目，如图13-11所示。平台主要由以下四大子平台构成。

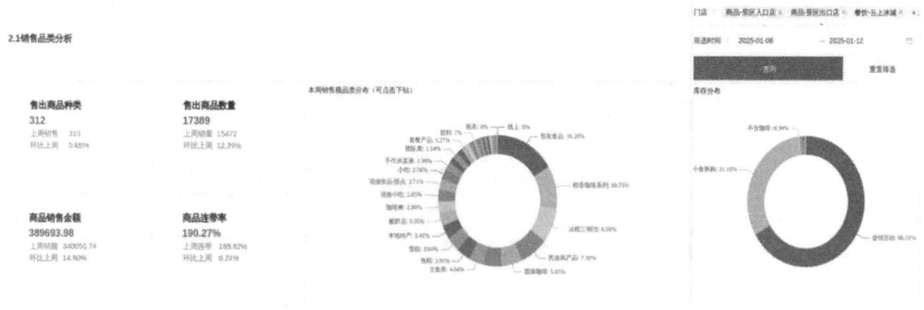

图 13-11 德天景区智慧旅游云服务平台一

旅游大数据平台：提供全面的旅游数据展示和分析功能，帮助景区管理者实时掌握景区运营情况。

旅游公共服务平台：为游客提供便捷的旅游服务，如在线预订、导航、天气预报等。

旅游行业管理平台：为旅游企业提供市场分析、客户管理、营销推广等服务。

旅游企业营销管理平台：帮助企业制定精准的营销策略，提升营销效果。

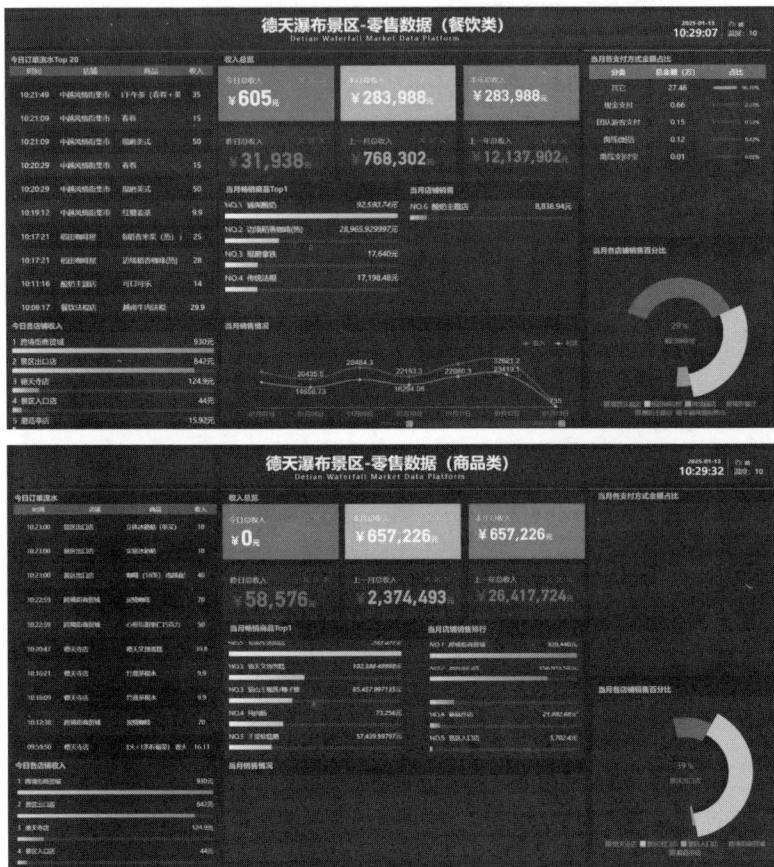

图 13-12　德天景区智慧旅游云服务平台二

6. 政府决策支持

德天景区大数据项目为政府决策提供了强有力的数据支持，成为自治区文旅厅的重要数字智囊。通过采集并分析大量的旅游大数据，项目帮助政府精准掌握游客流量、消费习惯等关键指标，为政策制定提供了科学依据。例如，在疫情期间，项目为政府提供了敏感人群分布的数据，协助防疫工作，体现了其在突发事件中的重要作用。

7. 人才培养服务

德天景区大数据项目的人才培养服务聚焦于智慧文旅实操技能提升，通过定制化课程（涵盖数据分析、智慧导览运维、数字化营销）及校企合作实训模式，为员工提供数据采集处理、跨境游客管理、生态监测等关键技术培训，同时搭建模拟实验室与创新孵化平台，培育兼具技术应用与旅游管理能力的复合型人才，助力景区数字化转型与中越边境智慧旅游标杆建设。

8. 实时监控与预警

项目运用动态热力图技术，直观呈现景区人流密度与分布轨迹，为实时拥堵监测提供精准依据。其核心能力在于预测重点区域客流趋势，赋能管理者提前启动疏导预案。同时，平台深度解析区域人群行为（如工作通勤、游览驻留等），融合多维度数据研判人员结构变化趋势。在应急场景下，该分析系统成为关键支撑，可全程跟进公共安全与卫生事件动态，高效驱动信息上报、数据整合与预案执行，实现科学决策与快速响应的一体化管理。具体信息如图 13-13 所示。

图 13-13　德天景区大数据项目实时数据监控

9. 精准营销与市场分析

德天景区大数据项目通过对游客画像与行为进行深入分析，能够精准定位目标消费群体。具体情况如图 13-14 所示。例如，景区联合桂西南景区及云南当地旅行社成立云南运营中心，根据云南游客的偏好推出"山海间"系列产品，成功撬动了云南市场，使得云南赴景区游客增长超 50%。此外，项目还通过分析游客的消费行为和偏好，为旅游企业优化营销策略，提高营销效果。

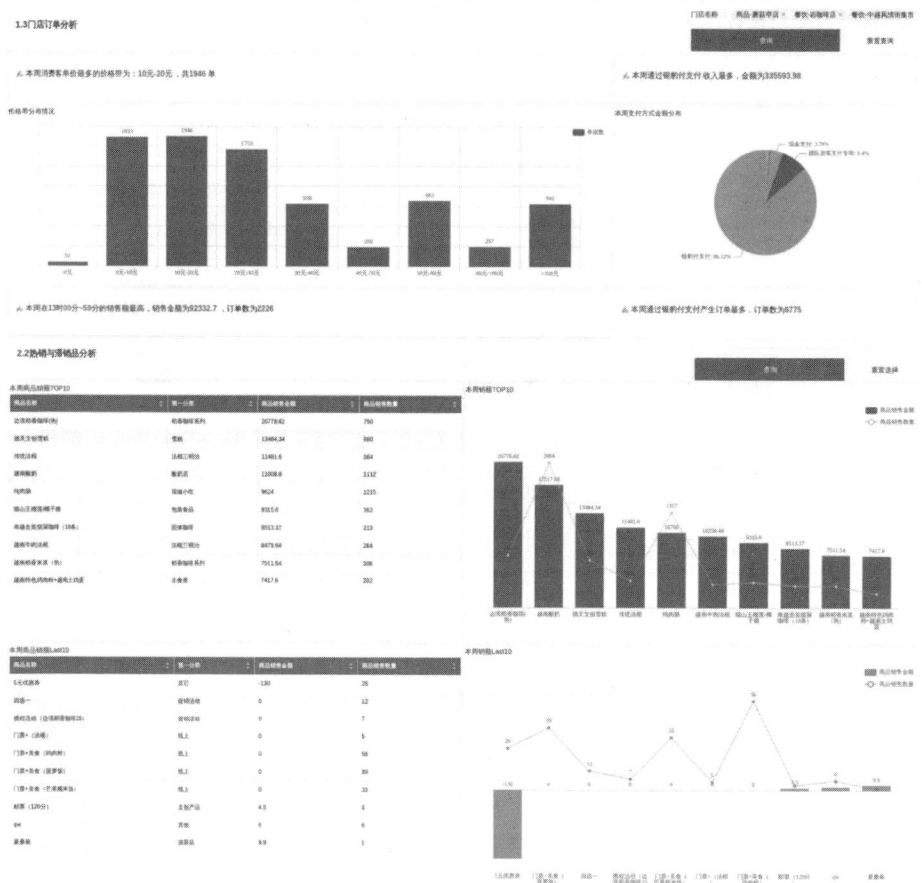

图 13-14　德天景区大数据项目用户画像分析

10. 智慧旅游体系构建

项目通过线上预约系统与大数据的深度融合，实现了对景区接待能力的精准调控。同时，项目为游客提供了手机无纸化购票、扫码入园等便捷功能，极大地提升了游客的入园效率和游览体验。这种"游客—景区—管理部门"之间的智能联动模式，从根本上改变了传统景区管理模式，提高了服务效率，增强了游客的满意度，为智慧旅游体系的构建奠定了坚实的基础。

通过以上功能，德天景区大数据项目不仅提升了景区的管理效率和服务质量，还为旅游产业的数字化转型和创新发展提供了有力支持。

（三）德天景区大数据项目的社会价值与经济价值

1. 社会价值

（1）提升公共安全与应急管理能力

大数据分析在公共安全领域发挥着关键作用。通过对同期数据的对比以及对景区客流量和游客行为数据的实时监测，系统能够精准预测人群聚集风险。例如在节假日，德天跨国瀑布景区的大数据系统能对客流量进行准确预估。政府部门基于这些数据，提前采取人车分流、交通管控等措施，有效避免了交通拥堵和人员过度聚集，保障了游客的出行安全和游览秩序。

在应急响应方面，数据分析助力建立完善的应急机制。在疫情期间，当景区出现游客确诊情况时，票务管理系统迅速发挥作用，快速抓取游客来源、入园时间等关键信息，并及时上报防控部门。这使得防控部门能够精确锁定密切接触人员，及时切断传播链，最大限度降低疫情的扩散风险，有力保障了公众的健康安全。

（2）推动智慧旅游体系构建

大规模旅游数据分析是智慧景区建设的重要驱动力。以德天跨国瀑布景区为例，通过线上预约系统与大数据的深度融合，景区能够精确匹配游客需求，实现对景区接待能力的精准调控。

（3）构建区域旅游大数据生态圈

跨区域、跨部门的数据共享合作是构建一体化旅游数据生态圈的核心。德天跨国瀑布景区积极整合交通、酒店、景区等多维度数据，打造了区域旅游线路联动模式。通过推出景区之间的区间"车、景+酒"套餐、景区联票等产品，不仅提升了游客多地旅游的便利性和体验感，还促进了区域内旅游资源的优化配置。这种合作机制打破了信息孤岛，为区域间旅游竞争与协作创造了更多共赢机会，推动了区域旅游产业的协同发展。

（4）支持全民旅游

旅游大数据分析为景区制定针对性的营销策略提供了依据。每年8月下旬至9月下旬，德天跨国瀑布景区客流明显下降，尤其是中远市场游客减少幅度较大。基于此，景区在2019—2023年间连续推出"金秋九月惠游季"活动，针对环卫工人、医生、教师、学生等群体以及广西、广东、云南、贵州等全体居民免票，累计免票超20万人次。这一举措让更多人能够享受到旅游资源带来的乐趣，推动了全民旅游的进程，提升了社会大众对旅游活动的参与度。

（5）推动文化交流及融合

德天跨国瀑布景区所在的广西崇左市是多民族聚居地，壮族人口占比较高。通过大数据分析发现，景区客80%以上的游来自广西壮族自治区以外。为了促进文化交流与融合，景区打造了奇妙·夜德天、壮锦大道等特色产品，让区外游客能够充分体验和了解壮族文化。这些产品不仅丰富了游客的游览体验，也传播了当地的民族文化，增强了不同地区、不同民族之间的文化交流与理解。

2. 经济价值

（1）助力景区精准营销

精准锁定目标群体：通过对游客画像与行为的深入分析，景区能够精准定位目标消费群体。

个性化产品方案制定：景区通过大数据分析游客的消费行为和偏好，发现餐饮和休闲娱乐是游客最感兴趣的领域，分别占比 18.69% 和 18.64%，旅游和教育也有一定占比。基于此，景区根据购买的餐饮、竹排等二次消费数据，推出"门票＋竹排"套餐产品，并通过线上平台向目标游客推送符合其兴趣的旅游产品和优惠信息，吸引游客预订和消费。2024 年，竹排产品销售额达 770 万元，取得了良好的经济效益。

特色资源与市场需求匹配：通过分析游客行为数据发现，36~40 岁用户占比最高，根据这一群体的互联网消费习惯，甄选稻田咖啡、越南鸡肉粉、法棍、杧果糯米饭等特色美食产品，以优惠价格在互联网平台销售，套票销量达 84 万元。同时，旅游业的联动效应带动了住宿、餐饮、交通等相关产业的发展，形成了区域经济的综合带动效应。

区域化营销策略：根据用户户籍分析，广西壮族自治区用户占比最高，其次是广东省用户。针对这一特点，景区对广西区内游客制定了优惠门票政策，进一步挖掘了本地市场潜力，提高了景区的市场占有率。

（2）优化景区运营管理

旅游大数据使景区能够实时掌握景区、周边酒店、交通等业务的运营数据，如客流量、入住率、车辆调度等。景区根据实时客流量合理安排工作人员和设备设施，避免了资源的浪费。例如，景区观光车通过合理调度，提高了车辆的使用效率；同时，根据游客出行需求优化线路和班次安排，在南宁和崇左都增加了直达景区的班车，提升了游客的出行便利性。这些措施不仅提高了景区的运营效率和服务质量，还降低了运营成本。

（3）带动周边景区、业态协同发展

旅游大数据整合了旅游产业链上的各个环节，促进了旅游与交通、餐饮、住宿、购物、娱乐等相关产业的协同发展。以德天跨国瀑布景区为例，通过对景区自驾用户的数据挖掘，发现每年有 100 多万个游客自驾前来。景区与桂西南其他景点合作，推出"德天＋"的"1+N"联票计划。2024 年，联票销量同比增长 900%，全年桂西南多景区联票销售突破 6 万张，销售额达 1100 万元，充分证明了"德天 +"的引流能力。

此外，区域交通得到明显改善，开通了"德天—通灵大峡谷""德天—峒那屿湾"两条景区区间交通专线，实现了多景区的串联。这不仅方便了游客的游览，也促进了周边景区和业态的协同发展，形成了产业集群效应，有力带动了整个区域经济的发展。

七、广西旅游数据中心

（一）广西旅游数据中心建设的背景介绍

根据《国家旅游局关于加强地方旅游数据中心建设有关工作的通知》（旅发 [2015]299 号）文件中关于全国各省、自治区、直辖市和重点旅游城市要成立地方旅游数据中心的要求，2017 年 4 月 17 日，经自治区编办下文批复在桂林旅游学院内部设置广西旅游数据中心（以下简称数据中心），学校下属科研单位并且是正处级科研单位。广西成为全国第一个内设在高校的省级旅游数据中心。数据中心采取"政府 + 高校"的合作模式，由自治区文旅厅和桂林旅游学院共同建设和运维。

广西旅游数据中心目前下设一个科室，在编员工 4 人，其中主任、副主任各 1 人，科长 1 人，研究员 1 人。员工中具有正高职称 2 人、副高职称 1 人、博士 2 人。

（二）广西旅游数据中心主要功能介绍

数据中心全面负责广西全区涉旅统计、经济核算、监测预警、对外发布、国际交流与合作和旅游统计理论建设等工作，并对地方政府的旅游统计和大数据分析以及相关企事业单位的数据开发进行业务指导。广西旅游数据中心成立以来，依托桂林旅游学院旅游教育科研的强大实力，逐步打造一个"政、产、学、研"四位一体的旅游信息共享服务平台——"广西旅游大数据云服务平台"，构建一个全新的广西全域旅游大数据云服务体系，营造一个旅游大数据产业生态圈。截至目前，广西旅游大数据云服务平台已在区内南宁市、北海市、上林县、兴安县、灌阳县等区内 3 个地市、10 个县区得到了应用。

数据中心为广西旅游大数据产业应用提供全面技术支持。通过对旅游大数据的深度挖掘，打造出具有市场价值的旅游数据产品，积极服务文旅产业，拓展旅游信息服务市场，加快广西智慧旅游发展步伐。

数据中心还充分发挥科研反哺教学的功能，在利用大数据等现代技术手段服务广西文旅产业的同时，积极为学校应用型人才培养服务。2019 年，为适应旅游新业态的发展的人才需求，学校以智慧旅游为切入点，积极探索"旅游 + 数据"的新型人才培养模式，并依托数据中心成立了旅游数据学院。两个单位相互依托，各有侧重，前者是科研单位，后者是教学单位。两者的融合发展是我校实现行业特色鲜明的高水平应用型旅游大学发展目标的重要一环。

2021 年，数据中心还入选了广西特色新型智库联盟成员，定期为自治区各级政府提供旅游大数据咨政服务，主要功能介绍如下。

数据采集与整合：数据中心连续多年采集来自移动、联通、电信三家通信运营商的数据、银联商务旅游消费数据、OTA 平台（如携程）的游客数据、互联网自采数据以及旅游行业的 POI 数据等多维度的大数据源，涵盖旅游"吃住行游购娱"全要素和游前—游中—游后全游程。具体情况如图 13-15 所示。

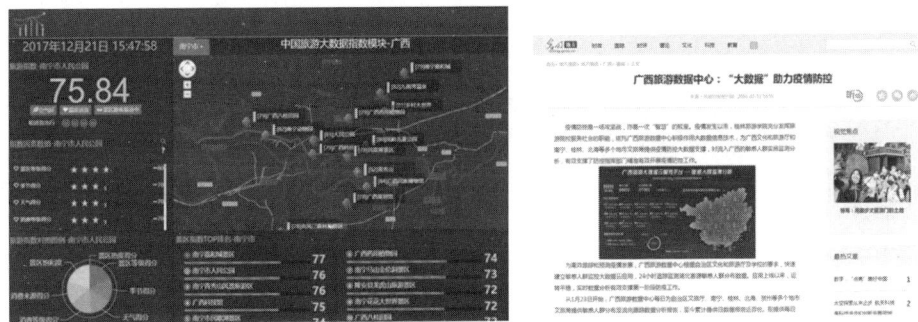

图 13-15　广西旅游数据中心数据展示与分析

数据分析与预测：数据中心既能对采集的大量数据进行分析，还能实现旅游大数据的预测，是国内少数能实现 1 个月旅游大数据预测的数据中心之一。

标准化建设与推广：数据中心在全国率先制定了省级旅游大数据平台建设地方标准——《广西旅游大数据平台建设技术规范》，填补了行业空白，并获得自治区市场监管局的广西地方标准立项，经过项目验收答辩后，作为广西地方标准（DB45/T 2607—2022）获批下发执行，为区内 14 个地（市）和相关旅游企业提供了标准化的指导。

社会服务与示范引领：数据中心对接广西文旅产业智能化新需求，建设了广西旅游云服务平台，构建了广西智慧旅游云服务体系，为旅游行业提供了统一、标准的智慧旅游云服务，成为数字广西建设标杆重点示范项目，在区内多个地市和县区得到了应用。以下为四种主要社会服务。

该平台主要由以下四大子平台构成：旅游大数据平台、旅游公共服务平台、旅游行业管理平台、旅游企业营销管理平台。该平台是大数据与服务业融合的典范项目。平台提供的服务目前已融合到区文旅政府部门的日常相关工作中，在南宁、北海、贺州等地市的文旅局落地实施，为旅游行业数字化转型发挥了较好的赋能效应。本项目以旅游行业为切入点，通过技术创新驱动地方政府职能转变，有助于形成职能优化、有为、有效的政府"云服务"体系，也为全区"1+N+14"政务云体系的落地应用树立标杆，探索模式创新和积累经验。

（1）广西旅游大数据云服务平台——广西旅游舆情监测

广西旅游大数据云服务平台，基于全网舆情监测服务，如图 13-16 所示。文旅管理部门及时获取涉旅价值情报，为公关管理、市场动态、文明旅游等提供决策依据，建立旅游网络舆情高效监测，树立旅游市场的良好形象。集成最先进的大数据自动采集、分析、汇总、监视，并识别其中的关键信息、全网涉旅舆情热点以及相关数据，进行关联分析。以正面舆情爆点为依据，缓解负面舆情压力，避免或减少暴力公共事件产生。

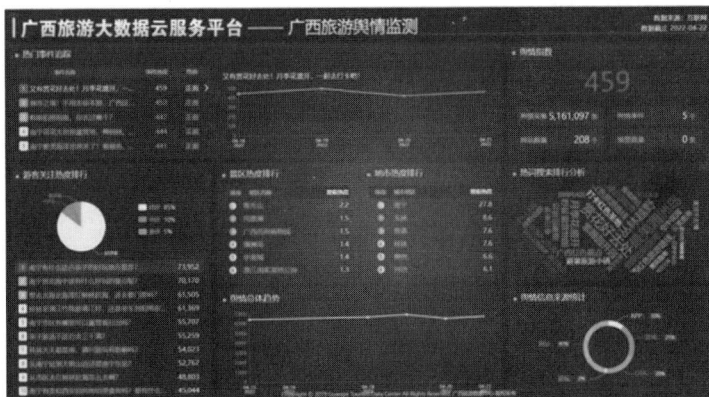

图 13-16　广西旅游大数据云服务平台——广西旅游舆情监测

（2）广西旅游大数据云服务平台——桂林市人流监测预警

广西旅游大数据云服务平台通过实时旅游数据热力图展示区域热力，动态监测人流拥堵情况，如图 13-17 所示。该平台可反映区域内实时的客流聚集情况，游客景区旅游轨迹；实现对特定区域的人流量发展趋势预估，为区域人流量实现"提前"预警。平台依托重点区域人群行为大数据分析能力，整合区域多源数据，分析工作人流、过路人流、游玩人流热力等情况，及时了解区域各类人员的变化，在应急状态下对公共安全、公共卫生等事件进行全程跟踪、辅助决策，实现事件上报、数据采集及预案上传下达。

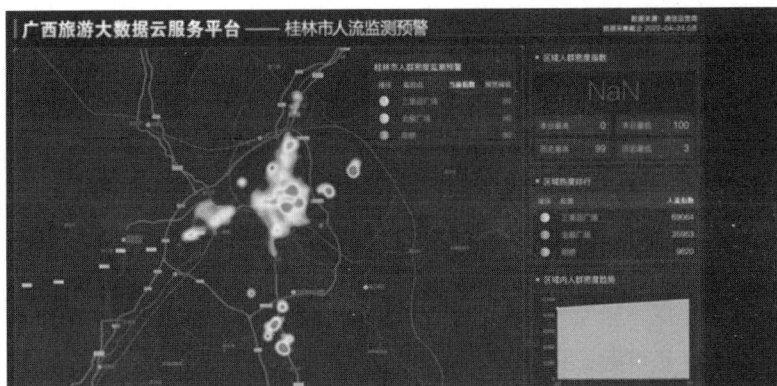

图 13-17　广西旅游大数据云服务平台——桂林市人流监测预警

（3）广西旅游大数据云服务平台——广西旅游客源地客流分析

"南向、北联、东融、西合"是广西开放合作的宏观政策，南向指东盟十国、北联指西部省份、东融指粤港澳大湾区、西合则是与云南等省和湄公河流域国家的合作。广西旅游大数据云服务平台在这个大的框架下，开展一系列经济合作，如图13-18所示。从目的地角度包括广西之内的省、市两级，从客源地角度覆盖广西之外的"国家、区块、城市联盟、省、市"等多维度，通过对不同地理区域游客的线上线下行为特征进行大数据挖掘，洞察不同尺度下国际国内区域的旅游市场特征和游客需求。

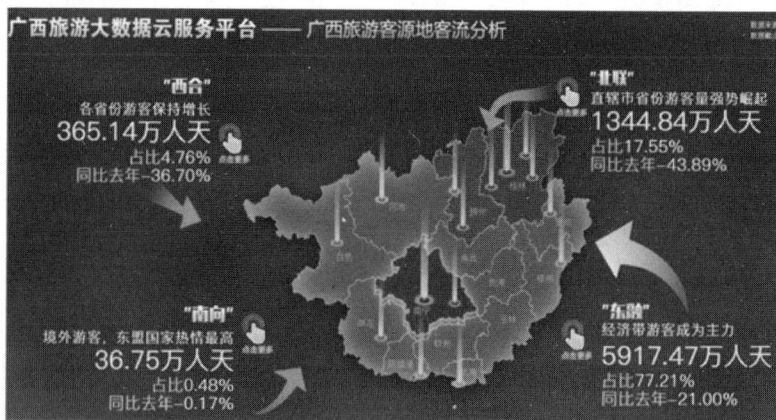

图13-18　广西旅游大数据云服务平台——广西旅游客源地客流分析

（4）广西旅游大数据云服务平台——桂林旅游消费综合分析

广西旅游大数据云服务平台—桂林旅游消费综合分析平台是聚焦旅游消费领域，对全市旅游消费进行宏观掌控的可视化平台。广西旅游大数据云服务平台依托运营商大数据及结合银联消费数据，通过大数据采集分析旅游消费收入、游客消费行为偏好、旅游消费分布、消费结构、桂林城区消费喜好分析等相关数据，可为旅游管理部门、企业、旅游相关产业提供更加精准的旅游消费信息，为游客提供更加优质合理的服务方案，如图13-19所示。

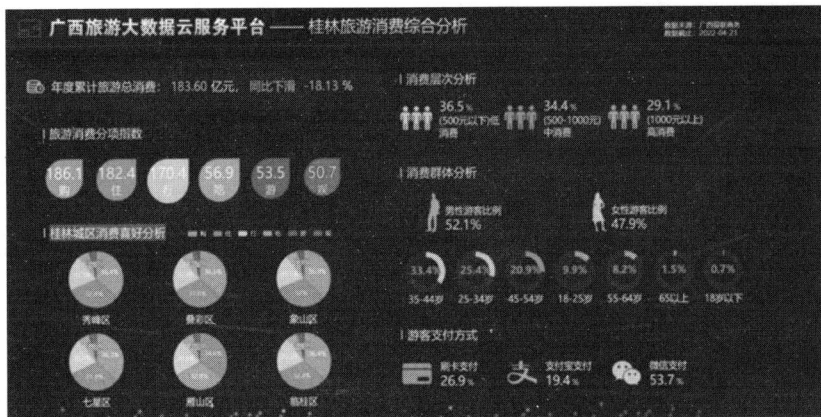

图 13-19　广西旅游大数据云服务平台——桂林旅游消费综合分析

政府决策支持：广西旅游数据中心自 2019 年以来，连续 4 年为自治区文旅厅提供旅游大数据服务，包括各月度、旅游黄金周、年度、旅游促销活动期间的分析数据和定期的旅游大数据分析报告，成为政府决策的数字智囊。每月为文旅厅提供的广西旅游大数据分析报告如图 13-20 所示。

图 13-20　每月给文旅厅提供广西旅游大数据分析报告

6.人才培养服务：依托数据中心，桂林旅游学院成立了国内第一个以旅游大数据应用型人才培养为目标的二级学院——旅游数据学院，联合浪潮集团以产教融合、校企合作的方式开办数据科学与大数据技术本科专业，为广西旅游产业数字化、数字产业化培养人才。具体情况如图 13-21、13-22、13-23、13-24 所示。

图 13-21　旅游数据学院院长莫明建带领副书记副院长、教研室主任等一行 5 人赴浪潮优派科技教育有限公司考察应用型专业建设及数据科学与大数据技术专业人才培养方案的修订

图 13-22　旅游数据学院与东软教育科技集团开展校企合作交流活动

图 13-23　旅游数据学院智慧旅游实验中心开展"数据爬取"培训

图 13-24　旅游数据学院召开 2021 级本科人才培养方案专家论证会

（三）广西旅游数据中心的社会价值与经济价值分析

广西旅游数据中心自 2017 年成立以来，致力于通过大数据分析为广西的旅游产业提供决策支持，推动全区文化旅游产业的高质量发展。其社会价值与经济价值体现在以下几个方面。

首先，社会价值方面，广西旅游数据中心为政府决策提供了强有力的数据支持，成为自治区文旅厅的重要数字智囊。通过采集并分析大量的旅游大数据，数据中心不仅帮助政府精准掌握游客流量、消费习惯等关键指标，还为政策制定提供了科学依据。例如，在疫情期间，数据中心独家为政府提供了敏感人群分布的数据，协助防疫工作，体现了其在突发事件中的重要作用。此外，数据中心在推动广西智慧旅游发展方面也做出了巨大贡献，特别是通过"广西旅游大数据云服务平台"的建设，推动了智慧旅游的标准化进程，使全区的旅游信息化建设得到了进一步的提升。

其次，经济价值方面，数据中心通过大数据的深度挖掘，创造了显著的经济效益。它不仅为广西文旅行业提供了精准的市场分析和消费趋势预测，还开发了多款具有市场价值的旅游大数据应用产品。例如，数据中心通过与各大通信运营商、银联等合作，获得了大量消费数据，分析了游客的出行模式和消费偏好，帮助地方政府和企业优化旅游资源配置和营销策略。此外，数据中心的建设还为地方经济带来了新的增长点，其标准化建设获得了自治区地方标准立项，并成为广西智慧旅游领域的重要推动力量。

最后，数据中心的学术价值也不可忽视。作为国内第一个内设在高校的省级旅游数据中心，它不仅为自治区政府提供了持续的技术和智力支持，还通过与桂林旅游学院的合作，培养了大量的旅游大数据专业人才，为广西及全国的旅游产业提供了强大的人才支持。数据中心与学校的协同合作，推动了产学研一体化发展，提升了广西在旅游大数据领域的技术竞争力。

综上所述，广西旅游数据中心不仅在社会层面发挥着重要作用，推动了政府决策的科学化和精准化，还在经济上通过大数据应用带动了旅游产业的发展，提升了地方经济的竞争力。同时，它的学术价值为广西乃至全国的旅游大数据发展培养了专业人才，具有重要的长期战略意义。

八、案例成功的原因和意义

这七个案例的成功，源于广西在文化与旅游大数据产业中实现了技术创新、文化赋能与生态协同的深度融合。首先，技术驱动是核心支撑：无论是"一键游广西"平台的多跨数据融合、大新明仕田园的 AI 客流预测，还是"刘三姐"AI 旅行助手的垂直大模型与 AR 交互，均依托 5G、大数据、人工智能等前沿技术，构建了从数据采集到智能服务的全链条能力，显著提升了管理效率与游客体验。其次，文化 IP 的数字化创新是关键特色：侗族数字人"江小媚"和"刘三姐"数字人以民族文化符号为载体，通过语音交互、表情合成等技术活化传统资源，既解决了文旅品牌同质化问题，又推动了民族文化的现代传播，形成了"科技 + 文化"的差异化竞争力。再次，生态协同是发展基石：政府主导下的政企合作（如与支付宝、科技公司联合开发）、跨部门数据共享（整合交通、气象等数据）、产学研联动（高校参与技术研发）等模式，构建了多方共赢的产业生态，加速了技术落地与规模化应用。其意义在于，广西通过这七大案例，不仅打造了智慧文旅的省级标杆，为全国提供了可复制的"数据互通、技术赋能、文化活化"经验，更探索出欠发达地区以数字化撬动文旅产业升级的新路径——通过技术降低管理成本、以文化提升品牌价值、借生态协同突破资源局限，最终实现"小资源"向"大产业"的跨越，为区域经济高质量发展注入新动能。

第十四章
结论与建议

第一节　　主要成就与不足总结

　　广西在文化和旅游大数据领域的探索和实践取得了显著成就，尤其在智慧旅游平台建设、民族文化数字化保护和跨境文旅合作等方面，展现了创新能力和区域特色。然而，尽管有诸多突破，广西在产业发展过程中仍面临一些挑战与不足。

　　广西在智慧旅游平台的建设上成效显著，"一键游广西"综合服务平台通过集成"吃、住、行、游、购、娱"六大元素，实现了全区文旅资源的整合和共享。平台的成功建设，不仅为游客提供了便捷的数字化服务，极大提升了游客的旅游体验，还通过数据共享提升了整体管理效率。截至目前，平台服务人次已突破1亿次，成为广西文化和旅游数字化转型的重要支撑工具。然而，尽管平台带来了数字化的便捷性和效率提升，随着游客需求的多样化和技术的快速发展，平台的进一步创新和完善仍面临着技术适配和服务精细化的挑战。

在民族文化的数字化保护方面，广西也取得了重要进展。通过高精度的3D扫描和虚拟现实等技术，广西成功实现了壮族织锦技艺、花山岩画等非物质文化遗产的数字化保存和展示。这一举措不仅为文化遗产提供了更加科学有效的保护手段，同时也利用数字化手段推动了文化的传播和创新应用。特别是在增强游客的互动体验方面，数字技术的应用打破了传统展示的局限，赋予了文化遗产新的生命力。然而，在广泛应用这些技术的过程中，如何处理好传统文化与现代科技的结合，以及如何平衡数字化展示与实际文化体验之间的关系，仍然是亟待解决的问题。

广西的跨境文旅合作也取得了显著突破，尤其是与东盟国家的合作。作为中国与东盟合作的重要窗口，广西积极推动了跨境旅游数据共享与智慧旅游建设，通过大数据技术促进了与泰国、越南等国家在旅游领域的深度合作。这些合作不仅提升了区域内旅游数据的互联互通，增强了跨境旅游的合作效率，也为区域文旅产业的创新发展提供了新的动力。然而，跨境合作中仍存在不同国家间法规差异、数据主权问题等复杂因素，这为进一步拓展合作深度和提升整体效率带来了挑战。

广西在技术创新与产业协同方面的表现也十分突出，5G、人工智能、区块链等前沿技术的应用，使得智慧景区管理、游客行为分析和个性化推荐等多个领域取得了显著成效。此外，广西通过产学研合作推动了技术创新与产业应用的深度融合，构建了一个政府、企业与高校协同发展的良好生态。这一生态系统为广西文旅产业的持续发展提供了强有力的支持。然而，随着技术发展不断加速，如何加快新技术的应用落地，并在全行业范围内提升数字化应用的普及度，依旧是广西面临的一大挑战。

尽管广西在大数据应用方面已经取得了一定进展，数据共享和标准化建设的不足仍然限制了行业的进一步发展。跨部门、跨行业的数据共享机制尚不完善，数据孤岛现象仍然存在。更为关键的是，数据标准化建设尚未完全覆盖文旅产业的各个环节，导致数据整合与应用的效率不高，这影响了整个文旅产业的数字化深度和广度。尤其在乡村旅游和跨境文旅领域，标准化建设相对滞后，缺乏具体且有针对性的专项标准，使得乡村旅游的数字化发展受限。而在跨境合作中，数据主权、隐私保护等法规差异加剧了跨境数据共享的复杂性，提供了成本，进而阻碍了区域合作的深化。

此外，广西的中小企业在文化和旅游大数据领域的参与度相对较低，技术适配的高成本和政策支持的不足，成为制约中小企业发展的主要障碍。中小企业在资金、技术和人才方面的短板，限制了其在文旅产业数字化转型中的积极性，也影响了整个产业的协同发展。尤其是在技术创新和产业协同方面，大企业主导的模式使得中小企业的成长空间受到一定挤压。

最后，广西在文化和旅游大数据领域的技术人才储备相对不足，尤其是既懂得大数据技术又熟悉文旅行业的复合型人才较为稀缺。这一问题在一定程度上制约了广西文旅产业的数字化转型和技术创新，尤其是在高技术含量领域，技术人才的缺乏使产业发展面临较大困难。因此，如何培养和引进高素质的技术人才，尤其是能够同时适应文化与旅游需求的跨界复合型人才，将是广西未来发展的关键。

总之，广西在文化和旅游大数据领域已经取得了显著进展，但也存在一些需要解决的问题。随着技术的不断发展和市场需求的变化，广西需继续强化数据共享和标准化建设，加强跨境合作，支持中小企业的发展，并加大技术人才的培养力度，以确保其文旅产业的持续创新与高质量发展。

第二节　未来发展建议

针对广西文化和旅游大数据产业的发展现状和存在的问题，未来应从以下几个方面着手，进一步推动产业的数字化转型和高质量发展。

一、加大科研投入，推动技术创新

广西应加大对文化和旅游大数据领域的科研投入，鼓励高校、科研机构和企业开展联合攻关，推动前沿技术的研发与应用。特别是在人工智能、区块链、虚拟现实等领域，广西应积极探索其在文旅产业中的应用场景，提升技术的实用性和创新性。

设立专项科研基金：政府应设立专项基金，支持文化和旅游大数据领域的技术研发项目，鼓励高校和企业联合申报，推动科研成果的转化应用。

加强技术合作：广西应加强与国内外知名科技企业的合作，引入先进的技术解决方案，提升文旅产业的数字化水平。例如，与华为、腾讯等企业合作，推动 5G、云计算等技术在智慧旅游中的应用。

二、深化产学研合作，推动技术成果转化

广西应进一步深化产学研合作，构建政府、企业、高校协同创新的生态体系，推动技术成果的转化和应用。

建立产学研合作平台：政府应牵头建立文化和旅游大数据的产学研合作平台，促进高校、科研机构与企业的深度合作，推动技术研发与产业需求的对接。

推动技术成果转化：通过政策引导和资金支持，鼓励高校和科研机构将科研成果转化为实际应用，推动文旅产业的数字化转型。例如，支持高校开发基于大数据的智慧旅游解决方案，并在景区、酒店等场景中进行试点应用。

三、完善政策支持，推动中小企业参与

广西应进一步完善政策支持体系，降低中小企业在文化和旅游大数据领域的技术适配成本，提升其参与数字化转型的积极性。

设立专项补贴资金：政府应设立专项补贴资金，支持中小企业在数据采集、

处理、分析等环节的技术适配，减轻企业的经济负担。

加强政策宣贯与培训：通过线上线下相结合的方式，开展政策宣贯和技术培训，提升中小企业对大数据技术的认知和应用能力。例如，组织专家解读大数据技术的应用场景，指导企业如何适配技术标准。

四、加强人才培养，提升技术储备

广西应加强文化和旅游大数据领域的人才培养，提升技术储备，为产业的数字化转型提供人才支持。

加强高校人才培养：广西的高校应增设大数据、人工智能等相关专业，培养既懂技术又熟悉文旅业务的复合型人才。同时，鼓励高校与企业合作，开展产学研结合的人才培养模式。

引进高端人才：政府应出台优惠政策，吸引国内外高端人才来广西从事文化和旅游大数据领域的研究和应用工作，提升广西的技术创新能力。

五、推动标准化建设，提升数据共享效率

广西应加快文化和旅游大数据领域的标准化建设，推动数据共享和应用的规范化，提升数据资源的利用效率。

制定专项标准：针对乡村旅游、跨境文旅等领域的标准化需求，广西应加快制定专项标准，填补标准空白。例如，制定乡村旅游数据采集与服务规范标准，推动乡村旅游的数字化发展。

推动跨境数据共享：广西应加强与东盟国家的合作，推动跨境文旅数据共享标准的制定，提升跨境旅游合作的效率和质量。例如，制定《RCEP跨境数据合规指南》，为跨境数据共享提供法律依据。

六、推动文化与科技的深度融合

广西应进一步推动文化与科技的深度融合，通过数字化手段提升文化资

源的保护、传播和创新应用。

加强文化遗产的数字化保护：广西应加大对非物质文化遗产的数字化保护力度，利用 3D 扫描、虚拟现实等技术，对文化遗产进行数字化保存和展示。例如，高精度数字化复刻壮族织锦技艺、花山岩画等，并通过 VR 设备提供沉浸式体验。

推动文化 IP 的数字化创新：广西应挖掘本地具有代表性的文化 IP，通过数字化手段进行创新应用。例如，开发基于壮族文化的数字人、虚拟旅游体验项目等，提升广西文化的传播力和影响力。

七、推动区域合作，提升国际竞争力

广西应进一步加强与东盟国家的区域合作，推动跨境文旅数据的共享与应用，提升广西文旅产业的国际竞争力。

建立跨境数据共享机制：广西应与东盟国家合作，建立跨境文旅数据共享机制，推动旅游数据的互联互通。例如，广西可与泰国、越南等国家合作，推动跨境旅游数据的实时共享，提升跨境旅游服务的效率和质量。

推动智慧旅游的国际化应用：广西应借鉴国际先进经验，推动智慧旅游技术在跨境文旅合作中的应用。例如，利用区块链技术提升跨境旅游数据的安全性和可信度，推动跨境旅游的数字化转型。

广西在文化和旅游大数据领域的探索与实践，展现了较强的创新能力和区域特色，取得了显著的成就。然而，面对数据共享、标准化建设、中小企业参与度不足等挑战，广西仍需加大科研投入、深化产学研合作、完善政策支持、加强人才培养，推动文化与科技的深度融合，提升国际竞争力。通过持续努力，广西有望在文化和旅游大数据领域实现更高水平的发展，为建设文化旅游强区和世界旅游目的地提供有力支撑。